SV

Wolfgang Bonß
Die Einübung des Tatsachenblicks

Zur Struktur und Veränderung empirischer Sozialforschung

Suhrkamp Verlag

CIP-Kurztitelaufnahme der Deutschen Bibliothek
Bonß, Wolfgang:
Die Einübung des Tatsachenblicks : zur Struktur
u. Veränderung empir. Sozialforschung / Wolfgang Bonß. –
1. Aufl. – Frankfurt am Main : Suhrkamp, 1982.
ISBN 3-518-57620-8

Erste Auflage 1982

Druck: Georg Wagner, Nördlingen
Printed in Germany

Inhalt

Vorwort

Die vorliegende Arbeit beschäftigt sich mit empirischer Sozialforschung und Kritischer Theorie. Hiermit greift sie zwei Stichworte auf, deren Zusammenhang zuletzt im Positivismusstreit zum Thema gemacht worden ist. Diese Debatte hat ihre Brisanz heute weitgehend verloren, denn die einschlägigen Positionen sind schon früh mehr zerredet als weiterentwickelt worden. Was fehlte, war eine Reflexion der methodologischen und forschungspraktischen Umsetzung ›kritischer Sozialforschung‹, die oft auf das Postulat einer bloßen Parteilichkeit reduziert wurde. Daß diese Perspektive unzureichend ist, haben erst neuere Arbeiten gezeigt, die sich weniger mit der Programmatik kritischer Forschung befassen als mit dem, was Sozialforscher tatsächlich machen. Zwar sind derartige Analysen nach wie vor dünn gesät, aber sie geben zu erkennen, daß eine ›kritische Sozialforschung‹ kaum als unkonventionelle Anwendung konventioneller Methoden beschrieben werden kann. Sie konstituiert ihre Gegenstände vielmehr in einer hierin nicht aufgehenden Form und verfügt über einen eigenständigen Blick auf die soziale Wirklichkeit. Gerade deshalb ist das Verhältnis von Kritischer Theorie und empirischer Sozialforschung auch kein äußerliches, sondern beruht auf einer Form der Wirklichkeitsaneignung, die in Abgrenzung zum Methoden- und Praxisverständnis der etablierten Sozialforschung zu begreifen ist.

Versucht man diese Abgrenzung auszubuchstabieren, so läßt sie sich allgemein wie folgt umschreiben: Während in der etablierten Forschung, wie sie durch die Kanonisierungen der Hand- und Lehrbücher repräsentiert wird, nur jene Strategien als ›empirisch‹ gelten, mit deren Hilfe soziale Erfahrungsgehalte als subjekt- und situationsunabhängige *Tatsachen* dargestellt werden können, zielt die ›kritische Forschung‹ auf die Erfassung dessen, was man die *Totalität* gesellschaftlicher Erfahrungsbildung nennen könnte, und ihre Methodologie ist dementsprechend als eine totalitätsbezogene zu kennzeichnen. Daß die Unterscheidung von tatsachen- und totalitätsbezogener Empirieproduktion mehr meint als ein hypothetisches Konstrukt, läßt sich an der Geschichte der empirischen Sozialforschung aufzeigen. Entgegen den gängigen Darstellungen verläuft diese nämlich nicht als schlichte Perfektionierung des ›Tatsachenblicks‹ in Gestalt einer stetigen Akkumulation der vielgerühmten »quantitative methods«. Ganz abgesehen davon, daß die Tatsachenorientierung ebenso spät wie mühevoll eingeübt werden mußte, läßt sich eine oft verdrängte, zweite Traditionslinie nachweisen, die darauf insistiert, mehr einzufangen als nur die Welt der ›Tatsachen‹. Diese, im 19. Jahrhundert als ›monographisch‹ bezeichnete Linie, die eher mit verstehenden als mit erklärenden Strategien arbeitet, wurde auch lange Zeit als Alternative zur heutigen Tatsachenforschung verstanden, und es sind nicht zuletzt die empirischen Studien der frühen Frankfurter Schule, die ihr in den dreißiger und vierziger Jahren neue Impulse gaben.

Diese Entwicklungslinie zu rekonstruieren, ist das Anliegen meiner Untersuchung, die gleichermaßen historisch wie systematisch orientiert ist. Ihr Ziel besteht darin, die Geschichte der empirischen Sozialforschung und die der Kritischen Theorie neu zu lesen, um einige Anhaltspunkte dafür zu geben, wie die methodologischen Grundlagen einer ›kritischen Sozialforschung‹ genauer gedacht werden können. Ob die hierauf bezogene Analyse der Struktur und Entwicklung des sozialwissenschaftlichen Empirieverständnisses überzeugen kann, dürfte je nach Rezeptionskontext unterschiedlich beurteilt werden. Daß sie jedoch überhaupt zustande kam, verdanke ich der Unterstützung des Max-Planck-Instituts Starnberg, dessen inhaltliche Toleranz bis zum Schluß ungebrochen war und ist. Anfängliche Orientierungshilfen kamen darüber hinaus von den Mitgliedern des Arbeitskreises ›Kritische Theorie‹, von denen ich insbesondere Norbert Schindler für die geduldige Lektüre der oft unübersichtlichen Zwischenfassungen danke. Leidtragende dieser Zwischenfassungen waren ferner Richard van Dülmen, Axel Honneth, Elmar Koenen, Ernst von Kardorff, Manfred Schmidt sowie nicht zuletzt Helmut Dubiel und Jürgen Habermas, die die Dissertationsfassung der Arbeit nach Kräften betreut und produktiv kritisiert haben.

1 Einleitung: Sozialforschung zwischen Tatsachen- und Totalitätserfahrung

Die Geschichte der deutschsprachigen Sozialwissenschaften der siebziger Jahre ist noch nicht geschrieben, aber schon jetzt lassen sich einige Trends ausmachen, die auf einen beträchtlichen Struktur- und Funktionswandel hindeuten. Die bisherigen Traditionslinien sind offensichtlich in mehrfacher Hinsicht gebrochen, denn mit der verstärkten politisch-praktischen Einbindung der Sozialwissenschaften haben sich auch ihre Konzepte und Strategien verändert. Der Trend zur »angewandten Sozialforschung«[1] ist ebenso wenig zu übersehen wie das Verschwinden jener ›Theorie-‹ und ›Ableitungsdiskussionen‹, die noch vor kurzem die soziologische Außendarstellung prägten. Beide Punkte weisen in ein und dieselbe Richtung: Während die empirische Forschung eine erstaunliche Intensivierung erfährt, treten die traditionellen theoretischen Fragestellungen eher in den Hintergrund.[2] Dies gilt für die akademische Soziologie ebenso wie für die neuere »Reformforschung« als dem »Ausweg aus einer politisch motivierten Theorieüberlastung ... Ende der sechziger Jahre«[3], und nicht wenige Chronisten sind deshalb versucht, von einer grundlegenden Tendenzwende‹ in den Sozialwissenschaften zu sprechen[4].

Die ›Tendenzwende‹ ist freilich ein ambivalenter Prozeß und hat eher zu neuen Divergenzen als zu Vereinheitlichungen geführt. Das hohe Lied der Empirie wird nämlich keineswegs einstimmig gesungen, und zwar weder in forschungspraktischer noch in methodologischer Hinsicht. So läßt sich das für die konventionelle Sozialforschung typische Empirieverständnis der »empirical sciences«[5] kaum mit jenen Vorstellungen von empirischer Arbeit vergleichen, wie sie unter den Stichworten von »qualitativer Analyse«, »explorativer Sozialforschung« oder »Aktionsforschung« entwickelt worden sind[6]. Auch wenn diese neuen Konzeptionen bislang eher ein Randphänomen darstellen, gewinnen sie zusehends an Bedeutung, und zwar interessanterweise quer durch alle politischen Lager.[7] Genau hier sprengt die aktuelle Empirisierung zugleich die überlieferten Frontlinien – läßt sie sich doch weder als schlichte Rückkehr zur ›handwerklich soliden Wissenschaft‹ noch als ›Resignation‹ oder ›Abflachung‹ der Forschung interpretieren[8]. Stattdessen wäre besser von einer Formveränderung der wissenschaftlichen Arbeit zu sprechen, in deren Folge sich theoretische Wissensformen ebenso umstrukturieren wie empirische und die tradierten Grenzen zwischen beiden Bereichen ins Wanken geraten.

Sofern diese Formveränderung auf Umakzentuierungen in der gesellschaftlichen Einbindung von Wissenschaft beruht, markieren die gewachsenen Unschärfen im sozialwissenschaftlichen Empirieverständnis mehr als eine vorübergehende Diskussionsverwirrung. Das Anwachsen der qualitativen Forschung scheint ein systematischer Trend zu sein, der sich in den kommenden Jahren noch stärker bemerkbar machen dürfte und auch in kategorialer Hinsicht zu einer breiteren Thematisierung zwingt. In dem Maße wie das Empiriekonzept der »empirical sciences« sowohl metatheoretisch als auch methodologisch in Frage gestellt ist, reichen die klassischen Definitionen des »empirical research« nämlich kaum mehr aus. Insbesondere das gängige Kritierium einer gelungenen Quantifizierung sozialer Wirklichkeit erscheint als zu eng, denn die quantifizierende Analyse bezeichnet offensichtlich nur *ein* Modell der empirischen Wirklichkeitsaneignung. Weder ist sie mit dem identisch, was in der vorwissenschaftlichen Welt als ›empirisch‹ gilt, noch kann sie, wie in den meisten Methodenbüchern[9], aber auch in den Arbeiten zur Geschichte der Sozialforschung unterstellt[10], als übergreifendes Beschreibungsmuster für *alle* Formen wissenschaftlicher Empirieproduktion gelten. Quantitative und qualitative Analysen verfügen vielmehr über jeweils eigenständige Muster zur Begründung, Abgrenzung und Verallgemeinerung empirischer Entitäten und sind zunächst durchaus als funktionale Äquivalente anzusehen. Oder als Ausgangspunkt für den Fortgang der Argumentation: Es gibt nicht eine ›richtige‹ Empirie, sondern verschiedene *Empirietypen*, die nach unterschiedlichen Regeln produziert werden und nicht aufeinander reduziert werden können.

Daß sie eine in diesem Sinne eigenständige Form der Wirklichkeitsaneignung vertreten, ist für die Anhänger der qualitativen Sozialforschung allerdings noch keineswegs selbstverständlich. Zwar wächst das Abgrenzungsbewußtsein gegenüber der etablierten Forschung, aber die Objektivierungs- und Verallgemeinerungsansprüche des »empirical research« werden dennoch häufig übernommen[11]. Gerade deshalb läßt sich die These von den verschiedenen Empirietypen aus den neueren Diskussionsentwicklungen auch nur begrenzt begründen. Ihr gemeinter Sinn wird jedoch deutlicher, wenn man sie auf betagtere Debatten wie den Positivismusstreit der sechziger Jahre bezieht[12]. Diese Auseinandersetzung, die das Empirieverständnis der bundesdeutschen Soziologie entscheidend geprägt hat, zeigt zugleich, warum das Problem der divergierenden Empirien bislang kaum thematisiert worden ist. Zwar standen sich im Positivismusstreit eindeutig zwei divergierende Typen sozialwissenschaftlicher Erkenntnisproduktion gegenüber, aber diese wurden meist gar nicht als solche perzipiert; stattdessen erschien die Kontroverse als ein Disput zwischen den Alternativen einer *›theoretischen‹* und einer *›empirischen‹* Soziologie, wobei den Positivisten die Rolle der Empiriker, der Kritischen Theorie hingegen der Theoriepart zufiel.

Diese mißverständliche Sichtweise war freilich nicht allein den Trivialisierungen der Rezeption geschuldet, sondern wurde von den Kontrahenten selbst durchaus befördert. In der Hektik der Polemiken sahen nämlich beide Seiten nicht selten von der Vielschichtigkeit ihrer eigenen Argumente ab und griffen auf jene vereinfachende Gegenübersetzung von ›Theorie‹ und ›Empirie‹ zurück, die in der deutschsprachigen Soziologie auf eine lange Tradition zurückblicken kann[13]. Exemplarisch sei auf Poppers Gleichsetzung von ›dialektischer Theorie‹ und ›spekulativer Sozialphilosophie‹ hingewiesen, die von Albert durch die Identifizierung von ›empirischer‹ und ›positivistischer‹ Wissenschaft passend ergänzt wurde[14]. Durch diese äußerst griffige Formel kam es nicht nur zu einer sukzessiven Verengung des soziologischen Theoriebegriffs; mindestens ebenso wichtig war auch die parallele Umwertung des Empirischen, denn durch Etikettierungen wie »empirische Theorie« oder »deduktiver Empirismus«[15] sprach sich der Positivismus eine Art Alleinvertretungsanspruch in Sachen Empirie zu, der von den Vertretern der Kritischen Theorie kaum ernsthaft in Frage gestellt wurde.

Letzteres gilt insbesondere für Adorno, der, ausgehend von der Gleichsetzung von positivistischer Empirie und kapitalistischem Verblendungszusammenhang, ebenfalls einen radikalen Gegensatz von ›theoretischer‹ Reflexion und ›empirischer‹ Forschung behauptete: Theorie, so schrieb er, »will benennen, was insgeheim das Getriebe zusammenhält«, und »gegen solchen Drang sträubt sich die soziologische Tatsachenforschung«[16]. Gerade deshalb sei von den »Versprechungen einer Synthese von Theorie und Empirie« so wenig zu erhoffen, denn »Empirie und Theorie lassen sich nicht in ein Kontinuum eintragen«.[17]

Obwohl diese Sätze eine inhaltlich völlig anders geartete Dichotomie bezeichnen, ließen sie sich zum Teil durchaus komplementär zu den positivistischen Thesen lesen und hatten in einem Punkt auch dieselben Konsequenzen: Sofern Adorno Theorie mit ›kritischem Verhalten‹, Empirie hingegen mit ›schlechter Wirklichkeit‹ gleichsetzte, trug er wie seine Kontrahenten dazu bei, die Diskussion um die Möglichkeiten einer anti-positivistischen Sozialforschung erfolgreich zu blockieren[18]. So konnte Dieter Claessens noch zu Beginn der siebziger Jahre unwidersprochen von einer allgemeinen »Abstinenz« hinsichtlich der empirischen Forschung sprechen, die auch und gerade in der kritisch orientierten jüngeren Wissenschaftlergeneration verbreitet sei, da hier das Etikett des Empirischen auf der Grundlage eines plakativ verkürzten Theorievotums oft radikal abgelehnt werde[19].

Eine solche Distanzierung von der empirischen Arbeit läßt sich aus dem Positivismusstreit aber trotz aller polemischen Vereinfachungen nur scheinbar rechtfertigen – wird doch die vielzitierte ›Unvereinbarkeit‹ von Theorie und Empirie letztlich als eine Unvereinbarkeit verschiedener Wissenschaftsentwürfe behauptet, die beide das Ziel haben, ›empirische‹ Phänomene ›theoretisch‹ zu erklären. Entgegen den Trivialisierungen der Rezeption fungieren die Attribute ›theoretisch‹ bzw. ›empirisch‹, mit anderen Worten, als Chiffren für zwei ›Typen‹ von Sozialwissenschaft, die in ihren Vorstellungen von der Struktur empirischer Erfahrungen ebenso divergieren wie in ihren Begriffen von theoretischer Erklärung und empirischer Überprüfung[20].

Liest man den Positivismusstreit unter dieser Perspektive, so werden zwei grundsätzlich konträre Empiriekonzepte sichtbar, nämlich das der *Tatsachenempirie* einerseits und das der *Totalitätsempirie* andererseits. Dem ersten Modell entspricht die empirisch-analytische Position, deren Verständnis von empirischer Erfahrung und theoretischer Rekonstruktion auf einer spezifischen Trennung zwischen wissenschaftlicher und vorwissenschaftlicher Erfahrungsverarbeitung aufbaut. Von den vorwissenschaftlichen Wahrnehmungen unterscheidet sich hiernach die wissenschaftliche dadurch, daß sie menschliches Verhalten »erklären« und »prognostizieren« will, um es so einer rational-kontrollierbaren Handhabung zugänglich zu machen[21]. Dem Interesse an der kontrollier- bzw. kalkulierbaren Handhabung entspricht zugleich ein spezifisches Konzept von empirischer Erklärung, das eine ebenso selektive wie zieladäquate Gestalt aufweist. Empirische Erklärungen im positivistischen Sinne liegen nämlich nur dann vor, wenn es gelingt, soziale Erfahrungsgehalte als subjekt- und situationsunabhängige »Tatsachen« darzustellen[22], die ihrerseits auf ein »nomologisch-deduktives« Aussagesystem bezogen werden können[23]. Erfahrungen, die sich nicht in dieser Form ausdrücken lassen, gelten hingegen als metaphysisch bzw. ›unempirisch‹, und diese Verengung des Empiriebegriffs ist eine entscheidende Voraussetzung dafür, daß umgekehrt die Welt der instrumentell reproduzier- und steuerbaren Tatsachen als zentrale Überprüfungsinstanz für nomologisch-deduktive Theorien angesehen werden kann.

Die Kritik von Adorno und Habermas setzt genau an der Selektivität dieses Konzeptes an, das Erfahrung auf instrumentelle Erfahrung und Begreifen auf szientistisches Erklären reduziert. Gegen den Typus der instrumentellen Aneignung versuchen sie einen anderen Referenzpunkt für sozialwissenschaftliche Deutungsmuster zu begründen, nämlich die »vorgängige Erfahrung der Gesellschaft als Totalität«[24]. Derartige ›Totalitätserfahrungen‹ machen sich nach Adorno/Habermas genau an jenen Elementen fest, die vom Positivismus als vor- bzw. außerwissenschaftlich ausgegrenzt werden. So markieren »moralische Gefühle, Entbehrungen, Frustrationen, lebensgeschichtliche Krisen, Einstellungsänderungen im Zuge einer Reflexion«[25] entscheidende Erlebnisse des gesellschaftlichen Insgesamt, die gleichsam Knotenpunkte der sozialen Erfahrungsbildung und -veränderung darstellen. Zwar gehen derartige Totalitätserfahrungen im szientistischen Kalkül nicht auf, aber als prägende Momente für das Wirklichkeitsverständnis der handelnden Subjekte müssen sie selbst einer Verwissenschaftlichung zugänglich gemacht werden. Diese ist freilich nur jenseits der positivistischen Forschung denkbar, denn die zu analysierenden Sachverhalte treten nicht als Gegenstände instrumenteller Erfahrung in den Blick, sondern als solche einer lebensweltlich fundierten und in diesem Sinne ›erlebten‹ Totalitätserfahrung von Gesellschaft. Gegenüber dem empirisch-analytischen Modell muß somit von einer anderen Form der Gegenstandskonstitution ausgegangen werden, die auf eine alternative Methodologie und Forschungspraxis verweist und nur dann gelingen kann, wenn die »gängige und akademisch attraktive Unterscheidung des Wissenschaftlichen vom Vorwissenschaftlichen«[26] weniger rigide gehandhabt wird.

Auf die Frage, wie eine derartige weniger rigide Konzeption konkret aussehen kann, findet sich freilich keine befriedigende Antwort. Zwar argumentierten sowohl Adorno als auch Habermas vehement gegen die Verengungen des empirisch-analytischen Modells, aber ihre eigenen Aussagen blieben stets ideologiekritisch-defensiv bzw. reaktiv. Sie beschränken sich darauf, die Unzulänglichkeit des Positivismus für die eigene Forschung zu behaupten, und letztlich wurde die ›Tatsachenforschung‹ auch keineswegs völlig in Frage gestellt. So schrieb Adorno über die Grenzen des konventionellen Empirieverständnisses: »Unwahr wird der social research, sobald er die Totalität, weil sie seinen Methodenprinzipien entgleitet, als ein kryptometaphysisches Vorurteil ausmerzen möchte«[27]. Diese ebenso knappe wie kategorische Feststellung war allerdings insofern problemreduzierend, als die Kategorie der Totalität von vornherein (und in diesem Sinne abstrakt) gegen den ›social research‹ gewandt wurde. Auf diese Weise konnte zwar die kritische Attitüde gewahrt werden, aber zugleich entfiel der Zwang zur Auseinandersetzung mit den positivistischen Methoden, und hierdurch kam es zu einer Aufwertung des Positivismus selber – konnten doch dessen Analysen nur im politischen Ansatz, nicht jedoch in der methodischen Durchführung kritisiert werden[28].

Ähnliche Unzulänglichkeiten lassen sich auch bei Habermas beobachten, wenngleich seine Konzeption differenzierter und in mancher Hinsicht problemsensibler ausfiel. Hiernach ist das empirisch-analytische Modell überall dort akzeptabel, wo es um die Rekonstruktion instrumenteller bzw. instrumentell handhabbarer Erfahrungen geht. Auch im Bereich der gesellschaftlichen Wirklichkeit gibt es nämlich durchaus Phänomene, die als »empirische Ereignisse« im Sinne von ›Tatsachen‹ beschrieben werden können und nach Habermas genau so beschrieben werden müssen. Davon zu unterscheiden sind allerdings die »symbolischen Darstellungen von Ereignissen«, die aus der kommunikativen Erfahrung hervorgehen und tendenziell totalitätsbezogenen Charakter haben. Genau diese symbolischen Darstellungen bzw. kommunikativen Erfahrungen, so Habermas, lassen sich auf dem Wege positivistischer Strategien nicht mehr begreifen; sie verweisen vielmehr auf eine andere, nichtinstrumentelle Welt, die als solche nur über hermeneutische bzw. diskursive Verfahren objektiviert werden kann.[29]

Auf den ersten Blick wirkt dieses Konzept durchaus plausibel, aber sieht man genauer hin, so zeigt sich, daß mit ihm der Empirieanspruch der Kritischen Theorie nachhaltig beschnitten wird. Im Vergleich zum positivistischen Zugriff erscheinen die kritischen Analysen nicht mehr in dem Sinne ›alternativ‹, daß sie an die Stelle der empirisch-analytischen Verfahren treten könnten; ihr Status ist stattdessen ein ebenso autonomer wie kritikimmunisierter, denn die Kontrastierung von kommunikativer und instrumenteller Erfahrung wird von Habermas grundsätzlich als eine absolute Trennung formuliert. Die Frage, inwieweit ein und derselbe Gegenstand unterschiedlich, also sowohl instrumentell als auch kommunikativ erfahren werden kann, ist somit per definitionem ausgeblendet, obwohl ihre Beantwortung eine wichtige Voraussetzung dafür wäre, um Kritische Theorie und Positivismus als tatsächlich alternative Strategien empirischer Forschung zu diskutieren.

Noch deutlicher wird die Rücknahme der Ansprüche der Totalitätsempirie in spezifischen sprachlichen ›Unschärfen‹. So erscheint die Differenz zwischen instrumenteller und kommunikativer Wirklichkeit bei Habermas stets als ein Unterschied zwischen »empirischen« und »symbolischen« Welten. Diese Etikettierung ist keineswegs belanglos, denn durch sie drängt sich der Eindruck auf, als ob die »symbolischen Darstellungen« nicht empirisch, sondern, in welchem Sinn auch immer, ›unempirisch‹ seien. Das positivistische Empiriemonopol wird somit unterschwellig wieder anerkannt, und ebenso wie im empirisch-analytischen ›Sprachspiel‹ ist Empirie auch bei Habermas letztlich nicht mehr als die Welt der Tatsachen. Die Gegenstände der kritisch sinn- bzw. »sprachverstehenden Soziologie«, nämlich die »symbolischen Darstellungen, werden hingegen jenseits der Tatsachen und damit ›empirieenthoben‹ lokalisiert, sodaß die Frage nach einer nichtpositivistischen *Empirie* per definitionem entfällt und undiskutiert bleibt.[30]

Der Verzicht auf einen eigenständigen Empiriebegriff ist ein Indiz dafür, daß das Problem der verschiedenen ›Empirietypen‹ im Positivismusstreit zwar angetippt, aber kaum ausformuliert wurde. Die Diskussionen kranken vielmehr an einer unzureichenden Präzisierung des Konzepts der Totalitätsempirie, das letztlich nur beschworen, aber kaum in konkrete Aneignungsstrategien übersetzt werden konnte. Dieser Mangel ist zumindest dann erstaunlich, wenn man sich vor Augen hält, daß die Vertreter der Kritischen Theorie, im Gegensatz zu Popper und Albert, durchaus über empirische Erfahrungen verfügten[31]. Exemplarisch sei hier nur auf die »Studien über Autorität und Familie« (1936), die »Studien zum autoritären Charakter« (1949/50) oder auf die Untersuchungen zum »Gruppenexperiment« (1955) verwiesen, die alle, wenngleich in unterschiedlicher Form, jenseits strenger Tatsachenkalküle angesetzt waren. In die Auseinandersetzungen mit der empirisch-analytischen Konzeption gingen die hierbei gewonnenen Erfahrungen jedoch an keiner Stelle ein. Stattdessen zog man sich auf die Position einer scheinbar empirieentlasteten Metakritik zurück und stärkte damit jene falsche Trennung von programmatischer und forschungspraktischer Argumentation, deren Auswirkungen bis in die neuren Diskussionen hinein zu spüren sind[32].

Aus den Verengungen und Selbstblockierungen des Positivismusstreits läßt sich allerdings auch lernen. Eine Explikation der Modelle von Tatsachen- und Totalitätsempirie als *alternativen* Ansätzen scheint nämlich nur dann möglich, wenn eine Aufhebung der unterschwelligen Gleichsetzung von ›Empirie‹ mit ›Tatsachen‹ gelingt und beide Konzepte als potentiell konkurrierende Aneignungsstrategien begriffen werden, die sich in ihrer Struktur ebenso unterscheiden wie in ihrer Entwicklung und über je eigene Formen der Begründung, Abgrenzung und Verallgemeinerung empirischer Entitäten verfügen. Die Analyse muß also tiefer ansetzen und sich vor allem auf zwei Probleme konzentrieren:

– Um der Identifikation von ›Empirie‹ mit ›Tatsachen‹ zu entrinnen, ist es zum einen notwendig, den *Begriff des Empirischen* selbst zum Problem zu machen, also danach zu fragen, was Empirie überhaupt heißt und welche Strukturen der Erfahrungsverarbeitung mit diesem Stichwort verbunden werden können. Oder anders formuliert: Begreift man die instrumentelle ›Tatsachenerfahrung‹ als ebenso ›empirisch‹ wie die erlebnisbedingte ›Totalitätserfahrung‹, dann muß eine übergreifende kategoriale Klärung herbeigeführt werden, die Auskunft über das Verhältnis dieser beiden Empirien gibt und die zugrundeliegenden Empirieklassen in ihrer Divergenz zu benennen vermag.

– Die begrifflichen Vorklärungen über mögliche Empiriestrukturen sind allerdings solange unzureichend, wie sie nicht in einer Analyse der tatsächlichen *Entwicklung der empirischen Sozialforschung* übersetzt werden. Diese muß jedoch anders aussehen als die am Ideal der »quantitative methods« orientierten, traditionellen Darstellungen[33]. Um nämlich sowohl die Geschichte der Tatsachenempirie als auch die der Totalitätsempirie zu erfassen, ist eine doppelte Rekonstruktion vonnöten, die beide Empirietypen in ihrem Verhältnis zur gesellschaftlichen Praxis analysiert und danach fragt, unter welchen Bedingungen welche Strategien eingeübt und begründet werden konnten.

Mit diesen beiden Punkten betreten wir freilich ein Diskussionsfeld, das über den Positivismusstreit ebenso hinausgeht wie über die aktuellen Auseinandersetzungen zur qualitativen Forschung. Dennoch verlieren wir die zuvor skizzierten Problemstellungen keineswegs aus dem Auge, denn was die Schlagworte der tatsachen- und totalitätsbezogenen bzw. quantitativen und qualitativen Forschung bedeuten, läßt sich nur dann herausarbeiten, wenn es gelingt, ihre unexplizierten Voraussetzungen sowie die ihnen vorgelagerten Traditionen der gesellschaftlichen Empirieherstellung freizulegen. Zwar werden hierdurch die aktuellen Empirisierungstendenzen kaum unmittelbar erklärt, aber sofern die historisch-systematische Rekonstruktion die epistemologische und soziale Logik verschiedener Empirietypen beschreibt, kann sie dazu beitragen, die nicht erst seit dem Positivismusstreit im Raum stehende Idee einer ›anderen‹ Empirie präziser zu fassen. Will man diese nämlich nicht nur metatheoretisch beschwören, sondern über ihre Möglichkeiten und Grenzen zugleich konkret reden, dann ist es notwendig, die gesellschaftliche Struktur der Empirieherstellung zwischen Tatsachen- und Totalitätserfahrung selbst zu rekonstruieren.

2 Was heißt Empirie? – Ein propädeutischer Antwortversuch

Wer sich heute mit den Methoden und Techniken der empirischen Sozialforschung beschäftigt, stößt sehr schnell auf ein erstaunliches Phänomen: Obwohl die Zahl der einschlägigen Veröffentlichungen kontinuierlich anwächst, gibt es nach wie vor keine Definition von ›Empirie‹, und gegenüber den Diskussionen um den Theoriebegriff fallen jene um die Struktur des Empirischen kaum ins Gewicht. So findet man in den Registern der gängigen Handbücher zwar stets das Stichwort ›Theorie‹, nicht hingegen das der ›Empirie‹, obwohl es letztlich den zentralen Gegenstand der empirischen Sozialforschung bezeichnet.[34] In der Regel wird der Empiriebegriff unexpliziert und damit im Sinne des trivialisierten Sprachgebrauchs eingeführt. Dort herrschen in der Tat klare Vorstellungen, deren Eindeutigkeit sich freilich aus einer ebenso schlichten wie schroffen Gegenüberstellung von Theorie und Empirie begründet: ›Theorie‹ erscheint nicht selten als pure Spekulation, während der Bereich des Empirischen umgekehrt mit der von uns unabhängigen Außenwelt gleichgesetzt wird, die eine gleichsam ›natürliche‹ Überprüfungsinstanz für theoretisch-spekulative Aussagen bildet. Mit dieser Common-Sense-Ideologie kommt man zwar selbst im Wissenschaftsbetrieb nach wie vor gut über die Runden,[35] aber genau besehen ist die Identifikation von ›Empirie‹ mit ›Außenwelt‹ unsinnig – gibt es doch für das erkennende Subjekt keine Außenwelt ›an sich‹, sondern empirische Erfahrungen sind immer schon interpretierte, also von den Subjekten angeeignete und durch sie veränderte. Gerade deshalb läßt sich Empirie auch nur als eine Art ›künstlicher‹ Wirklichkeit begreifen, die ebenso theorie- wie subjektabhängig erscheint; sie ist eine gesellschaftlich produzierte Realität, deren Struktur und Gestalt über die Regeln ihrer Herstellung bestimmt wird, sodaß eine Diskussion des Empiriebegriffs als eine Analyse der *Produktion des Empirischen* erfolgen muß.

Wenn wir behaupten, daß ›Empirie‹ keine Wirklichkeit im Sinne einer naturhaft-autonomen Außenwelt sei und nicht naturalistisch erklärt werden könne, so befinden wir uns in einer durchaus ehrwürdigen Tradition, denn die Erkenntnis der Bedingtheit des Empirischen gehört seit Kant zu den Grundeinsichten der Erkenntnistheorie. Auch den ›Erfindern‹ des Empiriebegriffs war dies anscheinend klarer als manchen heutigen Zeitgenossen. Das griechische Wort »Empeiria« bedeutet nämlich, korrekt übersetzt, *Erfahrung*, und im Unterschied zum Erfahrenen verweist die Erfahrung auf einen Prozeß der Herstellung, in dessen Verlauf ›Innen‹ und ›Außen‹ bzw. ›Subjekt‹ und ›Objekt‹ miteinander in Beziehung gesetzt und als Vermitteltes neu konstituiert werden. Die Rede vom ›Empirischen‹ setzt also stets die Unterstellung einer Vermittlungsleistung voraus, die sich einerseits als eine Vermittlung von Subjekt und Objekt, andererseits als eine solche von Wissen und Wirklichkeit beschreiben läßt. So gesehen kann das Problem einer kategorialen Bestimmung des Empirischen auch in die folgende Frage übersetzt werden: Welche Vermittlung von Subjekt und Objekt bzw. Wissen und Wirklichkeit steckt hinter dem Etikett ›Empirie‹, und was für Bedingungen sind es, die uns veranlassen, bestimmte Vermittlungsleistungen als ›empirische‹, andere hingegen als ›unempirische‹ zu qualifizieren?

Diese recht grundlegende Frage ist freilich nicht einfach zu beantworten. So sind die Regeln der vorwissenschaftlichen Empirieproduktion keineswegs identisch mit jenen der wissenschaftlichen Wirklichkeitsaneignung, und wie die Modelle der Tatsachen- und Totalitätsempirie zeigen, gibt es offensichtlich auch innerhalb der Wissenschaft unterschiedliche Formen der Vermittlung von Wissen und Wirklichkeit. Eine übergreifende Konzeptualisierung muß deshalb mehrstufig verlaufen und in einem sich sukzessive verengenden Argumentationsgang mindestens drei Aspekte integrieren: (a) Um die Grundregeln der Empirieherstellung zu begreifen, ist zunächst zu fragen, wie der Prozeß der Vermittlung von Wissen und Wirklichkeit in der *Alltagswelt* und damit im vorwissenschaftlichen Bereich gedacht werden kann. (b) Hierauf aufbauend gilt es, die Bedingung der Möglichkeit *wissenschaftlicher Empirievorstellungen* herauszuarbeiten, die ihrerseits als spezifische Ausdifferenzierungen aus den vorwissenschaftlichen Prozessen der Empirieherstellung zu begreifen sind. (c) Die dritte Perspektive betrifft schließlich die *Binnendifferenzierung wissenschaftlicher Empiriekonzepte*, die sowohl historisch wie systematisch beschrieben werden kann und den Hintergrund für die divergierenden Vermittlungsmodelle der Tatsachen- und Totalitätsempirie bildet.

Jenseits der klassischen Konstitutionsphilosophie (Kant/Hegel) und der Phänomenologie (Husserl) geht die Idee einer nicht-naturalistischen, mehrstufigen Analyse des Empirieproblems im wesentlichen auf wissenssoziologische Untersuchungen zurück, wie sie von Schütz oder Berger/Luckmann vorgetragen worden sind[36]. Sowohl Schütz als auch Berger/Luckmann unterscheiden klar zwischen alltagsweltlichen und wissenschaftlichen Wissensbeständen im Sinne einer ›ersten‹ und einer ›zweiten Ordnung‹ der Welt, wobei es ihnen darum geht, die jeweiligen Prinzipien der »gesellschaftlichen Konstruktion von Wirklichkeit«[37] konstitutionstheoretisch zu dechiffrieren.[38] In beiden Fällen erscheint das Empirische als eine *konstruktiv-rekonstruktive Beziehung von Wissen und Wirklichkeit*, deren Spezifik zunächst am Beispiel der Alltagswelt erläutert wird. Ausgangspunkt der Argumentation ist die auf den ersten Blick recht triviale Annahme, daß Deutungsmuster stets auf eine je gegebene Außenwelt bezogen sind, die es zu interpretieren und zu handhaben gilt. Unter diesem Blickwinkel repräsentieren Aussagen über die Wirklichkeit den Versuch einer Rekonstruktion unabhängiger Phänomene, die »ungeachtet unseres Wollens«[39] existieren und in ihrer Autonomie das begründen, was man die ›objektive‹ Außenwelt nennen könnte. Diese ›objektive‹ Außenwelt – und hier setzt der entscheidende zweite Teil des Arguments an – ist aber für die Handelnden nicht per se ›wirklich‹; ›Wirklichkeit‹ konstituiert sich vielmehr nur in dem Maße, wie die Phänomene der Außenwelt in einen sinnhaften Zusammenhang gebracht und als soziale »Um-«, »Mit-« bzw. »Vorwelt« begründet werden.[40] Um als ›wirklich‹ gelten zu können, müssen die Objekte also zu sozialen werden, denn nur in dieser Form werden sie von den Individuen wahrgenommen und gehandhabt. Dies bedeutet nichts anderes, als daß die Konstitution von ›Wirklichkeit‹ *jenseits* der naturhaften Gegenständlichkeit der Welt verläuft, obwohl sie diese selbst notwendig voraussetzt: Sie beruht auf dem Prozeß einer handlungspraktisch motivierten Herausbildung von Sinn- bzw. Bedeutungszusammenhängen, durch den eine je gegebene Außenwelt *von* den Subjekten angeeignet und *für* sie konstituiert wird, und es ist die Dialektik zwischen ›von‹ und ›für‹, die den jeweiligen Wirklichkeitscharakter der Welt bestimmt[41].

Bezieht man diese Argumentation auf die Konzeptualisierung

des Empirischen als einer Vermittlung von Wissen und Wirklichkeit, so ergibt sich eine wichtige terminologische Präzisierung. Während wir bislang ›Empirie‹ pauschal mit ›Erfahrung‹ gleichgesetzt haben, ist diese Definition nun in bestimmter Hinsicht zu erweitern. Genau genommen meint ›Empirie‹ nämlich nicht einfach ›Erfahrung‹, sondern eine *Erfahrung der Außenwelt als ›Wirklichkeit‹*, wie sie sich aus der gesellschaftlichen Konstruktion von Sinnzusammenhängen ergibt. Sie repräsentiert jene Aspekte der Außenwelt, die von den gesellschaftlichen Subjekten aufgrund handlungspraktischer Bezüge als bedeutsam erlebt bzw. angeeignet werden, wobei die Form der sinnhaften Aneignung selbst auf die Strukturen der praktischen Handhabung der Außenwelt verweist. Dies bedeutet zugleich, daß nur jene Phänomene ›wirklich‹ sein können, zu denen ein handlungspraktischer Bezug besteht. Zwar kann dieser durchaus virtuell sein, aber Phänomene außerhalb der jeweiligen gesellschaftstypischen Bezüge werden zunächst nicht (oder in einer anderen Form) als empirisch wahrgenommen.

Aus dieser Beschreibung der Grundstruktur alltagsweltlicher Empirieherstellung folgt aber noch ein anderer Punkt. Geht man nämlich davon aus, daß die Erfahrung der Außenwelt als ›Wirklichkeit‹ im wesentlichen handlungspraktisch determiniert ist, dann heißt dies auch, daß sie je nach der Struktur der jeweiligen Handlungspraxis unterschiedlich ausfallen kann. Oder in den Worten von Berger/Luckmann: »Was für einen tibetanischen Mönch ›wirklich‹ ist, braucht für einen amerikanischen Geschäftsmann nicht ›wirklich‹ zu sein«[42]. Die über die naturhafte Gegenständlichkeit der Außenwelt hinausreichenden sozialen Realitäten sind also lokal-historisch beschränkter Natur, sodaß das Feld des Empirischen, mit anderen Worten, durch eine beträchtliche soziale, zeitliche und sachliche *Relativität* gekennzeichnet ist. Was in der einen lokal-historischen Situation als ›empirisch‹ gilt, muß es in einer anderen durchaus nicht sein, und selbst zu ein und demselben Zeitpunkt können unterschiedliche soziale Kontexte zu divergierenden Realitätswahrnehmungen führen. Was Wissen und Wirklichkeit ausmacht, und wie das Verhältnis zwischen beiden Dimensionen beschrieben werden kann, ist somit ein gesellschaftliches Problem – »spezifische Konglomerate von ›Wissen‹ und ›Wirklichkeit‹ gehören zu spezifischen gesellschaftlichen Gebilden«[43], und verändern sich die ›gesellschaftlichen Gebilde‹, so verändern sich die darauf bezogenen Konglomerate ebenfalls.

Die Behauptung einer zeitlichen, sozialen und sachlichen Relativität des Empirischen verstößt entschieden gegen die eingeschliffene Vorstellung, daß Empirie etwas Festes und nicht Hintergehbares sei, aber sie wird durch ebenso zahlreiche wie unterschiedliche Untersuchungen bestätigt. So ist z. B. seitens der Wahrnehmungspsychologie die schichtenspezifische Bedingtheit und Veränderbarkeit der Sozialwahrnehmung gezeigt worden[44]. Umfangreicher und eindrucksvoller sind freilich die ethnologischen Untersuchungen über das »fremde Denken« anderer Kulturen[45]. Diese belegen immer wieder den Ethnozentrismus unserer eigenen Wirklichkeitsvorstellungen, deren Selbstverständlichkeit oft erst in der Konfrontation mit den Realitätskonzepten anderer Gesellschaften brüchig wird. So muß z. B. ein Baum nicht notwendig als ein ›normaler‹, objektiv-naturhafter Gegenstand erscheinen, sondern kann auch als ›Wohnstätte böser oder guter Geister‹ wahrgenommen werden, ohne daß diese Deutung von vorneherein als ›unempirisch‹ abgetan werden darf. Solange die Interpretation »Wohnstätte böser oder guter Geister« in der sozialen Praxis, wie auch immer, bestätigt wird, ›entspricht‹ sie dem Phänomen und kann somit selbst wieder als ›empirisch‹ gelten; die empirischen Konnotationen gehen jedoch dann verloren, wenn die soziale Handhabung der Außenwelt so gestaltet ist, daß die ›Geisterinterpretationen‹ durch andere Wirklichkeitserfahrungen außer Kraft gesetzt bzw. relativiert und damit ganz oder teilweise sinnlos werden[46].

Als ›empirisch‹ gilt eine Deutung der Wirklichkeit innerhalb des jeweiligen sozialen Wissens also dann, wenn sie die Handhabung einer je gegebenen Außenwelt ermöglicht, d. h. erfahrungsbezogen begründet und handlungsbezogen überprüft werden kann. Diese eher handlungs- als wahrheitstheoretisch zu verstehende These[47] läßt sich aber nicht nur durch den Verweis auf die Wirklichkeitsvorstellungen ›fremder Kulturen‹ plausibilisieren; auch in der Entwicklung unserer eigenen Kultur zeigen sich gravierende Verschiebungen in der Akzentuierung dessen, was als ›empirisch‹ angesehen wird und was nicht. Gute Illustrationen bietet hier die Geschichte der ›politischen Theorie‹ der bürgerlichen Gesellschaft. Die Herausbildung dieser Selbstinterpretationen markiert nämlich nicht allein eine Veränderung von Begründungs- bzw. Legitimationsfiguren, sondern verweist ebenso auf einen Strukturwandel von ›Empirie‹, in dessen Verlauf neue Wirklichkeiten eingeübt und alte anachronistisch werden. So war z. B. für Hobbes ein so entscheidender Topos wie die ›Gleichheit‹ der Menschen nur kontrafaktisch denkbar, während er von Locke bereits als »evident« und damit als empirisch selbstverständlich angesehen wurde[48].

Ähnliches kann man auch für Begriffe wie Freiheit oder Eigentum zeigen, die erst mit der Verdrängung ständischer Strukturen durch bürgerliche Verkehrsformen zunehmend unkommentiert gebraucht werden. Exemplarisch sei nur auf Adam Smith's »Theory of moral sentiments« im Vergleich zur Hobbesschen Konzeption verwiesen[49]. Zwar sehen beide Autoren vom Erfahrungskontext der ständischen Gesellschaft systematisch ab und argumentieren durchgängig mit einem bürgerlich vergesellschafteten Subjekt, aber dieses wird nur bei Smith als empirisch-konkret begriffen. Für Hobbes hingegen ist das Konzept des bürgerlichen Individuums noch insofern ›unempirisch‹ und damit begründungsbedürftig, als es mit den tatsächlichen sozialen Strukturen seiner Zeit nicht unmittelbar in Einklang stand. Die rationalistisch konstruierte Anpassung an diese Strukturen war nur um den Preis eines argumentativen Bruchs erreichbar, wie er durch die Figur des einmaligen Gesellschaftsvertrages und die Einführung des absoluten Souveräns geschaffen wurde. Bei Smith hingegen sind derartige Konstruktionen bereits ›unnötig‹ geworden, wobei der sich abschwächende Zwang zur Zusatzargumentation ein deutlicher Indikator dafür ist, daß die Strukturen von Freiheit und Eigentum allmählich konkret erlebbar und in diesem Sinne auch ›empirisch‹ geworden sind.

Umgekehrt können aber auch ehemals vorbehaltlos akzeptierte Wirklichkeiten *›unempirisch‹* werden oder ihren empirischen Gehalt ändern. Dieser Aspekt der Relativität läßt sich u. a. an der Wirkungsgeschichte des Marxismus demonstrieren, der heute in einem ganz anderen Sinne ›empirisch‹ ist als vor hundert Jahren: Im späten 19. und beginnenden 20. Jahrhundert war die Wirklichkeitsgeltung der Kapitalismuskritik in dem Sinne ›universal‹, als sie angesichts des offen sichtbaren Gegensatzes von Lohnarbeit und Kapital fraglos wahr erschien und immer wieder handlungsbezogen bestätigt werden konnte. Sie änderte sich jedoch in dem Maße, wie die prognostizierte revolutionäre Umgestaltung der gesellschaftlichen Verhältnisse ausblieb bzw. scheiterte, denn mit dem Verlust des Proletariats als »Adressat und Träger der Theorie«[50] schwanden die offenen empirischen Evidenzen. Schon in den zwanziger Jahren kam es deshalb z. T. zu einer Uminterpretation der Kritik der politischen Ökonomie. Diese erhielt allmählich den Status einer

Strukturtheorie, deren empirische Gültigkeit erst durch vermittelnde Zusatzargumentationen sichtbar gemacht werden konnte. Salopp formuliert könnte man dies auch so ausdrücken, daß die Lohnarbeit nun nicht mehr ›auf der Straße‹ herumlief, repräsentiert durch die Gestalt des ebenso verelendeten wie revolutionären Proletariers; sie wurde vielmehr als ein ›theoretisches‹ Phänomen angesehen, dessen konkret ›empirische‹ Realisierung getrennt zu behandeln war. Erst jetzt gewann auch die früher kaum beachtete Unterscheidung zwischen einer »logisch-theoretischen« und einer »historisch-empirischen« Dimension der Erklärung an Bedeutung[51], die sowohl auf einen distanzierteren Realitätsbezug verweist als auch auf eine potentielle Entbindung aus den bisherigen alltagsweltlichen Verwendungszusammenhängen: Die empirische Geltung der Marxschen Theorie wird zwar nicht aufgegeben, aber sofern sie nur noch beschränkt eine unmittelbare Handhabung sozialer Wirklichkeit ermöglicht, erscheint sie eher in dem Sinne wirklichkeitshaltig, daß sie ›allgemeine‹ Strukturmerkmale der bürgerlichen Gesellschaft benennt, die auch unter verschiedenen empirisch-›besonderen‹ Bedingungen behauptet werden können.

Alltagsweltliches und wissenschaftliches Empirieverständnis

Mit dem zuletzt skizzierten Beispiel sind wir über den Bereich der alltagsweltlichen Empirievorstellungen indirekt schon hinausgegangen, denn die Kritik der politischen Ökonomie ist in vieler Hinsicht weniger ein alltagsweltliches als ein wissenschaftliches Deutungsmuster. So gesehen markieren die angedeuteten Reformulierungen der Marxschen Theorie auch nicht einfach einen Verlust an empirischen Gehalten, sondern den Rückzug auf eine spezifisch ›*wissenschaftliche*‹ Empirieperzeption, die es im folgenden genauer zu analysieren gilt. Am Beispiel formuliert läßt sich die Differenz zwischen wissenschaftlichem und alltagsweltlichem Empirieverständnis dabei wie folgt umreißen: Während im alltagsweltlichen Bewußtsein der Marxismus nur solange ›empirisch‹ erscheint, wie keine Dissoziierung von Theorie und Praxis vorliegt, also die handlungspraktischen Konnotationen nicht in Frage stehen, ist seine empirische Gültigkeit auf wissenschaftlicher Ebene kaum handlungsbezogen definiert. Die handlungspraktische Wirklichkeitsgewißheit wird vielmehr systematisch ignoriert. Betrachtet man die oben angedeutete Unterscheidung zwischen der »logisch-theoretischen« und der »historisch-empirischen« Erklärungsdimension, so ergibt sich somit eine ganz andere Perspektive: Als ›empirisch‹ gilt in der Wissenschaft nicht das, was als fraglos wahr und wirklichkeitsgesättigt erlebt wird; Empirie meint vielmehr – und dies gilt für Platon ebenso wie für Popper – ein *›besonderes‹* Phänomen, das mit Hilfe eines *›allgemeinen‹* Satzes erklärt werden soll.

Wie ist nun die wissenschaftliche Perzeption zu erklären, und welches Verhältnis besteht hier zum alltagsweltlichen Verständnis von ›empirisch‹ i. S. v. fraglos wahr und wirklichkeitsgesättigt? Um diese Frage zu beantworten, müssen wir eine Differenzierung des bislang zugrundegelegten Wissensbegriffs vornehmen und zu einer Analyse der ›Grenze‹ zwischen Wissen und Wissenschaft übergehen. Analytisch gesehen bieten sich hierfür grundsätzlich zwei Arten von Unterscheidungskriterien an, nämlich einerseits *interne*, die aus der immanenten Struktur der jeweiligen Aussagesysteme begründet werden, und andererseits *›externe‹*, die eher auf die Produktionsbedingungen der verschiedenen Wissenstypen rekurrieren[52]. Im Dunstkreis der empirisch-analytischen Wissenschaftskonzeption ist zumeist eine Favorisierung der ›internen‹ Kriterien festzustellen, aber wie vor allem die neueren Diskussionen über »Kritik und Erkenntnisfortschritt«[53] gezeigt haben, läßt sich eine solche Position kaum ausreichend begründen: »Weder sprachanalytische Versuche (Sinnkriterien) noch methodologische (Verifizierung/Falsifizierung) noch wissenschafts-ethisch orientierte Versuche (Kritizismus) haben zu befriedigenden Ergebnissen geführt«[54], und es spricht vieles dafür, daß die soziale Form der Erkenntnisproduktion für das Etikett der Wissenschaftlichkeit oft wichtiger ist als interne Gründe. Dennoch sollte man dieses Argument nicht überziehen, denn auch wenn sich die Herausbildung bestimmter Wissenschaftsformen in der Regel soziologisch zureichend erklären läßt, so basiert die Geltung wissenschaftlicher Wirklichkeitskonstruktionen doch nicht allein auf externen Bedingungen. Sinnvoller – und jenseits der einschlägigen Polemiken auch durchaus überzeugend belegt[55] – erscheint vielmehr eine zweistufige Konzeption, die davon ausgeht, daß externe Faktoren den Auslöser einer internen Entwicklungsdynamik darstellen, sodaß die Grenze zwischen Wissen und Wissenschaft als eine extern bedingte und intern reproduzierte zu begreifen ist.

Insofern in dem angedeuteten Modell wissenschaftssoziologische und erkenntnistheoretische Argumentationen gleichsam nacheinandergeschaltet werden, könnte man auch von einem *erkenntnissoziologischen* Ansatz sprechen, der als Fortsetzung der wissenssoziologischen Perspektive zu begreifen ist. Unter derart ›erkenntnissoziologischen‹ Gesichtspunkten wäre die Differenz zwischen Wissen und Wissenschaft zunächst als eine solche des sozialen Ortes zu fassen. Gegenüber alltagsweltlichen Deutungsmustern entstehen wissenschaftliche Aussagesysteme nämlich stets in eigenständig institutionalisierten Handlungsbereichen, wobei sie sich dadurch auszeichnen, daß sie zwar auf alltagsweltliche Handlungsprobleme bezogen sind, aber diese gleichsam *›nichtalltäglich‹*, also *ohne unmittelbaren Handlungsbezug* rekonstruieren. Diese Behauptung läßt sich für die griechischen Akademien ebenso belegen wie für moderne Forschungseinrichtungen, und selbst die ›Wissenschaften‹ fremder Kulturen, die aus unserer Perspektive meist eher als Hexerei wahrgenommen werden, zeichnen sich in der Regel durch eine Institutionalisierung *neben* den Systemen alltäglicher Wissensproduktion aus. Zwar fallen Art und Intensität der Abgrenzung in den genannten Fällen höchst unterschiedlich aus, aber dies ändert nichts daran, daß das ›höhere‹ bzw. wissenschaftliche Wissen in gewisser Hinsicht autonomisiert, nämlich abgekoppelt vom alltagsweltlichen Handlungswissen und in diesem Sinne *›handlungsentlastet‹* produziert wird[56].

Die ›Handlungsentlastetheit‹ als diskriminierendes Merkmal gegenüber alltagsweltlichen Wissensbeständen läßt sich sowohl unter sozialen als auch unter kognitiven Perspektiven erläutern. Betrachtet man zunächst die *soziale* Seite, so sind jene wissens- und wissenschaftssoziologischen Arbeiten zu studieren, die sich mit der sozialen Abgrenzung und internen Struktur des ›Systems Wissenschaft‹ beschäftigen[57]. Obwohl diese Analysen in der Regel am Beispiel der neuzeitlichen ›scientific community‹ entwickelt werden, machen sie deutlich, daß die Entstehung und Verfestigung ›nichtalltäglicher‹ Wissensbestände stets mit der Herausbildung einer Art von Expertengemeinschaft verbunden ist, die institutionell freigesetzt ist und besonderen Interaktions- bzw. Kontrollstrukturen unterliegt. Die Deutungsmuster dieser Gruppen entstehen zwar keineswegs kontemplativ[58], aber aufgrund der nichtalltäglichen Bedingungen der Wissensproduktion wird es möglich, ein spezifisches Verhältnis von sozialer »Um-« und »Mitwelt«[59] zu begründen, für das die alltagsweltlichen Handlungszwänge nicht unmittelbar strukturtragend sind, sodaß die Referenzpunkte der Erfahrungsverarbeitung ebenso verschoben werden wie die ›Logik‹ der Rekonstruktion.

Die institutionelle Abgrenzung markiert zugleich eine conditio sine qua non für die Durchsetzung und immanente Dynamisierung jener *kognitiven* Besonderheiten, die innerhalb der Wissenschafts- und Erkenntnistheorie als das ›eigentliche‹ Spezifikum wissenschaftlichen Wissens angesehen werden. Unter dem Stichwort der ›Handlungsentlastung‹ sind sie vor allem von Habermas thematisiert worden, und seine Analysen sind es auch, die diesen Terminus für die Erkenntnistheorie haben ›hoffähig‹ werden lassen. Nach Habermas bedeutet Handlungsentlastetheit eine »Virtualisierung von Geltungsansprüchen« mit der Folge, »daß wir gegenüber Gegenständen der Erfahrung ... einen Existenzvorbehalt anmelden und Tatsachen wie Normen unter dem Gesichtspunkt möglicher Existenz bzw. Legitimität betrachten können«[60]. Innerhalb wissenschaftlicher Deutungsmuster wird die ›Erfahrung der Außenwelt als Wirklichkeit‹ also nicht situativ-handlungsbezogen hergestellt, sondern in einem darüber hinausgehenden Sinne als begründungsbedürftig betrachtet. Im Unterschied zu alltagsweltlichem Bewußtsein arbeitet der Wissenschaftler nämlich stets mit der Unterstellung, daß die Realität nicht so sein muß, wie sie sich situativ-handlungsbezogen darstellt. Zwar wäre es falsch, aus dieser Unterstellung auf die Möglichkeit einer ›Entgesellschaftlichung‹ des wissenschaftlichen Wissens zu schließen – dieses knüpft stets an die Substrate der je gegebenen gesellschaftlichen Wirklichkeitsvorstellungen an –, aber sofern die nichtalltäglichen Wissensbestände von den »Relevanzsystemen«[61] alltagsweltlicher Orientierungsmuster abstrahieren, können sie den Anspruch erheben, für eine gegebene Realität Erkenntnisse mit größerer Reichweite und dementsprechend ›höherem‹ Wahrheitsanspruch zu formulieren, Erkenntnisse nämlich, deren Gültigkeit unabhängig von den je aktuellen Geltungszwängen besteht.

Bezieht man die skizzierten Argumentationen auf die uns interessierenden Fragen, so läßt sich die »Virtualisierung der Geltungsansprüche« auch als das entscheidende Kriterium für die Möglichkeit einer spezifisch *wissenschaftlichen* Fassung des Empirischen begreifen. Die Annahme, daß Geltungsansprüche bzw. Wirklichkeitsgewißheiten nicht in der Form zwingend sein müssen, wie sie sich situativ-handlungsbezogen darstellen, bedeutet nichts anderes als die Möglichkeit einer reflexiven Unterscheidung zwischen Wissen und Wirklichkeit, wie sie im alltagsweltlichen »Erkenntnisstil«[62] eigentlich unüblich ist. Dort wird die Realität als eine Handlungswirklichkeit im Hier und Jetzt rekonstruiert, wobei die Dimensionen von Wissen und Wirklichkeit für die Handelnden selbst weitgehend zusammenfallen. Deutlich zeigt sich dies bei routinisierten Handlungsabläufen, bei denen man weiß, was geschieht und geschieht, was man weiß: Wissen und Wirklichkeit realisieren sich uno actu, und die im Handlungsvollzug erlebte Identität beider Bereiche erscheint nur in Krisensituationen gefährdet, also dann, wenn die jeweiligen Deutungsmuster mit den Handlungsbedingungen nicht mehr in Einklang zu bringen sind. Anders hingegen sieht es beim wissenschaftlichen Erkenntnisstil aus[63]. Aufgrund des gegenüber dem Alltag veränderten Verhältnisses von »Um-« und »Mitwelt« ist hier die lebensweltlich enge Verknüpfung von Reflexions- und Handlungsperspektiven durchbrochen, und dies hat zur Folge, daß das Verhältnis zwischen Aussagen über die Wirklichkeit und der Wirklichkeit selber zu einem systematischen Problem wird: Im Unterschied zur alltagsweltlichen Konstruktion des Empirischen kann innerhalb der Wissenschaft nicht mehr alles das als ›wirklich‹ gelten, was situativ-handlungsbezogen selbstverständlich erscheint, sondern unter der Bedingung der ›Virtualisierung von Geltungsansprüchen‹ ist diese Form der Wirklichkeitsgewißheit aufgehoben, sodaß nunmehr explizit und verbindlich festgelegt werden muß, was als ›wirklich‹ – bzw. auf der Ebene der Sätze: als wahr[64] – angesehen werden soll und was nicht.

Aufgrund der reflexiven Unterscheidung zwischen Wissen und Wirklichkeit, so wäre festzuhalten, sind in der wissenschaftlichen Erkenntnisproduktion Verfahren notwendig, die es erlauben, eine ›eindeutige‹ empirische Wirklichkeit zu begründen, die ›beständiger‹ ist als die alltagsweltlichen Handlungsrealitäten. Diese Verfahren können zweifellos verschieden aussehen, je nachdem wie die Abgrenzung von alltagsweltlichen Wirklichkeitsgewißheiten beschaffen ist. Was sich vor dem Hintergrund der bisherigen Argumentation jedoch angeben läßt, ist die erkenntnislogisch-allgemeine Struktur dieser Verfahren. Die formale Lösung des Problems besteht nämlich darin, daß die *Verallgemeinerbarkeit von Aussagen* zum entscheidenden Kriterium der wissenschaftlichen Wirklichkeitsbestimmung avanciert: Unter der Voraussetzung sozialer Handlungsentlastetheit bestimmt sich der empirische Charakter eines Phänomens danach, inwiefern es auf einen allgemeinen bzw. handlungsentlastet-allgemein konsentierbaren Satz bezogen und durch diesen selbst begründet werden kann. Insofern diese Konstruktion das Kriterium der Virtualisierung als erfüllt unterstellt, erlaubt sie nicht nur den »Übergang von praktischen zu theoretischen Sätzen«[65], die unabhängig von ihren Anwendungsfällen Bestand haben; sie bedeutet vielmehr auch – und dies ist in unserem Zusammenhang entscheidend – eine spezifische Akzentuierung in der Perzeption des Empirieproblems: Empirie ist nun nicht mehr dasjenige, was als fraglos wahr und wirklichkeitsgesättigt erlebt wird, sondern eine letztlich ›beweisentlastete‹ Bestätigung eines theoretisch-allgemeinen Sinnzusammenhanges, der in den besonderen Wirklichkeiten, die er begründen soll, eindeutig abbildbar sein muß.

Zur Relativität wissenschaftlicher Empirievorstellungen

Auf den ersten Blick entsprechen die obigen Überlegungen weitgehend dem Grundkonsens der »konventionellen Sozialforschung«[66], denn diese argumentiert ebenfalls mit dem Kriterium der Eindeutigkeit bzw. Begründbarkeit als der zentralen Voraussetzung einer spezifisch ›wissenschaftlichen‹ Empirie[67]. Dennoch gibt es in unserer Argumentation einen Unterschied zur gängigen Methodenlehre: Indem wir die Divergenz zwischen wissenschaftlichen und alltagsweltlichen Wirklichkeitsvorstellungen nicht erkenntnistheoretisch, sondern -soziologisch gefaßt haben, bleibt die ›Relativitätsthese‹ zum Empirischen nach wie vor gültig, denn unter erkenntnissoziologischen Perspektiven erscheinen auch die wissenschaftlichen Verfahren der Wirklichkeitsbestimmung keineswegs invariant. Oder als einleitende These zum nächsten Argumentationsschritt: Was als ›allgemeiner‹ Satz bzw. als ›besonderes‹ Phänomen anerkannt wird, hängt selbst noch von den kognitiven bzw. sozialen Strukturen der Erkenntnisproduktion ab, und insofern deren immanente Dynamik extern induziert ist, kann die Grenzziehung gegenüber der vorwissenschaftlichen Erfahrungsverarbeitung auch grundsätzlich als ›anders möglich‹ gedacht werden.

Mit dieser Erneuerung der ›Relativitätsthese‹ betreten wir ein sehr umstrittenes und z. T. noch heute tabuisiertes Feld – wird doch die Annahme einer historisch-gesellschaftlichen Bedingtheit und Veränderbarkeit wissenschaftlicher Wirklichkeitsvorstellungen nicht selten als Kulturrelativismus oder gar als Absage an die Möglichkeiten wissenschaftlicher Erkenntnis überhaupt verstanden[68]. Dieses Argument ist jedoch schon deshalb nicht stichhaltig, weil eine Analyse der Selektivität wissenschaftlicher Empiriekonzepte auf einer ganz anderen Ebene liegt als die Diskussion von Wahrheitsbedingungen. Die Rekonstruktion der internen Regeln zur Herstellung wissenschaftlicher Wahrheiten sagt nicht notwendig etwas über deren sozialen Status aus. Daß die Wahrheitsherstellung je nach den lokal-historischen Bedingungen der Erkenntnisproduktion in unterschiedlichen Formen verlaufen kann, ist überdies in der Wissenschaftsgeschichte seit langem bekannt: Betrachtet man Arbeiten, wie sie von Duhem (1912), Koyré (1923), Cassirer (1927), Borkenau (1934) oder Whitehead (1949) vorgelegt wurden, so wird deutlich, daß die Strukturen der wissenschaftlichen Erfahrungsverarbeitung ebenso beträchtlichen Veränderungen unterliegen wie ihre Abgrenzung gegenüber alltagsweltlichen Wirklichkeitsgewißheiten.

Für die erkenntnistheoretische Diskussion blieben diese Analysen zunächst freilich ohne Belang, und wäre nicht die in den sechziger Jahren einsetzende »Annäherung von Wissenschaftstheorie und -geschichte«[69] erfolgt, so würde man noch heute vergeblich nach einer diesbezüglichen Problemsensibilität suchen. Entscheidende Verdienste kommen hier vor allem Thomas F. Kuhn (1962), Lakatos/Musgrave (1965) sowie von Seiten der Wissenschaftsgeschichte Joseph Agassi (1963) zu, ihre Diskussion über die Entwicklung des wissenschaftlichen Wissens schuf erstmals ein breiteres Bewußtsein dafür, daß die Strukturen der Erkenntnisproduktion mit historisch-gesellschaftlichen Veränderungen korrelieren. Vor dem Hintergrund der dementsprechend differenzierter werdenden »Modelle zur Wissenschaftsentwicklung«[70] entstanden zahlreiche neue Analysen, die sich primär mit den sozialen und kognitiven Voraussetzungen der ›modernen‹ Wissenschaft beschäftigten bzw. genauer: mit der seit der Renaissance einsetzenden Entwicklung der neuzeitlichen Naturwissenschaften (›Sciences‹)[71]. Demgegenüber finden sich nur wenige Untersuchungen zur sozialen Konstruktion vorneuzeitlicher Wissenschaftssysteme, und erst recht fehlt es an umfassenden komparativen Studien, die wir als unmittelbaren Beleg für unsere These der Relativität wissenschaftlicher Empirievorstellungen zitieren könnten[72].

Vor dem Hintergrund der einschlägigen wissenschafts- bzw.

philosophiegeschichtlichen (-soziologischen) Darstellungen lassen sich aber dennoch einige Hinweise darauf geben, wie unterschiedlich wissenschaftliche Wirklichkeitsdefinitionen je nach den zugrundeliegenden sozialen Kontexten ausfallen können. Die Konzeptualisierung des *Erkenntnissubjekts* variiert nämlich im Übergang vom vorneuzeitlichen zum neuzeitlichen Wissenschaftsverständnis ebenso wie die der *Erkenntnisperspektiven* und der *Erkenntnisverfahren*. Zur Verdeutlichung der divergierenden Möglichkeiten in diesen drei Dimensionen sei zunächst auf den ›Fall‹ der griechischen Wissenschaft hingewiesen, in der erstmals explizit zwischen ›Theoria‹ und ›Empeiria‹ (im Sinne von ›abstrakter Vorstellung‹ und ›konkreter‹ Erfahrung) unterschieden wurde[73]. Mit diesem Schritt war allerdings noch keine systematische Abgrenzung gegenüber der alltagsweltlichen Wirklichkeitswahrnehmung gesetzt – ein Punkt, der sich vor allem an der aristotelischen Konzeption studieren läßt[74]. Bei Aristoteles erscheint ›Empeiria‹ als ein »Erkennen der Einzelfälle«[75], das »aus der Erinnerung hervorgeht« und in seiner Nähe zur Kunst bereits einen ersten Übergang zum Allgemeinen beinhaltet[76]. Mit der von Platon übernommenen Kontrastierung von ›Allgemeinem‹ und ›Besonderem‹ verweist diese Definition auf eine eindeutig ›wissenschaftliche‹ Perzeption des Empirieproblems, aber dies ist weniger interessant als deren inhaltliche Konzeptualisierung. Indem nämlich die Empirie als ein vorreflexives Wissen »aus der Erinnerung« bezeichnet wird, erhält sie den Charakter eines quasi naturwüchsigen Vermögens, das selbst als Basis und Begründung der Reflexion fungiert. Dieses Vermögen kommt nach Aristoteles jedem zu, der der Erinnerung fähig ist, sodaß »Empeiria« nichts anderes meint als den Erfahrungsbegriff einer »vortheoretischen Lebenspraxis«[77], die relativ ungebrochen in die wissenschaftliche Wirklichkeitsdefinition eingeht, obwohl durchaus zwischen ›alltagsweltlicher‹ und ›wissenschaftlicher‹ Wahrnehmung unterschieden wird[78]. Die vortheoretische Lebenspraxis selber kann in Anlehnung an Mittelstraß als die Lebenspraxis des Polis-Bürgers begriffen werden, denn dieser ist es, der bei Aristoteles als Erfahrungsträger geltend gemacht wird. Seine Ordnungsschemata bilden die Referenzpunkte zur Ein- bzw. Abgrenzung empirischer Entitäten, und die nach ›Wahrheit‹ suchende theoretische Reflexion verfolgt in diesem Zusammenhang das Ziel, die lebensweltlich eingeschliffenen Unterscheidungszusammenhänge des Polis-Bürgers zu differenzieren und zu verstärken.

Das skizzierte Modell, das die wissenschaftliche Erfahrung als eine reflexiv geläuterte alltagsweltliche Erfahrung begreift, war in seinem Kern auch für die mittelalterliche Wissenschaft kennzeichnend. Nach einer Formulierung von Kambartel wurde Empirie hier ebenfalls »auf die Grundlage des Anwendens und Treffens von Unterscheidungen bezogen«[79], und ähnlich wie in der Antike lag das Ziel der Wissenschaft nicht in der Klärung eines gesetzmäßigen Zusammenhangs von Ereignissen, sondern in der Aufdeckung einer ontologischen Systematik, die in den gemeinsamen Unterscheidungen der vortheoretischen Lebenspraxis bereits angelegt war. Stellt man den geringeren Grad an institutioneller Autonomie in Rechnung – organisatorisch war die wissenschaftliche Reflexion weitgehend in der Kirche verankert –, so dürften die Grenzen zwischen wissenschaftlichem und vorwissenschaftlichem Wirklichkeitsverständnis z. T. sogar noch geringer gewesen sein – eine Behauptung, die auch durch den vielzitierten ›Niveauverlust‹ der mittelalterlichen Wissenschaft bestätigt wird[80]. Darüber hinaus ergab sich aus der Bindung an die Kirche zugleich eine inhaltliche Umakzentuierung, die man als Veränderung im Referenzpunkt der Erkenntnisproduktion beschreiben könnte: Im Unterschied zum antiken System bildet nicht die vortheoretische Wirklichkeitsgewißheit des Polis-Bürgers den Ausgangspunkt; als Basis und Begründung wissenschaftlicher Verallgemeinerungen fungieren vielmehr die Unterscheidungszusammenhänge des ›christlichen Klerikers‹, der in der Wissenschaft seinen Glauben zu begründen und bestätigen versucht.

Diese Form der Herstellung von Wahrheit wurde bekanntlich seit dem 11./12. Jahrhundert unmerklich unterminiert, und zwar zunächst eher extern als intern[81]. Mit der institutionellen Autonomisierung, wie sie vor allem durch die aufkommenden Universitäten gefördert wurde[82], koppelte sich die Erkenntnisproduktion von den lebensweltlich eingeschliffenen Unterscheidungszusammenhängen unmerklich ab, und es stieg der Zwang zur eindeutigen Begründung dessen, was als wissenschaftlich ›wirklich‹ angesehen werden konnte und was nicht. Daß diese neue Anforderung nicht krisenfrei bewältigt wurde, zeigen die nominalistischen Erkenntnistheorien des 13. Jahrhunderts, die einen zwingenden Zusammenhang zwischen Begriff und Wirklichkeit systematisch bestritten[83]. Hiermit war das tradierte Verständnis von Allgemeinem und Besonderem als »Unterschied zwischen Essenz und Akzidenz tendenziell liquidiert«[84], sodaß die bisherigen Perzeptionsschemata zwangsläufig zusammenbrachen. Der Bereich des Empirischen konnte nicht mehr als ›feste‹ eindeutig strukturierte Wirklichkeit begriffen werden, sondern stellte sich als eine »chaotische Mannigfaltigkeit von Einzeldingen«[85] dar, der alle Begriffe äußerlich zu sein schienen. Eine vorläufige ›Lösung‹ dieser Unsicherheit erfolgte zunächst durch eine neue Grenzziehung zwischen Glauben und Wissen, wie sie in der Lehre von der »doppelten Wahrheit«[86] zu Tage tritt. Eine ontologisch selbstgewisse, d. h. im traditionellen Sinne ›sichere‹ Erkenntnis gibt es nach diesem Konzept nur in der göttlichen Offenbarung, wohingegen die Sätze der Wissenschaft gleichsam als ›Wahrheit zweiter Klasse‹ gelten, nämlich als ontologisch unsichere ›Vermutungen‹, die nicht beanspruchen können, der gottgesetzten ›objektiven‹ Struktur der Realität tatsächlich zu entsprechen.

In seiner kognitiven Bedeutung ist das nominalistische ›Krisenmodell‹ ebenso knapp wie treffend von Peter Bulthaup analysiert worden. Nach Bulthaup ermöglicht die wechselseitige Abschottung von göttlicher Offenbarung (Glauben) und menschlicher Vermutung (Wissen) die Herausbildung eines hypothetischen Denkens, das die tradierte Vermittlung von Wissen und Wirklichkeit gerade deshalb negieren kann, weil die theoretischen Begriffe zu nicht wahrheitsfähigen »Produkten der menschlichen Einbildungskraft«[87] erklärt werden. Hierdurch entsteht zwar noch nicht per se eine neue Form wissenschaftlicher Wirklichkeit, aber die Freisetzung der ›menschlichen Einbildungskraft‹ bleibt für die Strukturen der Gegenstandskonstitution keineswegs folgenlos. Semiotisch gesprochen läßt sich dies vor allem an der veränderten Deutung des Verhältnisses von theoretischem Zeichen und empirisch Bezeichnetem studieren. Indem nämlich die ›künstlichen‹ Zeichen nicht mehr, wie im vorneuzeitlichen Modell, ohne weiteres als Nachahmung einer ›natürlich‹ vorgegebenen Wirklichkeit verstanden werden können[88], schwindet die Basis für die Grenzziehung zwischen natürlichen und künstlichen Dingen überhaupt, sodaß es möglich wird, Zeichen und Gegenstände als produzierte bzw. produzierbare zu denken. »Das Verhältnis der Subjekte zur Welt«, so Bulthaup, »war nicht mehr bloß affirmativ; es wurde produktiv«[89], und hiermit ist ein entscheidender epistemologischer »Einschnitt«[90] gesetzt, der eine »Neukonstitution der Wissenschaften«[91] ebenso impliziert wie eine Veränderung der Realität selbst.

Was Bulthaupt in der obigen Argumentation beschreibt, ist ein Prozeß der reflexiven Distanzierung von unmittelbaren Wirklichkeitsgewißheiten, der für das neuzeitliche Empirieverständnis von entscheidender Bedeutung ist. Innerhalb der wissenschaftssoziologischen Untersuchung wird dieser Prozeß freilich meist unter einem anderen Stichwort diskutiert, nämlich unter dem der ›Durchsetzung rationaler Konstruktions- und experimenteller Überprüfungstechniken‹[92]. Als instruktives Beispiel für die hiermit gesetzte Veränderung im Verhältnis von Wissen und Wirklichkeit gilt vor allem Kopernikus' Konzept des heliozentrischen Weltbildes, das zwar noch stark in scholastischen Argumentationsfiguren wurzelt, aber über diese zugleich hinausgeht[93]. Um nämlich die Sonne als Mittelpunkt des Planetensystems zu begreifen und gleichzeitig zu erklären, warum dies in der unmittelbaren Wahrnehmung anders erscheint, war Kopernikus gezwungen, »die astronomischen Phänomene auf standpunktbedingte Erscheinungen zurückzuführen«[94]. Epistemologisch gesehen bedeutete dies eine doppelte Selbstrelationierung des Erkenntnissubjekts, denn im Unterschied zum ptolemäischen Modell beschreibt der kopernikanische Mensch das Planetensystem nicht aus der distanzlosen Anschauung heraus; er betrachtet sich vielmehr gleichzeitig als »beobachteter Beobachter auf der Erde« und als »beobachtender Beobachter außerhalb der Erde«, wobei die jeweiligen Standpunkte »durch ein System der Bewegung koordiniert ... (werden), das es erlaubt, die Wahrnehmung des einen Standpunktes als bestimmte Wahrnehmungen des anderen Standpunktes zu konstruieren«[95]. An die Stelle einer phänomenalistischen Wahrnehmung tritt also eine konstruktivistische, die ein zuvor unbekanntes Maß an reflexiver Selbstdistanzierung voraussetzt und eine ›Vertiefung‹ des Erkenntnisraumes markiert[96] – wird doch die Außenwelt nicht mehr auf einer Ebene rekonstruiert, sondern als ein mehrdimensionaler Raum, der in der Anschauung nicht aufgeht.

Aus der Strategie der doppelten Selbstrelationierung ergibt sich ein anderes Verständnis von ›Wirklichkeit‹ als in den zuvor skizzierten Modellen, wobei in unserem Zusammenhang zwei Momente festzuhalten sind. Zum einen verweist die kopernikanische Konstruktion auf die Errichtung einer neuartigen *Grenze* zwischen wissenschaftlichen und alltagsweltlichen Wahrnehmungsweisen, wie sie in dieser Form weder im antiken noch im mittelalterlichen System gegeben ist. Die Elementenlehre des Empedokles beispielsweise baut ebenso wie die aristotelische Unterscheidung von ›schweren‹ und ›leichten‹ Körpern auf unmittelbar gegebenen Unterscheidungszusammenhängen auf, die im wissenschaftlichen Diskurs erneuert bzw. ausgebaut und auf ›höhere‹ Abgrenzungszusammenhänge bezogen werden. Eben diese Anknüpfung an einer vorreflexiven Wirklichkeitsgewißheit wird im neuzeitlichen Modell in Frage gestellt, denn mit der Feststellung, daß die Sternenbewegung anders verläuft, als wir sie wahrnehmen, hatte Kopernikus nicht mehr und nicht weniger behauptet, als daß zwischen der wissenschaftlich-›objektiven‹ Struktur der Dinge und ihrer alltagsweltlich-unmittelbaren Perzeption eine grundsätzliche Differenz bestehe. In der wissenschaftlichen Rekonstruktion, so seine implizite These, können die Gegenstände nicht auf die im unmittelbar Sichtbaren gegebenen Unterscheidungszusammenhänge bezogen werden, sondern als ›Wirklichkeit‹ begründen sie sich aus einem unsichtbaren Prozeß, der nur bei einem reflexiv distanzierten, tendenziell konstruktivistischen Erkenntnisverhalten sichtbar wird, also dann, wenn die Wirklichkeit als eine produziert/produzierbare angesehen wird.

Der Versuch, die beobachtbaren Phänomene auf nonobservable (zumeist als naturgesetzliche Regelmäßigkeiten interpretierte[97]) Verursachungsstrukturen zurückzuführen, markiert aber nicht nur ein Reflexivwerden der Wirklichkeitswahrnehmung. Mit der Distanzierung von den unmittelbaren Wirklichkeitsgewißheiten ist auch eine veränderte »Beziehung des Sichtbaren zum Unsichtbaren«[98] gesetzt, die ihren Niederschlag in der Herausbildung *neuer* Empirizitäten findet. Auf der Basis des gewandelten Verhältnisses von Erkenntnissubjekt und Erkenntnisgegenstand kann die Welt im wahrsten Sinne des Wortes ›anders‹ gesehen werden als im antiken oder mittelalterlichen System. So erscheinen die Sterne nicht mehr als an Kristallschalen befestigte ›Lampen‹, deren Funktion in der Beleuchtung der Erde besteht, sondern sie treten jenseits dieser kosmologischen Bedeutungsschicht in den Blick und werden nach Prinzipien geordnet, die hinter den alltagsweltlichen Augen liegen. Dieses Beispiel macht deutlich, daß der neuzeitlichen Wissenschaft eine andere Empirie entspricht als der vormodernen, denn die dort höchst ›empirische‹ Interpretation der Sterne als ›Lampen‹ erscheint hier als wirklichkeitsfremde Spekulation. Das Empirische, so könnte man sagen, erscheint im neuzeitlichen Modell als eine bedingte Dimension, und insofern unter dieser Voraussetzung die

Unterscheidung zwischen (theoretischem) ›Wesen‹ und (empirischer) ›Erscheinung‹ als eine reale gefaßt werden kann[99], kommt es zur Uminterpretation alter sowie zur ›Entdeckung‹ neuer Gegenstände, die in dem Maße als ›wirklich‹ gelten, wie die hypothetischen Konstruktionsverfahren nicht mehr »ex suppositione«, also als Vermutung, sondern als ›wahr‹ behauptet werden können[100].

Betrachtet man den Prozeß der gesellschaftlichen Realisierung dieses kognitiven Umschwungs, so zeigt sich freilich, daß das Modell der ›bedingten‹ Empirie in einer spezifisch akzentuierten Form, nämlich als ›apparativ bedingte‹ Empirie institutionalisiert wurde. Diese Weiterführung wurde bezeichnenderweise weniger von den ›christlichen Klerikern‹, sondern von den Humanisten sowie von den Künstlern, Handwerkern und Ingenieuren insbesondere des 15./16. Jahrhunderts getragen[101]. Gegenüber den ›Klerikern‹ verfügten sie über einen anderen alltagspraktischen Umgang mit der Realität, denn die frühbürgerlichen Handwerker und Ingenieure waren die ersten, die eine dominant instrumentell orientierte Einstellung zur Natur ausbildeten. Die Struktur und Entwicklung dieses instrumentellen Zugriffs läßt sich exemplarisch an der Herausbildung des naturwissenschaftlichen Experiments[102] studieren, dessen Anfänge in Europa bis in das 12. Jahrhundert zurückgehen. Die entscheidende Motivation für die Entwicklung apparativer Experimente lag in dem Interesse, »eine in der bekannten Erfahrung nicht enthaltene mögliche Erfahrung zu entdecken«[103], um auf diese Weise konkrete Probleme in der Handhabung von Produktion, Transport und Kriegswesen zu lösen. Die hierauf bezogenen Konstruktionsbeschreibungen und Experimentierbücher waren anfänglich rein deskriptiver Natur, aber schon auf dieser Stufe lassen sich Berührungspunkte zum konstruktivistischen Erkenntnisverhalten des hypothetischen Denkens feststellen. Sofern nämlich das experimentelle ›Ausprobieren‹ auf eine mehr oder weniger systematische Überprüfung möglicher Verursachungsstrukturen angelegt war, setzt es eine nicht-phänomenalistische Betrachtungsweise voraus, und eben dies war eine entscheidende Bedingung dafür, daß die instrumentellen Techniken sehr schnell als zentrales Muster für empirische Überprüfungsstrategien begriffen wurden. Für die konkrete Ausformung des neuzeitlichen Empirieverständnisses war dieser Schritt in einem prekären Sinne folgenreich, denn die reflexiv bedingte, d. h. nicht unmittelbar sichtbare Empirie wurde nicht ›irgendwie‹, sondern mit Hilfe apparativer Mittel sichtbar gemacht, sodaß als ›empirisch‹ nur noch das galt, »was sich mit Hilfe apparativer Mittel kontrollieren läßt«[104].

Naturempirie und Sozialempirie

Die Gegenüberstellung von aristotelischem und kopernikanischem Empirieverständnis demonstriert nachdrücklich, daß auch die wissenschaftliche Erfahrung der Außenwelt als ›Wirklichkeit‹ je nach der Art ihrer sozialen Organisation höchst unterschiedliche Formen annehmen kann, die z. T. einander ausschließenden Charakter aufweisen. Was im antiken Modell als ›empirisch‹ gilt, erscheint in der neuzeitlichen Naturwissenschaft häufig als ›spekulativ‹, und umgekehrt sind die Empirizitäten der heutigen ›Sciences‹ mit den Mitteln der antiken Wissenschaft oft gar nicht konstituierbar. Bezogen auf die genannten Dimensionen *›Erkenntnissubjekt‹*, *›Erkenntnisprinzipien‹* und *›Erkenntnisverfahren‹* lassen sich diese Differenzen wie folgt zusammenfassen: Im antiken Modell verweist die Konzeption des Erkenntnissubjektes auf den Polis-Bürger, der sich eingebunden weiß in eine kosmologisch vorgegebene Ordnungsstruktur, die mit phänomenalistisch-substanzialistischen Konstruktionsstrategien angegangen wird. Im neuzeitlichen Modell hingegen ist es der sich hypothetisch-experimentell verhaltende Handwerker bzw. Ingenieur, der als Referenzpunkt der Erkenntnisproduktion fungiert. Für diesen gelten weniger die unmittelbar gegebenen Unterscheidungszusammenhänge als ›wirklich‹, sondern die instrumentell überprüfbare Realität. Aus den andersartigen Erkenntnisperspektiven ergeben sich zwangsläufig auch andere Erkenntnisverfahren, denn Behauptungen über die Realität werden nicht unter Berufung auf unmittelbare Evidenzen gerechtfertigt, sondern beziehen sich auf einen spezifisch konditionierten Realitätsblick, der durch hypothetisch-deduktive und experimentelle Orientierungen gekennzeichnet ist.

Betrachtet man das Verhältnis zwischen beiden Modellen unter evolutionären Gesichtspunkten, so wird der Übergang vom kosmologischen zum neuzeitlichen Blick zumeist als »Erkenntnisfortschritt« auf allen Ebenen gewertet. Hypothetisch-deduktive Analyse und experimentelle Überprüfung erscheinen als die entscheidenden Schritte, durch die sich die Erkenntnisse vervielfachen und eine stetige Erweiterung des wissenschaftlichen Wissens möglich wird. Eben hier jedoch ist Skepsis angebracht, denn die Durchsetzung des neuzeitlichen Modells bedeutet, genau besehen, eine gleichzeitige Erweiterung und Verengung des wissenschaftlichen Erfahrungsbegriffs. Die *erkenntniserweiternde* Bedeutung der instrumentellen Techniken besteht darin, daß sie den Weg zu einer rationalistischen Verfügung über den zuvor weitgehend tabuisierten Bereich des ›Magischen‹ eröffnen[105]. Über die Suche nach bestimmten Effekten werden Phänomene sichtbar gemacht, die in den kognitiven Rastern der vorneuzeitlichen Wissenschaft entweder gar nicht auftauchen oder als unerklärbar galten – illustrierend sei hier auf die erkenntniserweiternden Funktionen von Mikroskop und Fernrohr verwiesen, mit deren Hilfe die Sätze des hypothetischen Denkens ex post verifiziert werden konnten.

Auf der anderen Seite bedeutet die durch die instrumentellen Techniken bewirkte »Empirisierung der Erfahrung«[106] aber eine *Restringierung* des wissenschaftlichen Wirklichkeits- und Objektivitätsverständnisses insofern, als das »allzu weitmaschige Netz des Erfahrungssystems«[107] der vormodernen Zeit enger gezogen wird. Es bildet sich ein methodisch fest umrissener Set von wissenschaftlich ›legitimen‹ Erklärungsmustern heraus, der freilich nicht auf alle Formen lebensweltlicher Erfahrung anwendbar ist. Aufgrund des apparativen Charakters der ›neuen Empirie‹ werden vielmehr jene Erfahrungsgehalte, die dem Kriterium der instrumentellen Kontrollierbarkeit nicht genügen, ausgegrenzt und in den Bereich des bloß Subjektiven abgedrängt. Auf diese Weise erhält die Grenzziehung gegenüber den alltagsweltlichen Formen der Erfahrungsverarbeitung eine neue Qualität. Betrachtet man nämlich das griechische Modell, so war hier die wissenschaftliche Reflexion auf die gesamte vortheoretische Lebenspraxis als empirisches Substrat bezogen; in den neuzeitlichen ›Sciences‹ hingegen kommen nur noch die kognitiv-instrumentellen Aspekte zur Geltung, und es ist genau die Ausgrenzung der nicht-instrumentellen (expressiven, normativen) Erfahrungsgehalte, die Zweifel an der Universalisierbarkeit des szientistischen Empiriemodells weckt.

Die angedeuteten Restringierungen werden allerdings selbst in jenen Arbeiten kaum diskutiert, die unter wissenschaftssoziologischen und/oder -historischen Perspektiven die soziale Bedingtheit der neuzeitlichen Wissenschaftskonzepte herauszuarbeiten versuchen. Typisch ist vielmehr eine Sichtweise, wie sie von Zilsel in seiner Analyse der »sozialen Ursprünge der neuzeitlichen Wissenschaft« formuliert wurde. Dieser charakterisiert die allmähliche Verdrängung der syllogistischen durch experimentelle Forschungsstrategien pauschal als Einsicht in die »Bedeutung der Erfahrung«[108], obwohl es sich bei dem skizzierten Strukturwandel keineswegs um die Entdeckung der Erfahrung überhaupt handelt. Was stattfindet, ist vielmehr deren Neu- bzw. Umdefinition durch Ausbildung des Typus der instrumentellen Erfahrung. Sofern dies nicht gesehen wird, verweist Zilsels Einschätzung selbst noch auf grundsätzliche Schwächen der im vorangegangenen Abschnitt zugrundegelegten Untersuchungen. Zumindest die wissenschaftssoziologischen Analysen beschäftigen sich nämlich hauptsächlich mit der Frage nach den sozialen bzw. institutionellen Voraussetzungen bestimmter Wissenschafts- und Wirklichkeitsvorstellungen, ohne jedoch die Selektivität dieser kognitiven Muster zu problematisieren. Differenzierter argumentieren demgegenüber die philosophisch orientierten Autoren wie Mittelstraß oder Bulthaup, obwohl auch sie die szientistische Vermittlung von Wissen und Wirklichkeit als die evolutionär entscheidende und einzig universalisierbare ansehen, weshalb die Frage nach anderen Möglichkeiten wissenschaftlicher Erfahrungsverarbeitung allenfalls hypothetisch eingeführt werden kann. Daß diese Perspektive keineswegs der Weisheit letzter Schluß ist, zeigen die Arbeiten von Michel Foucault und das von ihm begründete Konzept einer »Archäologie des Wissens«[109]. Indem Foucault die Herausbildung der neuzeitlichen Wissenschaft als einen prinzipiell *ambivalenten* Wandel von Diskursen begreift, gelingt es ihm, sowohl die Selektivität als auch die Gebrochenheit der Entwicklung in den Griff zu bekommen. Die Veränderung der wissenschaftlichen Wirklichkeitswahrnehmung stellt sich nun nicht mehr als »Einsicht in die Bedeutung der Erfahrung« (Zilsel) dar, sondern als ein ebenso erkenntniserweiternder wie restringierender Strukturwandel innerhalb der Erfahrungsorganisation, der auch längst nicht so eindeutig verläuft, wie in der Wissenschaftssoziologie oft suggeriert. Die neuen Verfahren blieben noch lange in den Kontext der alten Perspektiven eingebettet, denn bis in das 18. Jahrhundert hinein sahen die meisten Naturforscher ihre Aufgabe nach wie vor darin, »den göttlichen Weltplan zu entschlüsseln«[110]. Die für heutige Augen oftmals eigentümliche ›Mischung‹ von Altem und Neuem war für die Beteiligten selbst durchaus konsistent bzw. rational, und es wäre eine prekäre Verkürzung, würde man sie nur als Ausdruck einer in sich widersprüchlichen Übergangsphase begreifen. Den verschiedenen Verknüpfungen von neuen Verfahren und alten Erkenntnisperspektiven ist vielmehr eine nicht zu unterschätzende epistemologische Eigenständigkeit zuzusprechen: Sie repräsentieren den Versuch, die erkenntniserweiternden Funktionen des neuen Blicks fruchtbar zu machen, seine restringierenden Momente jedoch zu minimieren, und dies führte nicht nur zu ›merkwürdigen‹ Theorien, sondern zu ebenso ›merkwürdigen‹ Empirizitäten, die sich nur zögernd als ›unempirisch‹ abdrängen ließen[111].

Die epistemologische Eigenständigkeit der einzelnen Stufen kann freilich nur dann thematisch werden, wenn man die jeweiligen Strukturen von Erkenntnissubjekt, – perspektiven und -verfahren nicht von vorneherein durch die Brille des Empirie-Ideals der ›Sciences‹ betrachtet. Erst unter dieser Voraussetzung ist es möglich, jenes systematische Nebeneinander verschiedener Empirievorstellungen zu sehen, das in der empirisch-analytischen Tradition mit ihrem Postulat der ›Einheitswissenschaft‹ kaum in den Blick kommt. Gegen die Ideologie ›Einheitswissenschaft‹ spricht dabei schon die schlichte Tatsache der fortwährenden Existenz der sog. ›weichen‹ Wissenschaften[112], deren von den »Sciences« unterschiedenes Wirklichkeitsverständnis selbst aus der Selektivität der instrumentellen – apparativen Strategien begründet werden kann. Sofern nämlich diese bestimmte Wirklichkeiten als vorwissenschaftlich bzw. subjektiv ausblenden, ohne sie damit als gesellschaftliche aufheben zu können, verlieren andere Formen der Erfahrungsverarbeitung keineswegs ihre wissenschaftliche Legitimität. Oder als Gegenthese zu den gängigen szientistischen Verkürzungen formuliert: *Das aristotelische Empirieverständnis bleibt überall dort erhalten, wo es um eine Analyse der nicht-instrumentellen Aspekte der Lebenspraxis geht.* Zwar wird es in den ›Humanities‹ z. T. überformt bzw. gebrochen, aber dies ändert nichts daran, daß es sich offensichtlich nicht vollständig verdrängen läßt und mehr markiert als ein bedauerliches Relikt aus »unreifen« Zeiten[113]: Nimmt man die Selektivität der apparativen Empirie ernst, so weisen die Empiriekonzepte der ›Humanities‹ eher auf eine notwendige Ausdifferenzierung der wissenschaftlichen Wirklichkeitswahrnehmung, die ihren Niederschlag sowohl in verschiedenen Wissenschafts- als auch Empirietypen findet.

Historisch deutet sich diese (von Wissenschaftstheorie und -soziologie nur zögernd wahrgenommene[114]) Ausdifferenzierung vor allem in den Kontroversen um das Verhältnis von Natur- und Geisteswissenschaften an, wie sie sich in der Mitte des 19. Jahrhunderts zunächst am Fall der Psychologie entzündeten[115]. Das Feld des ›subjektiven Geistes‹ stand freilich nur kurze Zeit im Vordergrund; schon bald wurden die Auseinandersetzungen auch auf die Gebiete des ›objektiven Geistes‹ (Gesellschaft, Ökonomie, Recht) ausgedehnt. Allerdings verliefen die einschlägigen Debatten – und dies macht eine Anknüpfung grundsätzlich schwierig – kaum als eine Diskussion um verschiedene *Empirien*. Die Frontlinien lagen vielmehr auf anderen Ebenen, und da der Empiriebegriff der Sciences praktisch nie in Frage gestellt wurde, geriet die Abgrenzung von Natur- und Geistenswissenschaft auch eher zu einer solchen von ›empirischen‹ vs. ›nicht-empirischen‹ Wissenschaften – eine Lesart, deren Auswirkungen bekanntlich bis heute spürbar sind.

Exemplarisch läßt sich die Herausbildung dieser mißverständlichen Frontlinie an jener Konzeption von ›Kultur‹ studieren, wie sie auf dem Boden des Neukantianismus von Heinrich Rickert (1863–1936) entwickelt wurde. Nach Rickert, der einer der ersten Vertreter der sog. ›Drei-Welten-Theorie‹ war und scharfe Trennungslinien zwischen physischen, psychischen und kulturellen Realitäten zog[116], zeichnet sich die kulturelle Welt allgemein dadurch aus, daß sie »›Bedeutung‹ oder ›Sinn‹ hat und ... weder durch ›äußere‹ noch durch ›innere‹ Sinneswahrnehmungen erfaßt, sondern allein unsinnlich ›verstanden‹ werden kann«[117]. Mit dem Merkmal der Sinnhaftigkeit war für ihn aber nur eine »formale« Grenze gegenüber anderen Wirklichkeiten bezeichnet, von der die »sachliche« Besonderheit der Kultur zu unterscheiden war[118]. Die sachliche Differenz wurde in den »Wertbeziehungen« gesehen, und unter dieser Perspektive definierte Rickert die kulturelle Welt als die »Gesamtheit der realen Objekte, an denen allgemein anerkannte Werte oder durch sie konstituierte Sinnzusammenhänge haften, und die mit Rücksicht auf diese Werte gepflegt werden«[119].

In ihrer Fixierung auf eine isolierte Wertdimension erscheint diese Konzeption zumindest unter empirischen Perspektiven problematisch – lief sie doch letztlich auf eine sukzessive ›Entempirisierung‹ der Kultur hinaus. Sofern nämlich die reale Konstitution von Sinnzusammenhängen ausgeblendet bzw. als Folge abstrakter Wertideen begriffen wurde, geriet die Frage nach der konkreten Verknüpfung von ›Objekten‹ und ›Werten‹ aus dem Blickfeld. Zwar nahm Rickert durchaus Zuordnungen zwischen beiden Dimensionen vor – bestimmte Objekte wurden gleichsam als physische Repräsentanz bestimmter Werte begriffen –, aber diese Zuordnungen analysierte er keineswegs als Regeln der *Konstitution* sozialer Wirklichkeiten. Vor dem Hintergrund der transzendentalphilosophischen Orientierungen erschienen die Wertsysteme vielmehr abgekoppelt von den »realen Objekten«, wobei diese Perspektive mit dem Argument gerechtfertigt wurde, daß man »bei Werten ... nicht fragen (kann), ob sie *wirklich* sind, sondern nur, ob sie *gelten*«[120].

Mit einer solchen Dichotomisierung von ›Wirklichkeit‹ und ›Geltung‹, die auf eine ungebrochene Erneuerung des alten Gegensatzes von materieller und ideeller Welt verweist, mußte die anvisierte Kulturwissenschaft zwangsläufig zu einer recht ›unempirischen‹ Angelegenheit werden. Ihr Gegenstand war nun eine im wahrsten Sinne des Wortes ›metaphysische‹ Schicht von Werten, die vornehmlich unter der Perspektive ihrer transzendentallogischen Gültigkeit analysiert wurde, wohingegen ihre praktische Wirksamkeit kaum zur Debatte stand. Eben hier liegen auch die entscheidenden Schwächen des Rickertschen Ansatzes, denn von kulturellen *›Wirklichkeiten‹* kann eigentlich nur dann gesprochen werden, wenn man davon ausgeht, daß Werte nicht nur gelten, sondern in einem spezifischen Sinne selbst ›wirklich‹ sind, d. h. eine sich historisch-gesellschaftlich verändernde *reale* Geltung aufweisen[121]. Um diese ›reale Geltung‹ und damit die Empirizität der sozialen Welt zu erfassen, ist es allerdings notwendig, die Isolierung der Wertsphäre aufzugeben und die Konstitution von ›Objekten‹ und ›Werten‹ selbst zum Problem zu machen – ein Schritt, den weder Rickert vollzog noch sein wohl einflußreichster Schüler: Max Weber.

Weiterführend sind demgegenüber Arbeiten, wie sie von George Herbert Mead (1863–1931) entwickelt wurden[122]. Meads »Philosophie der Sozialität« baut nämlich nicht auf einer definitorisch gesetzten Unterscheidung von ›wertbezogenen‹ bzw. ›nicht-wertbezogenen‹ Wirklichkeiten auf, sondern versucht diese selbst noch zu begründen. Den Ausgangspunkt seiner Argumentation bildet dabei eine Analyse der »Dingkonstitution«[123], die ›quer‹ zur traditionellen erkenntnistheoretischen Thematisierung verläuft. Die Gegenstandswahrnehmung wird nicht als eine Transformation von objektiven Sinnesdaten in subjektive Vorstellungen diskutiert, sondern als eine »Tätigkeit« bzw. »Handlung«, die als solche in ihren physiologisch beschreibbaren Grundlagen nicht aufgeht. Taktile, visuelle und akustische Reize, so Meads These, werden nur in dem Maße wirksam, wie sie interaktionsbezogen gerichtet bzw. stabilisiert werden, sodaß allgemein von einer *kommunikativen Bedingtheit* der Gegenstandswahrnehmung gesprochen werden kann. Gerade deshalb läßt sich die Wahrnehmung auch nicht als ›Abbildung‹ einer unabhängigen Außenwelt beschreiben; die Außenwelt wird im Akt der Wahrnehmung vielmehr neu konstituiert, und insofern die interaktive Verständigung der Dingkonstitution vorausgeht, ist es die kommunikative Lebenspraxis selbst, die festlegt, was wann wie als ›wirklich‹ angesehen werden kann[124].

Vor diesem Hintergrund wäre die Entstehung sozialer Wirklichkeit bzw. »Empirie« als ein interaktiv gesteuertes Reflexivwerden von Objektbeziehungen zu begreifen, das nach Mead in dem Maße voranschreitet, wie der Übergang von der sinnhaft gestenvermittelten zur symbolisch vermittelten Interaktion gelingt, also die Symbolisation das strukturtragende Merkmal für die Objektbeziehung bildet. Die systematische Bedeutung dieses Schritts illustriert Mead am Beispiel der Bärenfährte, deren Anblick beim Menschen in der Regel schon ähnliche Angstreaktionen auslöst, wie sie bei einer tatsächlichen Begegnung mit einem Bären zu erwarten sind[125]. Die Fährte verweist also auf etwas, was in ihr selbst gar nicht enthalten ist, und genau dies ist es, was den Kern von Symbolisationen ausmacht: Objekte werden genau dann als symbolische konstituiert und wahrgenommen, wenn sie für etwas anderes stehen und mit Bedeutungsinhalten gefüllt sind, die über ihre unmittelbare Gegebenheit hinausweisen.

Erst diese Form der Konstitution und Aneignung markiert einen Umgang mit Wirklichkeit, der als ›bewußter‹ (und weitergehend auch ›wertbezogener‹) bezeichnet werden kann – impliziert doch die Symbolisation nichts anderes, als daß faktische Reiz-Reaktionsbeziehungen zu möglichen werden und ein ›reflexives‹ Verhältnis zur Umwelt gegeben ist. Die Herausbildung eines derart reflexiven Verhältnisses, das seinerseits in verschiedenen Stufen bzw. Graden gedacht werden muß[126], bedeutet dabei zugleich eine *reale* Veränderung, denn mit der Durchbrechung der unmittelbaren Bedürfnisspannung werden die Objekte anders gesehen bzw. gehandhabt: Die durch die Symbolisation bewirkte Verknüpfung von ›Objekten‹ und ›Werten‹ schafft »bislang noch nicht geschaffene Objekte, die außerhalb des Kontextes der gesellschaftlichen Beziehungen, in denen die Symbolisation erfolgt, nicht existieren würden«[127], und es ist somit nichts anderes als die Form der Symbolisation, die den *empirischen* Charakter der sozialen Welt bestimmt.

Begreift man die interaktiv generierte Symbolisation als das zentrale Kriterium für die Bestimmung *sozialer* Empirizitäten, so wird es möglich, diese Art von Wirklichkeit von jener der ›Sciences‹ zumindest ansatzweise abzugrenzen: *Soziale* Wirklichkeiten, so läßt sich von Mead lernen, verweisen nicht auf eine naturhaft-objektive, sondern auf eine gesellschaftliche-intersubjektive Welt, die symbolisch vermittelt und kommunikativ bedingt ist und von den Handelnden unter kognitiven, expressiven und normativen Gesichtspunkten aktiv hergestellt wird. Ihr Realitätsgehalt ist dementsprechend nicht subjektunabhängig, sondern die symbolisch vermittelte Empirie basiert auf einem grundsätzlich subjektbezogenen Modus der Erfahrungsverarbeitung, der in Abgrenzung von den szientistischen Strategien zu begreifen ist.

Erste Ansätze zur Beschreibung dieses subjektbezogenen Modus finden sich im 19. Jahrhundert zunächst bei Wilhelm Dilthey (1833–1911)[128]. Sein Stichwort bildet die Kategorie des *›Erlebens‹*, die er vor dem Hintergrund der Bewußtseinspsychologie wie folgt erläuterte: Erleben ist eine spezifisch menschliche Perzeptions- und Verarbeitungsweise, bei der »die Vorgänge des ganzen Gemüts zusammenwirken« und die Welt als ein normatives, kognitives und expressives Insgesamt erfahren wird, d. h. als ein »Zusammenhang des Ganzen, der uns lebendig gegeben ist«[129]. Entscheidend ist dabei das synthetisierende Moment, denn durch die subjektbezogene Erfahrungsorganisation können höchst unterschiedliche Bedeutungsperspektiven situativ integriert werden. Hierbei fungiert die »innere Erfahrung« bzw. Identität der Subjekte als ein Katalysator, der sowohl die Selektion als auch die Vermittlung verschiedener Erfahrungsgehalte ermöglicht, sodaß diese im Erleben nicht auseinanderfallen, sondern als konstitutiv miteinander verknüpft erscheinen (Einheit von normativen, kognitiven und expressiven Momenten). Ähnlich wie später auch Ernst Cassirer sah Dilthey diese Form der Erfahrungsorganisation als ein für die Lebenswelt typisches Muster an, das in den ›Sciences‹ systematisch zurückgedrängt wird[130]. Deren Voraussetzung besteht nämlich genau darin, daß »der Erlebnischarakter unserer Eindrücke von der Natur ... zurücktritt hinter die abstrakte Auffassung derselben nach den Relationen von Raum, Zeit, Masse, Bewegung«[131]. Eine solche Ausschaltung des erlebenden Subjekts ist jedoch in den Geistes- bzw. Kulturwissenschaften kaum möglich, da diese es stets mit erlebten Wirklichkeiten zu tun haben. Gerade deshalb sind die ›Humanities‹ nach Dilthey auch anders zu begreifen, denn ihre Analysen können nur dann empirisch adäquat bzw. wirklichkeitsgerecht sein, wenn sie sich der Struktur des Erlebens selber anpassen und die »geschichtlich gesellschaftliche Wirklichkeit ... zurückübersetzen in die geistige Lebendigkeit, aus der sie hervorgegangen ist«[132].

Aus dem Erlebnischarakter der geschichtlich-gesellschaftlichen Welt folgte für Dilthey eine Ablehnung der szientistischen Rekonstruktionsstrategien, wobei er gegen das naturwissenschaftliche ›Erklären‹ das geisteswissenschaftliche ›*Verstehen*‹ setzte. Mit diesem Postulat befand er sich auf den ersten Blick in voller Übereinstimmung mit Autoren wie Rickert oder Windelband, aber betrachtet man sein Konzept genauer, so wies es keineswegs in dieselbe ›empirieuninteressierte‹ Richtung. Die Struktur des Verstehens wurde nämlich nicht aus der Perspektive isolierter ›Werte‹ beschrieben, sondern aus der einer »mimetischen Nachkonstruktion«[133] des erlebten Insgesamt, das es in seiner immanenten Systematik und Rationalität zu dechiffrieren galt. Wie dieser Dechiffrierungsprozeß im einzelnen zu denken war, erläuterte Dilthey am Modell der ›Introspektion‹, wobei das Verstehen grundsätzlich mit einem ›Einfühlen‹ in fremde Sinn- bzw. Bedeutungszusammenhänge gleichgesetzt wurde[134]. Letztlich erschien es als ein dem Erleben paralleler Modus der Erfahrungsverarbeitung, denn als ›Einfühlen‹ bedeutete das Verstehen nichts anderes als ein reflexiv kontrolliertes ›Nacherleben‹, das, ähnlich wie das ›Original‹, wesentlich durch subjektbezogen-synthetisierende Momente gekennzeichnet war.

Eben diese Parallelisierung ist es auch, die Diltheys Konzept interessanter erscheinen läßt als die Ansätze von Rickert und seinen Nachfolgern. Begreift man das Verstehen nämlich nicht als eine ›unempirische‹ Angelegenheit, dann ist zu fragen, wie *erlebte* Empirizitäten wissenschaftlich rekonstruiert werden können, ohne den Erlebnischarakter der sozialen Wirklichkeit zu übergehen. Auf diese Frage kann Dilthey offensichtlich eher eine Antwort geben als seine disziplinär erfolgreicheren Konkurrenten – machen seine Überlegungen doch deutlich, daß in den ›Humanities‹ von einem anderen Modell der Empirieproduktion als in den ›Sciences‹ auszugehen ist. Sofern soziale Wirklichkeiten nicht apparativ, sondern kommunikativ bedingt sind, erfordert ihre Rekonstruktion eine Anpassung an die lebensweltlichen Formen der Erfahrungsverarbeitung, und genau hier liegen auch Anknüpfungspunkte zum aristotelischen Empiriemodell, bei dem »der Resonanzboden aller vorwissenschaftlich akkumulierten Erfahrung«[135] ungebrochen mitschwingt.

Dennoch war die Methodologie des systematischen Einfühlens kaum geeignet, eine von den Strategien der ›Sciences‹ verschiedene empirische Forschung zu begründen. Als entscheidendes Hindernis sind vor allem die psychologistischen Konnotationen des Modells zu notieren.[136] Auf der Basis der Bewußtseinspsychologie verstand Dilthey die Introspektion nämlich als ein subjektives bzw. agesellschaftliches Vermögen, dessen Wurzeln in einer »inneren Erfahrung« als anthropologischer Konstante liegen sollten. Die Verkürzung dieser Beschreibung wird dann deutlich, wenn man noch einmal auf Meads Analyse der sozialen Empirizitäten als Handlungswirklichkeiten symbolischen Charakters zurückgeht. Nach Meads Beschreibung ergibt sich der Realitätsgehalt sozialer Wirklichkeit nämlich nicht aus subjektiven, sondern aus interaktions- bzw. handlungsbezogenen Prozessen. Gerade deshalb können die erlebnisbedingten Synthetisierungsleistungen auch kaum als Resultat einer »inneren Erfahrung« begriffen werden. Sie beruhen vielmehr auf interaktiven Voraussetzungen, und das Verstehen von erlebnisbedingten Zusammenhängen kann deshalb nur in dem Maße gelingen, wie diese interaktiven Voraussetzungen ›subjektbezogen‹, d. h. aus der Perspektive der Handelnden selbst dechiffriert werden.

Eine solche Rekonstruktion aus der Perspektive der Handelnden, deren Wahrheitsgehalt in Abhängigkeit von den Grenzen des jeweiligen Handlungskontextes zu sehen ist[137], verläuft in dem Sinne erlebnisgebunden, als sie an die von den Subjekten artikulierten Sinnzusammenhänge anknüpft, um so die immanente Systematik der symbolischen Verweisungszusammenhänge aufzudecken. Die Struktur dieses Aufdeckungsprozesses läßt sich in Abgrenzung zu Diltheys Konzept der ›Introspektion‹ anhand der Meadschen Beschreibung des sozialen Handelns als einem Prozeß der wechselseitigen Rollenübernahme illustrieren[138]. Hiernach werden Handlungswirklichkeiten stets in der Weise konstituiert und angeeignet, daß die an einer Situation Beteiligten (›Ego‹, ›Alter‹) die Perspektiven des jeweils anderen hypothetisch übernehmen, sich mit ihnen identifizieren bzw. von ihnen distanzieren und damit die Wirklichkeitsgrenzen der Situation ebenso festlegen wie die Möglichkeiten der subjektiven Synthetisierung von Bedeutungsverschiedenheiten. Eben diese Vorgänge der virtuellen Übernahme und reflexiven Distanzierung von situativ gegebenen Bedeutungsperspektiven lassen sich auch als ein Modell für das wissenschaftliche Verstehen von erlebten Wirklichkeiten begreifen, denn dieses bedeutet kein ›Aufgehen‹ im Erleben, sondern sein Ziel besteht darin, ausgehend von den vorwissenschaftlichen Unterscheidungen die kommunikative Struktur von Erlebnis- und Symbolzusammenhängen herauszuarbeiten.

Sozialempirie als interpretative und normative Wirklichkeit

Sowohl der Vergleich von aristotelischem und neuzeitlichem Empirieverständnis als auch die Argumentationen zum Verhältnis von natur- und geisteswissenschaftlichen Rekonstruktionsstrategien geben zu erkennen, daß entgegen der gängigen Verabsolutierung des Empirieideals der Sciences von verschiedenen Möglichkeiten wissenschaftlicher Erfahrungsverarbeitung und Empirieproduktion auszugehen ist. Für die neuzeitliche Wissenschaft lassen sich dabei zusammenfassend zwei Empirietypen voneinander abgrenzen, nämlich zum einen die apparativ bedingte *Naturempirie* und zum anderen die kommunikativ bedingte *Sozialempirie*. Beide Konzepte unterscheiden sich in ihren Regeln der Konstitution von Wirklichkeit ebenso wie in ihrer Beziehung zu diesen Wirklichkeiten. Bei der Naturempirie wäre das Erkenntnissubjekt in seinem Verhältnis zur Realität mit der Metapher des hypothetisch-experimentell denkenden Ingenieurs zu beschreiben, bei der Sozialempirie ist hingegen von einem virtuellen Handlungssubjekt als Bezugspunkt der Erkenntnisproduktion auszugehen. Den divergierenden Konzeptionen des Erkenntnissubjekts entsprechen zwangsläufig divergierende Empirien. Im ersten Fall wird die Außenwelt als eine subjektunabhängige agesellschaftliche Struktur erfahren, im zweiten hingegen als eine subjektbezogene, symbolische Wirklichkeit. Der instrumentellen Kontrolle einer naturhaft-objektiven Welt steht also die kommunikative Aneignung gesellschaftlich intersubjektiver Welten gegenüber, und dieser Unterschied bleibt auch für die Erkenntnisverfahren nicht folgenlos. Um nämlich die ›Naturempirie‹ herzustellen, muß die Außenwelt als ein ›subjektfreier‹ Wirkungszusammenhang gefaßt werden, der über instrumentell isolierbare ›Merkmale‹ bzw. Faktoren beschrieben und eindeutig ursachenbezogen erklärt werden kann. Anders hingegen sieht es bei der Sozialempirie aus, denn hier stellt sich das, was als ›empirisch‹ gilt, erst über das interaktive Erleben der Handlungssubjekte her. Die wissenschaftliche Rekonstruktion kann somit nicht, wie im Fall der Naturempirie, ›subjektlos‹ erfolgen, sondern soziale Empirizitäten sind vielmehr aus der Perspektive der Handelnden, also als handlungsbezogene relative mit gleichermaßen normativen, kognitiven und expressiven Konnotationen zu verstehen, sodaß die Objektivitäts- bzw. Verallgemeinerungskriterien des Naturmodells kaum ungebrochen Anwendung finden können.

Derartig idealtypisch einander gegenübergestellt wirken die beiden Modelle allerdings reichlich abstrakt und in mancher Hinsicht vereinfachend. Dies fällt vor allem dann ins Auge, wenn man sie auf die konkrete Praxis der Sozialforschung bezieht, denn hier greift die binäre Schematisierung von Natur- und Sozialempirie in der bislang entwickelten Form nur begrenzt. Wie die faktische Dominanz der Tatsachenforschung zeigt, sind die meisten der etablierten Strategien nämlich in Nachahmung des Naturmodells konzeptualisiert, wobei das Empirieverständnis der ›Sciences‹ offensichtlich auch ›erfolgreich‹ übertragen werden konnte. Für eine nicht-tatsachenorientierte Soziologie sind diese Erfolge solange unproblematisch, wie die verstehenden Verfahren, wie in der an Rickert/Weber anknüpfenden Tradition in einer ›empirieuninteressierten‹ Form eingeführt werden[139]. Anders hingegen sieht es bei Thematisierungen aus, die an Dilthey oder Mead anschließen. Die hier entwickelten Vorstellungen zur Spezifik sozialer und sozialwissenschaftlicher Empirie sehen nämlich zunächst keinen Rückgriff auf szientistische Strategien vor. Diese Position läßt sich aber nur dann sinnvoll aufrecht erhalten, wenn man erklären kann, wieso trotz des Gegensatzes von kommunikativer und instrumenteller Empirie eine Übernahme des szientistischen Modells dennoch möglich ist bzw. genauer: inwiefern diese Übernahme ideologische Züge trägt und inwiefern nicht.

Die Frage nach der Angemessenheit bzw. Unangemessenheit der etablierten Sozialforschung wird freilich in den sich auf Mead berufenden Konzepten oft ebenso wenig gestellt wie von Seiten der konventionellen Methodenlehre. Was variiert, sind eher die Vorzeichen, denn während nach konventioneller Auffassung nur die Übernahme des szientistischen Modells vor ideologischen Abirrungen schützt, gehen ›unkonventionelle‹ Autoren wie William Filstead (1970) oder Thomas P. Wilson (1973) an diesem Punkt von einem pauschalen Ideologieverdacht aus. Die analytische Begründung dieses Ideologieverdachts kann allerdings nur selten befriedigen. So erklärt sich nach Filstead die »Popularität des naturwissenschaftlichen Modells«[140] aus »nichts anderem als dem Verlangen nach mehr Sozialprestige«[141], wobei die These mitschwingt, daß es nur des Verzichts auf derartige Motivationen bedürfe, um »die empirische soziale Welt so darzustellen, wie sie für die Untersuchten tatsächlich existiert, und nicht so, wie der Forscher sie sich vorstellt«[142]. Mit dieser Behauptung wird eine sowohl prekäre als auch problemreduzierende Umdefinition vorgenommen, denn das naturwissenschaftliche Modell stellt sich nun als ein Produkt der szientistisch geprägten Vorstellungswelt des Forschers dar, wohingegen die über »sympathetische Introspektion«[143] erfaßbare reale Welt der Handelnden grundsätzlich nicht-szientistisch strukturiert erscheint.

Differenzierter erscheint demgegenüber der Entwurf einer »interpretativen Soziologie« von Wilson[144]. Dieser geht von der Überlegung aus, daß in der konkreten Alltagspraxis die Welt nach einer anderen Logik (re-)konstruiert wird als in den gängigen soziologischen Modellen von Weber bis Parsons unterstellt. Dort nämlich erscheint das soziale Handeln als ein durchgängig normengesteuerter Prozeß, aber diese Darstellung ist nach Wilson gerade in empirischer Hinsicht unzutreffend. Betrachtet man die interaktive Entstehung von ›Wirklichkeit‹, so handeln die Individuen nämlich nicht nach Maßgabe abstrakter Normen, sondern stellen ihre Welt induktiv bzw. interpretativ her, und es sind genau die situativen Interpretationsleistungen, die den empirischen Charakter der sozialen Wirklichkeit ausmachen.

Die Pointe dieser Argumentation liegt zweifellos darin, daß sie die ›unempirische‹ Orientierung jener Konzepte betont, die die gesellschaftliche Realität aus der Perspektive hypothetisch angenommener Werte bzw. Normen erklären. Dennoch erscheint Wilsons These zugleich verkürzend – sagt doch die Empirieuninteressiertheit des sog. »normativen Paradigmas«[145] noch keineswegs etwas über die empirische Angemessenheit bzw. Unangemessenheit der etablierten Sozialforschung aus. Zwar betont Wilson zu Recht, *daß* soziale Wirklichkeit hergestellt wird, aber offen bleibt die Frage, *wie* dieser Herstellungsprozeß verläuft. Ähnlich wie Filstead kommt er deshalb auch kaum über die absolute Trennung von Kultur und Sozialempirie hinaus, denn die in Anlehnung an das Naturmodell rekonstruierten Wirklichkeiten erscheinen bei ihm ebenfalls von vorn herein ›unwirklich‹. Hiermit fällt er eindeutig hinter Mead zurück[146], dessen Problematisierungsniveau auch in anderer Hinsicht unterschritten wird. So ist für Wilson nicht die kommunikative Lebenspraxis das strukturbestimmte Moment in der Wirklichkeitswahrnehmung, sondern die die aktuelle Interpretationsleistung der Handelnden. Diese, zunächst scheinbar marginale Veränderung ist durchaus folgenreich, denn während bei Mead mit dem Konzept der kommunikativen Lebenspraxis, der Übergang zu einer gesellschaftstheoretischen Erklärung ermöglicht wird[147], sind bei Wilson aufgrund des Feindbildes ›normatives Paradigma‹ alle makrotheoretische Konnotationen ausgeblendet, sodaß die gesellschaftstheoretische Dimension sang- und klanglos entfällt. Die verzerrenden Konsequenzen einer solchen Sichtweise werden dann deutlich, wenn man jene Aspekte des sozialen Handelns betrachtet, wie sie z. B. von Berger/Luckmann unter den Stichworten der ›Habitualisierung‹, ›Institutionalisierung‹ und ›Traditionsbildung‹ beschrieben worden sind[148]. Ganz im Sinne des interpretativen Paradigmas gehen auch Berger/Luckmann zunächst davon aus, daß Handlungswirklichkeiten stets interpretativ produzierte und so gesehen einmalige Akte sind[149]. Aber dies ist in ihren Augen nur die eine Seite, denn jede Handlung, die häufiger wiederholt wird, verfestigt sich »zu einem Modell, welches ... reproduziert werden kann und vom Handelnden *als* Modell aufgefaßt wird«[150]. Derartige »Habitualisierungen« bilden für den Aufbau komplexerer Handlungsmuster eine conditio sine qua non, sodaß sich die von den Subjekten hergestellten Wirklichkeiten aus den situativen Interpretationsleistungen in der Regel kaum zureichend erklären lassen. Sie verweisen vielmehr auf einen erfahrungsbedingten ›Abhub‹ von konkreten Handlungsprozessen, der als autonomisierte Struktur über normative und damit interpretationsbegrenzende Kraft verfügt.

Unter konstitutionstheoretischen Gesichtspunkten sind derartig autonomisierte Strukturen als gleichsam ›geronnene Interaktionen‹ zu begreifen, die ihrerseits in verschiedenen Stufen bzw. Komplexitätsgraden gedacht werden können, nämlich von kurzfristigen

Gewohnheiten bis hin zu tradierten Weltbildern, die allgemein anerkannt und qua Sozialisation weitervermittelt werden[151]. Auf allen Ebenen zeigen sich freilich nachhaltige Auswirkungen auf die Formen der Wahrnehmung gesellschaftlicher Wirklichkeit, denn letztlich bedeuten Habitualisierung, Institutionalisierung und Traditionsbildung nichts anderes als eine Umdefinition der Kontingenz möglicher Interpretationen der Welt in die Komplexität einer ganz bestimmten, sozusagen ›wirklich empirischen‹ Welt, die den Gesellschaftsmitgliedern als »gegebene Wirklichkeit gegenüber(steht) – wie die Natur und wie diese vielerorts undurchschaubar«[152].

Man kann sicherlich darüber streiten, ob die von Berger/Luckmann angedeutete strukturelle Verdinglichung der sozialen Welt[153] zwangsläufig deren Undurchschaubarkeit nach sich ziehen muß, aber dies ändert nichts daran, daß die Sozialempirie offensichtlich selbst quasi-naturhafte Züge aufweist. Was innerhalb einer gegebenen Gesellschaft als ›empirisch‹ angesehen wird, hängt nämlich zu einem nicht geringen Teil von der Struktur der ›geronnenen Interaktionen‹ ab, die als vorgegebene Deutungsmuster ebenso routinisiert wie standardisiert benutzt werden. Eben diese Interaktionsbestände, die selbst als gesellschaftlich formbestimmt zu begreifen sind, werden jedoch dann übersehen, wenn man, wie Wilson, »die Annahme fallen . . . (läßt), daß es einen kulturell etablierten kognitiven Konsens gebe, der sich in einem geteilten Symbolsystem darstellt und vom Forscher als vorausgesetzt angesehen werden kann«[154].

Eine solche Negierung der vorgegebenen Standards ist zwar insofern berechtigt, als die Handelnden bei ihren Realitätskonstruktionen keine schlichte ›Anwendung‹ abstrakter Normensysteme praktizieren. Diese sind häufig gar nicht bewußt und kommen nur indirekt zum Vorschein, nämlich über spezifische Selektivitäten der handlungsbezogenen Deutung. Oder sie werden, sofern als tatsächlich handlungssteuerndes Moment vorhanden, situativ gehandhabt und dabei z. T. mit divergierenden empirischen Konnotationen versehen. Aber auch wenn man aus der Logik von Normensystemen keineswegs auf die Logik der alltäglichen Herstellung sozialer Wirklichkeit schließen kann, so wird doch in der Handlungspraxis nicht irgendeine, sondern eine für die jeweilige Gesellschaft ›typische‹ Empirie produziert. Gerade als symbolisch strukturierte Wirklichkeiten repräsentieren diese ›gesellschaftstypischen‹ Empirien stets mehr als die unmittelbare Handlungssituation, denn die jeweiligen Symbolzusammenhänge verweisen per se auf übergreifende Wirklichkeitsvorstellungen, deren Selektivität und Grenzen sich in den Normensystemen sowohl konzentriert als auch verschoben niederschlagen[155].

Wie die Handelnden die Außenwelt als ›Wirklichkeit‹ rekonstruieren, sagt somit nicht nur etwas über ihre Interpretations*leistungen* aus, sondern mindestens ebenso viel über die gesellschaftlich lizensierten Interpretations*möglichkeiten*, deren Logik mit derjenigen konkreter Handlungsprozesse keineswegs identisch ist. Um zu verstehen, was in einer je gegebenen lokal-historischen Situation als ›empirisch‹ gilt, ist deshalb mehr notwendig als eine positive Beschreibung der Interpretationsleistungen. Diese sind vielmehr zugleich in ihrer systematischen *Selektivität* zu analysieren, um so jene situationsunabhängigen, wenngleich von den Subjekten aktiv zu reproduzierenden ›Wirklichkeitsgrenzen‹ herauszuarbeiten, die innerhalb der Alltagspraxis meist kaum zur Disposition stehen.

Für die wissenschaftliche Rekonstruktion bedeutet dies, daß die Herstellung sozialer Empirizitäten als ein zweiseitiger Prozeß zu begreifen ist, in dessen Verlauf die gesellschaftstypisch selektiven Realitätsvorstellungen nach einer eigenständigen, d. h. auf sie nicht reduzierbaren Logik gehandhabt und reproduziert werden. Erst auf der Grundlage eines solchen Konzepts der ›Zweiseitigkeit‹ wird es auch möglich, jene systematische Differenz zwischen der alltagsweltlichen Wirklichkeitswahrnehmung und ihrer wissenschaftlichen Rekonstruktion zu bestimmen, die bei manchen Vertretern des interpretativen Paradigmas (ähnlich wie z. T. auch bei Dilthey) unterschwellig verloren geht oder widersprüchlich erscheint. Exemplarisch sei hier z. B. auf Hartwig Berger verwiesen, der die von ihm favorisierte »emanzipatorische Sozialforschung« letztlich mit »praktischem Wissen« gleichsetzt[156], obwohl er andererseits durchaus Unterschiede zwischen der wissenschaftlichen und der vorwissenschaftlichen Sichtweise anerkennt. In der wissenschaftlichen Rekonstruktion geht es nämlich auch nach Berger nicht einfach um eine Deskription alltagsweltlicher Wirklichkeitsgewißheiten, sondern diese sind vielmehr reflexiv distanziert zu betrachten – soll doch geklärt werden, warum die Individuen bestimmte Dinge so sehen, wie sie sie sehen, welche Selektivitäten hierbei zu beobachten sind, und welche Widersprüche schließlich in die jeweils hergestellten Wirklichkeiten eingehen[157].

Eine solche Analyse muß, wie im aristotelischen Modell, grundsätzlich an den umgangssprachlich vorformulierten Unterscheidungszusammenhängen anknüpfen, und wie schon Rickert anmerkte, genügt dem Sozialwissenschaftler »in vielen Fällen ... das allgemeinbegriffliche Wissen, das er im vorwissenschaftlichen Stadium besitzt, vollständig für die Erreichung seiner Zwecke«[158]. Im Unterschied zum aristotelischen Modell werden die vorwissenschaftlichen Unterscheidungszusammenhänge allerdings nicht auf derselben Ebene belassen, also gleichsam ›reflexiv geläutert‹ wiederholt, sondern unter der schon erwähnten Bedingung einer ›doppelten Selbstrelationierung‹ betrachtet. Oder in Anlehnung an die Darstellung von Krohn formuliert[159]: Der Sozialforscher ist stets einerseits beobachteter Beobachter in, andererseits aber auch beobachtender Beobachter außerhalb der untersuchten Handlungspraxis, wobei sich mit Hilfe des Kriteriums der Handlungsentlastetheit die Wahrnehmungen des einen Standpunktes als bestimmte Wahrnehmungen des anderen Standpunktes rekonstruieren lassen. Eben hieraus ergibt sich ein gegenüber der Alltagswelt verändertes Verständnis von ›Wirklichkeit‹, denn sofern die ›besonderen‹ Handlungswirklichkeiten auf ›allgemeine‹ Konzepte ihrer Produktion und Herstellung bezogen werden, kommt es zur Konstituierung von zwei Realitätsebenen: Die handlungsbezogen-unmittelbaren Wirklichkeiten stellen sich nun als ›erscheinende‹ dar, die bedingt sind durch tieferliegende Produktionsstrukturen, welche das ›Wesen‹ der Dinge ausmachen und jene quasi-naturhaften Momente enthalten, die in die aktuellen Interpretationsprozesse als latente Vorgaben eingehen.

Empirische Blicke und die Geschichte der empirischen Sozialforschung

Die skizzierten Überlegungen zur Sozialempirie als normativer und interpretativer Wirklichkeit machen deutlich, daß soziale Wirklichkeiten mehr sind als interaktiv zufällige Empirizitäten und in der wissenschaftlichen Rekonstruktion auch kaum so behandelt werden können. Sowohl im vorwissenschaftlichen als auch im wissenschaftlichen Bereich verweisen die als ›empirisch‹ etikettierten Strukturen vielmehr auf *gesellschaftstypische* Formen der Konstitution und Aneignung von Symbolisationszusammenhängen. Anhaltspunkte dafür, wie diese Gesellschaftstypik in ihrer Selektivität und Normativität konkret zu begreifen ist, lassen sich an den schon erwähnten Analysen von Michel Foucault gewinnen. Diese beschäftigen sich zwar nicht unmittelbar mit dem Feld der empirischen Sozialforschung, aber die Untersuchungen zur »Archäologie des ärztlichen Blicks« oder zur »Archäologie der Humanwissenschaften«[160] geben eine gesellschaftstheoretisch interessierte Rekonstruktion zu erkennen, die auch auf unseren Problemkontext übertragen werden kann. Dies gilt vor allem für die Kategorie des *empirischen Blicks*, mit der Foucault jene Strukturen zu umschreiben versucht, die angeben, wie das Verhältnis »des Sichtbaren zum Unsichtbaren«[161] gestaltet ist und nach welchen Kriterien die Abgrenzung, kontextuelle Einbettung und Verallgemeinerung empirischer Entitäten verläuft.

Empirische Blicke sind hiernach gesellschaftlich produzierte kognitive Muster mit gleichermaßen kommunikationsermöglichender wie -begrenzender Funktion. Sie legen fest, unter welchen Prämissen innerhalb einer je gegebenen Gesellschaft die Außenwelt als ›Wirklichkeit‹ sozial angeeignet werden kann, ohne jedoch die konkreten Empirizitäten vollständig bzw. abschließend zu definieren. Die jeweiligen Selektionsprämissen sind eher ein Rahmen für die interpretativen Herstellungsleistungen der Handlungssubjekte, der mit dem Insgesamt der sozialen Erfahrungsverarbeitung keineswegs identisch sein muß. So spielen beispielsweise bei dem für die kapitalistische Ökonomie typischen ›Verwertungsblick‹ Bedarfs- und Gebrauchswertorientierungen durchaus eine Rolle, aber diese sind nicht unmittelbar strukturtragend, sondern als eine ›subjektive‹ Wirklichkeit von Bedeutung, die ›offiziell‹ in den Bereich des Privaten fällt. Dieses Beispiel zeigt auch, daß empirische Blicke nicht notwendig eindeutige Wirklichkeiten hervorbringen. Sie verweisen stattdessen auf eine gesellschaftstypisch selektive ›normative Infrastruktur‹, die bestimmte Muster der Erfahrungsverarbeitung als ›eher irrelevant‹ ausgrenzt, ohne sie jedoch auszulöschen. Die ausgegrenzten Strukturen bestehen vielmehr als ›nachgeordnete‹ Wirklichkeiten fort und verändern ihren Spielraum je nach der interpretativen Handhabung, sodaß die jeweiligen Prozesse der gesellschaftlichen Empirieproduktion zwar nicht beliebig, wohl aber mehrdeutig sind.

Empirische Blicke, so läßt sich aus Foucaults Analysen lernen, fallen je nach dem Modus der Vergesellschaftung unterschiedlich aus, wobei sich evolutionär gesehen mit den Blicken auch das Verhältnis von normativen und interpretativen Wirklichkeitsbestandteilen ändert. Letzteres illustriert Foucault unter anderem an den unterschiedlichen Perzeptionsweisen des Systems der Arbeit im 17./18. und 18./19. Jahrhundert: Im ersten Fall, also unter vorkapitalistischen Bedingungen, wird die Ökonomie unter dem Gesichtspunkt des Austauschs von Reichtümern gesehen, sodaß sich die ›Ordnung‹ der Arbeit aus »Bedarfsgegenständen (ergibt), die sich gegenseitig repräsentieren«[162]; im zweiten Fall hingegen bildet die Verwertung von Arbeitskraft und damit die »transformierte, verborgene, vergessene Zeit und Mühe«[163] den Referenzpunkt der Empirieherstellung. Hieraus ergeben sich zwangsläufig andere, nämlich ›abstraktere‹ Wahrnehmungsgrenzen, die zugleich auf größere Spielräume für interpretative Herstellungsleistungen verweisen. Allerdings sind diese gewachsenen Möglichkeitsspielräume selbst ambivalent; sofern sie nämlich mit der neuartigen Trennung von ›privaten‹ und ›öffentlichen‹ Wirklichkeiten korrelieren,[164] bedeutet die durch sie gesetzte Verbreiterung des Empirischen keineswegs eine Ausweitung des gesellschaftlich akzeptierten Empiriebereichs. Letzterer wird sogar eher restringiert, denn vor dem Hintergrund des Bezugspunkts ›Verwertung von Arbeitskraft‹ erhält das, was im gesellschaftstypisch verallgemeinerbaren Sinne als ›empirisch‹ angesehen wird, einen zunehmend instrumentell-tatsachenbezogenen Charakter.

Über Foucault hinaus ist diese Instrumentalisierungstendenz vor allem von marxistischer Seite analysiert worden[165], und die hier vorgelegten Untersuchungen bieten auch einige Erklärungsansätze dafür, warum das Empiriemodell der Sciences in der Moderne für die Rekonstruktion sowohl ›subjektfreier‹ als auch ›subjektbezogener‹ Realitäten brauchbar wird[166]. Insofern durch die Universalisierung von Tausch und Warenproduktion die Verwertungsorientierung »zum organisierenden Zentrum sämtlicher gesellschaftlicher Beziehungen wird«[167], kommt es nämlich nicht nur zur Realisierung einer veränderten Naturwahrnehmung; der instrumentelle Umgang mit der Welt avanciert vielmehr zu einem gesellschaftlich allgemeinen Prinzip, und da die hierin nicht aufgehenden Wirklichkeitsbestandteile auf die Ebene des Vorgesellschaftlichen bzw. Privaten verschoben werden, wird es möglich, auch die soziale Umbzw. Mitwelt als instrumentelle Natur bzw. quasi naturhafte Tatsache zu begreifen. Oder anders formuliert: Gerade unter den Bedingungen bürgerlicher Vergesellschaftung wird die kommunikative Bedingtheit der Sozialempirie systematisch instrumentell überformt, und eben hierdurch können wesentliche Aspekte der sozialen Wirklichkeit ähnlich gehandhabt werden wie die äußere Natur, obwohl sie keineswegs in derselben Weise konstituiert sind.

Die skizzierte Argumentation erscheint auf den ersten Blick durchaus plausibel, obwohl sie genau genommen eine eindimensionale Erklärung darstellt. Zwar läßt sich die für die bürgerliche Gesellschaft typische Ausdifferenzierung zwischen subjektiven (bzw. ›privaten‹) und objektiven (bzw. ›öffentlichen‹) Wirklichkeiten kaum ableugnen, aber entgegen der obigen Darstellung ist dieser Prozeß als ein widersprüchlicher bzw. selbstnegatorischer zu begreifen, der sich nur um den Preis seiner Ideologisierung positivieren läßt[168]. Eine solche Positivierung ist aber nicht nur bei den vielen Ansätzen zu beobachten, die sich unter Berufung auf Marx um eine Interpretation des Verhältnisses von ökonomischer Struktur und Sozialwahrnehmung bemühen; sie kennzeichnet auch einen großen Teil der hierauf aufbauenden »marxistischen Sozialforschung«, die trotz aller ideologiekritischen Seitenhiebe nicht selten auf eine nachträgliche Legitimation bzw. Übernahme der ›konventionellen‹ Methodenlehre hinausläuft, wobei das Problem einer kritischen Sozialforschung in ein solches des ›kritischen Auftraggebers‹ definiert wird[169].

Diese Anpassung an Tatsachenblick und szientistische Rekonstruktionsstrategien macht deutlich, daß die bisherigen Analysen zum Zusammenhang von Vergesellschaftung und Sozialempirie zu kurz greifen. Sie erklären zwar den funktionalen Zusammenhang von kapitalistischer Verwertungsorientierung und Tatsachenwahrnehmung, thematisieren jedoch kaum den Stellenwert der nichttatsachenbezogenen Perzeptionsform, obwohl diese auch unter der Bedingung ihrer Abdrängung ins Private offensichtlich ›irgendwie‹ gesellschaftlich wirksam sind. Letzteres ergibt sich schon daraus, daß die instrumentelle Überformung der Sozialempirie keineswegs eine schlichte Aufhebung ihrer kommunikativen Bedingtheit bedeutet, sodaß so gesehen die quasi naturhafte Handhabung der sozialen Wirklichkeit stets unvollständig bzw. widersprüchlich ausfallen muß. Eben diese Widersprüchlichkeit bzw. Gebrochenheit ist auch in den Vordergrund der Analyse zu rücken, denn nur auf diese Weise kann es gelingen, die gesellschaftliche Struktur der neuzeitlichen Sozialempirie und das sie kennzeichnende Verhältnis von Tatsachen- und Erlebniswahrnehmung zureichend zu begreifen.

Die These von der Doppelstruktur bzw. Widersprüchlichkeit der neuzeitlichen Sozialempirie ist freilich nur dann haltbar, wenn es gelingt, sie anhand der Geschichte der empirischen Sozialforschung zu rekonstruieren. Auf den ersten Blick scheint dies freilich ein schwieriges Unterfangen zu sein, denn in den gängigen Darstellungen, wie sie von Zeisel (1933), Lazarsfeld (1961), Obershall (1965) oder Schad (1972) vorgelegt worden sind, wird die Entwicklung entsprechend dem konventionellen Verständnis als eine solche der »quantitative methods« und damit des Tatsachenblicks dargestellt. Eine solche Form der Rekonstruktion mag zwar insofern berechtigt sein, als der Tatsachenblick innerhalb der bürgerlichen Gesellschaft das sozial dominante Muster der gesellschaftlichen Empirieproduktion bezeichnet. Schaut man jedoch genauer hin, so zeigt sich, daß es zu keiner Zeit unumstritten war, denn neben den tatsachenbezogenen Strategien, wie sie vor allem durch die Entwicklung der *Statistik* repräsentiert werden, findet sich in Gestalt der *monographischen Arbeitsformen* eine zweite Traditionslinie, in der die soziale Realität eher unter der Perspektive ihres Erlebnischarakters angegangen wird.

Aus dem Blickwinkel der konventionellen Methodenlehre erscheint diese monographische Tradition in der Regel als ein längst überwundenes Vorstadium, wenn nicht gar als eine bedauerliche Unter- bzw. Fehlentwicklung[170]. Man sollte sich jedoch durch diese Stilisierung nicht täuschen lassen, denn auch, wenn sich Statistik und Monographie in der Tat ungleichmäßig entwickelten, wurden sie im 19. und frühen 20. Jahrhundert durchaus als ›alternative‹ Methodologien begriffen, mit deren Hilfe ein und dasselbe Problem empirisch unterschiedlich erfahren werden kann. Gerade eine Betrachtung dieser Alternativität und ihrer unterschiedlichen Entwicklung kann auch dazu beitragen, das heutige (Un-)verhältnis von Tatsachen- und Erlebniswahrnehmung in der Sozialforschung besser zu erklären, und entsprechend der skizzierten theoretischen Konzeptualisierung sollen deshalb im folgenden zwei Punkte genauer herausgearbeitet werden:

– Zum einen wollen wir nach den *kognitiven Strukturen* von Statistik und Monographie fragen, also danach, was wie und mit welchen Selektivitäten jeweils als ›empirisch‹ konstituiert wird. Analytisch gesehen bedeutet dies die Untersuchung von drei Punkten, nämlich: (a) eine Analyse der jeweiligen *Kriterien zur Begründung und Abgrenzung empirischer Entitäten*, (b) eine Betrachtung der damit verbundenen *Strategien zur Objektivierung und Verallgemeinerung* empirischer Aussagen sowie (c) eine Charakterisierung der *kontextuellen Einbettung und Erklärung* der empirischen Phänomene.

– Um präzisere Aussagen zum Verhältnis von Vergesellschaftungs- und Wahrnehmungsformen machen zu können, ist zum anderen nach der *sozialen Bedingtheit* der beiden Traditionslinien zu fragen, also danach, ob sich spezifische Korrelationen zwischen Statistik bzw. Monographie und bestimmten sozialen Strukturen feststellen lassen. Konkret wollen wir uns dabei auf vier Momente konzentrieren, nämlich: (a) auf eventuelle Unterschiede bei den *personalen Trägern*, (b) auf den jeweiligen Grad der Abhängigkeit vom institutionalisierten *Wissenschaftssystem*, (c) auf Korrelationen mit *Strukturen der Ökonomie* sowie (d) auf mögliche Abhängigkeiten von *politischen bzw. administrativen Einflußfaktoren.*

Um übertriebene Erwartungen zu dämpfen, sei angemerkt, daß die genannten Punkte keineswegs erschöpfend behandelt werden können, denn dies würde schon aufgrund der Breite des Materials den Rahmen der Untersuchung sprengen, und wir werden uns deshalb auf exemplarische Erläuterungen beschränken müssen. Dennoch dürfte es zumindest gelingen, die Standards der gängigen Überblicksdarstellungen nicht zu unterschreiten, denn diese sind in der Regel alles andere als ausführlich und zeichnen ein ebenso einseitiges wie stromlinienförmiges Bild.[171] So wird beispielsweise kaum herausgearbeitet, daß die heute so selbstverständliche Tatsachenempirie lange Zeit nur in gebrochener Form auftrat, und ebenso fehlt jegliche Diskussion der kognitiven und sozialen ›Kosten‹, die mit der gesellschaftlichen Verallgemeinerung des Tatsachenblicks verbunden waren. Gerade diese ausgeblendeten Elemente sind es jedoch, die eine Analyse der Einübung des Tatsachenblicks interessant machen, denn aus ihnen ergibt sich sowohl die Begründung als auch die Gestalt der alternativen monographischen Arbeitsformen.

3 Tatsachenblick und Tatsachenforschung – Zur Sozialgeschichte des bürgerlichen Empirieverständnisses

Wenn im folgenden von statistisch-tatsachenbezogenen Arbeitsformen die Rede ist, so sind damit jene Aneignungsformen gemeint, in denen die Wirklichkeit nach dem Muster der ›Sciences‹ als ein *subjekt- und situationsfreier* Zusammenhang rekonstruiert wird. In Abgrenzung zu den monographischen Empirieproduktionen bedeutet dies, daß die zu analysierenden Phänomene nicht als subjektbezogene Erlebniszusammenhänge mit exemplarischen Repräsentativitätsanspruch in den Blick treten, sondern auf isolierbare ›Merkmale‹ reduziert werden, deren Verallgemeinerung in Abhängigkeit von statistischen Validitätsüberlegungen verläuft. Entscheidend für den Tatsachenblick ist also eine *Entsubjektivierung, Dekontextualisierung* und *Quantifizierung* von Sozialerfahrung, die ebenso langsam wie mühevoll eingeübt werden mußte und erst mit der Durchsetzung der bürgerlichen Gesellschaft zu einer sozialen Realität werden konnte.

Sucht man vor diesem Hintergrund nach den Anfängen des Tatsachenblicks, so trifft man zunächst auf die politische Arithmetik, wie sie im späten 17. und 18. Jahrhundert in England entwickelt wurde. Schon der Name ›politische Arithmetik‹ verweist auf eine Form der Konstitution und Aneignung von Wirklichkeit, die im Vergleich zur vorbürgerlichen Zeit wahrhaft revolutionäre Züge trägt, denn Voraussetzung der politischen Rechenkunst ist die Annahme, »that social topics could be subjected on quantitative analysis«[172]. Die paradigmatischen Grundstrukturen sowie die historischen Ambivalenzen dieses neuen Blicks lassen sich zunächst an drei Beispielen, nämlich anhand der Arbeiten von John Graunt (1620–1674), Johann Peter Süßmilch (1707–1767) und William Petty (1623–1690) verdeutlichen, und diese Autoren sollen auch den Einstieg für unsere Diskussion bilden.

Vom vorbürgerlichen zum frühbürgerlichen Blick

Den Beginn der politischen Arithmetik markieren eindeutig die sozialdemographisch orientierten Arbeiten von John Graunt, die heute fast völlig vergessen sind, aber im 18. Jahrhundert stets als Vorbild zitiert wurden. Graunt, der im Laufe seines Lebens so unterschiedliche Berufe wie Kleinhändler, Musikalienhändler und Verwaltungsbeamter ausübte, hebt sich von seinen Nachfolgern insofern ab, als er über keinerlei akademische Ausbildung verfügte und sich selbst als wissenschaftlichen Autodidakten bezeichnete[173]. Dieses durch ein umfangreiches Selbststudium zureichend kompensierte ›Sozialisationsdefizit‹ dürfte jedoch eher von Vor- als von Nachteil gewesen sein, da hierdurch die Herausbildung neuer Sichtweisen bei gleichzeitiger Orientierung an den gängigen Argumentationsstandards durchaus gefördert wurde. Schenkt man seinen eigenen Angaben Glauben, so war es das von Blumenberg beschriebene ›Curiositas-Motiv‹[174], also eine spezifische, für die frühe Neuzeit typische intellektuelle Neugierde, die den Engländer dazu veranlaßte, sich mit einem für die damalige Zeit ebenso neuen wie ›unwissenschaftlichen‹ Gegenstand zu befassen, nämlich mit den Geburts- und Sterbelisten von London. Diese seit Beginn des 17. Jahrhunderts geführten Aufstellungen, die wöchentlich veröffentlicht wurden und abonniert werden konnten, versuchte Graunt unter einer sozialdemographischen Perspektive mit quantitativen Mitteln zu ordnen, um so zu Aussagen über Struktur und Veränderung der Londoner Bevölkerung zu gelangen.

Für heutige Augen erscheint eine solche Analyse keineswegs ungewöhnlich, aber in der ersten Hälfte des 17. Jahrhunderts stand sie weit außerhalb des Horizonts der etablierten Gelehrsamkeit. Graunt selbst war sich der Diskrepanz gegenüber dem scholastisch geprägten Lehrbetrieb durchaus bewußt, wenn er schrieb, daß er nicht »nach der Sitte der gelehrten Schulen« arbeite, sondern »etwas Neues hervorbringe, was noch nie eine gelehrte Feder berührt habe«[175]. Hierzu paßt auch, daß seine Untersuchungen nicht von den universitären Instanzen gefördert wurden, sondern von der 1662 gegründeten »Royal Society«, die als organisatorischer Konnex einer ›neuen Wissenschaft‹ in die Geschichte eingehen sollte[176]. Ebenso wie ihre Nachfolger auf dem Kontinent verstand sich die »Royal Society« als Träger einer »praktischen Aufklärung«[177], die wissenschaftliche Erkenntnis und politisch-praktische Orientierungen in einem ganz bestimmten Sinne zu vermitteln versuchte: Als Legitimationskriterium wissenschaftlicher Arbeiten fungierte die instrumentelle Verwendbarkeit ihrer Resultate, und als Vorbild galten in diesem Zusammenhang stets die ›neuen‹ Naturwissenschaften, die eine wirkungsbezogene Handhabung der Welt ermöglichten.

Auch Graunt berief sich in seinen »Natural and Political Observations upon the Bills of Mortality« (1662) ausdrücklich auf deren Beispiel, denn es ging ihm darum, die auf einen »mechanischen Gebrauch« hin ausgerichteten naturwissenschaftlichen Verfahren auf die Analyse sozialer Phänomene soweit wie möglich zu übertragen.[178] Sein Konzept einer mathematisch fundierten Sozialbeobachtung in praktischer Absicht, das kognitiv gesehen auf dem Empirismus Bacons fußte, blieb zwar zunächst weitgehend Programm, aber betrachtet man die »Natural and Political Observations« im Vergleich zu den damals gängigen Thematisierungen von Gesellschaft, so lassen sich die mit ihnen gesetzten Innovationen dennoch kaum übersehen. Sowohl die Idee, die »armen, verachteten Totenzettel«[179] als aussagekräftige Dokumente heranzuziehen als auch der Versuch einer rein quantitativen Auswertung dieser Unterlagen verweisen auf Erkenntnisperspektiven bzw. Verfahren, die von Graunt bewußt als ›nicht-gelehrt‹ bezeichnet wurden und mit den Standards der tradierten Gelehrsamkeit auch kaum zu vergleichen sind[180]. An die Stelle der syllogistischen Überprüfung tritt eine mathematisch-experimentelle Aneignung, bei der es darum geht, die alltagsweltlich eingeschliffenen Unterscheidungszusammenhänge unter der Perspektive ihrer instrumentellen Verfügbarkeit quantitativ zu transformieren, und hieraus ergab sich eine veränderte Ordnung der sozialen Welt, die als eine subjektunabhängige Ordnung von Zahlen gleichsam hinter den alltagsweltlichen Augen lag.

Im Selbstverständnis der damaligen Zeit blieb diese »neue Ordnung«[181] allerdings insofern ambivalent, als die Kategorien von Zahl und Maß in der Regel auf weit mehr verwiesen als auf eine instrumentell handhabbare Realität. Exemplarisch zeigt sich dies in unserem zweiten Beispiel, nämlich in den Arbeiten des preußischen Feldpredigers und Oberkonsistorialrats Johann Peter Süßmilch (1707–1767), dessen spezifische Verbindung von neuen Sichtweisen und traditionellen Erklärungen der Rezeption der politischen Arithmetik in Deutschland entscheidend Vorschub leistete. Inbezug auf seine Stellung innerhalb des Gelehrtenstandes repräsentiert auch Süßmilch – und dies ist keine zufällige Parallele – eine Art akademischen Außenseitertums. Im Unterschied zu Graunt hatte er zwar eine gelehrte Ausbildung erfahren, jedoch keine akademische Karriere gemacht, und ähnlich wie sein englischer Vorläufer arbeitete er weitgehend ohne Stützung durch den etablierten Wissenschaftsbetrieb.

Aus dieser relativ isolierten, aber gerade deshalb innovationsträchtigen Situation erwuchsen die 1741/42 veröffentlichten »Betrachtungen über die göttliche Ordnung in den Veränderungen des menschlichen Geschlechts, aus der Geburt, dem Tode und der Fortpflanzung desselben erwiesen« – ein äußerst interessantes Werk, das in seiner methodischen Reflektiertheit durchaus über Graunt hinausging, obwohl es schon im Titel die traditionalistischen Einbindungen der frühen Bevölkerungsanalysen erkennen läßt. Ebenso wie bei John Arbuthnot mit seinem »Argument for Divine Providence« (1710) war für Süßmilch die quantitative Analyse nämlich auf den Kontext einer »theologisch-teleologischen Weltauffassung«[182] bezogen, sodaß die Zahlen stets Zeichen für etwas spezifisch nicht-numerisches waren, das vordergründig auch wichtiger erschien als die numerische Ordnung selber.

Eben hierin schlagen sich massive Restbestände der Orientierungen des »christlichen Klerikers« nieder[183], die jedoch dann unterminiert werden, wenn Süßmilch von den »neuen Wahrnehmungen« der Bevölkerungsstatistik spricht. So rühmt er an Graunt, daß dieser »in den Registern der Toten und Krankheiten in London zuerst eine Ordnung wahrnahm«, die »dem äußeren Anschein nach«, also im alltagsweltlichen Verständnis vom menschlichen Leben und Sterben, nicht gegeben sei[184]. Diese ›unsichtbare Ordnung‹ wurde zunächst auch keineswegs theologisch, sondern methodologisch begründet, denn nach Süßmilch beschäftigt sich die Bevölkerungsstatistik mit der »Ähnlichkeit und Gleichförmigkeit verschiedener Dinge, welche sich beisammen finden oder aufeinander folgen«[185]. Eine solche verfahrenstechnisch orientierte Definition erinnert bereits an moderne statistische Konstitutions- und Verarbeitungsformen, die freilich selbst traditional interpretiert wurden. Die von Graunt entdeckte ›Tiefenstruktur‹, die unabhängig von der Zufälligkeit konkreter Erscheinungen existiert, erschien dementsprechend stets als eine »göttliche Ordnung«, die nach Süßmilch ebenso vorbestimmt wie in sich abgeschlossen war und letztlich nur theologisch verstanden werden konnte.[186]

Gemessen an den Kategorien Foucaults[187] wäre sein Ordnungsbegriff somit zwischen den ›klassischen‹ und ›modernen‹ Mustern einzuordnen. Auf der einen Seite sind für Süßmilchs Definition schon die Kriterien von Analogie und Folge konstitutiv, sodaß die Wirklichkeit als eine Ordnung quantitativer Ähnlichkeiten und Serien in einem problembezogen beschränkten Raum erscheint; auf der anderen Seite bleibt diese Konzeption jedoch in eine Vorstellung von Wirklichkeit als einem Zusammenhang qualitativer Identitäten und Unterschiede eingebettet, und diese ›alte‹ Ordnung ist nicht statistisch-quantitativ, sondern ausschließlich theologisch erfaßbar.

Weniger traditionalistisch als bei Süßmilch wurden die Prinzipien der Quantifizierung ein halbes Jahrhundert zuvor von William Petty (1623–1690) formuliert, einem Freunde Graunts, der dessen Untersuchungsansätze sowohl inhaltlich als auch methodisch weiterentwickelte und von partikularen Bevölkerungsstatistiken zu komplexeren Demographien überging. Petty war 1623 als Sohn eines Schneiders in Rumsey geboren, hatte die Universität Oxford besucht und stand als Arzt und Universalgelehrter bei seinen Zeitgenossen in hohem Ansehen[188]. Seinen raschen gesellschaftlichen Aufstieg, der 1669 durch die Verleihung des Adelsprädikats gekrönt wurde, verdankte er allerdings nicht allein wissenschaftlichen Qualifikationen, sondern vor allem seiner Stellung als Generalarzt der Armee von Irland und persönlicher Sekretär von Oliver Cromwell. In dieser Eigenschaft nahm Petty 1652 an dem englischen Eroberungszug in Irland teil, und zwei Jahre später erhielt er den regierungsoffiziellen Auftrag, die konfiszierten irischen Güter zu vermessen, um so die Kolonisation auf der Insel besser voranzutreiben. Aus diesem Projekt, das Petty auch zum Erwerb eigener Ländereien zu nutzen verstand[189], erwuchs schließlich »The Political Anatomy of Ireland«, eine 1672 fertiggestellte, aber erst 1691 veröffentlichte Abhandlung über die politischen, sozialen und ökonomischen Strukturen der irischen Lande, die auf einem für damalige Verhältnisse gewaltigen Zahlenmaterial beruhte und von Zeisel als »erste soziographische Untersuchung« überhaupt bezeichnet wird[190].

Dasselbe Material verarbeitete Petty mit stärker theoretischem und methodologischem Einschlag in dem im gleichen Jahr erschienenen Werk »Political Arithmetics«, das der neuen Wissenschaft ihren Namen gab. Hier finden sich auch jene oft zitierten methodologischen Passagen, in denen die politische Rechenkunst als eine Art ›sozialer Naturwissenschaft‹ entwickelt wird. Den Ausgangspunkt der Argumentation bildet, ähnlich wie bei Graunt[191], eine an

Bacon anknüpfende Kritik der damaligen ›normal science‹ der gelehrten Schulen mit ihrer Methode der »comparative and superlative Words and intellectual Arguments«[192]. Hiervon grenzt Petty sein eigenes Vorgehen mit den folgenden Worten ab: »I have taken the Course ... to express myself in terms of Number, Weight or Measure; to use only Arguments of Sense, and to consider only Causes, as have visible Foundations in Nature«[193]. Interessanter noch als die Abgrenzungsversuche gegenüber den scholastisch-rationalistischen Rekonstruktionsformen sind hier die positiven Aussagen zu dem, was man die Gegenstandskonstitution der politischen Arithmetik nennen kann. Im Vordergrund stehen die Begriffe des Zählens, Gewichtens und Messens, die nach dem Vorbild der Naturwissenschaften eingeführt werden. Worum es geht, ist also eine Auflösung der sozialen Wirklichkeit in vergleich- bzw. verrechenbare partikulare Einheiten, die unter der Perspektive der instrumentellen Verfügbarkeit angegangen werden, und hiermit war ein Analysenprogramm umrissen, das mit einer kosmologisch-reaktiven Handhabung der sozialen Wirklichkeit kaum zu vereinbaren ist.

Dennoch blieb die neue Wissenschaft zumindest in ihrem metatheoretischen Selbstverständnis eine »Wissenschaft des Maßes und der Ordnung« zugleich[194]. Ähnlich wie später Süßmilch, wenngleich in einer weniger barockisierenden Redeweise, spricht auch Petty davon, daß durch die Arithmetisierung universell gegebene Strukturen erfaßt werden, die auf eine abschließbare Ordnung verweisen und die in der ›Natur‹ der Dinge liegende Eigenschaften bezeichnen. Das Etikett des ›Natürlichen‹ ist freilich ambivalent und kaum noch im Sinne der tradierten christlichen Naturlehre zu begreifen. Zwar erlaubt es eine indirekte Anknüpfung an derartige Ordnungsmuster, aber dahinter setzt sich eine neue Perzeption von Vergesellschaftung und gesellschaftlichen Handlungssubjekten durch. Ebenso wie Graunt reflektiert nämlich auch Petty bei seinen quantitativen Verallgemeinerungen nicht mehr auf ständisch gebundene und dementsprechend qualitativ unterschiedene Individuen, sein Thema ist vielmehr, wie Lazarsfeld feststellt, der »average citizen«[195] der bürgerlichen Gesellschaft, der für Petty offensichtlich schon in vielerlei Hinsicht empirisch selbstverständlich war – ist es doch nur unter dieser Voraussetzung ›realistisch‹, die gesellschaftliche Praxis nach Zahl und Maß zu beschreiben, ohne ein solches Verfahren als kontrafaktisch zu empfinden.

Man sollte jedoch die These von der lebensweltlichen Selbstverständlichkeit eines in Zahl und Maß denkenden und deshalb auch so zu beschreibenden »average citizen« nicht überziehen, denn zumindest für das 17. Jahrhundert kann diesem kaum eine gesellschaftlich allgemeine Geltung zugesprochen werden[196]. So charakterisierte Petty selbst sein Verfahren als »not very usual«[197], und dies verweist darauf, daß die Dominanz der nicht-quantifizierenden Wahrnehmung zu seiner Zeit noch keineswegs aufgehoben war. In gesamtgesellschaftlicher Hinsicht ist vielmehr davon auszugehen, daß der Tatsachenblick als ein eher randständiges Phänomen wahrgenommen wurde – eine Behauptung, die sich nicht zuletzt durch einen Blick auf seine personalen Träger bestätigen läßt. Thematisiert und explizit entwickelt wurde der Tatsachenblick nämlich von Individuen, die durch die vorherrschend ständischen Vergesellschaftungsformen kaum vollständig determiniert waren: Sie zeichneten sich durch eine für die damaligen Verhältnisse erstaunlich hohe Mobilität aus, hatten in vielen Fällen mehrere ›Berufskarrieren‹ absolviert und fühlten sich dem Wissenschaftssystem der ›Hohen Schulen‹ in der Regel nur begrenzt verpflichtet.

Mit individuell divergierenden Akzentsetzungen sind diese Kennzeichen nicht nur für Graunt, Petty oder Süßmilch typisch, sondern auch für deren Zeitgenossen und Nachfolger wie de Witt (1625–1672), Halley (1656–1742), de Moivre (1667–1754) oder Kerseboom (1691–1774), die ebenfalls einer ›doppelten Vergesellschaftung‹ unterlagen. Von Ausbildung und Berufspraxis her gesehen standen sie eindeutig am Rande der traditionalen Gesellschaft, in die sie jedoch aufgrund ihrer sozialen Stellung zugleich integriert waren. Genau hieraus ergab sich ein in mancher Hinsicht ›gebrochenes‹ Verständnis von sozialer Wirklichkeit, das einerseits auf eine Perzeption von Gesellschaft als einem zweckrationalen Zusammenhang hinauslief, andererseits aber auch konstitutiv traditionale Züge trug – wurde doch die instrumentell-zweckrationale Ordnung selbst als Emanation einer darüber hinausweisenden, kosmologischen ›Wirklichkeit‹ begriffen.

Stellt man diese Gebrochenheit der Argumentation in Rechnung, so wäre den politischen Arithmetikern ein eigenständiger empirischer Blick zu attestieren, der ebenso viele ›vorbürgerliche‹ wie ›bürgerliche‹ Momente aufweist. Nur auf der Grundlage einer

Integration in traditionale Interpretationsmuster war es auch möglich, in die ›neuen‹ Momente der Dekontextualisierung und Quantifizierung sozialer Wirklichkeit problemlos einzuüben und damit das auszubilden, was in Anlehnung an Weber zumeist pauschal als »the rational spirit of the rising capitalism«[198] bezeichnet wird. Diese Formel weist zugleich auf den gesellschaftlichen Hintergrund der neuen Aneignungsformen, nämlich auf Frühkapitalismus und kapitalistische Wirtschaftsführung. Erst diese Form der gesellschaftlichen Produktion und Aneignung erlaubte es nämlich, ein von ständischen Ungleichheiten befreites Subjekt zu denken, das durch den Tausch als dominanten Vergesellschaftungsmodus bestimmt ist, und es ist somit die Tauschabstraktion, die den rechenhaft operierenden »average citizen« hervorbringt[199].

Allerdings ist diese Bestimmung der sozialen Ursachen noch zu pauschal und mechanistisch, denn auch wenn die Einübung des Tatsachenblicks »in letzter Instanz« ökonomisch begründet ist, setzt sie sich kaum unmittelbar über die Ökonomie durch. So hat beispielsweise das oft gerühmte »intellectual climate of the Baconian era«[200], das England im 17./18. Jahrhundert einen beträchtlichen. kognitiven Vorsprung innerhalb des europäischen Rahmens bescherte und für die Durchsetzung der politischen Arithmetik von entscheidender Bedeutung war, nur latent ökonomische Gründe. Unmittelbar ausschlaggebend war hier ein anderes Ereignis, nämlich der Bruch Heinrichs VIII mit Rom, in dessen Folge 1535 die ›römische‹ Scholastik per königlichem Dekret aus dem universitären Lehrbetrieb verbannt wurde. Hierdurch erhöhte sich schlagartig die »Rezeptivität« des Wissenschaftssystems für die in der frühbürgerlichen Alltagspraxis ausgebildeten Formen einer instrumentell orientierten Wirklichkeitsaneignung.[201] Zwar dauerte die Ausfüllung der politisch verordneten Umorientierung mehr als ein halbes Jahrhundert, aber im Unterschied zu anderen Ländern wurde die traditionelle Wissenschaft entscheidend geschwächt, und durch den politischen Einschnitt kam die Vorbildfunktion der Naturwissenschaften verstärkt zum Tragen: So waren für Graunt die Parallelen zu »subtilen« Mechanikexperimenten bereits selbstverständlich, und Petty ging an seine demographischen Untersuchungen mit dem medizinischen Blick eines Anatomen heran[202] – eine Sichtweise, die Süßmilch in Deutschland erst fünfzig Jahre später und nur unter expliziter Berufung auf seine englischen Vorbilder durchführen konnte.

Derartige, in mancher Hinsicht kontingente Momente setzen die These der ökonomischen Bedingtheit des Tatsachenblicks sicherlich nicht außer Kraft, aber sie machen deutlich, daß die aus dem ökonomischen Strukturwandel resultierenden Veränderungen der Sozialwahrnehmung sich kaum von selbst durchsetzten. Sie bedurften vielmehr eines zusätzlichen ›externen‹ Anstoßes, der seinerseits nur in dem Maße erfolgreich sein konnte, wie die quantifizierenden Aneignungsstrategien in konkrete soziale Verwendungszusammenhänge eingebunden und damit alltagspraktisch erlebt werden konnten. Im Unterschied zu den bereits zitierten Arbeiten über den Strukturwandel der Naturwissenschaften gibt es zwar bislang kaum Analysen dazu, wie diese praktische Einübung von Zahl und Maß als sozialempirischen Kategorien genauer vorzustellen ist[203], aber es lassen sich zumindest einige Problemkomplexe benennen, die die Erklärungsvariable ›Frühkapitalismus‹ konkretisieren und die in den einschlägigen Abhandlungen der damaligen Zeit auch mehr oder weniger offen angesprochen wurden.

– Zum einen rief die durch den Übergang zur kapitalistischen Produktionsweise bewirkte Ausweitung von Handel und Gewerbe einen zuvor unbekannten Informationsbedarf über den Markt und seine Bedingungen hervor, den die politische Rechenkunst abzudecken versprach. So sah bereits Graunt eine wesentliche Aufgabe seiner Untersuchungen darin, über die Feststellung der Bevölkerungszahl »den Bedarf an den verschiedenen Dingen zu veranschlagen, welche man zu verkaufen denkt«[204], und ähnliche Argumente zu der unterstelltermaßen positiven Beziehung zwischen demographischem Wissen und möglicher Wohlstandssteigerung bzw. ökonomisch zweckrationalem Verhalten durchziehen auch die Schriften seiner Nachfolger.

– Zum zweiten begünstigte der expandierende Frühkapitalismus, nicht zuletzt zum Zwecke seiner eigenen Verstetigung, ein Wachstum der Versicherungswirtschaft, deren Entwicklung jedoch nur in dem Maße vorangetrieben werden konnte, wie ein gesichertes Wissen über Klienten und Schadenshäufigkeiten gegeben war. In diesen Zusammenhang fällt beispielsweise die Arbeit von Jan de Witt, der 1670 aus den Sterbelisten holländischer Städte Prinzipien der Lebensversicherung aufstellte; ähnliches gilt für die Untersuchungen von Edmond Halley, denn ein wichtiges Anwendungsgebiet seiner ›Sterbetafeln‹ (1693) lag in der »Bestimmung des Preises von

Versicherungen (und) ... des Preises von Jahresrenten für einen Lebenden.«[205]

– Ein dritter Verursachungskomplex ist schließlich in Festigung, Arrondierung und Wachstum der neu entstehenden Territorialstaaten sowie in der damit verbundenen Zentralisierung der Herrschaftsinstanzen zu sehen. Pettys Untersuchung ergab sich zum Beispiel aus den Problemen der herrschaftlichen Erschließung bzw. Besiedlung eines Landes, und auf dem Kontinent förderte nicht zuletzt die seit dem Beginn des 18. Jahrhunderts einsetzende Peuplierungspolitik die Einübung und Anwendung der politischen Arithmetik in einer vergleichbaren Weise.

Aber auch diese Punkte erklären keineswegs alles, denn sie sind nur für jene Fälle plausibel, in denen die ökonomische Alltagspraxis gleichsam von sich aus zu den Kategorien von Zahl und Maß drängt. Diese Unterstellung ist jedoch kaum generalisierbar, denn empirisch selbstverständlich und damit praktisch handhabbar waren die neuen Strategien zunächst nur für diejenigen, die, wie z. B. Kaufleute und Händler, die Prinzipien der kapitalistischen Wirtschaftsführung tagtäglich erlebten oder den ständischen Vergesellschaftungsformen aus anderen Gründen nur begrenzt unterlagen. Außerhalb dieser ›randständigen‹ Gruppen mußte das Zählen und Messen der alltäglichen Welt hingegen über ›Umwege‹ eingeübt werden, und hier begründet sich die Institutionalisierung des neuen Blicks in der Regel auch weniger aus einer Eigendynamik des Ökonomischen, sondern aus den Aktivitäten staatlicher Instanzen.

Daß der vielzitierte »spirit of the raising capitalism« oft gewaltsam und unter Zerstörung der bestehenden Alltagspraxis durchgesetzt wurde, wird in den gängigen Darstellungen, egal ob marxistischer Provenienz oder nicht, oft übersehen. Dies ist insofern verständlich, als man sich zumeist am englischen Beispiel orientiert, denn dort bedurfte es in der Tat nur eines externen Anstoßes, um der latenten ökonomischen Dynamik zum Durchbruch zu verhelfen. In den weitaus meisten Ländern war diese Eigendynamik jedoch keineswegs von vornherein gegeben, und hier wurde auch eher eine systematische ›Entwicklungspolitik‹ betrieben, die herrschaftlich begründet war, aber über diesen Aspekt selbst hinaustrieb. Insofern nämlich Politik und Ökonomie im 17./18. Jahrhundert noch relativ eng miteinander verknüpft waren[206], lief der Ausbau der staatlichen Herrschaft und ihre Umwandlung zu einer abstrakt-allgemeinen auch auf die Durchsetzung einer neuen Ökonomie hinaus. Gerade für diesen Prozeß kam freilich der politischen Arithmetik eine nicht zu unterschätzende Bedeutung zu, denn die zentrale kognitive Voraussetzung für die Herausbildung abstrakt allgemeiner Herrschaftsstrukturen liegt genau in jenen Formen des Umgangs mit sozialer Wirklichkeit, wie sie von der politischen Rechenkunst propagiert wurde.

Amtliche Statistik als administrative Wissensform

Im Selbstverständnis der politischen Arithmetiker stand die von ihnen entwickelte Form der Empirieproduktion seit jeher in engem Zusammenhang mit dem Problem der Verbesserung staatlicher Herrschaft. Schon Graunt hatte beispielsweise die These vertreten, daß die quantifizierende Darstellung der sozialen Verhältnisse »zu einem guten, sichern und leichten Regiment eine durchaus notwendige Sache ist, um alle Parteien ... in gleicher Waage zu halten.«[207] Die in diesem Satz deutlich werdende Verknüpfung von politischer Herrschaft und zweckrationalem Steuerungswissen war zwar als solche keineswegs neu – als Stichwort sei hier nur an Machiavelli erinnert –, aber neu war die am Ideal der »mathesis« orientierte Akzentuierung, die auch auf eine Veränderung der *empirischen* Struktur von Herrschaft verweist. Herrschaft, so könnte man sagen, erscheint nicht mehr als personale Repräsentation einer gottgegebenen Macht, sondern als ein zweckrationaler Interessenausgleich durch den Herrscher[208]. Die Notwendigkeit dieser Uminterpretation ergab sich im wesentlichen aus jener Verschiebung und Intensivierung von Herrschaft, wie sie sich in der Herausbildung der neuen Territorialstaaten niederschlägt. Die Überwindung der alten lokal orientierten Herrschaften bzw. genauer: der Einzug einer übergreifenden Ebene[209] erforderte nämlich grundsätzlich »a more abstract and impersonal basis for public administration«[210], die nach subjekt- und situationsunabhängigen Regeln funktionieren und in diesem Sinne versachlicht werden mußte.

Das institutionelle Korrelat der ›Versachlichung‹ bildeten die seit dem 14. Jahrhundert entstehenden Bürokratien bzw. Kanzleien, die nicht mehr punktuell, sondern kontinuierlich arbeiteten und routinisierbarer Entscheidungsprogramme bedurften. Eine subjekt- und situationsunabhängige Herrschaft ließ sich nämlich nur dann ausüben, wenn eine standardisiert-zweckrationale Handhabung sozialer Wirklichkeit gelang, als deren paradigmatischer Bezugspunkt von Anfang an die Konzepte von Zahl und Maß Geltung hatten. Graunt und Petty hatten in diesem Zusammenhang bereits den Aufbau eigener staatlicher Datensammlungen gefordert[211], die die Grundlage für zweckrational-routinisierbare Entscheidungen bilden sollten – ein Vorschlag, der über die Möglichkeiten der damaligen Zeit freilich weit hinausging. Mangels organisatorischer und personeller Ressourcen waren die frühbürgerlichen Bürokratien nämlich lange Zeit kaum in der Lage, kontinuierliche Erhebungen durchzuführen, wenngleich sie die Brauchbarkeit der politischen Arithmetik für die administrative Praxis rasch erkannten und sich schon früh um ihre Institutionalisierung bemühten.

Nach Meitzen liegen die Anfänge der amtlichen Datenerhebungen sogar vor der Adaption der politischen Rechenkunst und gehen bis in das späte 16. Jahrhundert zurück. Die ersten Versuche finden sich zunächst in oberitalienischen Städten wie Venedig sowie in Spanien als der im 16. Jahrhundert führenden europäischen Macht, aber vergleichbare Ansätze zeigten sich bald auch in anderen Ländern[212]. Von einer über punktuelle und eher zufällige Erhebungen hinausgehenden Praxis kann allerdings erst im Frankreich des 17. Jahrhunderts gesprochen werden. Als Pionier gilt hier Sully (1560–1611), der unter Heinrich IV. erste Untersuchungen zur Finanz und Militärkraft des Landes unternahm. Unter Ludwig XIV. kam es dann durch Colbert (1619–1683), Vauban (1663–1707) und Louvois (1641–1691) zu einer nachdrücklichen Intensivierung quantitativ orientierter Analysen. So veranlaßte Colbert als Generalkontrolleur der Finanzen 1665 eine erste Handelsstatistik und regte die Aufnahme staatlicher Geburts-, Sterbe- und Heiratsregister an; Vauban schuf wenig später die ersten methodischen Voraussetzungen für die Organisation von Landes- bzw. Departmentsstatistiken (1685/86), und Louvois, der Kriegsminister Ludwigs XIV., lieferte 1688 mit seinem »Dépot de la guerre« das früheste empirisch-statistische Gutachten zur militärischen Stärke Frankreichs.

Daß gerade in der zweiten Hälfte des 17. Jahrhunderts eine derartige Welle von Datensammlungen zu beobachten ist, erklärt sich aus der faktischen Durchsetzung der absolutistischen Herrschaftsform bzw. genauer: aus der damit zusammenhängenden Zentralisierung und Verallgemeinerung der Herrschaft. In dem Maße, wie die Zurückdrängung der ›unberechenbaren‹ Stände gelang, war

Herrschaft nämlich planbar geworden und mußte auch geplant werden. Die Perspektive der Planbarkeit implizierte zugleich neue zeitliche und sachliche Gesichtspunkte, in deren Folge völlig neue Wissensbestände und Empirizitäten notwendig wurden. Sowohl die Finanzierung des absolutistischen Hofes als auch die intendierte einheitliche Landesentwicklung ließen sich nämlich nur dann sicherstellen, wenn man wußte, wie es um die militärischen Potenzen bestellt war, wieviele Arbeitskräfte vorhanden waren, wie die Handelsströme aussahen und welche Defizite in der Reichtumsbildung bestanden. Das Aufgreifen der politischen Arithmetik, wie es vor allem bei Colbert zu beobachten ist, läßt sich in diesem Zusammenhang als ein spezifischer Versuch der Methodisierung bzw. »Empirisierung der Erfahrung«[213] begreifen, der durch zuvor unbekannte Selektivitäten gekennzeichnet ist. So kamen beispielsweise die in den neu entstehenden Manufakturen produzierten Güter in der statistischen Wahrnehmung nicht als konkrete Bedarfs- bzw. Repräsentationsgegenstände in den Blick – als solche waren sie für die absolutistische Administration gewissermaßen nicht mehr sichtbar –, sondern was interessierte, war ihr Wert für die Reichtumsbildung, und letztlich wurden sie auch nur unter dieser Perspektive ›wirklich‹.

Im Selbstverständnis der beteiligten Akteure war diese Umstellung der Konstitution und Aneignung von Wirklichkeit eine exklusiv staatliche Angelegenheit: »Because of the monarchial centralisation most inquiries were conceived and carried out by the administration, were kept secret and the data related to a kingdom as a whole«[214]. Im Unterschied zu England gab es auch keine nennenswerten Versuche zur gesellschaftlichen Verallgemeinerung der Kategorien von Zahl und Maß, sondern die Anwendung der politischen Arithmetik blieb ›offiziell‹ stets auf den Kontext des absolutistischen Staates bezogen. Ihre Funktion bestand darin, durch eine unter zweckrationalen Perspektiven selektive Wirklichkeitswahrnehmung das Handlungswissen der Herrschaftsträger zu effektivieren und ihnen neue Entscheidungskriterien an die Hand zu geben, um so die Möglichkeiten eines instrumentellen Zugriffs auf die gesellschaftlichen Prozesse zu verbessern, dessen inhaltliche Ausformung in den Prinzipien und Ansprüchen der merkantilistischen Wirtschaftspolitik vorformuliert war.

Zwar blieben die einzelnen Berichte schon aufgrund der gravierenden Erhebungsschwierigkeiten bruchstückhaft und unsystematisch, aber das französische Vorbild griff dennoch rasch auf andere Staaten über. Vor allem in den an Frankreich orientierten deutschen Territorien wurde es nach Kräften kopiert, wobei das neu entstehende Preußen die Rolle eines ›forerunners‹ übernahm. So gab es seit 1664 in Brandenburg eine jährliche Zusammenstellung der Geburten, Trauungen und Todesfälle, und 1719 begann Friedrich Wilhelm I mit Erhebungen über die »Bevölkerung nach Berufsklassen, Handwerker, Gesinde, Häuser, Besitzungen, Stadt und Land, Abgaben, städtische Etats etc., die ein besonderes Bureau im Generaldirektorium zusammenstellte.«[215] Ähnlich wie in Frankreich sollten diese Daten zur Entwicklungsplanung dienen und waren allein für den administrationsinternen Gebrauch bestimmt. Auch hier blieb die politische Arithmetik somit eine administrative Wissenschaft, deren Bedeutung zunächst freilich mehr in der (Selbst-)disziplinierung der Beamten als in tatsächlichen Steuerungsleistungen zu sehen ist, denn zumindest bis zur Mitte des 18. Jahrhunderts gelang es nur selten, die gewünschten Informationen tatsächlich zusammenzustellen[216].

Ähnliche Probleme gab es auch in Österreich, das in der Entwicklung der staatlichen Organisation mit Preußen akut rivalisierte. Im Vergleichsmaßstab gesehen war hier die Statistik als administrative Wissenschaft sogar noch schwieriger zu institutionalisieren, und schenkt man den einschlägigen Untersuchungen der Sekundärliteratur Glauben, so finden sich in den anderen Territorien noch weniger Belege für eine Intensivierung der staatlichen Datensammlungen[217]. Zwar deuten spätere Entwicklungsschübe darauf hin, daß die zahlenmäßige Erfassung der wirtschaftlichen und politischen Ressourcen im Laufe des 18. Jahrhunderts den noch von Petty eingeräumten Charakter einer »ungewöhnlichen« Wahrnehmung verlor, aber sofern die deutschen Territorien gegenüber Frankreich und erst recht England stärker durch vormoderne Momente geprägt waren, schritt die Institutionalisierung der statistisch-tatsachenbezogenen Sichtweise nur zögernd und gebrochen voran.

Die Klassifikationen der Universitätsstatistik

Diese ›Gebrochenheit‹ läßt sich vor allem an der sog. »Universitätsstatistik« demonstrieren, wie sie an den ›Reformhochschulen‹ des

18. Jahrhundert (z. B. Göttingen oder Halle) gelehrt und von dem akademisch geschulten Beamtentum der damaligen Zeit übernommen wurde[218]. In der Universitätsstatistik waren ›alte‹ und ›neue‹ Ordnungsmuster in einer Form miteinander verknüpft, daß man von einem ›Gleichzeitigen des Ungleichzeitigen‹ sprechen kann. Auf der einen Seite repräsentiert die Universitätsstatistik den Versuch, das System der ständischen Herrschaftsorganisation im Sinne des Foucaultschen ›Tableaudenkens‹[219] abschließend zu beschreiben; auf der anderen Seite wird diese Ordnung zunehmend durch einen ökonomisch-instrumentellen Wirklichkeitsbezug überlagert. Im Vergleich zur politischen Arithmetik bleiben die instrumentellen Strategien des Zählens und Messens freilich stets von sekundärer Bedeutung, und so gesehen verweist die Universitätsstatistik auf einen ›Klassifikationsversuch im Umbruch‹, der genau in dem Moment verschwinden sollte, als die tradierten Unterscheidungszusammenhänge der ständischen Gesellschaft praktisch irrelevant und in diesem Sinne ›unempirisch‹ wurden.

Als Begründer der Universitätsstatistik gilt gemeinhin Hermann Conring (1608–1681), ein Universalgelehrter von Rang und Namen, der in Helmstaedt nacheinander eine Professur für Philosophie, Medizin und Politik innehatte und 1660 erstmals mit Vorlesungen zur ›Staatskunde‹ begann. In Art und Umfang seiner Qualifikationen erinnert Conring an Petty, der ebenfalls Mediziner und Sozialwissenschaftler war, aber beide können insofern kaum miteinander verglichen werden, als Conring noch fest in den scholastischen Traditionen der deutschen Gelehrsamkeit steht und sich immer an den damals vorherrschenden aristotelischen Ordnungsschemata orientierte[220].

Die hiermit gesetzten Unterschiede treten klar in den »Notices rerum publicarum« zu Tage, einer posthum veröffentlichten Zusammenfassung seiner Vorlesungen. Ganz in der aristotelischen Tradition begann Conring streng deduktiv und versuchte den Staat in Form eines geschlossenen Tableaus zu systematisieren, dessen qualitative Besonderheiten und Grenzen nach den klassischen Kriterien der causae materialis, formalis, finalis bzw. efficiens bestimmt wurden. Vor diesem Hintergrund führte er dann praktisch alles auf, was in einer säkularisierten Definition unter den Titel »Staat« fällt, nämlich Territorium und Bewohner (causa materialis), Verfassung und Verwaltung (causa formalis/causa finalis) sowie Herrschaftsträger, Militär und Finanzen (causa efficiens)[221].

Die einzelnen Gegenstandsbereiche wurden möglichst erschöpfend und auch unter Einbeziehung von quantifizierbarem Material behandelt, ohne jedoch die hieraus entstehende Ordnung als eine solche von »causal relations between quantitative variables«[222] zu thematisieren. Die quantitativen Argumentationen hatten vielmehr den Status zusätzlicher Illustrationen, sodaß Conrings Konzept der »literarisch vergleichenden Staatenkunde« eines Veit Ludwig von Seckendorff[223] näher steht als den Arbeiten der politischen Arithmetiker. Im Unterschied zu diesen geht es ihm nämlich keineswegs um eine Beschreibung gesellschaftlicher Strukturen in Terms von Zahl und Maß; vorab aller Quantifizierungen besteht sein Anliegen vielmehr darin, einen systematischen Zusammenhang qualitativ verschiedener Entitäten zu entwickeln, der selbst ›pragmatisch‹, d. h. aus den Bedürfnissen der ›praktischen Politik‹ begründet wird[224] und auf die neuen Möglichkeiten zweckrationalen Handelns im Kontext absolutistischer Herrschaftsverbände bezogen ist.

Ähnliche klassifikatorische Intentionen standen auch bei dem Göttinger Professor für Geschichte, Natur- und Völkerrecht Gottfried Achenwall (1719–1772) im Vordergrund, der erstmals den Fachausdruck ›Statistik‹ verwandte und ihn ganz im Sinne Conrings als »die Lere von der Statsverfassung eines oder mehrerer Staten« definierte[225]. Achenwall begann seine Studien zunächst damit, einen »ziemlichen Vorrat von Statisticis«[226] zu sammeln, deren systematische Aufbereitung jedoch erst später, und zwar unter dem Eindruck der einschlägigen Vorlesungen von Martin Schmeitzel erfolgte[227]. Ausgehend von Schmeitzels »Collegium politico-statisticum« entwickelte er dann ein eigenes System der Staatenkunde, das er allerdings noch 1748 anläßlich seiner Berufung nach Göttingen in einer öffentlichen Disputation verteidigen mußte. Diese Episode ist vor allem deshalb bemerkenswert, weil sie ein Licht auf den damaligen akademischen Status der Statistik wirft, die innerhalb der traditionellen Gelehrsamkeit zunächst weniger als ›ernsthafte Wissenschaft‹, sondern als modischer Zeitvertreib angesehen wurde. Zwar war die neue Disziplin, nicht zuletzt aufgrund der Unterstützung durch externe Instanzen, im Vorlesungsbetrieb durchaus nicht unbekannt, aber sie verfügte noch nicht über einen allgemein akzeptierten Gegenstandsbereich und abgesteckte Grenzen, sodaß ihr wissenschaftlicher Nutzen ebenso bestritten werden konnte wie ihr Anspruch auf literarische Eigenständigkeit[228].

Achenwall überstand diese Kritiken jedoch unangefochten, und indem er Conrings Klassifikationen weiter verfeinerte und in eine »scientivische Form«[229] brachte, leistete er einen entscheidenden Beitrag sowohl zur disziplinären Integration als auch zur akademischen Institutionalisierung des Faches.

Auf eine knappe Formel gebracht läßt sich Achenwalls Konzept wie folgt charakterisieren: Räumlich beschränkt er die Statistik auf eine säkularisiert und autonom gedachte Staatssphäre, zeitlich auf die Ordnung der Gegenwart und methodisch skizziert er sie als eine »historische« Disziplin, die von der philosophischen Staatslehre ebenso geschieden sein sollte wie von der politischen Rechenkunst[230]. Die Abgrenzung von Philosophie und Arithmetik schlug sich auch in den als ›zulässig‹ anerkannten Materialien nieder; hier standen vor allem literarische Dokumente im Vordergrund: Urkunden, Staats- und Landesschriften, Reisebeschreibungen, Zeitschriften[231]. Diese Materialien waren inbezug auf das vorgängige Klassifikationsschema auszuwerten, wobei als Faustregel galt: »Je mer etwas die allgemeine Wolfart eines Stats betrifft, je notwendiger wird dessen Erläuterung in der Statistik«[232].

Der Begriff der ›Wolfahrt‹ als dem obersten Kriterium der Informationsselektion wurde allerdings – und dies verweist auf den ambivalenten Status des gesamten Ansatzes – keineswegs eindeutig bestimmt. Auf der einen Seite begründet sich der Wohlfahrtsbegriff bei Achenwall aus dem tradierten Konzept des »christlichen Wohlfahrtsstaates«; unter dieser Perspektive ging es zunächst um eine möglichst vollständige Aufzählung der gesellschaftlichen Schutz- und Herrschaftsinstanzen; auf der anderen Seite meint ›Wohlfahrt‹ aber auch das Problem der gesellschaftlichen Reichtumsmehrung durch »Regierungs-Policey-Manufactur-Handels- und Cameral-Sachen«[233], und dies verweist auf einen ökonomisch-instrumentellen Wirklichkeitsbezug, der freilich durch die am aristotelischen Klugheitsbegriff orientierte Lehre von der ›Staatsverfassung‹ und dem ›klugen Staatshandeln‹ fast völlig verdeckt wurde.

Daß Achenwall beide Seiten an manchen Punkten nur mit Mühe zusammenbringen konnte, zeigt sich beispielsweise in seinen Ausführungen zu den »Ritterorden«, die unter Bezug auf die tradierten ständischen Strukturen nicht außer acht gelassen werden konnten und dementsprechend in einem eigenen Paragraphen (§ 33) eine ausführliche Behandlung erfuhren. Unter ökonomischen Gesichtspunkten hingegen sah der Göttinger Professor in ihnen keine

›Staatsmerkwürdigkeit‹, auch wenn er darauf hinwies, daß eine solche Betrachtungsweise innerhalb der gesellschaftlichen Alltagspraxis kaum üblich sei[234]. Für ihn selber wurde diese Perspektive jedoch zunehmend wichtiger, und dies hatte zur Folge, daß die Einbettung in die Lehre vom ›klugen Staatshandeln‹ im Laufe der Zeit in den Hintergrund trat: Während in der Einleitung zur ersten Auflage seines Buches noch zu lesen war, daß das Ziel der Statistik darin bestehe, »durch die Kenntnis der Staaten zur Staatsklugheit zu gelangen«[235], sucht man in der 20 Jahre später erschienenen 5. Auflage den Terminus der Staatsklugheit hier vergebens, und dies verweist auf eine Umakzentuierung des Blickes, der, wie die Politik des Absolutismus selbst, pragmatischer wurde, ohne allerdings den bei Conring vorgezeichneten Rahmen zu verlassen.

So gesehen blieb auch Achenwalls Entwurf eine ›Klassifikation im Umbruch‹, und es wäre verzerrend, sie mit der politischen Arithmetik auf ein und dieselbe Ebene zu stellen[236]. Zwar begriffen sich die Universitätsstatistiker, ähnlich wie die Vertreter der politischen Rechenkunst, als ›Realwissenschaftler‹, und wie diese bezeichneten sie die ›Beobachtung‹ als die entscheidende Quelle wissenschaftlicher Verallgemeinerungen[237], aber diese Übereinstimmungen verweisen weniger auf gemeinsame Konstruktionsorientierungen als auf die Vieldeutigkeit und lokal-historische Bedingtheit des Beobachtungsbegriffs selber. Vergleicht man nämlich die Landesbeschreibungen Pettys mit denen Conrings oder Achenwalls, so zeigt sich, daß in beiden Systemen die Dinge nicht nur anders, sondern zum Teil auch andere Dinge gesehen werden, die jedoch ›relativ‹, d. h. inbezug auf die Referenzpunkte des je eigenen Systems, stets als ›empirisch‹ galten. Während Petty die Wirklichkeit primär in den Dimensionen erfaßte, die sich in Zahlen ausdrücken und quantitativ vergleichen lassen, verfügten die Universitätsstatistiker über ein Selektionsraster, in dem sich die Ordnung der Dinge eher über eine polyhistorische Perspektive herstellt. Im Vergleich zu den von Graunt und Petty anvisierten Beschreibungsstrategien ist der epistemologische Einschnitt dementsprechend geringer, denn genau genommen produzierte die Universitätsstatistik weder eine neue Wirklichkeit noch ein neues Wissen; ihre Bedeutung lag vielmehr in einem veränderten Arrangement bereits etablierter Wissensbestände, die an die Anforderungen der absolutistischen Herrschaftspraxis angepaßt wurden, ohne jedoch deren Grenzen zu überschreiten.

Die Durchsetzung der Tatsachenwirklichkeit als paradigmatischer Umbruch

Betrachtet man die bislang skizzierten Entwicklungsfacetten, so ergibt sich ein erstaunlich breites Spektrum konkurrierender Deutungsmuster, die gleichermaßen ›empirische‹ Geltung beanspruchten, obwohl sie in ihren Konzeptionen von Erkenntnissubjekt, -perspektiven und -verfahren beträchtliche Divergenzen aufweisen. Die Breite des damaligen Empirieverständnisses fällt noch stärker auf, wenn man zusätzlich die philosophischen Rekonstruktionsstrategien berücksichtigt. Im Gegensatz zur heutigen Wahrnehmung galt nämlich gerade die Philosophie der Aufklärung als eine eminent empirisch-praktische Angelegenheit, und wie Mittelstraß anmerkt, spielte der heute gängige Gegensatz zwischen ›empirischem‹ und ›nicht-empirischem‹ Wissen vor Kant auch grundsätzlich keine Rolle[238]. Der Bereich des ›Empirischen‹ war vielmehr mit dem des ›Handlungspraktischen‹ identisch, sodaß die philosophischen Deutungsmuster in mancher Hinsicht ebenso ›empirisch‹ erscheinen konnten wie die Aussagen der Vertreter der politischen Rechenkunst oder auch der Universitätsstatistiker. Der von der politischen Arithmetik anvisierte Tatsachenblick mit der ihn kennzeichnenden Auflösung der sozialen Wirklichkeit in den Kategorien von Zahl und Maß war also zunächst nur *einer* unter verschiedenen empirischen Blicken, der überdies in der Regel auch nur ›gebrochen‹ auftrat. In Anlehnung an die Terminologie von Thomas F. Kuhn könnte man deshalb auch von einer »präparadigmatischen« Phase sprechen[239], die erst in dem Maße überwunden wurde, wie sich die instrumentelle Wahrnehmung als eine gesellschaftlich verallgemeinerbare durchsetzte und aus der Einbindung in traditionale Deutungsmuster gelöst wurde. Eben diese Entwicklungsschritte gilt es nun genauer zu diskutieren, um so die Quantifizierung der Wirklichkeit als paradigmatischen Umbruch herauszuarbeiten.

Als Achenwall im Jahre 1772 starb, hatte sich die Universitätsstatistik längst als eine kameralwissenschaftliche Spezialdisziplin etabliert, die über ein eigenes Gegenstandsfeld ebenso verfügte wie über eine ›besondere‹ Methode und eine in sich geschlossene Darstellungsweise[240]. Die akademische Institutionalisierung und damit die Einbettung in den Kontext der universitären Gelehrsamkeit, ließen die neue Disziplin aber schon bald inflexibel gegenüber einer sich verändernden gesellschaftlichen Wirklichkeit werden, in der die Dinge zunehmend anders als in der Universitätsstatistik gesehen wurden. Diese Inflexibilität offenbart sich erstmals in den Auseinandersetzungen mit den sog. »Tabellenstatistikern« des späten 18. Jahrhunderts, die auf eine literarische Umschreibung ihrer Ergebnisse ebenso verzichteten wie auf deren Herleitung aus einem übergreifenden Konzept der ›Staatsverfassung‹ und mit dem zwar schlichten, aber radikalen Anspruch auftrat, die Verhältnisse in den europäischen Staaten ausschließlich in tabellarischen bzw. graphischen Formen zu erfassen[241]. Eine solche Präsentation bedeutete durchaus mehr als nur den Verzicht auf das Wort als vorherrschendes Darstellungsmittel. Ähnlich wie die Vertreter der politischen Arithmetik definierte die auf den Dänen Ancherson (»Descriptio statuum cultiorum in tabulis«, 1741) zurückgehende Tabellenstatistik die von ihr beschriebenen Gegenstände nämlich nicht als qualitative ›Staatsmerkwürdigkeiten‹, sondern orientierte sich weitgehend am methodischen Kritierum der Meßbarkeit. Erwähnenswert waren dementsprechend nur solche Phänomene, die in quantitativen Größen ausgedrückt werden konnten, während beispielsweise die »Geschichte« eines Staates, wie sie von den Universitätsstatistikern behandelt wurde[242], aus den Bestandsaufnahmen ausgegrenzt wurde.

Was übrig blieb, waren somit recht nüchterne Tabellenwerke, deren Hauptadressat die Administration war, für die man ein zunehmendes Interesse an standardisierten bzw. standardisiert-vergleichbaren Informationen unterstellte. Entgegen den Angriffen der Schule Achenwalls, die die Tabellenstatistik aufgrund des Fehlens der literarischen Einordnung als »hirnloses Machwerk«[243] brandmarkte, erwies sich diese Unterstellung als durchaus richtig, denn in der administrativen Praxis wurden die »hirnlosen Machwerke« keineswegs negativ aufgenommen. Sie erschienen vielmehr als ein per se sinnhafter Zusammenhang, und dies verweist auf einen spezifischen Strukturwandel im Verständnis empirischer Erscheinungen. Sofern nämlich die soziale Wirklichkeit innerhalb des ›administrativen Blicks‹ primär unter der Perspektive ihrer instrumentellen Handhabung und Beherrschung interessierte, brauchte der Bereich des Empirischen kaum noch in den Kontext einer Theorie des ›guten Staatshandelns‹ eingebunden werden, sondern ›empirisch‹ war bereits die isoliert-zweckrationale Information, wie sie von den Tabellenstatistikern geliefert wurde.

Die Administrationsorientierung von Ancherson und seinen Nachfolgern macht deutlich, daß die isoliert-zweckrationale Wahrnehmung der sozialen Welt in Deutschland zunächst am ehesten in der Administration verbreitet war. Zwar ist davon auszugehen, daß der neue Blick latent, also unter anderen Etiketten, auch in den außerstaatlichen Handlungsbereichen eingeübt wurde, aber auf der Grundlage der bislang vorliegenden Untersuchungen läßt sich kaum abschätzen, wie weit dieser Prozeß ging und welche Gruppen von ihm am stärksten betroffen waren[244]. Offen zu Tage trat der neue Blick auf jeden Fall erst nach der französischen Revolution, durch die auch in Deutschland ein nicht zu übersehender Entwicklungsschub ausgelöst wurde[245]: Mit ihrer tiefgreifenden Umwälzung der gesellschaftlichen Verkehrsformen und Kommunikationsmedien schufen die Ereignisse von 1789 entscheidende Voraussetzungen dafür, daß die von den politischen Arithmetikern fast 200 Jahre zuvor entwickelten kognitiven Muster universalisiert und die zuvor eher latent gegebenen Veränderungen manifest werden konnten.

Exemplarisch läßt sich dieser Prozeß an den einschneidenden Reorganisationen von Politik, Verwaltung und Finanzverfassung nach 1803 studieren, die nicht mehr auf ein ständisch gebundenes Subjekt bezogen waren, sondern auf das bürgerliche Individuum, das als »average citizen« offiziell anerkannt und gesellschaftlich allgemein gesetzt wurde. Diese Umdefinition, die eine radikale Veränderung der tradierten Sinnzusammenhänge bedeutete, mußte allerdings selbst erst in der Alltagswelt verankert werden, denn bewußt als »average citizen« lebte, dachte und verhielt sich auch gegen Ende des 18. Jahrhunderts nur eine Minderheit. Bis zur Beendigung der Revolution durch Napoleon sind dementsprechend unzählige Versuche einer Umstrukturierung bzw. Vereinheitlichung der sozialen Wahrnehmungsmuster zu beobachten. In diesen Zusammenhang fällt beispielsweise die Einführung neuer Maße und Gewichte oder die Etablierung neuer Währungssysteme[246], und selbst eine letztlich eher episodische Erscheinung wie die Kalenderreform verweist auf eine planmäßig vorangetriebene Einübung neuer Wahrnehmungsformen, über die sogar die Erinnerung an eine vorbürgerlich-ungleiche Ordnung der Dinge ausgelöscht werden sollte.

Zwar gingen diese bewußten Ansätze zur Schaffung anderer sozialer und kognitiver Ordnungsmuster über die Möglichkeiten der damaligen Gesellschaft weit hinaus, aber sie trugen dennoch erheblich zur institutionellen Absicherung jener ökonomisch bedingten Veränderungen der Lebenssituation bei, wie sie zur gleichen Zeit durch den sich beschleunigenden Prozeß der Industrialisierung und die Universalisierung der kapitalistischen Produktionsweise hervorgerufen wurde[247]. Zwar gibt es erst wenige Analysen, die den Zusammenhang von Industrialisierung und Veränderung des Verständnisses sozialer Wirklichkeit konkret herauszuarbeiten versuchen[248], aber schon aus dem vorhandenen Material ergeben sich einige wichtige Hinweise darauf, daß die Mechanisierung der Arbeit sowie ihre Organisation als Lohnarbeit tiefgreifende Veränderungen der Wirklichkeitswahrnehmung in zeitlicher, sozialer und sachlicher Hinsicht nach sich zogen.

So führte die Einführung von Maschinen nicht nur zu einer Verstetigung der Arbeit, sondern auch zur Herausbildung einer veränderten Zeiterfahrung, denn durch die Anpassung an den Maschinenrhythmus wurde die Zeit zu einem gleichförmigen, teil- und wiederholbaren sowie rechenhaft handhabbaren Kontinuum[249]. In sozialer Hinsicht wurde die Wirklichkeit darüber hinaus immer weniger als eine hierarchisch-abschließend geordnete Welt erfahren, sondern als ein universaler Konkurrenzzusammenhang, in dem sich der je individuelle soziale Ort anhand der Verfügungsmacht über materielle Güter bestimmt und in quantitativen Größen ausgedrückt werden kann. Unter sachlichen Gesichtspunkten schließlich markieren Maschinisierung und Trennung vom Produkt der eigenen Tätigkeit den Übergang zu einem dominant instrumentellen Verständnis der Arbeit, die über den Lohn meßbar, vergleichbar und austauschbar erscheint[250].

Obwohl gerade in Deutschland die skizzierten Entwicklungen nur zögernd voranschritten[251], machte sich auch hier zu Beginn des 19. Jahrhunderts ein entsprechender Strukturwandel bemerkbar. Dies konnte gerade für eine ›Sozialforschung im Umbruch‹, wie sie die Universitätsstatistik repräsentierte, nicht folgenlos bleiben: Zwar gelangten die von ihr entwickelten Beschreibungsformen durch die Veröffentlichungen von Schlözer und Niemann noch zu einem letzten Höhepunkt, aber spätestens nach 1820 zeigt sich ein rapider Verfall des Lehrgebäudes[252]. Bereits acht Jahre früher hatte der Achenwall-Schüler August Ferdinand Lueder selbstkritisch konstatiert, daß die »französische Revolution, die Umgestaltung Europas durch Napoleons Siege und die ebenso außerordentlichen

Erscheinungen in der Welt der Industrie notwendig ... Zweifel auf Zweifel häufen mußten gegen die hochgepriesene statistische und politische Weisheit.«[253] Eine an der Idee des guten Staatshandelns orientierte Wissenschaft, die mit Schlözer beanspruchte, »alle Daten der Glückseligkeit eines Volkes zu beachten und aufzusuchen«[254], konnte somit der tatsächlichen gesellschaftlichen und politischen Praxis kaum mehr gerecht werden. Stattdessen erschien die politische Klugheitslehre zunehmend spekulativ bzw. wirklichkeitsfremd, und dies bedeutete nichts anderes, als daß die ihr entsprechenden Klassifikationen gerade in empirischer Hinsicht offen in Frage standen.

Auch Lueder konnte sich diesen Zweifeln nicht entziehen, obwohl er den Intentionen Achenwalls durchaus treu zu bleiben versuchte. Im Gegensatz zu seinem Lehrer hob er beispielsweise an der Tabellenstatistik positiv hervor, daß sie »von allen Spekulationen ableite, indem sie prinzipiell bei den Tatsachen stehen bleibt«[255]. Dasselbe gelte auch für die »gemeine Statistik«, die mit ihren Klassifikationen in den Kategorien von Zahl und Maß zum Teil mehr geleistet habe als die »höhere Statistik«[256]. Gegen seinen Kollegen forderte er deshalb eine verstärkte Konzentration auf diejenige Wirklichkeit, die man »zählen und messen« könne, wobei er jedoch hinzufügte, daß die Welt der Tatsachen nur einen beschränkten Realitätsausschnitt wiedergebe und keineswegs mit der empirischen Wirklichkeit insgesamt verwechselt werden dürfe[257]. Zwar sei die gemeine Statistik verdienstvoll, aber zugleich auch defizient, denn das soziale Leben, so Lueder, lasse sich nicht »wie ein Leichnam« in einzelne Stücke zerlegen, sondern werde nur dann voll erfaßt, wenn es gelinge, »mit eigentümlichen Geist das Einzelne (zu) beobachten, aus(zu)wählen und dar(zu)stellen«[258].

Lueders Versuch einer Reform der Universitätsstatistik mußte allerdings schon deshalb scheitern, weil er zwischen Tatsachenempirie und traditioneller Klugheitslehre hin und her schwankte, ohne eine tatsächlich neue Konzeption entwickeln zu können. Der Anspruch auf eine Vermittlung wurde in der Folgezeit auch immer schwächer: Während die Klugheitslehre in die sich neu herausbildenden, primär normativ orientierten »Staatswissenschaften« abgeschoben wurde, entwickelte sich die empirische Erforschung der sozialen Wirklichkeit unabhängig von ihren tradierten Einbindungen. ›Empirie‹, so könnte man sagen, wurde allmählich zu einer inhaltsabstrakten Angelegenheit. Was nämlich als empirisch galt, ergab sich immer weniger aus den überaus vagen Grenzen eines vorgegebenen Ordnungsmusters wie der Klugheitslehre bzw. ›Staatsverfassung‹, sondern bestimmte sich ausschließlich über das Kriterium der instrumentellen Quantifizierbarkeit, d. h. über die Möglichkeit, die Erfahrungsgegenstände in partikulare, verrechenbare Einheiten aufzulösen. So identifizierte beispielsweise die »Statistical Society of London« bereits 1838 ›Empirie‹ umstandslos mit den vielzitierten »facts, accurately observed and methodically classified«[259], und gut zehn Jahre später vollzog in Deutschland Bruno Hildebrand die Positivierung des neuen Empirieverständnisses, indem er Empirie mit Beobachtung gleichsetzte und kategorisch feststellte, daß »erst die Zahl die menschlichen Beobachtungen in Tatsachen verwandelt.«[260]

Tatsachenwirklichkeit und Objektivität

Je weiter die Durchsetzung der Tatsachenempirie voranschritt, desto schärfer wurden auch jene neuen Grenzziehungen innerhalb der wissenschaftlichen Rekonstruktion sozialer Wirklichkeit, wie sie in pointierter Form in dem schon zitierten »Journal of the Statistical Society of London« zutage treten. Hier wird von einem »growing distrust of mere hypothetical theories« gesprochen und die These aufgestellt, »that in the business of social sciences, principles are valid for application only in as much they are legitimate induction from facts.«[261] Auf den ersten Blick erinnert diese Schematisierung an den alten Streit zwischen »Sensualisten« und »Rationalisten«[262], aber es wäre falsch, sie unmittelbar auf diese Tradition zu projezieren. Genau genommen geht es nämlich nicht um eine erkenntnistheoretisch begründete Auseinandersetzung konkurrierender Welterklärungen, sondern um die Kontrastierung verschiedener ›Typen‹ wissenschaftlicher Erfahrungsverarbeitung, die, für die Geschichte der modernen Sozialwissenschaften bis heute prägend, zunehmend konträr zueinander stehen: Auf der einen Seite schält sich eine – bezeichnenderweise bereits als »business« apostrophierte – ›empirische‹ Sozialwissenschaft heraus, auf der anderen Seite eine ›philosophische‹ Theorie, die als Sozialphilosophie einen apriori unterstellten gesellschaftlichen Gesamtzusammenhang und dessen Entwicklung zu reflektieren beansprucht.

Bevor wir allerdings zur Diskussion dieser Ausdifferenzierung der Erfahrungsverarbeitung übergehen können[263], müssen wir die Strukturen des Tatsachenblicks bzw. die ihm entsprechenden Aneignungsstrategien noch genauer herausarbeiten. Wichtig ist hierbei vor allem ein Punkt, nämlich das Objektivitätsideal der Tatsachenempirie, das seit der Mitte des 19. Jhrs. eine wachsende Verfeinerung und Perfektionierung erfuhr. Eine bedeutend frühere und ungleich illustrativere Formulierung des neuen Objektivitätsanspruchs findet sich freilich schon bei Petty, der anläßlich der Darstellung der klimatischen Verhältnisse Irlands gegen die nichtquantifizierenden Beschreibungsformen nachdrücklich zu Felde zog: »It is small satisfaction to say, the Air of Ireland is mild and temperate, inlin'd with moisture etc.«[264], – denn eine solche Ausdrucksweise könne höchst unterschiedlich ausgelegt werden. Eine wissenschaftlich objektive Aussage, erfordere deshalb andere Techniken und sei letztlich nur auf der Grundlage komparativer Messungen mit Instrumenten wie Windmesser, Hygrometer und Thermometer denkbar. Zur präzisen Erfassung der klimatischen Verhältnisse, so sein Vorschlag, müsse man daher über einen längeren Zeitraum an verschiedenen Stellen der Insel durch »verständige Männer« standardisierte Daten erheben lassen, um so zu einem systematisch überprüfbaren Gesamtbild zu gelangen, das jenseits aller zufällig-subjektiven Eindrücke Bestand habe[265]. Dieses eher beiläufig skizzierte Programm blieb zwar mangels institutioneller und personeller Voraussetzungen zunächst Zukunftsmusik[266]. Aber in dem Maße, wie das Denken in den Kategorien von Zahl und Maß eine soziale Verankerung fand, gewannen die meßtechnisch orientierten Argumentationsfiguren zusehends an Bedeutung, und spätestens seit der zweiten Hälfte des 19. Jahrhunderts galt die instrumentelle Quantifizierung auch in den Sozialwissenschaften als zentraler Objektivitätsgarant schlechthin.

Wie ist nun der Zusammenhang von Instrument und Quantifizierung epistemologisch zu beschreiben, und was für eine Objektivitätsstruktur ist es, die hierdurch gesetzt wird? Ausgehend von Pettys Problem, nämlich der Wetterbeschreibung, läßt sich die gegenstandskonstitutive Funktion der Instrumente anhand eines ebenso simplen wie plastischen Beispiels verdeutlichen, das auf Einstein/Infeld zurückgeht: Angenommen »ein Eskimo und ein Bewohner äquatorialer Zonen ... (träfen) sich an einem Frühlingstag in New York, ... (so würden sie) darüber, ob es dort heiß oder kalt sei, absolut geteilter Meinung sein«[267], denn ihre jeweilige lebensweltliche ›Wärmeerfahrung‹ und damit auch ihr jeweiliges Beurteilungsvermögen wären völlig verschieden. Was für den einen als ›warm‹ erscheint, mag der andere als ›kalt‹ empfinden, und beide können nur dann zu einem gemeinsamen Eindruck gelangen, wenn sie zu einem Maßstab greifen, der die Temperatur unabhängig von ihren subjektiven Empfindungen feststellt. Eben diesen Maßstab liefert nun das Thermometer, das Wärme und Kälte in Form einer sich verändernden Quecksilbersäule, also gleichsam ›sozial neutral‹, mißt, und dessen Anerkennung – so Einstein/Infeld – zu einem alltagsweltlich nicht erreichbaren, verallgemeinerungsfähigen Urteil führt.

Daß die Wärmemessung qua Thermometer subjektive Wahrnehmungsverzerrungen ausschließt, läßt sich kaum bestreiten, obwohl hiermit noch keineswegs das (für die Sozialwissenschaften entscheidende) Problem geklärt ist, wieso und mit welchen Konsequenzen sich Eskimo und Äquatorialbewohner auf diese Form der Intersubjektivitätsherstellung einlassen können. Oder anders formuliert: Das Beispiel von Einstein/Infeld präsentiert die Frage nach der Bedingung der Möglichkeit (sozial-)wissenschaftlicher Objektivität zwar in einer interessanten Verpackung, nämlich als ein Problem der Verständigung von Vertretern unterschiedlicher Kulturkreise, aber diese Verpackung wird keineswegs erkenntnissoziologisch ausgedeutet. Die Technik der instrumentellen Messung erscheint vielmehr als ein agesellschaftlicher Prozeß, zu dem es keine Alternativen gibt, so daß anders geartete Objektivierungsstrategien, wie z. B. das hermeneutische Verstehen ebenso wenig in den Blick geraten wie die Grenzen und Selektivitäten der Messung selber.

Unter erkenntnissoziologischen Gesichtspunkten ist die Geschichte von Eskimo und Äquatorialbewohner deshalb auch anders zu interpretieren, wobei in unserem Zusammenhang vor allem zwei Aspekte von Interesse sind: Zum einen illustriert sie noch einmal das, was wir in den einleitenden Überlegungen unter dem Stichwort der ›Grenze‹ zwischen wissenschaftlichem und vorwissenschaftlichem Empirieverständnis behandelt haben[268]. Mit Hilfe der meßtechnischen Operation, so könnte man sagen, werden spezifische Perzeptionsfilter bzw. -gitter[269] gesetzt, durch die ein Typus von Aussagen ermöglicht wird, dessen Objektivität bzw. Verallgemeinerbarkeit gerade darin besteht, daß die ihm entsprechenden

Sätze unabhängig von den je individuellen Erfahrungen der Handlungssubjekte behauptet werden können. Hiermit haben wir jedoch nur eine Seite des Problems erfaßt, denn in ihren konkreten Ausformungen können die subjektübergreifenden Referenzpunkte unterschiedlich gedacht werden. Unter dieser Perspektive bezeichnet die von Einstein/Infeld beschriebene und bereits von Petty praktizierte Strategie der Grenzziehung auch mehr als nur eine Abstraktion von den jeweils vorwissenschaftlichen Unterscheidungszusammenhängen. Was durch die meßtechnische Herstellung von Objektivität ausgeblendet wird, sind nämlich die lebensweltlich-verschiedenen Vorerfahrungen der Realität, sodaß die auf diese Weise gewonnenen Aussagen auch nur einen Teil der Wirklichkeit der Handlungssubjekte beschreiben, nämlich allein die instrumentellen bzw. instrumentell handhabbaren Momente ihrer Erfahrung[270].

In den neueren Kritiken zur »konventionellen« Sozialforschung ist diese Reduktion ebenso häufig wie ausführlich angeprangert worden[271]. So schreibt z. B. Cicourel in seinem Buch über »Methode und Messung in der Soziologie«, daß »die derzeitigen Messungseinrichtungen nicht einwandfrei sind, weil sie zahlenmäßige Verfahren auferlegen, die sowohl der beobachteten sozialen Welt ... als auch den begrifflichen Generalisierungen ... äußerlich sind.«[272] Diese (von Cicourel später selbst wieder relativierte) These ist sicherlich insofern richtig, als der alltägliche »way of seeing and way of knowing« eher durch Bilder als durch Zahlen gekennzeichnet ist[273]; wie jedoch schon in der Diskussion der »interpretativen« Soziologie von Wilson bis Filstead angedeutet, läßt sie sich keinesfalls verabsolutieren. Betrachtet man nämlich den innerhalb bürgerlich-kapitalistischer Gesellschaften entwickelten instrumentell-produktiven Umgang mit der sozialen Wirklichkeit, so verweist dieser auf eine Form der Intersubjektivität, die mit den meßtechnischen Objektivierungsstrategien in mancher Hinsicht durchaus angemessen erfaßt werden kann. Eine ebenso knappe wie pointierte gesellschaftstheoretische Charakterisierung dieser Form von Intersubjektivität findet sich in der neueren Literatur u. a. bei B. v. Greiff, der die Herausbildung der Tatsachenwelt als eine Veränderung des Verhältnisses von subjektiven und objektiven Wahrnehmungen zu beschreiben versucht. Der mit der bürgerlichen Gesellschaft entstehende permanente Zwang zum Warentausch, so sein zentrales Argument, erzeugt »in den Menschen notwendig die Fähigkeit vom Gebrauchswert der Ware (zu) abstrahieren«[274] und in eben diesem Sinne zwischen einer nicht meßbaren, ›subjektiven‹ und einer meßbaren, ›objektiven‹ Welt zu unterscheiden. Die Fähigkeit, die soziale Welt als eine solche von meßtechnisch handhabbaren Tatsachen zu erleben, ist dabei, um eine Bemerkung Horkheimers zu zitieren, eine gesellschaftlich-allgemeine, die auch für die alltagsweltliche Kognition nicht folgenlos bleibt. Hier nämlich kommt es dazu, daß »der physiologische Sinnesapparat des Menschen ... selbst ... weitgehend in Richtung physikalischer Versuche arbeitet«[275], denn die spezifische Form des ›objektiven‹ Urteils, wie sie sich in den Strukturen der instrumentellen Messung niederschlägt, wird »zur allgemeinen Form ..., sobald der Warentausch zur Basis aller gesellschaftlichen Beziehungen wird.«[276]

Die instrumentelle Objektivierung ist also nicht nur Schein, sondern in dem Sinne realitätsadäquat, als sie die soziale Welt als eine Handlungswirklichkeit von Tauschsubjekten rekonstruiert. Eingefangen wird das, was in der marxistischen Diskussion die empirische »Oberfläche« des gesellschaftlichen Prozesses genannt wird[277], wobei man sich allerdings im Einzelfall darüber streiten kann, inwiefern die Strukturen der »Oberfläche« manifest oder nur latent handlungsbestimmend sind[278]. Historisch gesehen ist jedoch grundsätzlich von einer zunächst latenten Wirksamkeit auszugehen, die – zumindest in Deutschland – erst im Verlaufe des 19. Jahrhunderts offen zu Tage tritt und damit manifest wird. Gutes Belegmaterial zu diesem Übergang findet sich beispielsweise in den Dokumenten über die umfassenden Säkularisationsprozesse nach 1803, die erstmals auch in ländlichen Gebieten Ansätze für neue Bewertungs- und Objektivierungsmaßstäbe schufen: Die Auflösung von Klöstern bzw. Kirchenbesitz bildete nicht nur eine folgenreiche Umstrukturierung der tradierten Herrschaftsverhältnisse, sondern der angestrebte marktmäßige Verkauf von Inventar und Gebäuden setzte zugleich eine am Kriterium des Tausches orientierte ›objektive‹ Vermögenseinschätzung voraus. Insofern die (tradiertermaßen ›Herrschaft‹ und ›Transzendenz‹ repräsentierenden) Besitztümer der Kirche zuvor kaum unter solchen Gesichtspunkten gesehen worden waren, bereiteten derartige Schätzungsprozesse jedoch beträchtliche Schwierigkeiten[279], und dieser Umstand deutet erneut darauf hin, daß die gesellschaftliche Universalisierung instrumenteller Objektivierungen insgesamt mühsam eingeübt werden mußte und nur in dem Maße gelang, wie eine extern induzierte Veränderung der ökonomischen und sozialen Verkehrsformen gegeben war.

Die Wahrscheinlichkeitstheorie als explikativer Bezugspunkt

Bislang haben wir die Struktur und Entwicklung der Tatsachenempirie als einen Prozeß der Veränderung sozialkognitiver Ordnungsmuster beschrieben, für den im wesentlichen drei Momente kennzeichnend sind, nämlich (a) der Übergang von einer ständisch-ungleichen zu einer bürgerlich-egalitären Herrschaftsorganisation, (b) die Durchsetzung des Tausches als dem dominanten Medium der Vergesellschaftung sowie (c) die damit zusammenhängende Individualisierung bzw. Autonomisierung der gesellschaftlichen Handlungssubjekte. Diese Momente, so die These, führen zu einer Aufsprengung des traditionellen Zusammenhangs von kognitiven, expressiven und normativen Wirklichkeitsbestandteilen und damit zu einem entscheidenden Strukturwandel der Sozialwahrnehmung, die immer weniger an die Idee eines hierarchisch-abschließend geordneten Kosmos gebunden ist. Dennoch enthält auch das Konzept der Tatsachenempirie eine spezifische »Welthypothese«, d. h. eine Vorstellung über den Gesamtzusammenhang der sozialen Wirklichkeit. In der Regel werden diese impliziten Weltkonzepte an Beispielen aus der politischen Theorie der bürgerlichen Gesellschaft erläutert[280], aber in unserem Zusammenhang läßt sich ihre Struktur auch an einem ganz anderen Element verdeutlichen, nämlich anhand der Wahrscheinlichkeitsrechnung, die in ihren Ursprüngen bis in das 17. Jahrhundert zurückreicht und im Verlaufe des 18./19. Jahrhunderts zum zentralen explikativen Bezugspunkt der an die Kategorien von Zahl und Maß gebundenen ›empirischen‹ Wirklichkeitsdeutungen avanciert.

Wie die meisten sozialwissenschaftlichen Innovationen der damaligen Zeit entwickelte sich auch die Wahrscheinlichkeitsrechnung außerhalb der tradierten Strukturen universitärer Gelehrsamkeit, wobei vor allem zwei konkrete Fragestellungen im Vordergrund standen: Zum einen ging es um das Problem der durchschnittlichen und wahrscheinlichen Lebensdauer, dessen Lösung insbesondere für die Versicherungswirtschaft von Interesse war und erstmals von Halley in seinem Versuch einer ›vollständigen Sterbetafel‹ angegangen wurde[281]. Von noch größerer Bedeutung waren jedoch jene Impulse, die sich aus der Suche nach einem ›System der Berechnung von Chancen‹ ergaben, welches die Abschätzung bzw. Verbesserung der Gewinnchancen beim Würfelspiel erhöhen sollte[282]. An dieser Frage setzen u. a. die Arbeiten von Format und Pascal an, die 1660 die Wahrscheinlichkeit des Spielgewinns als eine solche des Eintretens voneinander unabhängiger Ereignisse berechneten. Ein konstruktiv entscheidender Schritt erfolgte dann schließlich durch Jaques Bernoulli (1654–1705), dessen 1713 veröffentlichte »Ars conjectandi« eine umfassende theoretische Fundierung der Wahrscheinlichkeitsrechnung enthielt, welche die Voraussetzung für eine reflexive Begründung der quantifizierenden Ordnungsmuster schuf.

In diesem Werk wurde auch erstmals der Kerngedanke des »Gesetzes der großen Zahl« entwickelt, das vor allem für die sozialwissenschaftlichen Erklärungsmuster des 19. Jahrhunderts eine beträchtliche Rolle spielen sollte. Ausgehend von dem Problem des Würfelspiels konnte Bernoulli nachweisen, daß sich bei einer wachsenden Anzahl von beobachteten Ereignissen die relative Häufigkeit der faktischen Ereignisse der theoretisch zu erwartenden Wahrscheinlichkeit systematisch annähert. Oder am Beispiel formuliert: Je häufiger man einen Würfel wirft, desto eher werden die erzielten Ergebnisse gleichverteilt sein, da jeder Zahl dieselbe Ereigniswahrscheinlichkeit zuzusprechen ist[283]. Die epistemologische Bedeutung dieses Theorems ist darin zu sehen, daß es die lebensweltlich erfahrene ungleiche Strukturiertheit der Wirklichkeit in einer spezifischen Form außer Kraft setzt. Die Welt wird praktisch in eine »chaotische Mannigfaltigkeit von Erscheinungen« aufgelöst, deren sinnhafte Verknüpfung über die Wahrscheinlichkeit ihres Auftretens definiert wird. Eben hieraus ergibt sich eine im Vergleich zum Realitätsverständnis der Universitätsstatistiker neuartige Konstruktionsperspektive; die zu erklärende Wirklichkeit erscheint nämlich nicht mehr als ein in ihrer konkreten Gegenständlichkeit bestimmte, lebensweltlich vorgegebene Struktur, deren man sich in der theoretischen Klassifikation vergewissert, sondern als ein abstrakter Raum von Möglichkeiten, deren Realisierung sich gleichsam ›hinter dem Rücken der Handelnden‹ vollzieht[284], und deren struktureller Zusammenhang nur dann sichtbar wird, wenn man, von den vortheoretisch-subjektiven Eindrücken und Erfahrungen konsequent absieht.

Der hiermit bezeichnete epistemologische Einschnitt setzte sich in der historischen Entwicklung allerdings wieder einmal nur zögernd und oft vielfältig gebrochen durch. Bernoulli beispielsweise wandte seine Überlegungen nur beiläufig auf die Interpretation sozialer Phänomene an, und auch seine unmittelbaren Nachfolger wie de Moivre (1667–1754) und Kerseboom (1691–1774) blieben zunächst bei den bereits bekannten Themen, nämlich Bevölkerungs- und Sterblichkeitsstatistik. Zwar erweiterten sich im Verlauf des 18. Jahrhunderts die Anwendungsgebiete der Wahrscheinlichkeitsrechnung rapide, ja: »Probability calculation were even overused«[285], aber im Selbstverständnis der Zeit bedeutete dies durchaus keine paradigmatische Wende in bezug auf die vorherrschenden Formen gesellschaftlicher Selbstthematisierung. Die Konstruktion einer unsichtbaren, ›zufälligen‹ Ordnung war vielmehr selbst noch weitgehend problemlos mit traditionalen Interpretationsmustern verbunden – ein Umstand, der exemplarisch in den Arbeiten Süßmilchs zu Tage tritt, wo gerade aus der »Zufälligkeit« der Geschlechterordnung auf die Notwendigkeit eines fürsorglich-klugen Handelns Gottes geschlossen wurde[286].

Selbst in Frankreich, dem nach 1750 eine Vorreiterfunktion für die Veränderung der wissenschaftlichen Ausdeutung sozialer Wirklichkeit zukam, blieb die Rekonstruktion der Wahrscheinlichkeiten in den Kontext eines Denkens in Repräsentationen eingebunden, obwohl hier, wie Foucault anmerkt, das Tableaudenken »für das Wissen nur noch eine dünne Oberflächenschicht« bildete[287]. Eine wichtige Bedeutung für die Einübung und Anwendung der neuen kognitiven Muster kam vor allem der Akademie der Wissenschaften zu, die sich während des Ancien Régime immer mehr zum organisierenden Zentrum der neuen Untersuchungs- und Forschungsaktivitäten entwickelt hatte. Hierbei beschäftigte man sich nicht nur mit der Verbesserung empirisch-praktischer Erhebungstechniken, sondern förderte auch »the application of the calculus of probabilities to quantitative data.«[288]

Ein erstes Ergebnis dieser Bemühungen markiert der »Essai sur l'application de l'analyse à la probabilité des décisions rendues à la pluralité« (1783), ein Werk des Philosophen und Mathematikers Condorcet (1743–1794), in dem die Methoden der Wahrscheinlichkeitsrechnung gleichsam politisch gewendet und für eine Analyse von Gerichts- und Wahlentscheidungen fruchtbar gemacht wurden. Diese Ansätze versuchte Condorcet in den nächsten Jahren zu einer »mathématique sociale« auszubauen[289], deren Ziel es sein sollte, die hypothetisch unterstellte Tendenz zur evolutionären Vervollkommnung des Menschen quantitativ nachzuweisen. Zwar kam er selber über eine dementsprechende »Esquisse d'un tableau historique de progrès de l'esprit humain« (posthum 1794) nicht mehr hinaus[290], aber eine bruchlose Weiterführung seiner Intentionen findet sich bei Pierre Joseph Laplace (1749–1821), der 1812 eine »Théorie analytique« und ein Jahr später einen »Essai philosophique sur les probabilités« veröffentlichte[291].

Diese beiden Abhandlungen, die nicht nur von den unmittelbaren Zeitgenossen als epochemachend angesehen wurden[292], markieren erstmals den Übergang von der deskriptiven zur explikativen Statistik[293]. Entscheidend hierfür war eine Interpretation des Zufalls als Notwendigkeit, die allerdings in einem völlig anderen Sinne als bei Süßmilch zu sehen ist. Für den astronomisch und mathematisch geschulten Laplace hatte die Ordnung der Zufälligkeit nämlich nichts mehr mit dem Wirken metaphysischer Mächte zu tun, sondern er begriff gerade die Wahrscheinlichkeitsrechnung als endgültigen Beweis dafür, daß auch jene »Ereignisse, welche außerhalb der Naturgesetze zu stehen scheinen«[294], der natürlichen Kausalitätsordnung unterliegen – ein Postulat, das in der Folgezeit sowohl wissenschaftsimmanent als auch außerwissenschaftlich einen wachsenden Grad an Verbindlichkeit erlangte und die Möglichkeit eröffnete, die sozialwissenschaftlichen Deutungsmuster strukturell und funktional wie naturwissenschaftliche Erklärungen zu begreifen.

Das damit verbundene praktische Selbstverständnis der Gesellschaftsinterpretationen des 19. Jahrhunderts wird dann deutlich, wenn Laplace davon spricht, daß die Wahrscheinlichkeitsrechnung nichts anderes sei, als »der auf ein Rechensystem zurückgeführte gesunde Menschenverstand.«[295] Diese von seinen Anhängern immer wieder gern zitierte Feststellung war zwar ideologisch verzerrend, aber in einem antizipatorischen Sinne beinhaltete sie dennoch einen wahren Kern: Nur dort nämlich, wo der mögliche Verwertungschancen rational auskalkulierende Verstand des Tauschsubjekts zur sozial vorherrschenden Norm geworden ist, können die damit korrespondierenden Kognitionsstrukturen zur ›gesunden‹ Perzeptionsform schlechthin stilisiert werden. Die wachsende Rezeptivität der Laplaceschen Formel im 19. Jahrhundert verweist so gesehen selbst auf die Universalisierung einer veränderten Einstellung zur sozialen Welt, die unter der Perspektive ihres produziertproduzierbaren Charakters als berechenbare bzw. instrumentalistisch beherrschbare erscheint.

Quetelet und die »Physique sociale«

Einen vorläufigen Abschluß finden die skizzierten Strukturveränderungen in dem Werk des Belgiers Lambert Adolphe Quetelet (1796–1874), der gemeinhin als Vater der seit den dreißiger Jahren aufkommenden ›Moralstatistik‹ angesehen wird. Zwar ist Quetelet in den heutigen Traditionskonstruktionen der Soziologie gegenüber seinem Zeitgenossen Auguste Comte (1798–1857) weitgehend vergessen, aber dennoch lohnt es sich, bei ihm länger zu verweilen – nicht zuletzt, weil hier nach den Worten von Friedrich Jonas erstmals »die Zielvorstellung oder das Ideal für die empirische Sozialforschung (formuliert wird), wie sie sich im 19. Jahrhundert ausbreitet.«[296] Von seiner Person her gesehen [297] weist auch Quetelet jene Sozialisationsmerkmale auf, die wir bereits bei den meisten seiner unmittelbaren Vorgänger angetroffen haben. Die mathematisch-naturwissenschaftliche Ausbildung scheint also ein durchaus notwendiges, wenngleich nicht hinreichendes Kennzeichen der frühen arithmetischen Sozialforschung zu sein. Darüber hinaus fällt erneut die ›Doppelgleisigkeit‹ der ausgeübten Berufspraxis auf: Quetelet war zunächst Physiker, Mathematiker und Astronom, und als solchem galt sein Interesse lange Zeit primär dem Ausbau der Brüsseler Sternwarte, die von ihm initiiert und geleitet wurde. Parallel zu diesen Arbeiten, die in ihren theoretischen Konsequenzen auf den Entwurf einer »Physique du globe« hinausliefen[298], beschäftigte er sich nach dem Vorbild seines Lehrers Laplace zugleich mit »dem Gebiete der Menschenwelt«[299], wobei diese Bemühungen in dem explizit naturwissenschaftlich-wahrscheinlichkeitstheoretisch fundierten Konzept einer »Physique sociale« gipfelten.

In seiner gleichnamigen »Abhandlung über die Entwicklung der Fähigkeit des Menschen«, deren Endfassung von 1869 mit über 1000 Seiten ebenso voluminös wie redundant ausgefallen war[300], entfaltete Quetelet den systematischen Zusammenhang seiner Untersuchungen in drei Schritten: Nach einer ausführlichen Darstellung der allgemeinen theoretischen Ziele knüpfte er zunächst an die Tradition der Bevölkerungs- und Sterblichkeitsstatistik an, die zu einer Systematik der »körperlichen Entwicklung des Menschen«[301] ausgebaut wurde. Mit knapp 450 Seiten bildete dieser Teil, der sich mit Geburten, Eheschließungen und Todesfällen, aber auch mit Körpergröße, Kraft und Schnelligkeit des Menschen befaßte, einen eindeutigen Schwerpunkt in den Gesamtausführungen, und hier wurden auch die methodischen Grundsteine für den nächsten Abschnitt gelegt, der den »sittlichen und geistigen Eigenschaften« gewidmet war[302]. Unter diesem Stichwort reihte Quetelet eine Unzahl von Einzelbeobachtungen aneinander: Das »Alter, in welchem das Talent des dramatischen Schriftstellers beginnt, und das, in welchem es aufhört«[303], bildete ebenso ein Thema wie die Entwicklung der Geisteskrankheiten in Europa, und neben Überlegungen zur Messung von ›moralischen Eigenschaften‹ wie »Voraussicht, Sparsamkeit, Völlerei usw.«[304] nahm vor allem die Untersuchung von Selbstmorden, Duellen und Verbrechen einen breiten Raum ein[305]. Die jeweiligen Ausführungen gipfelten stets in einer Darstellung von Häufigkeitsvorstellungen, deren Ergebnisse unmittelbar normativ gewendet wurden. Die Mittelwerte der einzelnen Verteilungsmuster interpretierte Quetelet nämlich als quasi natürliche »Eigenschaften des mittleren Menschen«[306], die in seinen Augen auf die ›Normalform‹ menschlicher Existenz überhaupt verwiesen. In einem letzten Schritt wurde dieses Konzept dann gesellschaftstheoretisch ›verlängert‹ und der »mittlere Mensch« in seinem Verhältnis zu Philosophie, Wissenschaft und Politik untersucht, um so das »große Gesetz der Einheit der Gattung«[307] auch auf der Ebene der gesellschaftlichen bzw. zivilisatorischen Strukturen nachzuweisen.

Der Aufbau der »Physique sociale« macht deutlich, daß Quetelet die tatsachenbezogene Rekonstruktion der sozialen Wirklichkeit auf eine neue Stufe zu heben versuchte, denn was er anstrebte, war eine »Statistik als Gesellschaftswissenschaft«[308], die in mancher Hinsicht weit eher dem bürgerlichen Wirklichkeitsverständnis entsprach als der sozialphilosophische Konkurrenzentwurf Comtes[309]. Die Implikationen dieser Ausweitung zur »Gesellschaftswissenschaft« lassen sich bereits an Quetelets Begriff der Statistik studieren, der ausdrücklich auf eine Synthetisierung verschiedener Traditionslinien hin angelegt war. Den Auftakt bildete eine Definition in der Tradition der Universitätsstatistik, denn allgemein stellte sich die Statistik für Quetelet als eine Wissenschaft dar, die »sich mit dem Staate während eines bestimmten Zeitabschnitts (beschäftigt);

sie sammelt die auf das Leben dieses Staates bezüglichen Elemente und stellt sie so zusammen, wie es für die Erkenntnis der Tatsachen am vorteilhaftesten ist«[310]. Zur Abgrenzung von der traditionellen ›Staatenkunde‹ wurde dann der Terminus der »philosophischen Statistik« eingeführt – ein Etikett, das eigentlich selber aus der Universitätsstatistik stammte, aber von Quetelet in einer ebenso plakativen wie eigenwilligen Form mit den Zielvorstellungen der politischen Arithmetik bzw. »englischen« Statistik[311] verknüpft wurde. Mit Philosophie im systematischen Sinne hatte diese »philosophische Statistik« allerdings kaum etwas zu tun. Sie sollte vielmehr von den »spekulativen Wissenschaften ... explizit geschieden« sein und wurde als eine »Erfahrungswissenschaft« vorgestellt, die auf nichts anderes ziele eine »numerische Würdigung der Tatsachen« zielte[312].

Genauer noch wollte Quetelet die philosophische Statistik als Konzept einer dreistufig-induktiven Sozialwissenschaft verstanden wissen, die von der Beobachtung bzw. Messung über die Berechnung von Wahrscheinlichkeiten und Merkmalsverteilungen zur Aufstellung von allgemein empirisch-statistischen ›Gesetzen‹ fortschreiten sollte. Die Erläuterungen zu den einzelnen Stufen waren vornehmlich durch die Negativfolie des »spekulativen Denkens« bestimmt, wobei der Belgier immer wieder betonte, daß »a priori«-Überlegungen systematisch zu vermeiden seien, denn »wenn wir mit Sicherheit zu Werke gehen wollen, müssen wir die Lösung in der Erfahrung suchen«[313]. Was allerdings ›Erfahrung‹ in diesem Zusammenhange heißen sollte, wurde ebenso wenig reflektiert wie die epistemologische Struktur des Grundlagenbegriffs der ›Tatsachen‹; Quetelet erinnerte lediglich pauschal an den Erfolg der Naturwissenschaften, und insofern deren Verfahren für ihn den Inbegriff von Wissenschaftlichkeit verkörperten, war er nur konsequent, wenn er davor warnte, »den bei der Erforschung der anderen Naturgesetze verfolgten Weg (zu) verlassen.«[314]

Mit diesem methodisch-theoretischen Selbstverständnis wies der Belgier unverkennbar jenem ›naiven Empirismus‹ den Weg, der die empirische Sozialforschung bis in das 20. Jahrhundert hinein bestimmte und in abgeschwächter Form noch heute prägt[315]. Typisch für ein solches ›naives‹ Verständnis ist vor allem die Unterstellung einer eindeutig erkennbaren, subjektunabhängigen Objektivität – eine Annahme, die auf der Basis des universalisierten Erkenntnismodells der mechanischen Naturwissenschaften für Quetelet zwar durchaus nahe lag, aber schon zu seiner Zeit innerhalb der philosophischen Erkenntnistheorie überholt war[316].

Nun wäre es allerdings unsinnig, hieraus eine Kritik Quetelets zu begründen, denn seine fehlende Reflexion des Problems der sozialwissenschaftlichen Gegenstandskonstitution läßt sich nicht aus einer mangelnden Kant- oder Hegel-Lektüre erklären; ausschlaggebender erscheint vielmehr seine eigene Forschungspraxis und deren selektiver Wirklichkeitsbezug: Quetelet nahm nämlich grundsätzlich keine Primärerhebungen vor, sondern arbeitete stets mit sekundäranalytischem Material, dessen Bereitstellung als eine Angelegenheit der ›administrativen Statistik‹ galt[317]. Die vielbeschworene Erfahrung war somit letztlich mit einer verwaltungsmäßigen Tatsachenerfahrung identisch, die weder forschungspraktisch noch konzeptionell problematisiert wurde – bestand doch die Aufgabe der »philosophischen Statistik« nach Quetelet nicht in der Sammlung bzw. Konstitution von Daten, sondern ausschließlich in deren Auswertung und kausalwissenschaftlicher Interpretation.

Angesichts dieser Abkoppelung vom Erhebungsprozeß trugen die Argumentationen entgegen Quetelets Selbstdarstellung auch eher deduktive als induktive Züge. Wenn der Belgier von »Beobachtung« und »Messung« sprach, bezog sich dies nämlich nicht auf eine induktive Transformation subjektiver Alltagserfahrungen in objektive Daten; worum es ging, war die Operationalisierung tatsachenbezogener Theoreme in bezug auf eine administrativ hergestellte Datenwelt, der selbst in naiv empiristischer Manier ›naturhafte‹ Qualitäten zugebilligt wurden[318].

Betrachtet man die verschiedenen Themenkomplexe der »Physique sociale«, so bereitete diese meßtechnisch orientierte Operationalisierung durchaus unterschiedliche Schwierigkeiten. Die geringsten Probleme ergaben sich bei der Diskussion der »körperlichen Entwicklung des Menschen«, da hier direkte Messungen vorgenommen werden konnten: So ließ sich der Begriff der Größe über das Maßband quantifizieren, der des Gewichts mit der Waage, und der des Alters anhand der Lebensjahre. Komplizierter sah es hingegen bei den »sittlichen und geistigen Eigenschaften« aus, denn diese konnten auf keinen Fall direkt gemessen werden, sondern ihre Auflösung in quantitative Größen war nur über spezifisch geschnittene Indikatoren möglich – ein Problem, das Quetelet anhand der Operationalisierung von Begriffen wie ›Sparsamkeit‹ oder ›Voraussicht‹ zu erläutern versuchte[319].

Gerade diese Erläuterungen stießen jedoch bei seinen Zeitgenossen auf z. T. erheblichen Widerstand, und zwar unter einer heute schon fast vergessenen Perspektive. Der Schwerpunkt der Kritik lag nämlich nicht bei den internen Unzulänglichkeiten der Indikatorenbildung, sondern betraf deren praktische Brauchbarkeit und empirische Aussagekraft. So wurde eingewandt, daß Aussagen wie die über Sparsamkeit und Voraussicht in empirischer Hinsicht völlig irrelevant seien, denn letztlich hänge es von der Entscheidung des Einzelnen ab, ob er zur Sparsamkeit neige oder nicht. Was Quetelet mit anderen Worten vernachlässige, sei die menschliche Willensfreiheit, die es verbiete, die Individuen als ceteris paribus festbeschreibbare Objekte zu behandeln – können doch die Menschen durch ihr intentionales Handeln die Wirklichkeit stets verändern, so daß eine auf statistische ›Gesetze‹ abzielende Analyse eine sowohl empirische als auch systematische Verkürzung bedeute.

Bis in die zweite Hälfte des 19. Jahrhunderts galt dieses Argument als wichtigster Einwand gegen Quetelet, und dies verweist darauf, daß der Empirieanspruch des Tatsachenblicks noch keineswegs unumschränkt anerkannt wurde. Zwar leugnete niemand, daß die Welt der Tatsachen eine höchst empirische Angelegenheit war, aber ähnlich wie bei den Universitätsstatistikern wurde sie keineswegs als ›volle‹ Wirklichkeit anerkannt. Allerdings hatte sich die Basis der Kritik entscheidend verändert, denn im Unterschied zu Achenwall und seinen Schülern argumentierten die Anhänger des Postulats der Willensfreiheit nicht aus der Perspektive einer vorbürgerlichen Lehre von der Staatsklugheit; ihr Ausgangspunkt war vielmehr die These von der Autonomie des Subjekts, und hiermit beriefen sie sich auf ein Konzept, das ohne Frage zum Grundbestand der bürgerlichen Aufklärung gehörte und im späten 18. Jahrhundert auch unmittelbar evident erschien[320].

Die im Kampf gegen den Absolutismus entwickelte These vom vernünftigen Subjekt hatte freilich seit dem frühen 19. Jahrhundert immer stärker ihren empirischen Charakter verloren – zeigte sich doch mit der tatsächlichen Institutionalisierung der bürgerlichen Gesellschaft, daß der mit der französischen Revolution anvisierte Vergesellschaftungszusammenhang offensichtlich kaum auf dem vernünftigen Willen der Individuen beruhte, sondern auf einer von ihnen unabhängigen Struktur, die sich gleichsam hinter ihrem Rükken durchsetzte. Diese ›subjektfreie‹ Wirklichkeit, die zunächst nur begrenzt als ›empirisch‹ angesehen wurde, war es denn auch, auf die Quetelet bei der Verteidigung seines Konzepts nachdrücklich rekurrierte. Aus der »Physique Sociale«, so seine These, könne man schon deshalb nicht auf individuelle Handlungsabläufe schließen, weil die Anwendung von Quantifizierungen voraussetzt, daß »wir vom einzelnen Menschen abstrahieren ..., ihn nur als Bruchteil der ganzen Gattung betrachten ... (und) seiner Individualität entkleiden«[321]. Dennoch seien seine Untersuchungen sehr wohl empirisch gehaltvoll, denn was erfaßt werde, sei die Wirklichkeit des »mittleren Menschen«, der als gesellschaftliches ›Durchschnittssubjekt‹ das bezeichne, was sich unabhängig von den individuellen Willensentscheidungen vollziehe und somit gleichsam als nichtintendiertes Resultat herstelle[322].

Zwar konnte Quetelet die Empirizität dieser Ebene der gesellschaftlichen Wirklichkeit inhaltlich nicht begründen, aber mit dem Satz, daß es darum gehe, »die Individuen in die gleichen Umstände zu versetzen«[323], bezeichnete er sowohl die Konstruktionsrichtung seiner Forschung als auch deren Selektivität. Als »Gesellschaftswissenschaft« rekonstruiert die Statistik die Welt als einen Zusammenhang subjektfreier Monaden, die in dieser Bestimmung an das Tauschsubjekt in der Erläuterung v. Greiffs erinnern[324]. Ähnlich wie letzteres wird auch der mittlere Mensch allein aus der Perspektive der quantitativen Vergleichbarkeit definiert, wobei sich seine konkrete Gestalt nach Quetelet aus der Häufigkeitsverteilung seiner Merkmale ergibt. Diese Parallele läßt sich sicherlich nicht als Identität interpretieren, aber sie macht dennoch deutlich, welchen Bereich von ›Empirie‹ die Kategorie des »mittleren Menschen« beschreibt: Als ein Abstraktum, das gleichgültig gegenüber allen Verschiedenheiten der individuellen Wirklichkeitswahrnehmung ist, bezieht sie sich nicht auf die konkreten Empirievorstellungen der Handlungssubjekte, sondern verweist auf jene subjektfreie ›Warenrealität‹ der bürgerlichen Gesellschaft, die unabhängig von je einzelnen Entscheidungen der Handelnden existiert und sie als umstandslos austauschbar erscheinen läßt.

4 Monographische Arbeitsformen – Anmerkungen zu einer vergessenen Traditionslinie

Betrachtet man die mit Quetelet einsetzenden Diskussionen um die ›Willensfreiheit‹, so wird deutlich, daß die Einwände seiner Gegner in gewisser Hinsicht hilflos waren – tangierten sie doch nicht die statistische Gegenstandskonstitution, sondern ausschließlich deren normative Wendung. Gegen die subjektunabhängige Wirklichkeit der ›Tatsachen‹ wurde der bewußte Wille des handelnden Subjekts schlichtweg ausgespielt, ohne den Zusammenhang zwischen beiden Seiten überhaupt zu reflektieren. Dieses Defizit war jedoch keineswegs zufällig; es verweist vielmehr auf den Prozeß einer unabgeschlossenen ›Entempirisierung‹ des bürgerlichen Vernunftsubjekts, das, seiner konkreten Frontstellung gegenüber der absolutistischen Herrschaft enthoben, zusehends aus handlungspraktischen Zusammenhängen gelöst und in den bürgerlichen Ideenhimmel abgedrängt wurde. Am klarsten wird diese Entwicklung in der philosophischen Diskussion. Hier wurde die Entempirisierung als eine irreversible »Entzweiung«[325] von Subjekt und Objekt wahrgenommen, die das Konzept einer am Subjekt festgemachten Konstitutionsvernunft systematisch falsifizierte und genau in dem Maße voranschritt, wie sich die Universalisierung der bürgerlichen Vergesellschaftung realisierte. Unter dieser Voraussetzung ließ sich die gesellschaftliche Objektivität nämlich kaum noch als Resultat subjektiv vernünftigen Handelns interpretieren; stattdessen trat sie als ein dem Subjekt äußerlicher, quasi naturhafter Zwang in den Blick, der als solcher, vorab aller Philosophie, positiv-einzelwissenschaftlich im Sinne Quetelets erforscht werden konnte.

Hiermit war eine zuvor unbekannte Trennung von Philosophie und Wissenschaft angedeutet, die nicht nur auf eine Abdankung der Philosophie als ›erster Wissenschaft‹ hinauslief[326], sondern auch dazu führte, daß sich eine gegenüber dem Tatsachenblick ›alternative‹ Empirie offiziell kaum etablieren konnte. Sofern nämlich mit dem Zusammenbruch des Konzepts der Konstitutionsvernunft die Autonomie der Handlungssubjekte in den bürgerlichen Ideenhimmel (bzw. ins Private) abgedrängt wurde, erschien die Möglichkeit einer subjektbezogenen Empirieproduktion zunehmend als ›unwirklich‹. ›Wirklich‹ war hingegen die Gesellschaft als äußerer

Zwang, und damit als eine subjekt- und situationsunabhängige Struktur, die selbst den Charakter einer Tatsache hatte und in den neu entstehenden sozialwissenschaftlichen Einzeldisziplinen auch genau so angegangen wurde.

Allerdings verlief dieser Rückzug auf die Welt der Tatsachen keineswegs ungebrochen. Gerade in der Zeit nach Quetelet mehrten sich die Versuche, das Muster der tatsachenbezogenen Empirieproduktion zu durchbrechen, wobei vor allem ein Ausbau der heute weitgehend vergessenen monographischen Arbeitsformen zu notieren ist. Mit dem Stichwort der ›monographischen Arbeitsform‹ können dabei jene Strategien der Konstitution und Aneignung von Wirklichkeit bezeichnet werden, bei denen die Begründung und Abgrenzung empirischer Entitäten nicht durch die Kategorien von Zahl und Maß bestimmt ist, sondern durch sog. ›qualitative Verfahren‹, die auf eine subjekt- und situationsbezogene Empirieherstellung mit induktiven Verallgemeinerungen hinauslaufen. Gegenüber der tatsachenbezogenen Wahrnehmung ist diese Form sowohl älter als auch jünger zugleich: Älter erscheint sie insofern, als sich der Tatsachenblick erst unter den Bedingungen bürgerlich-kapitalistischer Vergesellschaftung aus seinen traditionalen Einbindungen löst bzw. autonomisiert, so daß das Konzept der Quantifizierung nicht mehr auf etwas nicht-numerisches verweist, sondern per se sinnhaft wird. Aber in dem Maße, wie diese Autonomisierung fortschritt, gelangten auch die monographischen Muster zu einer neuen Blüte: Sie wurden methodisiert und damit zu einer ›bewußten‹ Strategie der Konstitution und Aneignung, die als solche jünger als die Statistik und auch nur in Abgrenzung zu dieser zu begreifen ist: Ihre Voraussetzung bildet jene Normalisierung der Tatsachenforschung, in deren Verlauf die Statistik zu einem selbstverständlichen wissenschaftlichen Analyseinstrument wurde, und will man die methodisierten Ansätze der Monographie begreifen, so muß man zunächst auch diesen Prozeß studieren.

Der Ausgangspunkt: Statistik als ›normal science‹

Entgegen seinen eigenen Vermutungen war Quetelet zu seiner Zeit durchaus nicht der einzige, der daran dachte, die »sittlichen und geistigen Eigenschaften« zu messen[327], aber er war der erste, der dieses Unterfangen in einer geschlossenen Form und unter expliziter Ausnutzung der amtlichen Datenerhebung durchführte. Eben hierdurch trug er wesentlich zur inhaltlichen Selbstsystematisierung der Statistik bei, die nun allmählich zu einer »selbständigen Wissenschaft«[328] mit eigenständigem Gegenstandsbereich und »professionalisierter Wissenschaftspraxis«[329] avancierte. Hält man sich an das von Thomas S. Kuhn formulierte Entwicklungsmodell, so wäre dieser Schritt als Übergang zu einer »normal science« zu charakterisieren[330], bei der es nicht mehr darum geht, »neue Phänomene zu finden«[331] und eine veränderte Ordnung der Dinge zu begründen; im Vordergrund steht jetzt die »Verdeutlichung der vom Paradigma bereits vertretenen Phänomene«[332], und der Schwerpunkt der Arbeit verlagert sich somit auf Fragen der ›kognitiven Feinstruktur‹ des Tatsachenblicks, den es auf die Bearbeitung von bislang noch nicht bzw. anders gesehenen Phänomenen anzuwenden gilt. Erst auf dieser Stufe der Entwicklung war es auch möglich, das den Tatsachenblick kennzeichnende »›Entsubjektivierungs‹-Postulat der empirischen Forschung«[333] abschließend zu begründen und den Begriff des Empirischen so weit mit der Welt der Tatsachen zu identifizieren, daß die hierin nicht aufgehenden Aspekte der sozialen Wirklichkeit gleichsam den Status von »Anomalien«[334] erhielten, die ihrerseits ausgeblendet bzw. als ›unempirisch‹ wahrgenommen wurden.

Rein äußerlich läßt sich der Übergang zur normalwissenschaftlichen Arbeitsweise zunächst an zwei Punkten festmachen: Zum einen ist in der Zeit nach Quetelet eine Veränderung im Argumentationsduktus zu beobachten; dieser wird bei der methodisch selbstgewissen Tatsachenforschung zunehmend straffer bzw. ›problemorientierter‹, wobei die Häufigkeit von Exkursen ebenso abnimmt wie die oft langatmige Legitimation der Vorgehensweise. Auf der anderen Seite werden die Fragestellungen der einzelnen Untersuchungen genauer bzw. eingegrenzter, und hierin wird eine kognitiv-interne Differenzierung sichtbar, an deren Ende die Herausbildung zahlreicher ›Bindestrich-Statistiken‹ steht[335].

Den umfangreichsten Komplex bildete in diesem Zusammenhang die Bevölkerungsstatistik, wissenschaftlich klangvoller auch Demographie oder Demologie genannt[336], die allgemein in zwei Hauptteile zerfiel, nämlich in »die Statistik des Bevölkerungsstandes« und in die der »Bevölkerungsbewegung«[337]. Den zweiten Platz nahm historisch wie systematisch die Wirtschaftsstatistik ein. Auch ihre Entwicklung ist durch kontinuierliche Differenzierungen und Verbreiterungen des Phänomenbereichs gekennzeichnet: Zielte sie ursprünglich auf eine nur punktuelle Erfassung der Reichtümer aus Besitz und Handel, so kam mit den Verfestigungen des 18. Jahrhunderts eine immer stärker untergliederte Produktionsstatistik hinzu, und mit der Universalisierung der Lohnarbeit in der Mitte des 19. Jahrhunderts entstand dann die Arbeitsstatistik als drittes Teilgebiet. Zur gleichen Zeit trat auch die von Quetelet ausgehende ›Moralstatistik‹ auf die Bühne, die sich zeitweilig zu einer regelrechten »Modeströmung« auswuchs[338]. Parallel zu dieser Erweiterung ist schließlich noch ein letzter Eckpfeiler der Statistik als ›normal science‹ zu nennen, nämlich die sich sehr schnell differenzierende ›Sozialstatistik im engeren Sinne‹[339], die zunächst als Kriminalstatistik begann und das Sozialverhalten vornehmlich unter den Aspekten von Delinquenz und sozialer Kontrolle zu erfassen versuchte.

Betrachtet man die angedeuteten Ausdifferenzierungen in bezug auf ihre sozialen Träger, so erweisen sie sich bis weit in die zweite Hälfte des 19. Jahrhunderts als vorwiegend administrativ bedingt, so daß sich die Institutionalisierung der Statistik als ›normal science‹ zunächst als Verstetigung der amtlichen Statistik beschreiben läßt[340]. Zwar engagierten sich vereinzelt auch private Sozietäten, aber ihre Beiträge zu einer »Konzentrierung der wissenschaftlich-statistischen Ergebnisse . . . in angemessener Ordnung«[341] blieben beschränkt und hatten nur dann Folgen, wenn sie mit staatlichen Aktivitäten gekoppelt waren[342].

Wichtiger ist demgegenüber die Einrichtung eigenständiger statistischer Ämter, die sowohl Voraussetzung als auch Folge für die Konsolidierung des amtlichen Zählwerks bildet. Eine durchaus ambivalente Vorbildfunktion erfüllte in diesem Zusammenhang das französische »Bureau de Statistique«, das 1801 zur Vereinheitlichung der Départementsberichte und gleichzeitigen Erarbeitung einer umfassenden Nationalstatistik gegründet worden war[343]. Noch unmittelbar unter französischem Einfluß entstanden dann die statistischen Landesämter in Italien (1803), Preußen (1805) und Westfalen (1809), aber ähnliche Einrichtungen finden sich bald auch in Bayern (1813), Württemberg (1820), Holland (1826), Österreich (1829) oder Belgien (1830)[344]. Allerdings waren diese Behörden noch häufig relativ instabil und existierten aufgrund administrationsinterner Probleme zum Teil nur wenige Jahre, so daß sich die Verstetigung der Zählvorgänge recht unterschiedlich entwickelte, denn solange sie auf verschiedene Ämter verteilt blieben, die eher zufällig als systematisch arbeiteten, war es kaum möglich, bestandsgarantierende Traditionen und fraglos akzeptierte Routinen auszubilden.

Ein diese Fragen überspielender und in mancher Hinsicht auch lösender Entwicklungsschub ergab sich durch die Revolution von 1848, die auch in Deutschland zu einer Angleichung der Herrschaftsstrukturen an die Verkehrsformen und Produktionsverhältnisse führte. Mit der hierdurch gesetzten ›Versachlichung‹ der Herrschaft rückten Politik und Verwaltung näher zusammen und rationalisierten ihre Verarbeitungsformen zunehmend in gleicher Richtung. »Das Etatwesen und die Geschäftsführung der verschiedenen Ressorts, die Motive der Gesetze und die Verhandlungen der Landesvertretungen brauchten und brachten reiches statistisches Material, und meist in jährlicher Wiederholung. All dies vermehrte die Ermittlungen«[345] und führte selbst in den kleinsten Territorien zu einem systematischen Ausbau der Statistik[346], wobei eine enge Personalunion von administrativer und wissenschaftlicher Arbeit zu beobachten ist – waren doch die damals führenden Sozialstatistiker häufig direkt am Ausbau des amtlichen Zählwerks beteiligt. So organisierte der Staatswissenschaftler Gustav Rümelin (1815–1889) zeitweise das statistische Zentralbureau in Stuttgart[347], Ernst Engel (1821–1896) engagierte sich in gleicher Funktion zunächst in Sachsen, später in Preußen[348], Georg v. Mayr (1841–1925) gründete das Statistische Landesamt in München[349], und andere bekannte Namen, wie der von Adolph Wagner[350] finden sich zumindest in den Mitgliederlisten der überall entstehenden statistischen Büros.

Auch als akademisch wohl etablierte ›normal science‹ blieb die Statistik somit nach wie vor in Verbindung mit der verwaltungsmäßigen Wirklichkeitswahrnehmung, obwohl sie sich hiervon andererseits durchaus löste. So läßt sich beispielsweise für die im 19. Jahrhundert einsetzende theoretische Statistik keine direkte Abhängigkeit von administrativen Steuerungsinteressen nachweisen, und dies gilt in abgeschwächter Form auch für den insbesondere von Georg v. Mayr betriebenen Ausbau der »Statistik als Gesellschaftswissenschaft«. Aber diese Prozesse markieren genau genommen nicht mehr als eine sekundäre Autonomisierung[351], die an der Selektivität der Statistik ebenso wenig änderte wie an der »Logik sozialempirischer Arbeit«[352]. Die auf ein subjektunabhängiges

Steuerungswissen bezogenen Kriterien zur Begründung und Abgrenzung empirischer Entitäten wurden nämlich in den ›handlungsentlasteten‹ akademischen Diskussionen keineswegs tangiert, sondern bildeten eine konstitutive Bedingung für deren immanente Dynamisierung. Oder anders formuliert: Der Ausbau der Statistik zur ›Wissenschaft‹ setzt selbst schon eine entscheidende Verengung des wissenschaftlichen Wirklichkeitsverständnisses voraus, in deren Folgen nur noch das als ›empirisch‹ Geltung erlangt, was tatsachenbezogen rekonstruiert werden kann.

»In this life we want nothing but facts, sir, nothing but facts«[353] – mit diesen Worten formulierte ein Diskussionsredner der Statistical Society of London ebenso pointiert wie aggressiv den Anspruch der statistischen Wissenschaft, die auch und gerade als ein autonomisiertes Konzept darauf abzielte, die Wirklichkeit als einen Zusammenhang von instrumentell handhabbaren Tatsachen zu rekonstruieren. Entsprechend dieser Intention bemühte man sich zunehmend um eine immanente Verfeinerung des von Quetelet entworfenen Instrumentariums, mit dessen Hilfe der Rückgriff auf vorwissenschaftlich-erlebnisbezogene Strategien systematisch ausgeschaltet wurde. Der Ausgangspunkt aller Analysen lag in der Auflösung der zu analysierenden Phänomene in einzelne, subjektunabhängige kontrollierbare Variablen, die es dann, soweit möglich, in ihrer Veränderung zu beobachten galt, um so Auskunft über den gesellschaftlichen Normalitätszustand und eventuelle Abweichungen zu erhalten.

Da die Stichprobentheorie noch weitgehend unbekannt war[354], orientierten sich die einschlägigen Erhebungen stets am Kriterium der Vollständigkeit, wobei die Aussagekraft einer Untersuchung proportional zur Anzahl der erfaßten Fälle bewertet wurde. Dieser Auffassung entsprach wiederum eine spezifische Interpretation der Wahrscheinlichkeitstheorie, mit deren Hilfe Häufigkeitskonstanten als Verursachungsstrukturen gedeutet wurden. Formal war dabei die Wahrscheinlichkeit als jener Quotient definiert, der sich aus der »Zahl der dem Ergebnis günstigen Möglichkeiten durch die Gesamtheit aller Möglichkeiten« ergibt[355]. Diese Maßzahl galt ihrerseits als Manifestation einer »immanent logisch erschließbaren Eigenschaft wiederholbarer Vorgänge«[356], so daß die Häufigkeit einer Erscheinung mit ihrer Bedeutung unmittelbar korrelierte. Oder in den Worten Quetelets: »Wenn alle Möglichkeiten günstig sind, bilden sie zusammen die Gewißheit«[357], und je größer die

Gewißheit, desto eher kann auf ein statistisches ›Gesetz‹ geschlossen werden.

Mit diesen Leitlinien hatte die Nachahmung der naturwissenschaftlichen Erkenntnisproduktion eine Stufe erreicht, die über die eher metaphorischen Analogisierungen des 18. Jahrhunderts weit hinausging. Die Gesellschaft erschien als eine Art zweiter Natur, die wie die erste nicht nur als Maschine gedacht, sondern auch als solche gehandhabt werden konnte[358]: Es galt sie zu verbessern, zu ölen und mögliche Störungen zu vermeiden, wobei die Statistik als ›normal science‹ sowohl die Konstruktionsanleitung als auch das Reparaturbuch abgeben sollte. Exemplarisch wird ein derartiges Selbstverständnis bereits bei Quetelet, für den »das Charakteristische und Malerische eines jeden Volkes verschwindet, während die Lokomotiven und elektrischen Telegraphen Tag für Tag neue Breschen in die Zollgrenzen schlagen, bis sie sie gänzlich niedergerissen haben.«[359] Weniger emphatisch, wenngleich ebenso tatsachenfixiert, äußerte sich der Staatswissenschaftler Karl Knies (1821–1898), der die »objektive Sicherheit der mathematisch exakten Berechnung«[360] als Garant von Empirizität und Wahrheit gleichermaßen pries: Auf der Grundlage des »Calcüls der exakten Wissenschaft«[361] sollte die Statistik die soziale Welt als einen berechenbaren Steuerungszusammenhang rekonstruieren, um so ihre Entwicklung und Veränderung rational beherrschbar zu machen.

Die Vision der absoluten Steuerbarkeit verweist bereits auf jene »Industrialisierung von Raum und Zeit«[362], mit der die gesellschaftliche Universalisierung bzw. Verallgemeinerung des Tatsachenblicks im 19. Jahrhundert abgeschlossen wurde. Wissenschaftsimmanent läßt sich dieser Prozeß auch daran ablesen, daß die Beherrschung und Anwendung statistischer Rekonstruktionsstrategien nicht mehr notwendig eine mathematisch-naturwissenschaftliche Ausbildung erforderte, wie sie beispielsweise noch für Laplace oder Quetelet kennzeichnend gewesen war. Stattdessen wird die Statistik jetzt zu einer Angelegenheit von Staatswissenschaftlern und Ökonomen, wobei vor allem die Anhänger der auf Smith zurückgehenden ›klassischen‹ politischen Ökonomie[363], für einen Ausbau der Tatsachenforschung votierten[364].

Zwar wurde dieses Votum kaum systematisch begründet, aber es war durchaus konsequent – entsprachen doch die Strukturen der statistisch-tatsachenbezogenen Wirklichkeitsherstellung in Abstraktionsgrad und -richtung genau jenen ökonomischen Konzepten, die mit der Figur des Tauschsubjekts als paradigmatischem ›Kernstück‹ argumentierten[365]. Hier wie dort trat die Gesellschaft als eine Aggregation von Individuen in den Blick, die »nicht in ihrem gesamten Lebensunterhalt, sondern als Privatpersonen«[366] mit zufälligen Beziehungen und austauschbaren Eigenschaften wahrgenommen wurden, so daß die Handelnden auch nur in dieser Dimension ›empirisch‹ erschienen. Angesichts dieser Parallelität lag die wechselseitige Ergänzung von Statistik und Ökonomie nahe, wobei die normalwissenschaftliche Statistik sowohl zur Komplettierung als auch zur Abschottung des bürgerlichen Wirklichkeitsverständnisses dienen konnte: Mit Hilfe der quantifizierenden Strategien ließen sich die ›unsichtbaren‹ Gesetze der bürgerlichen Ökonomie ›sichtbar‹ machen, ohne sie zur Disposition zu stellen, denn erfaßt wurden allein die tauschwertbezogenen Seiten, wohingegen die darüber hinausweisenden Aspekte der gesellschaftlichen Erfahrung außerhalb des Blickfeldes blieben.

Schmollers Konzept der Monographie

Mit der Institutionalisierung der Statistik als ›normal science‹ realisierte sich jene Vorstellung von ›Normalwirklichkeit‹, die den paradigmatischen Bezugspunkt der bürgerlichen Sozialwahrnehmung bildet. ›Normalwirklich‹, weil dem vorherrschenden Verhältnis zur sozialen Um- bzw. Mitwelt entsprechend, sind genau jene Momente der Sozialerfahrung, die sich als subjektunabhängige ›Tatsachen‹ darstellen und instrumentell handhaben lassen bzw. genauer: die über die Medien von Recht und Geld gesteuert werden können, denn diese sind es, die einen der neuzeitlichen Naturhandhabung vergleichbaren Umgang mit der sozialen Realität ermöglichen[367]. Gegenüber der solchermaßen entsubjektivierten Empirie erscheinen andere Erfahrungsgehalte als ›metaphysisch‹ oder bloß ›subjektiv‹ – eine Etikettierung, durch die praktisch alle erlebnisgeprägten Perzeptionsformen aus dem gesellschaftstypisch verallgemeinerten Empirieraum ausgegrenzt werden. Sie bleiben zwar durchaus bestehen, aber verändern ihren sozialen Ort, denn in der Ordnung der bürgerlichen Welt gehören sie in den Bereich des Vorgesellschaftlichen bzw. Privaten.

In dem Maße, wie diese Grenzziehung den Charakter des Selbstverständlichen annahm und damit selbst ›empirisch‹ wurde, kam freilich auch zu Bewußtsein, daß die skizzierte Umdefinition keineswegs nur erkenntniserweiternden Charakter hatte. Angesichts der Dominanz der instrumentell-tauschwertbezogenen Orientierungen für die Prozesse der gesellschaftlichen Empirieherstellung stellte sich nämlich zwangsläufig die Frage nach dem Status jener nicht-instrumentellen Erfahrungen, die als ›empirisch‹ erlebt werden, ohne sich in die Sprache der ›Normalwirklichkeit‹ übersetzen zu lassen. Innerhalb der literarischen Öffentlichkeit wurde dieses Problem schon bald nach 1789 thematisch, und zwar insbesondere von seiten der Frühromantiker. So kritisierte A. W. Schlegel offen das »ökonomische Prinzip« der bürgerlichen Wirklichkeitswahrnehmung, und hierauf bezogen forderte Novalis die berühmte »Romantisierung der Welt« – ein Schlagwort, das letztlich nichts anderes beinhaltete als den Versuch einer Reintegration von instrumentellen und nicht-instrumentellen Erfahrungsgehalten[368]. Diese ebenso interessanten wie komplexen Ansätze waren allerdings recht kurzlebig, denn die beklagte »Entzweiung« von Subjekt und Objekt wurde schon bald entweder religiös (Brentano/Schlegel) oder resignativ-zynisch (E. T. A. Hoffmann) angegangen. Darüber hinaus blieb die Kritik auch weitgehend auf eine intellektuelle Öffentlichkeit beschränkt, die eher philosophisch als wissenschaftlich orientiert war, sich mit der Ausdifferenzierung von Philosophie und Wissenschaft von der einzel-wissenschaftlichen Empirieproduktion zunehmend abkoppelte und dementsprechend an Bedeutung verlor.

Folgenreicher waren demgegenüber die wissenschaftsinternen Reaktionsbildungen, also jene, die aus den sich verfestigenden sozialwissenschaftlichen Einzeldisziplinen selber erwuchsen.[369] Ein frühes Beispiel ist hier die bereits erwähnte Kritik von Lueder, der zwar den Tatsachenblick akzeptierte, aber sich dagegen wehrte, die soziale Wirklichkeit hierauf zu reduzieren. Von Lueder läßt sich eine direkte Linie zur »historischen Nationalökonomie«[370] ziehen, deren Vertreter seit der Mitte des 19. Jahrhunderts immer wieder eine gegenüber der ›normal science‹ umfassendere Analysekonzeption forderten. Die hiermit verbundene Abgrenzung vom Tatsachenblick blieb allerdings schon deshalb unzureichend, weil der eigene Wissenschaftsanspruch nach dem Vorbild der Sciences gedacht wurde, sodaß ein hiervon unterschiedenes Konzept von ›Sozialwissenschaft‹ bzw. ›Sozialforschung‹ kaum inhaltlich entwikkelt werden konnte.

Letzteres gilt insbesondere für die zwischen 1840 und 1870 vorherrschende »ältere Schule«, deren Hauptvertreter Wilhelm Roscher (1817–1894), Karl Knies (1822–1898) und Bruno Hildebrand (1812–1879) z. T. noch durch die Tradition der Universitätsstatistik geprägt waren und zugleich der seit Beginn des Jahrhunderts sichtbar gewordenen »Verzeitlichung« der Sozialerfahrung[371] Rechnung zu tragen versuchten. So votierte Roscher als ihr Begründer zwar vehement für eine neue ›historische Betrachtungsweise‹, aber hinter diesem Schlagwort verbarg sich im wesentlichen »ein mit historischem Material belegter Versuch, den Nachweis der historischen Transformationsmöglichkeiten der klassisch-liberalen Theorie zu erbringen«[372], deren Wirklichkeitsverständnis historisch sensibilisiert werden sollte, ohne jedoch ihre Selektivitäten grundsätzlich zu problematisieren[373]. Diese Ambivalenz kennzeichnet auch die Arbeiten von Knies und Hildebrand, die zwar gegen die Ahistorizität der ›normal science‹ zu Felde zogen, aber zugleich für die Statistik als »selbständige Wissenschaft« plädierten und mit dieser ambivalenten Haltung die wissenschaftliche Normalisierung des Tatsachenblicks noch beförderten[374].

Interessanter ist hingegen die sog. ›jüngere Schule‹ der historischen Nationalökonomie (ca. 1870–1920), wie sie vor allem durch Gustav v. Schmoller (1838–1917) und Lujo v. Brentano (1844–1931) repräsentiert wird. Obwohl auch Schmoller und seine Anhänger nie für eine ›andere Empirie‹ votierten, stellten sie den Empirieanspruch der ›normal science‹ weit stärker in Frage als ihre Vorgänger, denn ihre ökonomischen Entwürfe und Studien weisen eindeutig in eine von der tatsachenbezogenen Forschung unterschiedene Richtung. Voraussetzung und Grundlagen dieses ›Alternativkonzepts‹ lassen sich dabei zunächst an Schmollers Thesen zur »Methode der Volkswirtschaftslehre« erläutern, die im Unterschied zu den Konzeptionen à la Roscher, Knies und Hildebrand auf einer ausdrücklichen Abgrenzung von der politischen Ökonomie angelsächsischer Prägung basierten[375]. Letztere wurde als eine »stehengebliebene, abstrakte Nationalökonomie«[376] mit einem »zu kleinen, begrenzten Erfahrungsfeld«[377] bezeichnet; die von Smith bis Menger entwickelten Modelle, so Schmoller, berücksichtigten nur Teilaspekte des sozialen Lebens und seien grundsätzlich nicht in der Lage, »ein Bild der vollen Wirklichkeit des wirtschaftlichen Alltags«[378] zu geben. Um diesen Defiziten zu begegnen und »aus den unvollkommenen Bruchstücken unserer Erkenntnis ein Ganzes zu machen«[379], müsse man deshalb auch anders vorgehen und eine ›mehrdimensionale‹ Konzeption von Ökonomie entwickeln, die nicht nur »das Individuum und seine technische Produktion«[380] zum Thema mache, sondern alle ›inneren‹ und ›äußeren‹ Faktoren erfasse und damit das Insgesamt der empirischen Realität.

Diese Argumentation gegen die abstrakte Nationalökonomie war sicherlich insofern ›naiv‹, als Schmoller ›abstrakt‹ schlichtweg mit ›falsch‹ gleichsetzte, ohne einen Gedanken auf die Notwendigkeit und auf die verschiedenen Möglichkeiten von Abstraktionsleistungen zu verschwenden[381]. Man sollte freilich diese erkenntnistheoretischen Defizienzen nicht überbewerten, denn sie verweisen allein auf Schwächen der Lösung, stellen jedoch nicht das angesprochene Problem selbst in Frage. Sofern er gegen die Abstraktion überhaupt argumentierte und eine (Wieder-)annäherung an das »praktische Leben«[382] forderte, kritisierte Schmoller nämlich zuerst und vor allem jenen »Funktionswandel der Wissenschaft im 19. Jahrhundert«[383], der sich in der Herausbildung der positiven Einzeldisziplinen ebenso niederschlug wie in dem sie kennzeichnenden Verlust des Totalitätsanspruches der Erklärung.

Was Schmoller mit seiner Polemik zur Disposition stellte, war, mit anderen Worten, die Ausdifferenzierung von Philosophie und Wissenschaft, die nicht nur in seinen Augen zu einer Erkenntnisreduktion und Verengung von Wirklichkeit geführt hatte. Vor diesem Hintergrund ist sowohl das Plädoyer für eine ›mehrdimensionale‹ Ökonomie als auch die These der empirischen Unbrauchbarkeit der »klassischen« Nationalökonomie zu ziehen. Die auf die Figur des Tauschobjekts bezogenen Vorstellungen von gesellschaftlicher Wirklichkeit trugen nach seiner Konzeption schon deshalb selektive Züge, weil sie die Folgeprobleme der kapitalistischen Entwicklungsdynamik ausblendeten bzw. unsichtbar machten. So wurden in den von Smith und seinen Nachfolgern entwikkelten Konzepten vor allem die Prozesse der Pauperisierung und Proletarisierung kaum erfaßt, obwohl sie in der gesellschaftlichen Praxis eine dominierende Rolle spielten, und insofern die Herausbildung des Proletariats von der historischen Schule als eine handfeste politische Bedrohung wahrgenommen wurde[384], lag der Vorwurf der ›Abstraktheit‹ gegenüber der klassischen Nationalökonomie durchaus nahe.

Diese wissenschafts- und gesellschaftspolitischen Implikationen waren für den Erfolg der Schmollerschen Kritik letztlich auch wichtiger als ihre immanente Überzeugungskraft, und sie bildeten auch die Basis für seine Argumentationen gegen die instrumentell-quantifizierenden Strategien, die eine ähnliche Ablehnung erfuhren wie die von den Erfahrungen der bürgerlichen Gesellschaft abgezogenen theoretischen Modelle. Zwar akzeptierte Schmoller die Statistik durchaus als »Hilfswissenschaft«[385], aber andererseits war für ihn von vornherein »klar, daß es sich bei aller Statistik um eine Messung von Größenverhältnissen ... handelt, die über die Natur der Dinge nichts aussagt«[386], sodaß sie nur wenig dazu beitragen kann, »von der Volkswirtschaft ein vollständiges Bild ... (zu) entwerfen«[387]. Bei seiner Gegenüberstellung der ausdrücklich unterschiedenen Analysemöglichkeiten »quantitativer und qualitativer Richtung«[388] sprach er sich deshalb grundsätzlich für die qualitativen Verfahren aus, wenngleich er ihnen keine eindeutige Priorität einräumte, denn letztlich ließ sich das Verhältnis von quantitativen und qualitativen Strategien in Schmollers Augen nur nach Maßgabe des zu analysierenden Einzelfalls bestimmen. Ausschlaggebend für die anvisierte »historische und sonstige realistische Forschung«[389] sollte deshalb eine fallbezogene bzw. monographische Orientierung sein, und der Begriff der Monographie bildete auch das zentrale Stichwort für Schmollers ›Alternativempirie‹.

Die Erläuterungen zu diesem Stichwort blieben allerdings recht spärlich, und was bei Schmoller unter ›Monographie‹ zu verstehen ist, erschließt sich in mancher Hinsicht auch weniger aus den programmatischen Äußerungen als aus seiner konkreten Forschungspraxis[390]. Insbesondere anhand von Beispielen aus der Entwicklung des Kleingewerbes versuchte er, jene Kombination von quantitativ-statistischen und qualitativ-historischen Argumenten zu demonstrieren, die zu einer gegenüber der ›normal science‹ umfassenden Wahrnehmung führen sollte. So wurde beispielsweise die Gewerbetätigkeit nicht ›allgemein‹ nach Variablen wie Beschäftigtenzahl, Umfang und Ergebnis beurteilt, sondern im Zentrum standen Fallstudien zu Wachstum und Veränderung einzelner Gewerbezweige, die selbst möglichst detailliert zu behandeln waren. Erst über derartige »qualitative Beschreibungen der Verhältnisse in Staat und Gesellschaft«[391] war es nach Schmoller möglich, zu einer wahrhaft realitätsgesättigten Theorie zu gelangen, denn im Vergleich zu den quantitativen Massenbeobachtungen der Statistik dringe man bei der monographischen Arbeit »ganz anders in die Hütte des Arbeiters..., die Werkstatt und Fabrik, ... den Familienhaushalt und den Bauernhof«[392], und sei in der Lage, der Vielfalt des sozialen Lebens tatsächlich gerecht zu werden.

Die immer wieder beschworene Vielfalt des sozialen Lebens war es auch, die Schmoller darüber hinaus zu dem Postulat veranlaßte, daß die monographischen Analyseformen in fest definierten Analyseregeln nicht aufgehen könnten[393]; die jeweilige Kombination von quantitativen und qualitativen Verfahren müsse vielmehr immer in Form eines induktiven Lernprozesses erarbeitet werden und bestimme sich letztlich nach den Problemvorgaben des »praktischen Lebens«[394]. Diese These verweist auf eine im Vergleich zur Statistik ›weichere‹ Grenzziehung gegenüber der alltagsweltlichen Erfahrungsverarbeitung, die in mancher Hinsicht an das aristotelische Modell erinnert. Den Ausgangs- und Zielpunkt aller Forschung bilden nämlich bei Schmoller die (als nicht dominant tatsachenbezogen unterstellten) vorwissenschaftlichen Unterscheidungszusammenhänge, die es über eine allmähliche Abstraktion begründet zu ordnen galt, ohne ihre Vielfalt aus den Augen zu verlieren. Auf erweiterter Ebene ergab sich hieraus schließlich das Votum für eine grundsätzlich induktive Logik der Forschung[395]. Ein tatsächlicher Erkenntnisfortschritt, so Schmoller, sei nämlich im Unterschied zu den Vorstellungen der ›normal science‹ nicht über die Applikation allgemeiner Sätze möglich, sondern nur über die umfassende Beschreibung von Einzelfällen, die es mittels historisch-detaillierter Schilderung als konkrete Ganzheiten darzustellen und in ihren Ursachen zu erklären gelte, um dann »aus dem bisherigen Gange der Ereignisse auf die Zukunft« zu schließen[396].

Monographien als alternative Arbeitsformen

Versucht man, die Schmollerschen Überlegungen auf eine handliche Formel zu bringen, so läßt sich sein Konzept in Abgrenzung zur Statistik als ›normal science‹ mit folgenden Stichworten beschreiben: (a) Erstes und wichtigstes Kennzeichen der monographischen Arbeitsform ist ihre Ausrichtung auf den *Einzelfall*, denn Monographien sind exemplarische Analysen und keine Massenbeobachtungen. (b) Als Einzelfallanalysen zeichnen sie sich durch eine prinzipiell *induktive Orientierung* aus, die in Gegensatz zu den Deduktionen der ›normal science‹ gesehen wird. (c) Als drittes

Charakteristikum ist schließlich die *experimentelle Orientierung* zu notieren, denn im Unterschied zur Statistik gibt es für das induktive Vorgehen keine fest definierten Regeln, so daß eine abschließende Formalisierung der monographischen Produktionsregeln nicht möglich erscheint. Diese drei Punkte verweisen zweifellos auf wichtige Differenzen gegenüber den tatsachenbezogenen Strategien, aber wie vor allem die berühmten Auseinandersetzungen mit Carl Menger im sog. »älteren Methodenstreit« zeigen, war Schmoller kaum in der Lage, sie methodologisch zureichend zu reflektieren und zu begründen[397]. Ähnliches gilt auch für die meisten seiner Anhänger und Schüler, denn obwohl diese, ebenso wie Schmoller, davon ausgingen, daß die Monographie in der Praxis der Forschung »mehr und mehr in den Vordergrund des Betriebes tritt«[398], trieben sie die Diskussion um den epistemologischen Stellenwert ihres ›Alternativkonzepts‹ in keiner Weise voran.

Mehr Mühe machten sich demgegenüber die Statistiker, wenngleich ihre Argumentationen, wie nicht anders zu erwarten, auf eine Unterordnung der Monographie unter die Statistik abzielten. So bezeichnete Georg v. Mayr die Monographie als eine »den subjektiven Standpunkt des Beobachters zum Ausdruck bringende qualitative Beschreibung«[399], die dann und nur dann legitim sei, wenn eine wissenschaftlich entwickelte, und das heißt: quantifizierende Analyse nicht möglich ist. Diese Definition denunziert zwar die monographischen Arbeitsformen von vornherein als un- bzw. vorwissenschaftlich, aber gerade die scharfe Abgrenzung vom statistischen Objektivitätsideal macht andererseits jenen paradigmatischen Gegensatz deutlich, der bei Schmoller stets verschwommen blieb[400]. Insofern nämlich die Monographie »den subjektiven Standpunkt des Beobachters zum Ausdruck bringt«, repräsentiert sie keine ›subjektfreie‹ Rekonstruktion, die unabhängig von konkreten Erlebniszusammenhängen Bestand hat: Ihre Daten werden vielmehr subjekt- bzw. situationsbezogen organisiert, und dies verweist auf einen von der ›normal science‹ unterschiedenen Umgang mit Wirklichkeit, der sich allgemein wie folgt charakterisieren läßt: Während bei der Statistik die soziale Wirklichkeit nur insoweit ›empirisch‹ perzipiert wird, wie sie in isolierte Variablen zerlegbar ist, die als meßbare ›Merkmale‹ in unterschiedlichen Situationen aufgefunden und verglichen werden können, bezieht sich der monographische Blick nicht auf derartige ›Merkmale‹, sondern auf lebensweltlich tradierte Entitäten, die in dem Sinne als ›wirklich‹

wahrgenommen werden, wie sie von den Handlungssubjekten selbst erlebt werden. Bei der monographischen Rekonstruktion geht es also sowohl um mehr als auch um anderes als bei der Statistik, denn erfaßt wird nicht eine Ansammlung subjektunabhängiger Durchschnittseigenschaften, sondern ein Insgesamt qualitativer Besonderheiten, deren Zusammenhang subjekt- und situationsbezogen begründet ist.

Die Charakterisierung der Monographie als einem subjekt- und situationsbezogenen Konzept der Empirieherstellung wirkt in der skizzierten Kurzform sicherlich noch unscharf, aber ihr gemeinter Sinn läßt sich genauer fassen, wenn man auf neuere Überlegungen zur Logik kulturwissenschaftlicher Argumentationen zurückgreift, wie sie von dem italienischen Historiker Carlo Ginzburg entwikkelt worden sind[401]. Zwar geht es bei Ginzburg nicht unmittelbar um eine Diskussion der Monographie, aber seine Anmerkungen zum Analyseverhalten in Medizin, Psychologie, Kunstgeschichte und Kriminologie verdeutlichen genau jenes Modell einer nichtszientistischen Empirieproduktion, das unter anderen Akzentsetzungen auch für die monographischen Arbeitsformen kennzeichnend ist. Den Ausgangspunkt seiner Argumentation bildet die These von der ›doppelten Logik‹ der Humanwissenschaften, die nach Ginzburg eine ›offizielle‹ und eine ›inoffizielle‹ Entwicklungslinie aufweisen: Auf der ›offiziellen‹ Seite steht das seit Galilei übliche szientistische Paradigma, auf der ›inoffiziellen‹ hingegen das sog. »Indizienparadigma«, das gleichsam stillschweigend entstand und »nie ausdrücklich theoretisiert wurde – obwohl es faktisch sehr wirksam war und ist«[402] und auf eine ebenso wichtige wie verdrängte Traditionslinie verweist.

Als Beispiele für die verdrängte indizientheoretische Traditionslinie führt Ginzburg zunächst zwei Fälle an, nämlich zum einen die sog. Morelli-Methode in der Kunstgeschichte und zum andern die Psychoanalyse, die beide »keineswegs unter die Kriterien von Wissenschaftlichkeit (fallen), die das Galileische Paradigma enthält«[403]. Dort nämlich erscheint die Wirklichkeit als ein subjektfreier Zusammenhang, in dem sich die empirisch-sichtbaren Besonderheiten in eindeutiger Abhängigkeit von theoretisch-allgemeinen Gesetzen bewegen, wobei die sichtbaren Erscheinungen qua instrumenteller Überprüfung mit ihren unsichtbaren Ursachen koordiniert werden. Beim Indizienparadigma wird das Verhältnis von Sichtbarem und Unsichtbarem demgegenüber anders gedacht. Betrachtet man beispielsweise die Morelli-Methode zur Identifizierung von gefälschten bzw. echten Gemälden, so geht es darum, aufbauend auf der Annahme einer subjektbezogenen Produktion von Wirklichkeit, »in scheinbar nebensächlichen empirischen Daten eine komplexe Realität aufzuspüren«[404], die mit dem Koordinationsmechanismus der instrumentellen Überprüfung nicht erfahrbar ist. Dem hypothetisch-deduktiven Modell der Empirieproduktion steht also das Konzept einer hermeneutisch-induktiven »Spurensicherung« gegenüber, das die mechanisch orientierte Grenzziehung zwischen Sichtbarem und Unsichtbarem relativiert und damit auf eine andere Wirklichkeitswahrnehmung verweist als die szientistischen Strategien.

In seinem kognitiven Kern erinnert das Indizienparadigma an eine Wissensform, die fast so alt ist wie die Menschheit selber, nämlich an die Symbolisationsprozesse der Jäger und Fährtenleser, die aufgrund winziger Spuren Art, Größe und Aussehen von Tieren zu bestimmen vermögen. Für die wissenschaftliche Erfahrungsverarbeitung wurde das Spurenwissen des Jägers jedoch erst im 19. Jahrhundert von Bedeutung, wobei seine Reaktualisierung mit dem Funktionsverlust der Philosophie korreliert. In dem Maße nämlich, wie »die Dekadenz des systematischen Gedankens«[405] voranschreitet, mehren sich auch jene Konzepte, die darauf abzielen, »Urteile über den Menschen und die Gesellschaft auf der Basis von Indizien und Symptomen zu formulieren«[406].

Allerdings wurde die indizientheoretische Orientierung hierbei nur z. T. in Abgrenzung vom galileischen Ideal entwickelt[407]. Häufig kam es schon aus institutionellen Gründen zu Annäherungen bzw. Anpassungen an die vorherrschende szientistische Linie – eine Tendenz, die nicht selten zu Mißverständnissen und Brüchen führte. Exemplarisch sei hier auf die Psychoanalyse Freuds verwiesen, die in vielen Punkten eine paradigmatische Doppelstruktur aufweist: Zum einen wird die Psyche, getreu dem galileischen Modell, als ein ›allgemeiner‹ Ursache-Wirkungszusammenhang beschrieben, bei dessen Störung eine gleichsam ›subjektfreie‹ Herausbildung ›besonderer‹ Symptome zu notieren ist; die jeweiligen Symptome erscheinen als kausal ableitbare Folge bestimmter Funktionsstörungen, so daß der Eindruck eines hypothetisch-deduktiven Vorgehens entsteht[408]. Auf der anderen Seite werden die Symptome jedoch nie als empirische Überprüfungsinstanz im positivistischen Sinne behandelt, sondern als »unendlich feine Spuren«, die es erlauben, eine »tiefere, sonst nicht erreichbare Realität einzufangen«[409]. Unter dieser Perspektive sind sie Ansatzpunkte für die Dechiffrierung einer einzelfallbezogenen Totalität, die über ein »szenisches Verstehen«[410] rational aber nicht rationalistisch rekonstruiert wird. Genau hier liegt auch der entscheidende Unterschied gegenüber dem szientistischen Empiriekonzept, denn als empirische Strategie ist die Psychoanalyse induktiv, kommunikativ und experimentell orientiert, so daß ihre Ergebnisse auch kaum als operationelle ›Anwendung‹ einer ›allgemeinen‹ Theorie[411] beschrieben werden können. Was als ›wirklich‹ wahrgenommen wird, hängt vielmehr vom konkreten Einzelfall ab, und dessen Analyse verläuft nicht als ›Ableitung‹ aus der Theorie des psychischen Apparats, sondern diese bildet eine verfahrenstechnisch unbestimmte Hintergrundsfolie, deren empirische Bedeutung nur subjekt- und situationsbezogen bestimmt werden kann.

Die indizienorientierte Forschung weist also einen anderen Bezug zum empirischen Feld auf als die ›normal science‹ und läßt sich kaum bruchlos in deren Konzepte übersetzen. Eben dies gilt offensichtlich auch für die monographischen Arbeitsformen, deren Verhältnis zum Gegenstand vor allem dann deutlich wird, wenn man es im Vergleich zu dem für die ›normal science‹ typischen Muster der hypothetisch-deduktiven Überprüfung betrachtet[412]. Mit ihren drei Schritten »Begriffsbildung«, »Operationalisierung«, »Messung« markiert die hypothetisch-deduktive Strategie eine Form der Konstitution und Aneignung von Wirklichkeit, die (a) keine erlebnisbedingte Vertrautheit mit dem zu analysierenden Feld erfordert, (b) das »Individuelle an Fällen, Situationen und Dokumenten«[413] systematisch ausblendet und (c) nur das als »empirisch« wahrnimmt, was mit ›allgemeinen‹, d. h. subjekt- und situationsunabhängigen Definitionen beschrieben sowie meßtechnisch überprüft werden kann. Bei den monographischen Arbeitsformen haben wir es hingegen mit einem gleichsam umgepolten Konzept zu tun, denn den Bezugspunkt der Analyse bildet hier das »Individuelle an Situationen und Fällen«. Diese Akzentsetzung begründet sich nicht zuletzt aus dem Ziel einer *empirischen* Adäquanz. Gerade in empirischer Hinsicht, so die implizite These, beinhaltet der Einzelfall nämlich mehr als einen ›allgemeinen‹ Ursache-Wirkungs-Zusammenhang: Er ist Ausdruck einer subjekt- und situationsbezogenen Totalität, deren konkreter Wirklichkeitscharakter von den Handelnden selbst hergestellt wird, so daß die Rekonstruktion des Einzelfalles auch nicht von ›außen‹ erfolgen kann, sondern stets einen erlebnisgeprägten Gegenstandsbezug erfordert.

Methodologisch gewendet ergeben sich hieraus zwei Konsequenzen: Zum einen ist die Monographie grundsätzlich nicht deduktiv strukturiert, denn was am jeweiligen Einzelfall ›wirklich‹ ist, läßt sich kaum aus ›allgemeinen‹ Definitionen ›ableiten‹. Die Ebene der Begriffsbildung bleibt vielmehr verfahrenstechnisch unabgeschlossen, so daß die Begriffe, um eine Formulierung von Norman Denzin zu gebrauchen, den Status von »sensitizing concepts« aufweisen[414], die empirische Verstehensprozesse anleiten und durch diese selbst veränderbar sind. Die angedeutete Korrektur der sensitizing concepts – und hiermit kommen wir zum zweiten Punkt – setzt allerdings einen umfassenderen lebensweltlichen bzw. erlebnisgeprägten Gegenstandsbezug voraus, und ähnlich wie beim Indizienparadigma fungiert deshalb bei den monographischen Arbeitsformen die Figur des »Kenners« als Referenzpunkt der Erkenntnisproduktion[415]. Sein Wissen verweist auf eine aus praktischer Vertrautheit erwachsende Aneignung, die sich an »Spuren, Symptomen und Indizien«[416] orientiert, eher analogisierend als ableitend vorgeht, und »einen Rest von Unsicherheit nie ganz vermeiden kann«[417], denn auch bei differenzierten theoretischen Brechungen liegt ihr Bezugspunkt in der eigenen Erfahrung, die die Grundlage bildet, um »den Verlauf analoger sozialer und wirtschaftlicher Erscheinungen zu begreifen und daraus Schlüsse zu ziehen«[418].

Die skizzierten methodologischen Leitlinien machen deutlich, daß die monographischen Arbeitsformen in vielen Punkten als eine Konkretisierung der Postulate der interpretativen Soziologie begriffen werden können – soll doch die Realität erfaßt werden, wie sie für die Handlungssubjekte selbst ›wirklich‹ ist, ohne sie freilich schlichtweg zu verdoppeln. Diese Orientierung führt dabei nicht nur zu spezifischen Forschungsstrategien, sondern schlägt sich auch in der Darstellung der Ergebnisse nieder. Zwar lassen sich monographische Argumentationen ebenso wie indizientheoretisch orientierte durchaus szientistisch umformulieren, aber diese Umformung ist nur beschränkt möglich, denn die mit »Spürsinn, Augenmaß und Intuition«[419] erfaßten Spuren können kaum vollständig in instrumentelle Variablen ausdifferenziert bzw. exakt quantitativ transformiert werden. Der systematisch-deduktiven (Selbst)-darstellung der ›normal science‹ steht deshalb nicht selten eine andere Präsentationsform gegenüber, bei der die »Daten so (organisiert werden), daß Anlaß für eine erzählende Sequenz entsteht«[420]. Aus den Beobachtungen am Einzelfall entsteht also eine Fallgeschichte, die eine prozessuale Verknüpfung von Partikularbeobachtungen impliziert und z. T. an alltagsweltliche Darstellungsformen erinnert – sind letztere doch ebenfalls eher narrativ als analytisch strukturiert, wobei die Narration sowohl den Subjekt- als auch den Situationsbezug zum Ausdruck bringen soll.

Die narrative bzw. essayistische Präsentation verweist schließlich noch auf einen weiteren Unterschied zur ›normal science‹, nämlich auf die Form der Verallgemeinerung bzw. Generalisierung empirischer Aussagen, die weniger merkmalsbezogene als situationsorientierte Züge trägt. Während bei quantifizierenden Rekonstruktionen eine Behauptung über die Wirklichkeit nur dann generalisierbar erscheint, wenn sich die operational festgelegten Merkmale in unterschiedlichen Situationen unter gleichen Randbedingungen mit identischen Meßwerten bestätigen lassen, bezieht sich der monographische Verallgemeinerungsanspruch nicht auf isolierte Merkmale, sondern auf Merkmalssyndrome bzw. Situationen, die falltypisch generalisiert werden. An die Stelle der identifizierenden tritt somit die analogisierende Verallgemeinerung, die damit gerechtfertigt wird, daß soziale Wirklichkeiten im Unterschied zu naturwissenschaftlichen Empirizitäten niemals identisch reproduzierbar sind. Reproduziert werden vielmehr ›ähnliche‹ Situationen, so daß so gesehen der Einzelfall bereits selbst allgemein ist, nämlich in dem Sinne, daß die ihn kennzeichnenden Strukturen bzw. Zusammenhänge für analoge Fälle ebenfalls bestimmend sind.

Zwei Beispiele: LePlay und Schnapper-Arndt

Die obigen Erläuterungen zur Monographie als alternativer Arbeitsform gehen über Schmollers Anmerkungen weit hinaus und deuten auf ein Konzept von Sozialwissenschaft bzw. Sozialforschung, das gleichsam ex negativo zur ›normal science‹ bestimmt ist und die vielfach abgesicherten Grenzen zwischen Wissenschaft und Alltagswelt grundlegend in Frage stellt. Eine solche Distanzierung stand jedoch weder für Schmoller noch für seine Nachfolger auf dem Programm, so daß die Prinzipien der Subjekt- und Situationsbezogenheit sowie die entsprechenden Formen der Aneignung,

Darstellung und Verallgemeinerung empirischer Phänomene von ihnen kaum explizit formuliert wurden. Letzteres gilt auch für jene Autoren, anhand derer wir die Strukturen des monographischen Arbeitens weiterführend illustrieren wollen, nämlich für Pierre Guilleaume Frédéric LePlay (1806–1872), den offiziellen Begründer der monographischen Schule, und Gottlieb Schnapper-Arndt (1846–1904), der für sich in Anspruch nahm, »als erster in Deutschland nach der LePlayschen Methode gearbeitet zu haben«[421]. Beide waren durch die Ideale der Quantifizierung erheblich geprägt, aber sie bemühten sich gleichwohl, die Selektivität der quantifizierenden Wahrnehmung zu überwinden, wobei ihre Erfolge und Mißerfolge zeigen, wie stark die monographische Alternative im 19. Jahrhundert tatsächlich einzuschätzen ist.

Betrachtet man zunächst die Arbeiten LePlays, so läßt sich deren Differenz gegenüber der Statistik als ›normal science‹ bereits an ihrer Geschichte verdeutlichen, denn im Unterschied zu seinem normalwissenschaftlichen Zeitgenossen Quetelet beispielsweise kam der Franzose auf einem ganz anderen Weg zu Problemstellung und Durchführung seiner Untersuchungen[422]. Ursprünglich eher literarisch orientiert, hatte LePlay in Paris an der »École Polytechnique« und an der »École des Mines« studiert – zwei Lehranstalten, die vornehmlich der Ausbildung technologischer Praktiker dienten. Technik wurde in diesem Zusammenhang allerdings nicht als eine gesellschaftsneutrale bzw. -blinde Kunstlehre verstanden, sondern »the students were expected to develop some understanding of the society in which they practised their skills«[423]. Als wesentliches Bildungsmittel fungierten hierbei Exkursionen und Reisen, auf denen die zukünftigen Ingenieure ihre Arbeitsfelder kennenlernen und konkrete Fallstudien unternehmen sollten, die dann als Abschlußarbeiten eingereicht wurden. Gerade diese Form der Ausbildung verweist auf einen Umgang mit sozialer Wirklichkeit, der für Quetelet mit seinem konstitutiven Bezug auf administrativ vorgegebenes Datenmaterial unerheblich war – basierten doch dessen Argumentationen nie auf eigener Anschauung, sondern auf ›Erfahrungen aus zweiter Hand‹.

Für LePlay hingegen spielten die erlebten Primärerfahrungen von Anfang an eine beträchtliche Rolle, und die Grundlinien seiner späteren Forschungsarbeit entstanden bezeichnenderweise im Rahmen einer längeren Studienreise durch Frankreich und Deutschland (1829/30)[424]. Da sich der Franzose in diesem Zusammenhang mit seinem Begleiter Reynaud nicht über dessen saint-simonistische Thesen einigen konnte, versuchte er, insbesondere durch den Aufenthalt bei einer Bergarbeiterfamilie im Harz, die sozialen Verhältnisse ›direkt‹ zu erfassen und praktizierte damit zum ersten Mal jene Form der ›teilnehmenden Beobachtung‹, wie sie für den monographischen Ansatz insgesamt kennzeichnend ist. Ausgehend von dieser ersten Felderfahrung sammelte LePlay in den folgenden Jahren, gleichsam ›nebenberuflich‹, immer mehr Material über ausgewählte Familien, und zwar von Rußland über die skandinavischen und mitteleuropäischen Länder bis hin zu den Balkanstaaten und der Türkei. Mit der Aufgabe seiner Tätigkeit als Professor an der »École des Mines« konzentrierte er sich dann nach 1848 vollständig auf die Ausarbeitung und Erweiterung dieser Reiseunterlagen, und als Resultat seiner Bemühungen stellte er schließlich 36 Fallstudien zusammen, die 1855 unter dem Titel »Les ouvriers européens – Études sur les travaux, la vie domestique et la condition morale« veröffentlicht wurden[425].

Daß die »Ouvriers européens« in der damaligen Zeit eine bahnbrechende Leistung darstellten, zeigt nicht zuletzt ihre Preiskrönung durch die Académie francaise, die noch im gleichen Jahr erfolgte. Zwar stand man den katholisch-konservativen Familienvorstellungen LePlays[426] durchaus kritisch gegenüber[427], aber dies änderte nichts daran, daß seine Untersuchungen aufgrund der Breite und Dichte des Materials in empirischer Hinsicht als vorbildlich angesehen wurden[428]. Erst in den letzten Jahren ist dieses uneingeschränkt positive Urteil immer mehr in Frage gestellt worden. So behauptet z. B. Bock (1980) in Anlehnung an Goldfrank (1972), daß »das Bild von LePlay als dem größten empirischen Sozialforscher in der Geschichte des Faches den Tatsachen nicht stand(hält)«[429], denn »nicht nur die Zahl der Monographien, sondern auch ihre Qualität geben Anlaß zu Zweifeln«[430]. Goldfrank selber kritisiert eine mangelnde Ausdifferenzierung der Methodologie sowie eine ungenügende Reliabilität der Daten, wobei seine Analyse in dem Satz gipfelt: »The most interesting discussions are the least systematic«[431]. Diese Aussage ist allerdings, genau besehen, in einem ganz anderen Sinne denkwürdig als von Goldfrank gemeint, denn letztlich verweist sie auf eine spezifische Inadäquatheit seiner Kritik selber. Zwar ist es zutreffend, daß die »Ouvriers européens« aus der Perspektive der ›normal science‹ heute absolut unbefriedigend erscheinen müssen, aber wenn ausgerechnet die ›interessantesten‹ Teile nicht systematisch im Sinne der konventionellen Forschung sind, dann heißt dies nichts anderes, als daß sie mit den szientistischen Idealen auch nur unzureichend kritisiert werden können – liegt doch der wissenschaftliche Reiz von Monographien offensichtlich jenseits der konventionellen Forschungsmaximen.

Seine Distanzierung von diesen Maximen machte LePlay vor allem in den Vorbemerkungen zu den »Ouvriers européens« deutlich, in denen er auch die methodologischen Leitlinien der monographischen Arbeit zu umreißen versuchte. Hierbei lehnte er, ähnlich wie Schmoller, die Strategien der ›normal science‹ keineswegs in Bausch und Bogen ab – als ›Administrationswissenschaft‹ wurde die Statistik vielmehr durchaus positiv dargestellt[432] –, aber für eine Analyse sozialer Prozesse hielt er sie dennoch für ungeeignet bzw. problemverkürzend. Die Statistiker, so LePlay, können die sie interessierenden Daten bzw. Datenmengen kaum mehr alleine zusammentragen, sondern sind auf die Mitarbeit fachfremder (und oft auch unwilliger) Hilfskräfte angewiesen, so daß der unmittelbare Kontakt zum Untersuchungsgegenstand in der Regel verloren geht. Was unter dieser Voraussetzung erfaßt werden kann, sind nur die ›verwaltungstechnischen Aspekte‹ der sozialen Wirklichkeit, wohingegen die »nature spéciale des individues« ausgeblendet wird[433]. Gerade deshalb führe die Anwendung der statistischen Methoden z. T. zu falschen Abstraktionen, nämlich dann, wenn es um die Beschreibung von Problemen geht, »qui se rattachent plus spécialement à la nature intime de l'homme«[434]. Zwar ließ sich LePlay nie genauer darüber aus, was unter der »nature spéciale« bzw. »nature intime de l'homme« im einzelnen zu verstehen sei, aber ausgehend von der Kritik am fehlenden Feldkontakt und an den falschen Abstraktionen votierte er für ein umgreifenderes Konzept, genannt »enquête directe« oder »méthode d'observation«, das darauf abzielte, nicht nur die tauschwertbezogene ›Oberfläche‹, sondern die verschiedenen Dimensionen der sozialen Lebenspraxis zu erfassen.

Betrachtet man die Erläuterungen zur »méthode d'observation« im einzelnen, so fällt vor allem die Ablehnung jeglichen Verfahrensvertrauens auf. Für LePlay gab es nämlich weder ein Patentrezept für ›richtige‹ empirische Analysen, noch einen eindeutigen Weg der Objektivierung sozialer Wirklichkeit. Hierin deutet sich bereits ein Empirie- und Forschungsverständnis an, das in seinem

Kern auf erlebnisbezogene Strategien hinausläuft. Im Unterschied zur statistischen Objektivitätsherstellung mit Hilfe meßtechnischer Verfahren, die subjektive Vorerfahrungen systematisch eliminieren (und gerade deshalb auch situationsfrei angewandt werden können)[435], vertritt LePlay die These, daß ein objektiv ›empirisches‹ Bild der Wirklichkeit nur dann entstehen kann, wenn man sich auf die Welt der Untersuchungsobjekte einläßt und sie somit direkt erlebt. Oder im Original: »(Il faut) se mettre en contact intime avec les populations qu' (on veut) ... étudier«[436].

Ein solches ›Einlassen‹ auf die zu analysierende Wirklichkeit setzt zwangsläufig die Beschränkung auf Einzelfallstudien voraus, deren Produktion und Stellenwert freilich anders als im szientistischen Paradigma zu begreifen ist. Die jeweils zur Diskussion stehende Familie wird nämlich nicht unter der Perspektive bestimmter Merkmale, wie ›Fruchtbarkeit‹ oder ›Sterblichkeit‹, angegangen, sondern erscheint als eine lebensweltlich vorgegebene, in sich geschlossene und zugleich mehrdimensionale Einheit, deren tatsächliche Struktur nur durch eine fortgesetzte Beobachtung erschlossen werden kann, die ihrerseits am Postulat der ›Vollständigkeit‹ orientiert sein muß. Um ein Abgleiten ins ›Subjektivistische‹ zu vermeiden und die Grenze zur vorwissenschaftlichen Erfahrungsverarbeitung aufrecht zu erhalten, sind die Einzelfälle dementsprechend detailliert und umfassend, d. h. sowohl aus der Perspektive der Handlungssubjekte als auch aus ihrer Mitwelt, zu untersuchen, denn ›objektive‹, also intersubjektiv einsehbare Aussagen können bei den Monographien nur dann entstehen, wenn es gelingt, »das ganze (im) ... zu untersuchenden Falle vorliegende Ursachensystem auseinanderzulegen«[437].

Aufgrund der divergierenden Wirklichkeitsperspektiven des Forschers und der zu analysierenden Familie läßt sich die Strategie der prozessualen Verknüpfung und Erklärung der Einzelbeobachtungen dabei kaum unter abstrakte Verfahrensregeln subsummieren, sondern bemißt sich nach dem Grad des ›Einlebens‹ in den Untersuchungsbereich – ein Vorgang, den LePlay höchst anschaulich als einen Wechsel von anfänglicher Verunsicherung zu reflexiver Klärung beschreibt: »Au début de l'observation les faits semblent se multiplier à l'infini ...; chaque effort nouveau fait surgir de nouveau obstacles et bientôt l'observateur est tenté de renoncer à son entreprise. Cependant, s'il persiste, il atteint enfin une periode, où les faits se classent pour ainsi dire d'eux même un cadre uniforme«[438]. Erst wenn sich die ›Teilwirklichkeiten‹ zu einer derartigen »einheitlichen Ordnung« zusammenschließen, das »Ursachensystem« also vollständig erschlossen ist, lassen sich die am Einzelfall gewonnenen Erkenntnisse für LePlay verallgemeinern, wobei nach der Devise verfahren wird, daß Monographien nicht nur Beispiele behandeln, sondern auch selbst Beispiele sind. In Anlehnung an Imersheim könnte man deshalb auch von »exemplars as a way of seeing and a way of knowing«[439] sprechen, denn die eine Familie steht stellvertretend für eine Unzahl anderer mit zwar nicht identischen, wohl aber ähnlichen Strukturen, so daß einer ›vollständigen‹ Analyse ein ganz spezifischer, nämlich ein paradigmatischer Verallgemeinerungsanspruch zukommt.

Wie schon Lazarsfeld anmerkte[440], hielt sich LePlay in der Praxis seiner Studien allerdings nur begrenzt an das skizzierte Modell, und dies bezieht sich sowohl auf das vielbeschworene ›Einleben‹ in den Untersuchungsgegenstand als auch auf die Darstellung der Ergebnisse. So ergab sich der Zugang zu den einzelnen Familien in der Regel über ›vertrauenswürdige Gewährspersonen‹ aus der lokalen Oberschicht, die zugleich die entscheidenden Vorinformationen über den sozialen Status und Kontext der jeweiligen Fälle lieferten. Auch die konkreten Beobachtungen entsprachen nicht immer den programmatischen Ansprüchen, und sofern sie sich nur auf kurze Besuche beschränkten, erfolgte die ›Innenwahrnehmung‹ der Familien ebenfalls aus einer schichtenspezifisch verzerrten Perspektive[441].

Ein weiterer ›Bruch‹ zwischen Programmatik und Durchführung zeigt sich ferner in der Aufbereitung des Materials, das stets in sechs Abschnitten mit 17 Paragraphen organisiert wurde[442]. Den Höhepunkt jeder Darstellung bildeten die sog. »Budgetanalysen«, die darauf abzielten, alle zuvor genannten qualitativen Informationen in quantitative Daten umzuformen – ein Unterfangen, das Goldfrank zu Recht als »overevaluation« bezeichnet[443]. Zwar standen die peniblen Ein- und Ausgabenrechnungen z. T. in Gegensatz zum vorangegangenen Forschungsprozeß und erbrachten zumeist auch keine neuen Erkenntnisse, aber LePlay maß ihnen dennoch großes Gewicht bei – garantierte doch auch in seinen Augen erst die quantifizierende Darstellung die ›Wissenschaftlichkeit‹ der Ergebnisse. Diese ebenso interessante wie bezeichnende ›Nachtragsanpassung‹ an die Standards der ›normal science‹ war es auch, die in der Rezeption LePlays eine entscheidende Rolle spielte, denn in der

Außenwahrnehmung wurden die Budgetanalysen als zentrale Errungenschaft seiner Monographien angesehen, wohingegen ihr indizientheoretisch orientierter ›Unterbau‹ sehr schnell in Vergessenheit geriet[444].

Einer ähnlichen Rezeption fiel auch der wohl wichtigste Vertreter der monographischen Schule in Deutschland, nämlich Gottlieb Schnapper-Arndt (1846–1904), zum Opfer, obwohl gerade seine Arbeiten darauf zielten, die Prinzipien der »Enquête directe« nicht nur programmatisch zu behaupten, sondern forschungspraktisch zu konkretisieren und weiterzuentwickeln. Betrachtet man Ausbildungsgang und Berufspraxis, so erscheint Schnapper-Arndt schon fast als eine Ausnahme in der deutschen Gelehrtenszene des 19. Jahrhunderts – repräsentiert er doch den in der konservativen Wissenschaftsideologie ebenso oft beschworenen wie seltenen Typus des autonomen Privatgelehrten, für den die von Ben-David beschriebenen universitären Karrieremuster[445] schon aufgrund seiner finanziellen Unabhängigkeit praktisch keine Rolle spielten[446].

Schnapper-Arndt begann seine Ausbildung zunächst mit philosophischen Studien und umfangreichen Bildungsreisen, die ihn nach Holland, Frankreich und England führten. Nach dieser propädeutischen Phase studierte er in Berlin Nationalökonomie und Statistik und trat als Volontär in das preußische statistische Bureau ein, das damals von dem wohl konsequentesten Anhänger Quetelets in Deutschland, nämlich von Ernst Engel geleitet wurde. Durch Engel wurde Schnapper-Arndt auch mit den Arbeiten Le-Plays in Berührung gebracht, die jedoch nur als Anregung für die Entwicklung einer allgemeinen Haushaltsstatistik interessierten. Eine andere Perspektive trat erst in Straßburg unter dem Einfluß Schmollers in den Vordergrund, und ähnlich wie diesem ging es auch Schnapper in seiner weiteren Entwicklung immer stärker um ein monographisch orientiertes »sich Einbohren in das soziale Milieu«[447], wobei er jedoch – und dies macht die Spezifik seiner Position aus – stets versuchte, die Schmollerschen Intentionen selbst noch mit Engelschen Mitteln zu realisieren.

Die sich hieraus ergebenden Strukturen der Gegenstandsaneignung werden bereits in Schnappers erster und zugleich bekanntester Studie über »Fünf Dorfgemeinden auf dem Hohen Taunus«[448] deutlich. Von der Forschungsintention her gesehen lief diese Untersuchung darauf hinaus, am Beispiel einer eng umgrenzten Region die qualitative Vielschichtigkeit des sozialen Lebens anhand verschiedener quantitativer Eindeutigkeiten sichtbar zu machen, die ihrerseits in den Rahmen einer ›Geschichte‹ des Taunusgebiets eingebettet werden sollten. Schon diese Zielformulierung setzte umfangreiche subjekt- und situationsbezogene Primärerhebungen voraus, die bei Schnapper weit intensiver verliefen als bei LePlay. Der Frankfurter Privatgelehrte beschränkte sich nämlich nicht auf obrigkeitlich vermittelte Kontakte mit den Dorfbewohnern, sondern versuchte ›seine‹ Region durch einen mehrmonatigen Aufenthalt möglichst umfassend kennenzulernen, wobei neben Beobachtungen und Gesprächen auch immer akribisch »gemessen, gewogen, gezählt, besichtigt und Inventar genommen (wurde)«[449].

Aber – und hier liegt das eigentlich Interessante – so sehr die einzelnen Messungen den Forschungsprozeß prägten, so wenig traten sie bei der Darstellung der Ergebnisse in Erscheinung. Unkommentierte Zahlenangaben finden sich nämlich in der Regel nur dort, wo es um sozialstrukturelle Tatsachen wie Einwohnerzahl, Gewerbestatistik oder Produktionsziffern geht, also um Daten, die die ›normalwirkliche‹ Seite der Taunusregion beleuchten. Häufiger – und für die monographischen Intentionen auch typischer – ist hingegen die Einbettung der Zahlenreihen in den Kontext ausgewählter Fallbeispiele, die selbst narrativ geschildert werden. So stehen beispielsweise bei den Ausführungen zur Kinderarbeit keine allgemeinen statistischen Angaben im Vordergrund, sondern die Argumentation verläuft über instruktive Einzelschicksale, denen selbst eine statistisch zwar unbegründete, aber durch intensive Feldforschung legitimierbare Repräsentativität zugesprochen wurde[450]. Insofern die Einzelschicksale gleichsam den Problemhorizont der jeweiligen Zahl festlegen, kann man auch kaum von einer gegenstandskonstitutiven Funktion der Quantifizierung im Sinne der ›normal science‹ sprechen, sondern die statistischen Daten dienen eher zur nachträglichen Erläuterung der unmittelbaren Beobachtung: Letztere wird mit Hilfe der Quantifizierung in die gesellschaftliche Normalwahrnehmung ›übersetzt‹, um so die ›fremde‹ Lebenswelt der Dorfbewohner auch denjenigen verständlich zu machen, die, ausgehend von dem gesellschaftlich vorherrschenden System einer tatsachenbezogenen Verständigung, keinen unmittelbaren Erlebnisbezug zu ihr haben.

Noch schärfer tritt die Kombination von quantitativen und qualitativen Analyseschritten in den späteren Familien- und Personenmonographien hervor, die ausdrücklich mit jenem Verallgemeinerungsanspruch versehen wurden, den wir als »monographischen« gekennzeichnet haben. »Nicht das Leben eines Menschen, sondern das Leben vieler wird erzählt, wann immer wir uns in die Geschichte eines Einzelnen vertiefen«[451] – mit diesen Worten formulierte Schnapper die auch für ihn gültige Maxime der Exemplarizität des Einzelfalls, die ihren Niederschlag in verschiedenen »sozialstatistischen Kleingemälden«[452] fand. Die einzelnen Fälle, wie z. B. die »besitzlose Chausseearbeiterfamilie in einem Feldbergdorf«[453] oder der »Uhrschildmaler im badischen Schwarzwald«[454] wurden dabei allgemein nach dem »LePlayschen System«[455] analysiert, das jedoch letztlich nur als Bezugsrahmen fungierte und relativ undogmatisch gehandhabt wurde.

Zwar sah auch Schnapper die Familie primär unter der Perspektive einer in sich geschlossenen Einkommens- und Verbrauchsgemeinschaft, aber neben der entsprechenden Darstellung der Besitztümer, Schulden und Erwerbsquellen ging er auch ausführlich und ohne Versuche einer quantitativen Transformation auf die »Lebensverhältnisse«, die »materiellen und geistigen Bedürfnisse« sowie auf die »Geschichte der Familie« ein, die mindestens ebenso differenziert geschildert wurde wie die anderen Teile. Im Unterschied zum französischen Vorbild lag der entscheidende Akzent auch eher auf der wechselseitigen Ergänzung von quantitativen und qualitativen Argumenten, wobei Schnapper in latenter Kritik an LePlay mehrfach betonte, daß »der Ausdruck des Verbrauchs in einzelnen Bedürfniskategorien durch Geldkategorien nicht genügend sei. . . und daß, wo Zahlen nicht ausreichen, das beschreibende Wort einzutreten habe«[456]. Betrachtet man die verschiedenen »Kleingemälde« genauer, so war das beschreibende Wort letztlich sogar wichtiger als die mühsam erarbeiteten Zahlenkolonnen. Sofern ihnen keine erkenntniserweiternde Funktion zukam, waren die Tabellen nämlich nur im Anhang zu finden, und auch im Haupttext standen sie häufig nicht für sich, sondern wurden, wenn möglich, mit einer ›typischen‹ Interviewaussage der Betroffenen verknüpft, welche die quantitativen Formulierungen gleichsam auf den Punkt bringen und ihre jeweilige Relevanz deutlich machen sollte.

Eine solche Verschränkung von erlebnisbezogen-narrativen und tatsachenbezogen-analytischen Argumenten entsprach den Zielsetzungen des monographischen Konzepts zweifellos eher als die Darstellung LePlays und macht zugleich deutlich, daß die Monographie als empirische Strategie auf die Wahrnehmungs- bzw. Verarbeitungsformen der ›normal science‹ keineswegs völlig verzichtet. Diese verändern jedoch ihre Gestalt in dem Maße, wie die Datenorganisation nicht nach den Prinzipien von Subjektausblendung und Merkmalsorientierung, sondern subjekt- und situationsbezogen verläuft. Dann nämlich kommt dem Tatsachenblick keine unmittelbar gegenstandskonstitutive Bedeutung zu, sondern eine ›Übersetzungsfunktion‹, deren Ausfüllung selbst unumgänglich ist – besteht doch die ›Alternativität‹ des monographischen Arbeitens nicht in einer schlichten Negation des vorherrschenden Modells der tatsachenbezogenen Empirieproduktion, sondern in dessen Vermittlung mit den hierin nicht aufgehenden Aspekten der alltagsweltlichen Realitätswahrnehmung. Subjekt- und situationsbezogene Analyse, so wäre festzuhalten, bedeutet deshalb stets zweierlei, nämlich zum einen ein ›Einlassen‹ auf den zu analysierenden Gegenstand, dessen je besondere Wirklichkeitsstruktur gleichsam experimentell auszutesten ist, und zum anderen den Versuch, die hierbei gewonnenen Erfahrungen so darzustellen, daß sie als ›situative Allgemeinheit‹ auch für diejenigen verständlich werden, die außerhalb der untersuchten Situation stehen und keinen unmittelbaren Erlebnisbezug zu ihr haben.

Auch wenn die skizzierten Beispiele durchaus Anhaltspunkte dafür bieten, wie die kognitive Gestalt der monographischen Alternative genauer in den Griff zu bekommen wäre, muß man sich davor hüten, sie überzuinterpretieren. Schnapper selbst ging auch nie soweit, das angedeutete Verschränkungskonzept paradigmatisch auszubuchstabieren. In seiner weiteren Entwicklung kam es auch eher zu dessen allmählicher Relativierung in Gestalt einer sukzessiven Trennung von quantitativen und qualitativen Elementen, die umso stärker ausfiel, je intensiver sich der Frankfurter Privatgelehrte in einen Fall ›einlebte‹. Dann nämlich gewannen die Selbstdarstellungen der Betroffenen eine neue Bedeutung und wurden als Beleg für jene eigenständige Wirklichkeitsdimension der »psychologischen Vorgänge«[457] zitiert, die in Schnappers Augen mit quantitativen Mitteln nicht faßbar war. Exemplarisch zeigt sich diese Position vor allem in der Untersuchung über das Leben einer schwäbischen Weißnäherin mit Namen »Nährikele«[458], deren Monographie in zwei klar von einander geschiedene Teile zerfiel: Im ersten, eher statisch orientierten Abschnitt wurde die quantifizierbare Wirklichkeit, also Einnahmen, Ausgaben sowie Besitz des Rikele, detailliert beschrieben, und damit das, was man die bürgerliche ›Oberfläche‹ ihrer Existenz nennen könnte. Im zweiten Abschnitt ging es hingegen um die »Geschichte der Arbeiterin«, und unter diesem Stichwort stand ihr »äußeres und namentlich inneres Leben«[459] aus ihrer eigenen Perspektive zur Diskussion. Zwar wurde der Bruch zwischen beiden Teilen durchaus angemerkt, jedoch machte Schnapper nicht die geringsten Anstalten, ihn zu erklären oder gar aufzulösen. Die narrative Selbstdarstellung stand vielmehr beziehungslos neben der quantifizierenden Datenorganisation, und insofern die Vermittlung beider Seiten unklar blieb, trug Schnapper indirekt zu jener Verengung des monographischen Blicks bei, in deren Folge die ›interne‹ Wirklichkeit des jeweiligen Einzelfalls zunehmend als ›subjektivistisch‹ bzw. ›vorwissenschaftlich‹ ausgegrenzt wurde.

Monographische Orientierungen im Verein für Socialpolitik

Diese Verengung, die offensichtlich mit der ›sekundären‹ Autonomisierung der Statistik[460] korreliert, blieb freilich zunächst latent. Bezogen auf die wissenschaftssoziologischen Entwicklungskonzepte[461] bewegten sich die monographischen Ansätze zwar stets auf dem Niveau einer »Amateurwissenschaft«[462], aber für die programmatische Außendarstellung der sozialwissenschaftlichen Empirieproduktion spielten sie eine nicht zu unterschätzende Rolle. Dies zeigt sich vor allem bei einem Blick auf den 1872 gegründeten »Verein für Socialpolitik«, mit dem ein neuer Typus von Analysen ins Leben gerufen wurde, nämlich der einer empirischen Sozialforschung in politischer Absicht, die außerhalb Deutschlands schon eine längere Tradition hatte.

Wie viele Innovationen, die später gravierende Veränderungen im Wissenschaftssystem auslösten, entwickelte sich auch die organisierte Sozialforschung in politischer Absicht nicht in akademischen Kontexten. Sie ist vielmehr ein Kind des bürgerlichen Staates bzw. der kapitalistischen Gesellschaft und war von Anfang an auf die Bearbeitung ihrer Schattenseiten in Gestalt von Pauperismus und Proletarisierung bezogen. Ihre Ursprünge lagen dabei in England, denn hier wurden die Folgeprobleme der kapitalistischen Entwicklungsdynamik am frühesten sichtbar. Im Zuge der Armen- und Arbeitsgesetzgebung entstanden seit den 20er Jahren des

19. Jahrhunderts zahlreiche Berichte über »die Verhältnisse in den Fabriken« (1833), »die Gesundheitsverhältnisse in den Städten« (1840), »die Kinderarbeit« (1867), »die Gewerkvereine« (1869) usw., die allesamt unter sozialreformerischen Gesichtspunkten begonnen wurden und methodologisch gesehen eher monographisch als statistisch ausgerichtet waren.[463]

Das Vorbild der englischen Untersuchungen war auch für den Verein für Socialpolitik leitend, der sich als »Stoßtrupp der Sozialreform«[464] begriff und mit seinen »planmäßigen Publikationen auf lange Jahre hinaus . . . (zum) Mittelpunkt aller Erhebungstätigkeit« in Deutschland wurde[465]. Die Initiative zur Gründung des Vereins ging auf eine Anregung des Hamburger Publizisten J.v. Eckhart zurück, der wenige Monate nach der Reichsgründung 15 Persönlichkeiten aus Politik, Verwaltung und Wissenschaft, unter ihnen Schmoller, Brentano, Roscher, Hildebrand und Wagner, nach Halle einlud, um einen Zusammenschluß jener sozialpolitischen Kräfte zu erreichen, die den sog. »Kathedersozialisten« nahestanden[466]. Ursprünglich als Gegenorganisation zum liberalistischen »Volkswirtschaftlichen Kongreß«[467] gedacht, wies die Vereinsprogrammatik dementsprechend eminent politische Akzentuierungen auf, die zunächst trotz aller professionalen Zurückhaltung auch durchaus offensiv vertreten wurde. So betonte Schmoller auf der Gründungsversammlung zu Eisenach (1873), daß es bei allen Aktivitäten darum gehen müsse, »eine Basis zu finden für Reformen unserer sozialen Verhältnisse (und) allgemeine Zustimmung zu erwerben für Gedanken, die . . . in der öffentlichen Meinung noch nicht zur Herrschaft gelangt sind«[468].

Die in diesem Zusammenhang erwähnten Reformthemen deckten sämtliche wirtschafts- und sozialpolitischen Streitpunkte der damaligen Zeit ab, wenngleich das Schwergewicht eindeutig bei der vielzitierten ›Socialen Frage‹ lag. Diese mußte nach Schmoller vor allem deshalb gelöst werden, um der Bedrohung des Staates (und damit letztlich auch der kapitalistischen Gesellschaft) durch Pauperismus und Proletarisierung vorzubeugen[469]. Genau hier sollte der Verein mit politisch-praktischen Expertengutachten ansetzen, die die Sozialreform wissenschaftlich begründen und in Form von Petitionen an die Regierung weitergeleitet werden sollten. Eigene Erhebungen waren demgegenüber nicht vorgesehen – eine Entscheidung, die mit fehlenden personellen und finanziellen Ressourcen begründet wurde, aber auch mit der Spezifik der sozialempirischen

Arbeit selber. Als Träger von »Enquêten über die verschiedenen socialen Bereiche«[470] konnten sich Schmoller und seine Mitstreiter nämlich nur den Staat bzw. öffentliche Instanzen vorstellen. Zwar sollte der Verein die methodologischen und inhaltlichen Voraussetzungen einer organisierten Sozialforschung in politischer Absicht klären, aber die Durchführung wurde als eine prinzipiell hoheitliche Angelegenheit angesehen, bei der private Instanzen allenfalls eine unterstützende Rolle spielen konnten.

Die Betonung der öffentlichen Organisation und der politischen Orientierung der organisierten Sozialforschung kennzeichnet auch die zwischen 1873 und 1877 veranstaltete ›Methodendiskussion‹ des Vereins, die mit Überlegungen zur »Durchführung einer Enquête auf dem Gebiet der Fabrikgesetzgebung« begann und sich später mit den »Verfahren bei Enquêten über sociale Verhältnisse« beschäftigte[471]. Aufschlußreich für das hierbei entwickelte Konzept ist insbesondere das Gutachten von G. v. Embden, der die Erhebungsformen der ›Enquête‹ erstmals umfassend zu definieren versuchte und im wesentlichen drei Kriterien hervorhob. Die Enquête, so Embden, sei »ein Verfahren, dessen unmittelbare *Aufgabe* die Ermittlung ökonomischer und socialer ... Zusammenhänge, dessen *Endzweck* die Vorbereitung gesetzgeberischer und administrativer Beschlüsse ist, und in welchem als *Hauptmittel* die Anhörung von Zeugen oder Sachverständigen verwendet wird«[472].

Die politischen Konnotationen dieser Definition treten noch deutlicher hervor, wenn man die weiterführende Unterscheidung zwischen »vollständigen« und »unvollständigen« Enquêten betrachtet: *»Unvollständige«* Enquêten, so Embdens These, seien verwaltungsintern, nicht öffentlich und verfahrensmäßig fest vorstrukturiert; sie bauen auf einem detaillierten Fragebogen auf, der standardisiert benutzt und unter Gesichtspunkten administrativer Brauchbarkeit ausgewertet werde. Welche Techniken dabei im einzelnen zur Anwendung kommen sollten, war weitgehend uninteressant, denn bei den Verwaltungsenquêten ging es um eine beamtenmäßige »Utilisierung des Untertanenverstandes«[473], die keinen politischen Verallgemeinerungsansprüchen unterworfen war, sodaß eine ›objektive‹ Auswertung auch kaum erwartet werden konnte. Anders hingegen sah es bei der *»vollständigen«* Enquête aus, die nach Embden weniger administrativ als politisch-parlamentarisch orientiert war. Hier nämlich fragt »nicht ein wohlwollender Regent, wo seine getreuen Untertanen der Schuh drückt, sondern der Staatsbürger sieht zu, ob Gesetze, Verwaltungseinrichtungen, Behörden und Beamte der Rectification bedürfen«[474]. Aus dieser Zielsetzung ergab sich ein anderes Vorgehen mit systematisch höherem Objektivitätsanspruch: Aufgrund ihres parlamentarischen Charakters mußten die »vollständigen« Enquêten nach Embden öffentlich sein und von einer unabhängigen Sachverständigenkommission geleitet werden, die frei und damit ohne feste Verfahrensvorgaben arbeitete. Im Unterschied zur unvollständigen Enquête war somit eine Privatisierung und Standardisierung der Erhebungstätigkeit zu vermeiden, denn wenn die sozialen Probleme in ihrer vollen Objektivität dargestellt werden sollten, dann mußten sie in allen Aspekten von unterschiedlichen Standpunkten aus beleuchtet werden[475].

Der interessante Punkt an dieser Schematisierung liegt in dem konstitutiv politisch gedachten Objektivitätsbegriff, der durch das quantifizierende Objektivitätsideal der ›normal science‹ an praktisch keiner Stelle gebrochen wird. Diese Position war nicht nur für Embden charakteristisch, sondern wurde auch von den meisten anderen Vereinsmitgliedern vertreten. Was objektiv empirisch sei, so die allgemein geteilte These, könne nur über einen problemorientierten Diskurs bestimmt werden, zu dessen Realisierung möglichst günstige, nämlich parlamentarische Untersuchungsbedingungen herzustellen seien. Als Vorbild berief man sich dabei auf die britischen Enquêten, über die der Verein ein eigenes Gutachten durch den Züricher Gustav Cohn erstellen ließ[476]. In Fortsetzung Embdens versuchte Cohn zugleich, einige konkrete Richtlinien für die Forschungspraxis zu entwickeln, wobei er vier Punkte besonders hervorhob: Zum einen erfordere die vollständige Enquête eine grundsätzliche »Specialisierung« der Erhebungstätigkeit, die sich auf eine möglichst »genaue Untersuchung einzelner Teile vom Ganzen« zu konzentrieren habe, um so die »typische Wahrheit ... des wirklich Geschehenen«[477] herauszuarbeiten. Der zweite Punkt bezog sich auf »die richtige Combination von Statistik, von schriftlichem und mündlichem Verfahren«[478], und hier betonte der Züricher die »Wichtigkeit des mündlichen Verfahrens«[479], das in den englischen ›surveys‹ seit jeher eine zentrale Rolle spielte. Zwar arbeiteten die britischen Kommissionen stets mit verschiedenen Verfahren, um sich »am ungebundensten ... an die Mannigfaltigkeit des Materials anzuschmiegen«[480], aber der Kern ihrer Arbeit lag in umfangreichen »Hearings«, die der Idee nach als ein »Tribunal«

konzipiert waren, »vor welches alle Parteien mit ihren Anliegen geladen werden«[481]. Hierbei stützte man sich nicht allein auf die Aussagen der jeweiligen Interessengruppen, sondern befragte auch Beamte und unabhängige Sachverständige, so daß sich die Herstellung der ›wirklich empirischen‹ Problemperzeption aus einer Konfrontation divergierender Argumente ergab, die schriftlich eingebracht werden konnten, aber nicht mußten. Nur durch eine solche diskursive Klärung der verschiedenen Standpunkte und Darstellungen konnte für Cohn das entstehen, was er in seiner dritten Forderung ein »allseitiges Bild der Thatsachen« nannte, bei dem »jedes Interesse, jede Anschauung« und damit letztlich »das warme Leben selber«[482] sichtbar werden sollte. Der letzte Punkt bezog sich schließlich auf die Darstellung und Verallgemeinerung der Enquêtenempirie, die gleichfalls nach englischem Muster gedacht wurde: Alle Vernehmungen, so Cohns Empfehlung, sollten genau protokolliert und wortgetreu publiziert werden, um so eine umfassende Diskussion über die Schlußfolgerungen der jeweiligen Untersuchung zu ermöglichen, die es in einer eigenen Veröffentlichung darzustellen galt.

Versucht man die mit diesen Punkten umrissene Form der Empirieproduktion zusammenfassend zu charakterisieren, so bietet sich das Stichwort der ›Diskursempirie‹ an, denn letztlich beruht die ›wirklich empirische‹ Darstellung bei Cohn auf einer kommunikativen Einigung, die selbst als ein politischer Prozeß begriffen wird. Methodologisch gesehen hat die Diskursempirie dabei grundsätzlich mehr Affinität zur Monographie als zur Statistik. So verweisen die Ausführungen zur vollständigen Enquête auf eine Vorstellung der Konstitution und Aneignung von Wirklichkeit, die stark an die Schmollerschen Postulate erinnert, und sein Verständnis von Monographie bildete auch einen unausgesprochenen Bezugspunkt sowohl für Cohn als auch für Embden. Letzteres zeigt sich schon in der Forderung nach einer »Specialisierung« der Erhebungspraxis, die nach Cohn am Einzelfall in seiner qualitativen Besonderheit orientiert sein mußte. Zwar wurden quantifizierende Argumente in diesem Zusammenhang keineswegs ausgeschlossen, aber da die jeweiligen Problemsituationen als »typische Wahrheit«, also mit exemplarischem Verallgemeinerungsanspruch, zu rekonstruieren waren, konnte ihnen nicht mehr als eine Hilfsfunktion zukommen. Als weitgehend bedeutungslos erschienen die statistischen Strategien überdies für die nicht bzw. nur leicht standardisierten Expertengespräche und Betroffeneninterviews, die nach Meinung der Vereinsmitglieder im Zentrum der Enquête stehen sollten – ein Votum, das immer wieder vorgebracht, aber kaum begründet und erst recht nicht methodologisch differenziert wurde.

Eben hier liegen auch die entscheidenden Schwächen der Diskussion, denn letztlich ergaben sich aus ihr keinerlei Anhaltspunkte für eine forschungspraktische Weiterführung der konzeptuellen Postulate. So rechtfertigte Cohn das »mündliche Verfahren« mit dem lapidaren Hinweis, daß es »das Natürlichste für alle Menschen«[483] sei und gleichsam von selbst zu objektiven Ergebnissen führe. Wie die Gespräche zu verarbeiten seien bzw. genauer: wie welche Argumente anerkannt werden sollten, war demgegenüber kein Thema, denn unter der Voraussetzung ihrer ungezwungenen Handhabung erschien die Gesprächssituation des Hearings per se verständigungs- bzw. wahrheitsorientiert. Gerade deshalb konnte die Realisierung der Diskursempirie letztlich auf ein rein institutionelles Problem reduziert werden; um zu klären, was ›wirklich empirisch‹ sei, war für Cohn und Embden nämlich nur ein parlamentarischer Rahmen zu gewährleisten, in dem möglichst viele »Interessen« bzw. »Anschauungen« zu Wort kommen sollten; die ›objektive Empirie‹, so ihre These, würde sich unter diesen Voraussetzungen schon von selbst ergeben und wurde gleichsam als ›Mittelwert‹ der verschiedenen »Anschauungen« interpretiert[484].

Die Praxis der frühen Vereinserhebungen

Diese Schlußfolgerung war sicherlich ebenso naiv wie ideologisch verzerrend, aber die fehlende Beschreibung der Strukturen kommunikativer Empiriesicherung war solange unproblematisch, wie man sich auf die Propagierung der Enquêtenempirie als einer staatlichen Aufgabe beschränkte und die generellen Möglichkeiten einer politischen Empirieproduktion auszuloten versuchte. Letzteres änderte sich jedoch gegen Ende der siebziger Jahre, denn um diese Zeit begann der Verein erstmals mit der Planung eigener Erhebungen, die auf den jährlich stattfindenden Generalversammlungen diskutiert und zu sozialpolitischen Empfehlungen verarbeitet werden sollten[485]. Im Unterschied zu den Zielsetzungen der Anfangsphase beschäftigten sich diese Untersuchungen allerdings weniger mit der »socialen« als mit der sog. »bäuerlichen Frage« – ein Themenwechsel, der offiziell damit begründet wurde, daß man sich um Probleme kümmern wolle, die »bisher weder durch die Regierung noch durch andere wissenschaftliche Arbeiten«[486] abgedeckt seien. Als erstes Projekt standen dabei verschiedene Studien über »das Erbrecht und die Grundverteilung im Deutschen Reiche« (1882/84) auf dem Programm, die freilich noch eher den Charakter der bisherigen Expertengutachten hatten und von den Vereinsmitgliedern selbst auch nicht als Enquêten bezeichnet wurden. Als früheste Enquête im engeren Sinne ist deshalb auch erst die dreibändige Untersuchung über »die bäuerlichen Zustände in Deutschland« (1883) anzusehen, die eine Ergänzung zu den Paralleluntersuchungen zu Frankreich, England und Italien fand[487]. Nach einem Zwischenspiel in Gestalt einer Erhebung über »die Wohnungsnoth der unteren Klassen« (1886) folgte dann eine Enquête über »den Wucher auf dem Land« (1887), und gegen Ende der achtziger Jahre kam schließlich eine Untersuchung über »die deutsche Hausindustrie« (1889/91) zur Durchführung, die mit fünf Bänden die bis dahin umfangreichste Studie bildete.

Die genannten Erhebungen wurden stets als schriftliche Expertenbefragungen durchgeführt, deren Koordination und Betreuung in den Händen des sog. »Ausschusses«, einer Art geschäftsführendem Vorstand des Vereins, lag. Die Mitglieder dieses Ausschusses, meist Staatswirtschaftler, Ökonomen und Juristen, formulierten auch Thema und Untersuchungsplan in Form eines unstandardisierten Fragebogens. Dieser war ebenso knapp wie allgemein gehalten, denn er sollte die Stellungnahmen der ›Experten‹ nicht determinieren, sondern nur anleiten, und zwar in dem Sinne, daß die »Richtung« charakterisiert wurde, auf die es »bei den erbetenen Schilderungen anzukommen scheint«[488].

Die verschiedenen lokalen Gutachter, die unabhängig voneinander arbeiteten, konnten also weitgehend selbst entscheiden, wie sie mit dem Leitfaden umgingen, und dies schlug sich in ihren Berichten durchaus nicht nur positiv nieder. Letztere waren nämlich weder formal noch inhaltlich vergleichbar, da nur selten alle Fragen gleichmäßig beantwortet und exemplarische Argumentationen mit allgemeinen Zahlenangaben bunt gemischt wurden. Dennoch sah sich der Verein schon aus finanziellen Gründen kaum zu Rückfragen veranlaßt und bemühte sich ebenso wenig um eine vereinheitlichende Präsentationsform; die Divergenzen wurden vielmehr den

Besonderheiten des jeweiligen Falls zugeschrieben, so daß man sich auf die Hinzufügung einer kursorischen Einleitung beschränkte, um die einzelnen »lokalen Stimmungsbilder«[489] als eine »Sammlung von Monographien über wirtschaftliche und soziale Tatbestände im deutschen Reich«[490] zu veröffentlichen.

Das skizzierte Vorgehen entsprach zweifellos nicht einmal annähernd den Ansprüchen der vollständigen Enquêten, obwohl das Prinzip der Nicht-Standardisierung darauf hindeutet, daß man sich an diesem durchaus orientierte. Aber ganz abgesehen davon, daß es sich bei allen Erhebungen um ›private‹ Enquêten handelte, fehlte vor allem das zentrale Strukturelement des ›Hearings‹, denn eine mündliche Einvernahme und Kontrolle der Gutachter fand in keinem Fall statt, so daß auch kaum von einer ›diskursiven Klärung‹ der Probleme gesprochen werden kann. Die Objektivität der Ergebnisse hing vielmehr einzig und allein von der Verläßlichkeit der jeweiligen ›Experten‹ ab, die ihrerseits nicht allzu hoch einzuschätzen ist: Die »orts- und sachkundigen Männer«[491] wurden meist durch zufällige Kontakte oder über die Vermittlung von Interessenverbänden ausgewählt, verfügten nur selten über eine einschlägige wissenschaftliche Ausbildung, und häufig war die Parteilichkeit größer als die Kenntnis. Dies gilt nicht nur für die zahlreichen Verbandsvertreter, sondern ebenso für viele der ›unabhängigen‹ Lehrer, Kapläne und Beamten, denn auch deren Berichte bestanden zum großen Teil aus mehr oder weniger geschickt drapierten Vorurteilen und Informationen aus zweiter Hand, die kaum den Anspruch auf »objektive Schilderung möglichst unmittelbar ermittelter Zustände erheben« konnten[492].

Kritisch über diese Erhebungspraxis äußerte sich als erster Schnapper-Arndt, der insbesondere die Wucherenquête in weiten Teilen der Unwissenschaftlichkeit zieh: Sie sei durch zahlreiche schichten- und persönlichkeitsspezifische Verzerrungen gekennzeichnet, die sich in ungenauen Darstellungen des Wucherausmaßes ebenso niederschlügen wie in stark antisemitischen Tendenzen. Anstelle konkreter, zahlenmäßig fundierter Detailarbeit gäbe es nur »allgemeine, unbelegte Beschreibungen«[493], deren falltypische Bedeutung oft gar nicht zu erkennen sei. Haarsträubend seien zudem die pauschalen Vergleiche der jeweils behandelten Region mit anderen Gebieten, denn hier werde mit lokalspezifischen Vorurteilen gearbeitet, die jeder Grundlage entbehrten und sich überdies einander häufig widersprächen[494]. Die genannten Mängel ließen sich aber nicht nur für die Wucherenquête nachweisen, sondern trafen in ähnlicher Form auch für die anderen Vereinsuntersuchungen zu, die nach Schnapper letztlich alle das »Wesen der Enquête«[495] verfehlten. Dieses sei nämlich nur dann getroffen, wenn eine »korrekte Ermittlung relevanter Einzelfälle«[496] gelinge, die genau dokumentiert sowie durch »Mitteilung exakten Belegmaterials«[497] abgesichert sein müßten, um so die Voraussetzung für begründete Induktionen und »wahre Urteile«[498] zu schaffen.

Bezogen auf eine Erhebungspraxis, die weder tatsachenbezogenen noch monographischen Ansprüchen genügen konnte, war diese Kritik sicherlich mehr als berechtigt, und es gab auch niemanden, der den Vorwurf der Reproduktion standesbedingter Vorurteile entkräften konnte. Dennoch hatte Schnappers Argumentation prekäre Folgen, denn in der konzeptuellen Verlängerung führte sie indirekt zu einer entscheidenden Verengung des Enquêtenbegriffs. Mit dem Plädoyer für die korrekte Ermittlung wurde die Enquête nämlich ausschließlich verfahrenstechnisch definiert, wohingegen die für Cohn und Embden zentralen Bestimmungsmomente, also der politische Anlaß und die institutionellen Bedingungen, keine Rolle mehr spielten. Erschwerend kam überdies hinzu, daß die Vermittlung von quantitativen und qualitativen Analyseschritten, wie sie Schnapper in seinen eigenen Untersuchungen praktizierte, an keiner Stelle zur Sprache kam[499], so daß der Eindruck entstand, als wäre allein die zahlenmäßig exakte Aufbereitung des Einzelfalls ausschlaggebend, der »formal präzisiert« und »auf die Wahrscheinlichkeit seiner Realität hin ... untersucht werden«[500] müsse. Diese Akzentuierung verfing jedoch um so mehr, als das Problem von quantitativen und qualitativen Argumenten in den Diskussionen von 1873/77 nie thematisiert worden war, und da sich somit niemand Gedanken darüber gemacht hatte, wie das Postulat der politisch-diskursiven Objektivierung forschungstechnisch zu konkretisieren sei, konnten die politisch-praktischen Zielsetzungen auch nur noch isoliert aufrecht erhalten werden.

Die ›Entwissenschaftlichung‹ der politisch-praktischen Dimensionen wird bereits in der Reaktion von Hugo Thiel, dem offiziellen Leiter der Wucherenquête sichtbar. In methodologischer Hinsicht vermochte Thiel kein Argument gegen Schnapper zu mobilisieren, und er machte auch nicht den geringsten Versuch, das Konzept der politisch-diskursiven Empirieproduktion als eine wie auch immer geartete Forschungsalternative ins Feld zu führen. Stattdessen wies er die Einwände mit der ebenso defensiven wie bezeichnenden Bemerkung zurück, daß seine Untersuchung gar keinen wissenschaftlichen Anspruch erhebe: Ihr Ziel sei vielmehr ein politisch-praktisches, nämlich öffentliche Aufmerksamkeit für politische Mißstände zu erregen, und hierfür genüge es, wenn man typische Beispiele anführe, auch wenn deren statistische Repräsentativität nicht gesichert sei[501].

Mit dieser Grenzziehung zwischen ›Wissenschaft‹ und ›Politik‹ war eine entscheidende Wende in der Entwicklung der Vereinserhebungen eröffnet, die ihren Niederschlag in einer stillschweigenden Zurückdrängung der Vorstellungen von Cohn und Embden ebenso fand wie in einer zunehmenden Anpassung an die quantifizierenden Rekonstruktionsstrategien. Allerdings verlief dieser Prozeß in mehreren Stufen und betraf die konzeptuelle Seite der Empirieproduktion weniger als die forschungspraktische. Dies wird vor allem bei jenen Darstellungen übersehen, die die in den neunziger Jahren verstärkt einsetzende Entpolitisierung der Außendarstellung des Vereins in den Vordergrund stellen. So verweist beispielsweise Gorges (1980) darauf, daß Schmoller, ganz im Gegensatz zu seiner Rede auf der Eisenacher Gründungsversammlung, den Verein im Jahre 1890 mit dem Chor einer griechischen Tragödie verglich, der »die leidenschaftlichen Handlungen auf der Bühne . . . ruhig und leidenschaftslos (begleitet)« ohne selbst eine »Partei« oder »Interessenversammlung« zu sein[502] und interpretiert dies als Beleg für eine wachsende »Verwissenschaftlichung« im Sinne der Tatsachenforschung[503]. Aber ganz abgesehen davon, daß das Bild des Chors bei Schmoller schon einige Jahre früher auftaucht, war die hierin deutlich werdende Distanzierung vom Bereich des Politischen gerade bei ihm und seinen Anhängern eine äußerst ambivalente Angelegenheit: Als Abgrenzung von ›Wissenschaft‹ und ›Wissenschaftsanwendung‹ verweist sie zwar auf eine nachdrückliche Beschneidung der politischen Praxisintentionen der siebziger Jahre, aber hieraus ergaben sich keineswegs Veränderungen in der Auffassung des wissenschaftlichen Objektbereichs, denn Gegenstand der Erhebungen sollte nach wie vor die ›volle Wirklichkeit des praktischen Lebens‹ sein, und insofern die ›volle Wirklichkeit‹ stets eine politische war, kam eine Trennung von Wissenschaft und Politik in konzeptueller Hinsicht auch nicht in Frage.

Wie sich später im Werturteilsstreit zeigte, war diese Position allerdings nicht eindeutig formuliert und blieb überdies in forschungspraktischer Hinsicht folgenlos, obwohl sie mit Hilfe der Überlegungen LePlays und Schnapper-Arndts sicherlich präzisierbar gewesen wäre. Eben hierzu fehlt jedoch jeglicher Ansatzpunkt, denn die Anhänger Schmollers, die aufgrund ihrer dominierenden Stellung im Vereinsausschuß einen maßgeblichen Einfluß auf die Erhebungen hatten[504], beschränkten sich stets auf eine bloße Beschwörung der monographischen Ziele ohne nach den Mitteln zu ihrer Realisierung zu fragen. Vor diesem Hintergrund war es kein Zufall, daß der Anspruch auf ›vollständige‹ Rekonstruktionen in der Erhebungspraxis unmerklich unterlaufen wurde: Ausgehend von der verfahrenstechnischen Kritik, wie sie an der Wucherenquête entwickelt worden war, traten vielmehr die Kriterien der quantitativen Vergleichbarkeit und formalen Präzisierung in den Vordergrund, wobei eine Standardisierung der Untersuchungspläne ebenso zu notieren ist wie eine wachsende Bedeutung exakt quantifizierender Argumentationen. Darüber hinaus läßt sich auch eine inhaltliche Umakzentuierung feststellen, denn mit der stärkeren Betonung des statistischen Objektivitätsideals verlagerte sich der Schwerpunkt der Analysen zwangsläufig auf jene Aspekte, die dieser Form der Konstitution und Aneignung am ehesten zugänglich waren. Die ›volle Wirklichkeit des praktischen Lebens‹ verwandelte sich somit unter der Hand in eine ökonomisch tauschwertbezogene Realität, die möglichst exakt gemessen und zugerechnet werden sollte, so daß die monographischen Ideale so gesehen nur noch rhetorisch aufrechterhalten werden konnten.

Exemplarisch läßt sich dieser nie bewußt thematisierte Prozeß an der Landarbeiterenquête von 1892 studieren, obwohl letztere z. T. durchaus noch aus den bisherigen Perspektiven konzeptualisiert worden war[505]. Im Unterschied zu den Erhebungen der achtziger Jahre basiert das Projekt jedoch erstmals auf einer Trennung von Datengewinnung und Datenauswertung, die aus dem Blickwinkel der Monographie als ›alternativer‹ Arbeitsform keineswegs unproblematisch war. An die Stelle der unkontrollierten Expertengutachten trat nämlich eine schriftliche Befragung von 3180 Landwirten, deren Antworten von sechs Vereinsmitgliedern jenseits aller direkten Primärerfahrung ausgewertet wurden. Dieses Verfahren garantierte zwar einen bedeutend höheren Grad an ›formaler Präzisierung‹ und Vergleichbarkeit der Aussagen, aber zugleich wurde hierdurch das für LePlay und Schnapper-Arndt zentrale Moment des unmittelbaren Feldkontakts definitiv verabschiedet, so daß von einem ›Einbohren‹ bzw. experimentellen Austesten der ›vollen Wirklichkeit‹ keine Rede sein konnte. Was an dem zu untersuchenden Fall als ›empirisch‹ wahrgenommen wurde, war vielmehr durch den Fragebogen festgelegt, der im Vergleich zu dem Leitfaden von 1883 bedeutend umfangreicher und verbindlicher ausfiel[506]. Dennoch wies er zugleich unübersehbare Selektivitäten auf, und zwar sowohl in der Frageformulierung als auch in deren inhaltlicher Ausrichtung. Die meisten Fragen bezogen sich nämlich auf ökonomisch-tauschwertbezogene Kategorien, wie Arbeitszeit oder Einkommen, die möglichst präzise, d. h. als subjekt- und situationsunabhängige Merkmale erfaßt werden sollten. Die hierin nicht aufgehenden Aspekte wurden hingegen weitgehend ausgeklammert[507], und dies bedeutete nichts anderes, als daß die Arbeiter letztlich nur als technische Kostenfaktoren, nicht jedoch in ihrem sozialen Insgesamt in den Blick traten.

Differenzierung und Umbruch: Von Göhre zu Weber

Die Beschränkung auf die ökonomisch-kostenbezogenen Aspekte entsprach den monographischen Ansprüchen auf Vollständigkeit ebenso wenig wie die subjekt- und situationsunabhängige Analyse, wenngleich dies angesichts des unausgeprägten Methodenbewußtseins der damaligen Zeit von keiner Seite als problematisch empfunden wurde. Dennoch erfolgte die seit Beginn der neunziger Jahre wachsende Kritik an den Vereinserhebungen keineswegs aus der Perspektive der Statistik als ›normal science‹; die Mehrzahl der Einwände betraf vielmehr die ›Unvollständigkeit‹ der Erhebungen, wobei die Einseitigkeit in der Auswahl der Befragten ebenso moniert wurde wie die Art der Informationsverarbeitung bzw. Auswertung. So merkte der Frankfurter Sozialdemokrat Max Quark zur Landarbeiterenquête von 1892 an, daß hier, gemessen am politischen Empiriekonzept à la Cohn und Embden, keine Einvernahme von ›Zeugen‹, sondern die Selbstdarstellung einer ›Partei‹ vorliege – war doch der Fragebogen ausschließlich an Grundbesitzer und selbständige Landwirte verschickt worden, nicht jedoch an die Landarbeiter selber[508]. Gegen diese Kritik wandte sich als Vertreter des Vereinsausschusses wiederum Hugo Thiel, der darauf hinwies, daß ein »kontradiktorisches Verfahren« mit gleichzeitiger Beteiligung von ›Arbeitgebern‹ und ›Arbeitnehmern‹ nur dann möglich gewesen wäre, wenn die Erhebung »mit ganz anderen Mitteln, sagen wir z. B. von der Regierung ausgeführt worden wäre«[509]. Aber auch unter dieser Voraussetzung hätte eine Befragung der Landarbeiter sicher nicht zu anderen Ergebnissen geführt, denn die Mehrzahl der Betroffenen sei »geistig so wenig entwikkelt . . ., daß eine kurze Vernehmung wahrscheinlich wenig Bedeutsames und Wertvolles zu Tage gefördert haben würde«[510]. Gerade deshalb, so Thiels patriarchalisches Diktum, genüge es vollauf, sich auf das Zeugnis der Arbeitgeber zu verlassen, und da »über die faktischen Verhältnisse, Lohn und Einkommen etc., im allgemeinen kein Streit«[511] bestehe, könne der Vorwurf der Einseitigkeit auch kaum ernsthaft aufrecht erhalten werden.

Diese Verteidigung war freilich so wenig überzeugend, daß sie selbst von den Bearbeitern der Studie nur bedingt geteilt wurde. So schrieb Max Weber, der die Materialien über die ostelbischen Gebiete ausgewertet hatte[512], daß die Befragung der Gutsbesitzer bzw. Arbeitgeber vornehmlich zur »Feststellung der auf ihrer Seite maßgebenden Interessen«[513] gedient habe, wohingegen »die andere Hälfte der Arbeit: die gleiche Feststellung für die Arbeiter«[514] weitgehend vernachlässigt worden sei. Weber sprach sich deshalb für zusätzliche Analysen aus, die allerdings methodologisch anders gelagert sein sollten, denn ebenso wie Thiel hielt er das Konzept der schriftlichen Befragung bei Arbeitern für unergiebig. Stattdessen votierte er nachdrücklich für die sog. »lokale autoptische Erkundigung«[515], die auf »persönlicher Inaugenscheinnahme«[516] beruht, weitgehend ungesteuert verläuft und die Wirklichkeit eines begrenzten Feldes unmittelbar erfaßt. Zwar konnten die auf diesem Wege gewonnenen Aussagen keineswegs den Verallgemeinerungsansprüchen statistischer Repräsentativitätsuntersuchungen genügen – nicht zufällig sah Weber sie auch eher als eine gegenstandsbedingte Notlösung an –, aber ihre Bedeutung lag für ihn darin, vorab aller normalwissenschaftlichen Objektivierung das Wirklichkeitsverständnis der Arbeiter in seiner Eigenständigkeit zu begreifen und einzuschätzen.

Mit dem Stichwort der »lokalen autoptischen Erkundigung« formulierte Weber kein abstraktes Programm, sondern bezog sich auf ein ebenso konkretes wie aktuelles Beispiel. Gemeint ist hier die Untersuchung des evangelischen Theologen Paul Göhre, der 1891 fast drei Monate »als einfacher Arbeiter . . . in einer großen Maschinenfabrik mit den Leuten täglich elf Stunden gearbeitet, mit ihnen gegessen und getrunken, als einer der ihren unter ihnen gelebt (hatte)«[517]. Als Ausbeute dieses z. T. recht strapaziösen Ausflugs in den Arbeiteralltag entstand noch im gleichen Jahr eine zwar schmale, aber bemerkenswerte Veröffentlichung über die Lage des Industrieproletariats, die methodologisch gesehen in eine ganz andere Richtung weist als die Vereinserhebungen. Im Unterschied zu letzteren basierten Göhres Argumentationen nämlich ausschließlich auf der teilnehmenden Beobachtung einer fremden Lebenswelt, die qua Rollenübernahme unmittelbar, aber dennoch selektiv-distanziert erlebt wurde[518]. Dieses Verhältnis zum Gegenstand erinnert zunächst an Schnapper-Arndt, von dem sich Göhre jedoch durch eine bedeutend stärkere Akzentuierung des narrativ-erlebnisbezogenen Elements abhob: Die Welt der Arbeiter sollte so dargestellt werden, daß »der Leser ... unter dem Eindruck (bleibt), daß er es ... mit Menschen seines eigenen Fleisches und Blutes ... zu thun hat«[519], und an die Stelle der penibel registrierten Bestandsaufnahme trat deshalb die Schilderung von Situationen und Dialogen, die unmittelbar nachvollzogen und exemplarisch verallgemeinert werden konnten.

Gerade die narrativ-erlebnisbezogene Darstellungsweise verschaffte Göhre eine große Resonanz, die umso stärker ausfiel, als es in Deutschland praktisch keine Informationen über die Selbstwahrnehmung der Arbeiter gab[520]. Innerhalb der wissenschaftlichen Diskussion – und dies verweist auf deren Abkoppelung von der vorwissenschaftlichen Wirklichkeitswahrnehmung – wurde die Untersuchung allerdings eher als eine »Sozialreportage« wahrgenommen, die zwar originell, aber letztlich unergiebig erschien, da sie nur auf ›subjektiven‹ Eindrücken beruhte und kaum Aussagen über die ›objektive Lage‹ enthielt. Schärfer noch äußerten sich die konservativen Kreise der Amtskirche, die Göhre der »Unwahrhaftigkeit« bzw. »Ergebnislosigkeit« bezichtigten und die teilnehmende Beobachtung als »Täuschung« der Arbeiter verurteilten[521]. Gegen diese mehr theologisch als methodologisch motivierte Kritik zog von außerkirchlicher Seite allein Max Weber zu Felde, der die Vorurteilslosigkeit der Studie und die detaillierten Beschreibungen der ›subjektiven‹ Momente rühmte[522]. Eben diese beiden Punkte waren es auch, die ihn zur Zusammenarbeit mit Göhre veranlaßten, und schon 1892 entwickelten beide zusammen den Untersuchungsplan für eine neue Landarbeiterenquête, die mit Mitteln des Evangelisch-Socialen Kongreß durchgeführt wurde[523] und im Unterschied zur Vereinserhebung die Wirklichkeit der Landarbeiter auch aus ihrer eigenen Perspektive erfassen sollte.

Dieser Anspruch blieb allerdings weitgehend uneingelöst, und letztlich entsprach die als Repräsentativumfrage angelegte Untersuchung weit eher der Vereinsenquête von 1892 als Göhres eigener Praxis. Auch wenn die Zahl der ›subjektbezogenen‹ Themen stark zunahm – so wurde z. B. nach der Einstellung der Arbeiter zu Ehe, Familie und zur Veränderung der Arbeitsbedingungen gefragt –, war man doch kaum in der Lage, das hierauf bezogene Antwortmaterial entsprechend zu verarbeiten, und die nur zögernd anlaufende Auswertung verlief größtenteils in konventionellen Bahnen[524]. Trotzdem ist die Erhebung keineswegs uninteressant, denn ihr Verlauf macht deutlich, daß Webers Interesse an der ›subjektiven‹ Dimension der Wirklichkeitswahrnehmung ein ganz anderes war als bei Göhre. Zwar stimmten beide darin überein, daß eine Analyse allein der kostenbezogenen ›objektiven‹ Seite für eine Beurteilung »des weiteren Gangs der Entwicklung« nicht ausreiche, zumal die »subjektiven Wünsche und Interessen der Handelnden« in der gesellschaftlichen Praxis letztlich handlungsmotivierender seien als die faktische Höhe des Lohnes[525]. Aber in der Rekonstruktion und Darstellung dieser »subjektiven Wünsche und Interessen« bestanden beträchtliche Unterschiede: Während Göhre das erlebnisbezogene Moment in den Vordergrund stellte und die Arbeiter »für sich selbst sprechen« lassen wollte – eine Intention, die ihn ein Jahrzehnt später zur Herausgabe mehrerer Autobiographien von Arbeitern veranlaßte[526] –, ging es Weber von Anfang an um eine Analyse der subjektiven Seite als einer ›Meinung‹ bzw. ›Einstellung‹, die, ähnlich wie die ökonomischen Strukturen, als eine objektive Tatsache beschrieben und erklärt werden sollte.

Hiermit war eine entscheidende Veränderung der erlebnisbezogenen Strategien gesetzt, denn diese waren für Weber nur in einer subjekt- und situationsfreien bzw. ›verwissenschaftlichten‹ Form akzeptabel. Die Begründung und Legitimierung dieser ›Verwissenschaftlichung‹ lieferte er allerdings erst mehr als zehn Jahre später mit seinem berühmten Aufsatz über »Die ›Objektivität‹ der sozialwissenschaftlichen und sozialpolitischen Erkenntnis«, in dem der Versuch einer systematischen Verknüpfung von szientistischen und kulturwissenschaftlichen Strategien der Empirieproduktion gemacht wurde[527]. Den Ausgangspunkt seines Konzepts bildete ein Wirklichkeitsbegriff, der stark in kulturwissenschaftlichen Traditionen verankert war und sowohl erlebnisbezogen als auch konstitutiv individualistische Züge trug. »Wirklich« waren nach Weber nämlich nur »die individuelle Gestaltung des Kulturerlebens«[528] sowie die hierdurch gesetzten individuellen Sinn- bzw. Bedeutungszusammenhänge, und deren Empirizität ergab sich für ihn aus einer »inneren Erfahrung«[529], die nicht szientistisch ›erklärt‹, sondern allein unsinnlich ›verstanden‹ werden kann.

Diese Sichtweise erinnert sowohl an Rickert als auch an Dilthey, und Weber bezog sich tatsächlich auf beide Autoren, wenngleich mit unterschiedlicher Gewichtung. Die Konstitution der gesellschaftlichen Realität als ›Wirklichkeit‹ beschrieb er zunächst wie Dilthey mit dem Stichwort des ›Erlebens‹, wobei das Erlebnis als eine subjektiv-synthetisierende Form der Wirklichkeitsaneignung gefaßt wurde, die durch ein »Totalitätsgefühl«[530] gekennzeichnet sei, bei dem »die Gesamtheit der Wahrnehmungen ... mit den ... Empfindungen, Wollungen – den Stellungnahmen also«[531] ungeschieden verbunden ist. Nach Dilthey sollte dieses »Totalitätsgefühl« selbst wissenschaftlich objektivierbar sein, und zwar über die Strategie der Introspektion, die je nach ihrer kommunikativen Einbettung zu unterschiedlichen Formen bzw. Graden von Objektivität führen könne[532]. Eben dies jedoch bestritt Weber in Anlehnung an Rickert[533] entschieden, denn als individuelle Wirklichkeitsgewißheit der Handlungssubjekte war das erlebte Insgesamt nach seiner Auffassung wissenschaftlich unzugänglich: Zwar kann und muß es zunächst einfühlend erschlossen werden, aber das auf dem Nacherleben beruhende Verstehen individueller Erlebniszusammenhänge war für ihn nicht mehr als eine vorwissenschaftliche ›Gefühlssache‹, die nur zur Verdoppelung eines subjektiven Realitätsentwurfs führt, bei dem »jeder kontrollierbare Maßstab für eine Unterscheidung zwischen kausal ›Wesentlichem‹ und ›Unwesentlichem‹ (fehlt)«[534].

Diese Argumentation erschien zwar insofern verfehlt, als das Nacherleben bei Dilthey sehr wohl als eine begriffliche Strategie entwickelt wurde[535], aber betrachtet man Webers rigid individualistisches Wirklichkeitsverständnis, so war der Vorwurf der fehlenden Verallgemeinerbarkeit des einfühlenden Verstehens durchaus verständlich. Ebenso wie Rickert begriff Weber die individuellen Erlebnisstrukturen nämlich stets als partikulare Wirklichkeiten, die nur dann allgemein erfaßt werden können, wenn das totalitätsbezogene Erleben der Irrationalität der Lebenswelt entrissen und in eine gleichsam domestizierte Form gebracht wird: Es mußte Bestandteil einer auf rationale Deutung abzielenden Betrachtungsweise werden, die unabhängig von allen Erlebnisbezügen einsehbar und in eben diesem Sinne objektiv verallgemeinerbar ist. Oder in Webers eigenen Worten: Um die »Kategorie der ›erlebten‹ und ›nacherlebten‹ Wirklichkeit in den Dienst ›objektivierender‹ Erkenntnis« zu stellen[536], bedarf es »einer gedanklichen Bearbeitung des nur ›eingefühlten‹ Mit- oder Nacherlebens«[537], durch die das Gefühl in begriffliche Erkenntnis, die individuelle Wirklichkeitsgewißheit in wissenschaftliche Empirie und das einfühlende Verstehen in ein ›erklärendes Verstehen‹ verwandelt wird[538].

Daß diese These nicht nur konzeptuell-programmatischen Charakter hatte, sondern auch forschungspraktische Implikationen, zeigt sich an einer heute fast vergessenen Abhandlung Webers »Zur Methodik sozialpsychologischer Enquêten und ihrer Verarbeitung«, die 1909 im Archiv für Sozialwissenschaft und Sozialpolitik erschien und einige Anhaltspunkte dafür gibt, wie die postulierte Transformation vom einfühlenden zum erklärenden Verstehen im Sinne einer ›empirisch-wissenschaftlichen‹ Analyse zu verstehen ist. Vordergründig beschäftigte sich Webers Aufsatz mit drei Veröffentlichungen von Adolf Levenstein, einem ehemaligen Arbeiter und Redakteur, der in der Tradition Göhres die Lebensgeschichte eines Tagelöhners sowie Briefe und literarische Versuche von Arbeitern herausgegeben hatte[539]. Aber die Besprechung dieser Bände war nur Anlaß, um über ein noch unveröffentlichtes Projekt zu berichten: Im Rahmen seiner ausgedehnten Korrespondenzen hatte Levenstein zwei Umfragen zum Generalstreik und zur »Sozialpsychologie« von Arbeitern unternommen, und da er sich hartnäckig weigerte, diese in einer ›ordentlichen‹ Form zu bearbeiten, versuchte Weber ihn durch seine Veröffentlichung unter Zugzwang zu setzen, um so eine beschleunigte Auswertung zu erreichen, die auch und gerade wissenschaftlichen Ansprüchen genügen sollte.

Interessant für eine empirisch-wissenschaftliche Bearbeitung war freilich nur die zweite Erhebung, in der anhand von 26 Fragen vier Themenbereiche behandelt wurden, nämlich (a) das »seelische Verhältnis« zur Arbeit und den Arbeitsbedingungen, (b) die Vorstellungen zur Verbesserung der materiellen Situation, (c) die Beziehungen zu den sozialen Gemeinschaften sowie (d) die Einstellung zu »außerberuflichen Kultur- und Lebensproblemen«[540]. Obwohl Weber dem Levensteinschen Fragebogen »zahlreiche methodische Schwächen« bescheinigte[541], hielt er das von ihm gesammelte Material, das insgesamt 5200 Fragebögen umfaßte[542], dennoch für wertvoll. Als »Glaubensbruder« und »Genosse« stand Levenstein in einem gewissen Vertrauensverhältnis zu den von ihm befragten Arbeitern, und es konnte deshalb mit Antworten gerechnet werden, welche die subjektiven Wirklichkeitswahrnehmungen relativ unverzerrt wiedergaben. Diese Hoffnung erschien umso berechtigter, als er nicht in einem Partei- oder Gewerkschaftsauftrag gehandelt hatte, so daß auch unter institutionellen bzw. organisatorischen Gesichtspunkten »keine Filterung und systematische Prägung des Inhalts«[543] vorlag.

Die Vorzüge seiner Materialbasis drohte Levenstein nach Weber durch die Art seiner Auswertung jedoch selbst zunichte zu machen. Ganz abgesehen davon, daß er keine Außenstehenden an seinen »Schatz« heranließ, arbeitete er weder zielstrebig noch systematisch und ignorierte offensichtlich völlig die bereits etablierten Auswertungsstandards[544]. Bei seinem Versuch, die Antworten mit verschiedenen Einstellungsmustern bzw. »psychologischen Typen«[545] zu korrelieren, berief er sich überdies auf »das ›Durchempfinden‹ und ›Erleben‹ . . . (als) letzte Instanz des Erkennens«[546], wobei zur Legitimation dieses Vorgehens auf die jahrelange Prägung und Sensibilisierung durch das Arbeitermilieu verwiesen wurde. Eben hier sah Weber einen ganz entscheidenden Kritikpunkt, denn die Berufung auf das Nacherleben konnte nach seiner Auffassung nur zu willkürlichen und unkontrollierbaren Ergebnissen führen. Um dieser Gefahr zu begegnen, schlug er eine andere Auswertungsstrategie vor, die auf eine zweistufig-tatsachenbezogene Objektivierung hinauslief: In einem ersten Schritt sollte das Material nach ›objektiven‹ Kriterien wie Herkunft, Alter, Beruf und Lohnklassen sortiert und zugleich die wechselseitige Abhängigkeit dieser verschiedenen Merkmale, wie z. B. das Verhältnis zwischen Lohn und Alter, statistisch detailliert herausgearbeitet werden. Erst auf dieser Basis war es nach Weber denkbar, die von Levenstein vermuteten »proletarischen Denk- und Empfindungsformen zu ermitteln«[547], über die nun auch anders als ›einfühlend‹ geurteilt werden konnte. Möglich erschien vielmehr eine ›objektivierende‹ Analyse, bei der von einer ›Verallgemeinerbarkeit‹ bestimmter Denk- und Empfindungsformen genau dann (und nur dann) gesprochen werden konnte, wenn sie sich auf die zuvor untersuchten Variablen beziehen und durch diese erklärend von einander abgrenzen ließen[548].

Die skizzierte Kritik an Levenstein macht deutlich, daß für Weber die erlebnisbezogenen Äußerungen nur in dem Maße ›empiriefähig‹ waren, wie sie subjektunabhängig betrachtet und kausalanalytisch interpretiert werden konnten. Aufgrund der Unterscheidung zwischen (individueller) ›Wirklichkeit‹ und (verallgemeinerbarer) ›Empirie‹ stand diese Akzentuierung keineswegs in Widerspruch zu der in vielen Punkten positiven Bewertung der ›Erlebnisempirie‹, denn was Weber an Arbeiten à la Göhre und Levenstein faszinierte, war die ›Authentizität‹ des Materials und die »Frische der Darstellung«[549] – zwei Punkte, die klar auf den Einfluß Schmollers und der historischen Schule verweisen[550]. Unter dieser Perspektive plädierte er auch stets für eine relativ unstandardisierte und situationssensible Datensammlung, die zunächst auf nichts anderem als genauer, direkter Beobachtung beruhen sollte[551]. Aber die ›vorurteilsfreie‹ Beobachtung – und dies ist entscheidend – war für ihn nur Vorarbeit für die Begründung einer wissenschaftlichen Empirie, und deren Konstitution wurde unabhängig von den Erfahrungen der Materialsammlung beschrieben. Von einer ›empirischen‹ Analyse konnte nach Weber nämlich erst dann gesprochen werden, wenn die primäre Wirklichkeit des individuellen Handelns »unter spezifisch gesonderten Gesichtspunkten«[552] gesehen wird, die auf eine ›rationale‹, d. h. Zweck-Mittel-orientierte Deutung abzielen, denn nur unter dieser Voraussetzung sei eine Transformation von ›Wirklichkeit‹ in ›Empirie‹ möglich.

Die Diskussionen in der Deutschen Gesellschaft für Soziologie

Webers Unterscheidung zwischen partikularen ›Wirklichkeiten‹ und verallgemeinerbarer ›Empirie‹ verweist auf ein zutiefst praxisskeptisches Wissenschaftsverständnis, das mit den politischen Empirievorstellungen à la Cohn und Embden ebenso unvereinbar war wie mit Schmollers Postulat einer Wiederannäherung von Wissenschaft und Alltagswelt. Insofern nämlich nur die individuell-›privaten‹ Erlebnisstrukturen als unmittelbar ›wirklich‹ anerkannt wurden, waren eine Erfassung der ›vollen Wirklichkeit‹ oder eine politisch-diskursive Klärung des ›wirklich Empirischen‹ per se ausgeschlossen. Stattdessen konzipierte Weber die ›empirische Wissenschaft‹ als eine spezifisch selektive Rekonstruktionsstrategie, die an die Wirklichkeitswahrnehmungen der Subjekte anknüpfte, ohne sich jedoch inhaltlich auf sie einzulassen. Über die Verwissenschaftlichung des Erlebens kam es vielmehr zur Darstellung einer formal rationalisierten Realität, die als solche nicht unbedingt ›wirklich‹, wohl aber ›empirisch‹ war – entsprach doch ihre abstrakte Zweck-Mittel-Struktur genau jenem Modus der Verwendung, Verwertung, Verwaltung sozialer Wirklichkeit, wie er sich mit der Durchsetzung der bürgerlichen Vergesellschaftungsform als sozial allgemein etabliert hatte.

Daß sich die *›empirische Wissenschaft‹* bei Weber auf eine bewußt tatsachenbezogen selektiv konstruierte Wirklichkeit bezieht, wird noch deutlicher, wenn man sie vor dem Hintergrund der sog. *»Sozialphilosophie«* sieht, die von ihm als eine sowohl gegenständliche als auch methodische Kontrastfolie eingeführt wird. Im Gegensatz zur inhaltsabstrakten und wertindifferenten ›wissenschaftlichen‹ Analyse ging es bei der Sozialphilosophie nicht um die Funktionen und Folgen subjektiver Wirklichkeitswahrnehmungen, sondern um die Rekonstruktion ihres normativen Gehalts, der aufgrund seines subjektiven Ursprungs nach Weber niemals allgemein begründet, sondern nur einfühlend nacherlebt werden kann[553]. Sozialphilosophie bedeutet also ein einfühlendes Verstehen wirklichkeitskonstituierender Wertsetzungen mit dem Ziel, die individuellen Realitätsvorstellungen »dem geistigen Verständnis zu erschließen«[554]. Diese Intention war nach Weber für identitätsphilosophische oder normativ-analytische Konzepte ebenso typisch wie für Introspektionsansätze, und letztlich interpretierte er sie deshalb nach ein und demselben Muster, nämlich als Ausdruck einer spekulativen Analyse ohne Anspruch auf Verallgemeinerbarkeit[555].

Diese Stilisierung war allerdings in mehrfacher Hinsicht prekär, denn ganz abgesehen davon, daß die methodologischen und inhaltlichen Differenzen zwischen den genannten Ansätzen völlig eingeebnet wurden, kam es hierdurch zu einer systematischen Entproblematisierung ihres jeweiligen Realitätsbezugs. Die in Webers Sprachgebrauch ›nichtempirischen‹ Verfahren erschienen nämlich von vornherein als irreal bzw. wirklichkeitsfremd, obwohl ihre Anhänger keineswegs mit einem empirieuninteressierten Gestus auftraten. Sofern sie versuchten, die Wirklichkeit als eine wie auch immer verstandene ›Totalität‹ zu rekonstruieren, die auf mehr verweisen sollte als auf die formal rationalisierte und instrumentell handhabbare Realität, verfügten sie vielmehr über einen eigenständigen Empirieanspruch, der jedoch von Weber trotz aller Einsicht in die methodische Konstruiertheit seines eigenen Konzepts in keinem Fall anerkannt wurde. Zwar akzeptierte er den Totalitätsanspruch im vorwissenschaftlichen Bereich, in dem es um das einfühlende Verstehen von Norminhalten ging, aber dieser Schritt war für ihn nur eine kontingente Voraussetzung für eine subjektfreie, kausalanalytische Deutung, die sowohl Ziel als auch Kern der sozialwissenschaftlichen Empirieproduktion sein sollte.

Daß Weber seine Konzeption keineswegs als ein reines Modell, sondern als Anleitung für eine neue Forschungspraxis ansah, belegen seine Aktivitäten im Verein für Socialpolitik, die auf eine Verbesserung und Umstrukturierung der Erhebungspraxis gerichtet waren. So hatte er, ausgehend von seiner Abgrenzung von »Sozialphilosophie« und »empirischer Wissenschaft« 1908 die Durchführung neuer Erhebungen angeregt, und mit den »Untersuchungen über Auslese und Anpassung (Berufswahl und Berufsschicksal) der Arbeiter in verschiedenen Zweigen der Großindustrie« waren zwischen 1909 und 1911 auch erstmals einige Studien entstanden, die deutliche Spuren seines Empiriekonzepts aufwiesen[556]. Dennoch zog sich Weber zur gleichen Zeit aus der Vereinsarbeit zurück, wobei für diesen Schritt vor allem zwei Gründe ausschlaggebend waren: Zum einen fühlte er sich durch die dominant staats- und wirtschaftswissenschaftliche Ausrichtung des Vereins zunehmend eingeengt, da in diesem Kontext nur ein Teil seiner Fragestellungen abgedeckt wurde. Zum anderen lehnte Weber aber auch die nach seiner Auffassung ungebrochene Propagierung politisch-praktischer Ideale als ›unwissenschaftlich‹ ab[557] und zeigte sich deshalb nachhaltig interessiert, als er von den Bemühungen des Wieners Rudolf Goldscheidt um die Gründung einer eigenständigen soziologischen Gesellschaft hörte, die ausschließlich akademisch bzw. fachwissenschaftlich orientiert sein sollte[558].

Obwohl Weber und Goldscheidt in ihren wissenschaftlichen Orientierungen keineswegs übereinstimmten[559], einigten sie sich sehr schnell über die Ziele und Aufgaben der neuen Organisation, und bereits am 3. 1. 1909 fand eine konstituierende Versammlung unter Beteiligung von 40 Professoren statt, die gemeinhin als Geburtsstunde der »Deutschen Gesellschaft für Soziologie« (DGS) angesehen wird[560]. Die Statuten des neuen Vereins erschienen allerdings erst mehr als ein Jahr später, wobei als endgültiger Vereinszweck »die Förderung der soziologischen Erkenntnis durch Veranstaltung rein wissenschaftlicher Untersuchungen und Erhebungen, durch Veröffentlichung und Unterstützung rein wissenschaftlicher Arbeiten und durch Organisation von periodisch stattfindenden deutschen Soziologentagen«[561] angegeben wurde. Diese Formulierung war genau genommen eine Leerformel, denn was »soziologische Erkenntnis« heißen sollte, war angesichts ihrer fehlenden akademischen Eigenständigkeit[562] keineswegs klar. Je nach ihrer disziplinären Herkunft legten die Mitglieder des DGS die gemeinsame Zielformulierung in der Tat auch höchst unterschiedlich aus: So hatten die Angehörigen der staatswissenschaftlichen bzw. nationalökonomischen Fraktion, wie beispielsweise L. v. Bortkiewicz, Edgar Jaffé oder Georg v. Mayr andere Vorstellungen als der umfangreiche philosophische bzw. geisteswissenschaftliche Flügel, zu dem u. a. Franz Oppenheimer, Georg Simmel oder Werner Sombart gehörten, und schon auf dem ersten Soziologentag, der im Oktober 1910 in Berlin stattfand, traten die Divergenzen zwischen beiden Gruppen offen zu Tage[563].

Nicht zuletzt aufgrund der expliziten Abgrenzung von allen politisch-praktischen Zielsetzungen hatte die (in sich wiederum keineswegs einheitliche) philosophische bzw. geisteswissenschaftliche Gruppe von Anfang an ein leichtes Übergewicht. Dies zeigt sich auch in dem programmatischen Einleitungsreferat des Berliner Kongresses, das vom ersten Vorsitzenden der DGS, Ferdinand Tönnies, gehalten wurde[564]. Ganz im Gegensatz zu Weber wurde die Soziologie hier ausdrücklich als eine »in erster Linie philosophische Disziplin«[565] bezeichnet, wobei das Etikett des Philosophischen allerdings mit ganz anderen Konnotationen versehen war. Nicht ›einfühlendes Nacherleben‹, sondern ›künstlich‹ rationale Konstruktion war nach Tönnies das Spezifikum sowohl des philosophischen als auch des soziologischen Denkens, und hiervon ausgehend bestimmte er die Methode und Aufgabe der Soziologie folgendermaßen: Als »philosophische Disziplin« sollte sie die formalen Grundstrukturen des sozialen Lebens in deduktiver Orientierung kategorial zureichend erfassen bzw. klassifizieren, und zwar zunächst in »reiner« Form, d. h. unabhängig von allen realhistorischen Ausformungen[566]. Diese Verortung erinnert an das Theorieverständnis von Carl Menger im älteren Methodenstreit, von dem sich Tönnies jedoch in einem entscheidenden Punkt zugleich wieder absetzte. Von einer vollendeten soziologischen Analyse konnte nach seiner Auffassung nämlich erst dann gesprochen werden, wenn die deduktiv konstruierten Kategorien, wie beispielsweise »Gemeinschaft« oder »Gesellschaft«[567] offen waren gegenüber »empirischen Bestätigungen und Berichtigungen«[568], und deren Durchführung und Status wurde eindeutig nach Schmollerschem Muster gedacht – konnten doch in Tönnies Augen die »empirischen Berichtigungen« immer nur »aus unzähligen methodologisch induktiven Forschungsergebnissen zusammengesetzt sein«[569].

Wie allerdings die Vermittlung zwischen ›theoretisch-deduktiver‹ Kategorienbildung und ›empirisch-induktiver‹ Analyse genauer aussehen sollte, blieb methodologisch unklar. Zwar führte Tönnies als Verbindungsglied die sog. »angewandte Soziologie« ein, die einer ersten, vornehmlich historischen Konkretisierung der »reinen« Begrifflichkeiten dienen sollte[570]. Aber hiermit war eher ein neues Untersuchungsfeld beschrieben, da der Übergang von der »reinen« zur »angewandten« Analyse weder eine Konkretisierung im Sinne des hypothetisch-deduktiven Modells bedeutete noch eine Weiterentwicklung der ersten Kategorien zu »sensitizing concepts«. Stattdessen löste Tönnies das Vermittlungsproblem disziplinär auf, denn die empirische Arbeit wurde in seinem System grundsätzlich in die der »philosophischen« Soziologie vorgelagerten »Einzelwissenschaften« abgeschoben[571]. Hierbei unterschied Tönnies zwischen drei Typen von Einzelwissenschaften, nämlich (a) den »Wissenschaften, die eine auf das Soziale sich beziehende Seite haben«[572], insbesondere Anthropologie, Psychologie, Sozialpsychologie und Ethnologie, (b) den »historischen Disziplinen«[573] sowie (c) den empirisch-soziologischen Disziplinen im engeren Sinne, nämlich Nationalökonomie und Statistik, wobei letztere allerdings nicht als Wissenschaft, sondern nur als »Methode« anerkannt wurde[574]. Die ›eigentliche‹, also die philosophische Soziologie verfügte demgegenüber weder über einen eigenständigen Empiriebegriff noch über eine eigene empirische Praxis; sie sollte vielmehr die in den Disziplinen praktizierten Strategien pauschal anerkennen und sich ihnen gegenüber »empfangend und lernend ... verhalten, wenngleich sie auch jede einzelne ... befruchten und bereichern kann«[575].

Im Vergleich zur ›empirischen Wissenschaft‹ Webers verweist dieses Konzept auf eine völlig andere Problemfocussierung: Während Weber unter der Perspektive der Entsubjektivierung und kausalanalytischen Orientierung *methodische* Gesichtspunkte in den Vordergrund stellte, thematisierte Tönnies die sozialwissenschaftliche Erkenntnisproduktion als eine Funktion der *disziplinären* Integration. Allerdings war seine Darstellung in vielen Punkten verkürzend – wurden doch die verschiedenen Disziplinen schlicht aneinandergereiht, ohne überhaupt die Frage nach den Möglichkeiten und Grenzen ihrer Verknüpfung zu stellen. Unter institutionellen Perspektiven hatte dies freilich beträchtliche Vorteile, denn den vagen Tönniesschen Formeln konnten die verschiedenen Fraktionen innerhalb der DGS weit eher zustimmen als denjenigen Webers. Gerade deshalb war es kein Zufall, daß Weber, trotz seines maßgeblichen Anteils an der Gründung der Gesellschaft, zunehmend isoliert bzw. an den Rand gedrängt wurde. Weder konnte er sein Konzept von Soziologie als ›empirischer Wissenschaft‹ verbindlich machen, noch gelang es ihm, eine hinreichende Unterstützung für darauf bezogene Projekte zu finden[576], und schon ein Jahr nach der Gründung gab er deshalb enttäuscht das Amt des »Rechners« bzw. Geschäftsführers der Gesellschaft zurück[577].

Der Rückzug Webers signalisierte einen über seine Person hinausgehenden Einschnitt, denn die in der Tradition des Vereins für Socialpolitik angelegte Linie wurde nun ebenso stillschweigend wie erfolgreich abgedrängt. Dieser Prozeß, der sich auch in einer zunehmenden institutionellen Trennung von Soziologie und Sozialpolitik niederschlug[578], trat allerdings erst nach 1918 offen zu Tage, und zwar sowohl in konzeptueller als auch in forschungspraktischer Hinsicht. Betrachtet man zunächst die konzeptionelle Seite, wie sie vor allem in den Methodendiskussionen der Soziologentage seit 1926 thematisch wurde, so fällt eine grundsätzliche Umakzentuierung des Empirie- und Methodenverständnisses auf, das gleichsam ›totalitätsbezogen‹ reformuliert werden sollte. Die hiermit verbundene Distanzierung vom szientistischen Methodenarsenal fiel freilich unterschiedlich aus, je nachdem, ob die soziologische Erkenntnisproduktion ›wissenschaftlich‹ oder ›philosophisch‹ gesehen wurde: Sofern die Soziologie, wie beispielsweise bei Sombart oder Geiger[579], als *Wissenschaft* galt, wurde sie in der Regel als ›Geisteswissenschaft‹ im Sinne Diltheys definiert, und hieraus ergab sich dann in methodologischer Hinsicht die Berufung auf »die unmittelbare Evidenz, die ›Wesensschau‹, die innere Erfahrung«[580], wobei das »immanente Erkennen«[581] zu einem totalitätsbezogenen »Wesenswissen«[582] führen sollte. Anders hingegen sah es bei der

Stilisierung der Soziologie zu einer *philosophischen* Disziplin aus, wie sie von Tönnies vertreten wurde: In diesem Fall gab es weder eine Favorisierung des ›inneren‹ noch des ›äußeren‹ Erkennens, sondern unter Voraussetzung einer induktiven Orientierung konnte vielmehr, je nach Problemstellung, mit allen von den »Einzelwissenschaften« entwickelten Methoden gearbeitet werden.

Interessant ist in unserem Zusammenhang vor allem die zweite Variante, denn während die Anhänger der geisteswissenschaftlich orientierten ›Introspektionsfraktion‹ die ›innere Erfahrung‹ als Spezifikum der sozialwissenschaftlichen Erkenntnisproduktion schlichtweg behaupteten, ohne die Frage nach ihrem Verhältnis zur ›äußeren Erfahrung‹ überhaupt zu stellen[583], beharrten die Anhänger der ›disziplinären‹ Lösung zumindest auf programmatischer Ebene auf einer ›vollständigen‹ Forschung, bei der subjektive (bzw. ›innere‹) und objektive (bzw. ›äußere‹) Momente gleichermaßen berücksichtigt werden sollten.

Die hierbei verfolgte Diskussionslinie läßt sich genauer an der sog. »Soziographie« studieren, deren Konzept erstmals auf dem Wiener Soziologentag 1926 durch den Holländer S. R. Steinmetz vorgestellt wurde[584]. Nach Steinmetz sollte die Soziographie eine ›induktiv-konkretisierende‹ Wissenschaft sein, die fallorientiert und ohne fest definierte Produktionsregeln arbeitet. Diese Abgrenzung gegenüber der ›deduktiv-abstrahierenden‹ Soziologie, die einerseits an Tönnies, andererseits an Leopold von Wiese anknüpfte[585], wurde vornehmlich aus gegenständlichen Differenzen begründet, denn Thema der soziographischen Analysen waren nach Steinmetz nicht »die sozialen Beziehungen in ihrer abstrakten Allgemeinheit«[586], sondern »die Völker und ihre Teile in ihrer konkreten Eigenheit«[587], und diese ließen sich keineswegs nach einem einheitlichen Muster rekonstruieren. Notwendig erschien vielmehr ein vielschichtiges Methodenarsenal, dessen fallspezifisch sensibler Einsatz in Abhängigkeit von der »direkten Beobachtung«[588] und einem intensiven Feldkontakt gesehen wurde: »Langer Aufenthalt, Intimität mit der betreffenden Bevölkerung, ausreichende, anregende und richtunggebende Kenntnisse«[589] waren deshalb nach Steinmetz die Grundvoraussetzung, um die ›volle Wirklichkeit‹ eines Landes zu erfassen, wobei es auf diesem Wege auch zur »Entdeckung von neuen Tatsachen und neuen Methoden«[590] kommen sollte.

Betrachtet man die Forderungen nach Einzelfallbezug, induktiver Orientierung und intensivem Feldkontakt, so erinnert das skizzierte Konzept an die von Schmoller, LePlay oder Schnapper-Arndt entwickelten Vorstellungen, die jedoch bei Steinmetz an keiner Stelle erwähnt wurden. Stattdessen berief sich der Holländer auf »die Tradition der Reisebeschreibungen, Städtebeschreibungen, Staatsmerkwürdigkeiten«[591] und damit auf die alte Universitätsstatistik, die gleichsam zur Urform der Soziographie erklärt wurde. Diese auf den ersten Blick überraschende Perzeption war angesichts der stark ethnographischen Akzentuierungen der Soziographie durchaus naheliegend, und genau genommen erscheint sie auch in methodologischer Hinsicht keineswegs verfehlt. Die immer wieder beschworenen »neuen subtilen Methoden und Hilfsmittel«[592] blieben nämlich weitgehend ohne Erläuterung, und letztlich fiel Steinmetz weit hinter das in der monographischen Traditionslinie zuvor erreichte Niveau zurück. Was er anbot, waren im wesentlichen statistische Objektivierungsstrategien, die zwar als solche nach Maßgabe einer subjektiv-erlebnisbedingten Vertrautheit mit dem zu analysierenden Feld bereichsspezifisch differenziert bzw. verfeinert werden sollten, ohne jedoch den Bezug auf die eigene Erfahrung als methodisches Prinzip ernst zu nehmen. Die praktischen Kenntnisse und Wissensbestände erschienen vielmehr als eine ebenso notwendige wie selbstverständliche Voraussetzung, die in ihrer epistemologischen Bedeutung unreflektiert blieb, obwohl sie im Rahmen der Abgrenzung gegenüber den ›deduktiv-abstrahierenden‹ Verfahren als ein wesentliches Mittel für die Erarbeitung neuer Formen der Empirieproduktion angesehen wurde.

Diese Tendenz ist auch für die Fortführung der Diskussion durch Ferdinand Tönnies kennzeichnend, der 1929 eine umfangreiche Arbeit mit dem Titel »Statistik und Soziographie« veröffentlichte. Ein Jahr später hielt er auf dem Berliner Soziologentag in der neu gegründeten Untergruppe »Soziographie« das Hauptreferat, das im wesentlichen eine Fortschreibung der Steinmetzschen Vorgaben darstellte. So sah Tönnies die Soziographie ebenfalls als eine eigenständige Disziplin in der Tradition der Universitätsstatistik, die fallorientiert vorgeht und im Unterschied zur statistischen Massenbeobachtung eine persönliche Kenntnis des zu untersuchenden Falls voraussetzt.[593] Kritik übte er allerdings an Steinmetz' Unterstellung der soziographischen Analyse als einer völlig begrifflosen Angelegenheit. Zwar könne die Soziographie nicht unmittelbar mit den Begrifflichkeiten der ›reinen‹ Soziologie arbeiten, aber sie bedürfe dennoch eines gewissen kategorialen Rahmens, da man »nicht ohne vorgefaßten Begriff an die Forschung herantreten kann«[594]. Dieses Argument, das schon für Webers Selektivitätsthese zur empirischen Wissenschaft eine wichtige Rolle gespielt hatte, blieb bei Tönnies jedoch ein formaler Einwand, denn er reflektierte an keiner Stelle die Selektivität der Begriffsbildung als systematisches Problem, sondern beschränkte sich vielmehr auf ein allgemeines Plädoyer für eine wirklichkeitsnahe und problemorientierte Kategorienwahl, die vor dem Hintergrund eines intensiven Feldkontaktes erfolgen sollte, um auf diese Weise gegenstandsadäquate Aussagen über den jeweiligen Einzelfall zu erreichen[595].

Die Konzepte von Steinmetz und Tönnies decken sicherlich nicht die ganze Bandbreite der disziplinär orientierten Thematisierungen des Empirieproblems ab[596], aber in Argumentationsansatz und -durchführung werfen sie durchaus ein Licht auf die Lücken und Leerstellen der damaligen Diskussionen. Betrachtet man nämlich die Anknüpfung an die Universitätsstatistik, die Ausgrenzung der Traditionen der Historischen Schule sowie die fehlende Reflexion der empirischen Aneignung als einer wirklichkeitskonstituierenden Veranstaltung, so wird deutlich, daß der von der monographischen Traditionslinie übernommene Anspruch auf ›Vollständigkeit‹ der Analyse nicht mehr war als eine Worthülse, deren methodologische Ausfüllung eher unterlaufen als präzisiert wurde. Zwar sprach man sich stets für Einzelfallbezug, induktive Orientierung sowie situationssensible Handhabung von quantitativen und qualitativen Analyseschritten aus, aber diese Abgrenzung gegenüber der Statistik als ›normal science‹ hatte letztlich nur rhetorischen Charakter. Wie die anvisierte Verknüpfung von ›objektiven‹ und ›subjektiven‹ Momenten konkret verlaufen sollte, blieb nämlich weitgehend unklar, und letztlich ergaben sich aus dem Konzept der Soziographie auch keine Impulse für eine ›alternative‹ Forschung, sondern der monographische Totalitätsanspruch wurde gegen die Selektivität der statistischen Strategien programmatisch ausgespielt, ohne diese Antithetik forschungspraktisch weiterführen zu können.

Exemplarisch zeigt sich dieser Bruch zwischen der konzeptuellen Intention und ihrer forschungspraktischen Umsetzung an Tönnies selber bzw. genauer: an den von ihm durchgeführten Untersuchungen zu Kriminalität und Selbstmord, Fruchtbarkeit und Bevölkerungsbewegung sowie zur Lage der Arbeiter in den Nord-

und Ostseehäfen[597]. Die verschiedenen Arbeiten, die zum Teil im Kontext des Vereins für Socialpolitik entstanden waren, und deren Ergebnisse zumeist mehrfach publiziert wurden, waren nämlich ausnahmslos rein statistisch orientiert und gingen über die »Methode der Vergleichung statistischer Reihen«[598] nie hinaus. So bestand beispielsweise die Studie über den »Selbstmord in Schleswig-Holstein«[599] aus einer Gegenüberstellung der Fälle pro Jahr und Bezirk, zum Teil zusätzlich unterteilt nach Alter und geschlechtsspezifischer Häufigkeit, wobei jeweils die Beziehung zwischen zwei Merkmalen dargestellt wurde, ohne allerdings zu einer korrelationsstatistischen Auswertung überzugehen. Ähnlich sahen auch die anderen Analysen aus, die sich stets auf eine Untersuchung ›objektiver‹ Faktoren beschränkten und aufgrund der simplen Auswertungstechnik meist nicht mehr erreichten als eine tatsachenbezogen »klassifizierende und einzelne Zusammenhänge aufdeckende soziale Morphologie«[600].

Die angedeutete Untersuchungsstrategie entsprach zweifellos kaum dem parallel verkündeten Anspruch einer totalitätsbezogenen bzw. ›vollständigen‹ Forschung, aber dies ist eigentlich weniger interessant als die Tatsache, daß die Anpassung an die statistischen Rekonstruktionsformen von keiner Seite als problematisch empfunden wurde. Die fehlende Kritik verweist nämlich darauf, daß die konzeptuelle Diskussion weitgehend unabhängig von der empirischen Praxis gesehen wurde und letztlich disparat zu dieser stand – lag doch ihre Funktion offensichtlich nicht in der Begründung einer von den Sciences unterschiedenen Forschungsstrategie, sondern in der Legitimation der Soziologie als einer eigenständigen Disziplin zwischen (geisteswissenschaftlicher) Philosophie und (statistischer) Wissenschaft.

Diese These wird auch durch die auffallende forschungspraktische Abstinenz innerhalb der Weimarer Soziologie bestätigt, die nach dem Tod von Max Weber (1920) zu einem fast völligen Erliegen der organisierten Erhebungstätigkeit führte. Die Untersuchungen von Tönnies bildeten hier schon eine seltene Ausnahme, und sieht man von ihnen ab, so lassen sich die im Dunstkreis der DGS entstandenen Projekte praktisch an einer Hand abzählen[601]. Stattdessen verlagerte sich die Pflege des ›empirical research‹ auf außerakademische Institutionen, wobei vor allem die Gewerkschaften sowie die neu gegründeten Angestelltenverbände eine Rolle spielten. Aufbauend auf den amtlichen Berufszählungen versuchten sie seit Mitte der zwanziger Jahre zu einer branchen- und berufsspezifischen Zusammenstellung von Zahlenmaterial über Einkommensverhältnisse und Lebensbedingungen ausgewählter Arbeitergruppen zu gelangen, um auf diese Weise zusätzliche Argumente für die tarifpolitischen Auseinandersetzungen zu bekommen. So publizierte der Afa-Bund eine von Otto Suhr bearbeitete Erhebung über die Lebenshaltung der Angestellten[602], F. Behringer erforschte im Auftrag des Deutschnationalen Handlungsgehilfenverbandes »Herkunft, Vorbildung und Berufsausbildung der Kaufmannslehrlinge«[603], und vom Gewerkschaftsbund der Angestellten wurde schließlich »Die wirtschaftliche und soziale Lage der Angestellten« untersucht[604]. Aber ähnlich wie die soziologisch-akademischen Erhebungen à la Tönnies zeigen diese sozialpolitisch-praktischen Arbeiten keine Verbindung zur monographischen Tradition; was sie herausarbeiten, sind Tatsachen über die quantifizierbare ›Normalwirklichkeit‹ der bürgerlichen Existenz, die möglichst detailliert und präzise im Sinne des statistischen Objektivitätsideals darzustellen waren, wobei dieser Anspruch auch und gerade durch die verteilungspolitische Zweckorientierung der Erhebungspraxis vorgegeben war.

5 Kritische Theorie und empirische Forschung – Aspekte einer Entwicklungsgeschichte

Die skizzierten Facetten aus der Empiriediskussion der Weimarer Zeit enthüllen mehr Widersprüche als Konsistenzen und verweisen auf einen Entwicklungspfad, der letztlich auf eine Selbstblockierung der sozialwissenschaftlichen Empirieproduktion hinauslief. Zwar hielt man an der monographischen Orientierung durchaus fest, aber wie die Beispiele von Tönnies und Steinmetz zeigen, wurden die bereits bei Schnapper-Arndt erreichten Ansätze eher unterschritten als gehalten. Sofern man nicht in der Lage war, den immer wieder erhobenen Anspruch auf ›Vollständigkeit‹ der Analyse forschungspraktisch wirksam werden zu lassen, blieb auch die Kritik der quantitativen Verfahren abstrakt, und letztlich waren damit alle Möglichkeiten für eine wie auch immer geartete empirische Arbeit verbaut. Angesichts dieser Konstellation kam es zwangsläufig zu einer systematischen Abwertung der empirischen Erhebungstätigkeit, und zugleich verschärfte sich auch die Dichotomisierung von ›theoretischer‹ Reflexion und ›empirischer‹ Forschung, wobei die theoretische Reflexion mit dem Etikett des ›Totalitätsbezogenen‹, die empirische Forschung hingegen mit dem des ›Partikularen‹ versehen wurde.

Wie Susanna P. Schad (1972) gezeigt hat, war der Niedergang der empirischen Forschung in der Weimarer Zeit so gravierend, daß außerhalb der ›offiziellen‹ Soziologie sowohl mehr als auch interessantere Arbeiten entstanden als innerhalb des Faches selber[605]. Nach Schad gab es nur eine, freilich sehr bedeutsame Ausnahme, nämlich die Erhebungen des »Frankfurter Instituts für Sozialforschung«, das 1922/23 als eine ›halbprivate‹ Forschungseinrichtung gegründet worden war[606] und seit dem Ende der 20er Jahre unter der Leitung von Max Horkheimer mit verschiedenen empirischen Projekten begann. Im Unterschied zu vergleichbaren Einrichtungen wie dem Kölner »Forschungsinstitut für Sozialwissenschaft«[607] arbeitete das Frankfurter Institut von Anfang an auf der Grundlage einer marxistischen Orientierung, die von Horkheimer sowohl methodologisch wie material begründet wurde, und die hierauf aufbauenden Arbeiten waren deshalb »radically different from work done in other German universities«[608]. So ließen sich Horkheimer und seine Mitarbeiter kaum auf die Frontstellung der Weimarer Soziologie ein, wie sie in unterschiedlichen Varianten von Tönnies über Sombart bis hin zu Spann vorgegeben waren; stattdessen bemühte man sich um eine sozialwissenschaftliche Erneuerung des Marxschen Paradigmas der Kritik der politischen Ökonomie, und gerade diese Absetzung von den etablierten Diskussionslinien ermöglichte einen weitreichenden Neuansatz für die sozialwissenschaftliche Empirieproduktion, dessen konzeptuelle Voraussetzung und Spezifik wie folgt charakterisiert werden kann:

– Im Gegensatz zur Mehrheit der zeitgenössischen Sozialwissenschaftler trat die frühe Kritische Theorie zum einen mit einem *gesellschaftstheoretisch akzentuierten Empirieanspruch* auf. Ihre Analysen waren nicht auf eine ›reine‹ Analyse gesellschaftlicher Wirklichkeit bezogen, sondern auf eine kritische »Theorie des historischen Verlaufs der gegenwärtigen Epoche«[609], die als Basis und Begründung der empirischen Forschungsinteressen fungierte.

– Die empirische Arbeit selbst wurde in diesem Zusammenhang als eine interdisziplinäre und bewußt experimentelle Veranstaltung gedacht, deren Methodologie in Abhängigkeit von den Forschungsfragen zu entwickeln war. Um ein ›volles‹ Bild der »gegenwärtigen Epoche» zu erhalten, sollten sowohl quantitative wie qualitative Strategien zum Einsatz kommen, die es so zu arrangieren und zu verknüpfen galt, daß die Befunde gesellschaftstheoretisch interpretiert und weiterentwickelt werden konnten.

– Gegenüber dem konventionellen Verständnis bedeutet empirische Forschung somit nichts anderes als die Rekonstruktion der Gesellschaft als einer konkreten Totalität, die strukturelle und handlungsbezogene Elemente in sich vereint. Sie bezeichnet das Insgesamt der gesellschaftlichen Erfahrungsbildung, das allerdings nur dann in den Blick treten kann, wenn sowohl eine Überwindung der etablierten Dichotomie von totalitätsbezogener Theorie und partikularer Empirie gelingt als auch eine Integration von induktiver und deduktiver Analyse.

Die obigen Punkte geben eine ebenso breite wie gegenüber der Weimarer Soziologie ›alternative‹ Empirievorstellung zu erkennen, die offensichtlich der monographischen Tradition näher steht als der gängigen Tatsachenforschung. Um diesen, zunächst noch recht vagen Eindruck präziser und auch differenzierter zu fassen, wollen wir im Folgenden versuchen, die Entwicklungsgeschichte der empirischen Arbeiten des Frankfurter Instituts genauer zu rekonstruieren, und zwar im wesentlichen unter zwei Perspektiven: Zum einen geht es um die Frage, was ›alternative‹ Empirie im Kontext der frühen Kritischen Theorie genauer heißt, welche methodologischen Vorstellungen mit ihr verbunden sind, und wie die Einlösung der konzeptuellen Intentionen vollzogen wurde. Zum anderen gilt es zugleich, die systematischen Veränderungen, Differenzierungen und Reformulierungen dieses Empiriekonzepts genauer zu beschreiben, um so eine Antwort auf die Frage nach der Entwicklung des Verhältnisses von Kritischer Theorie und monographischer Sozialforschung zu finden.

Das Programm des interdisziplinären Materialismus

Als das Frankfurter Institut für Sozialforschung zu Beginn der zwanziger Jahre aufgrund einer Stiftung des deutsch-argentinischen Getreidekaufmanns Hermann Weil ins Leben gerufen wurde, war seine spätere Entwicklung noch keineswegs vorgezeichnet. Zwar hatte der damals noch sehr lockere Kreis um Max Horkheimer maßgeblichen Anteil an der Gründung, aber nach dem Tode des ursprünglich vorgeschlagenen Direktors Kurt Albrecht Gerlach entwickelte es sich unter dem Austromarxisten Carl Grünberg zunächst zu einer relativ orthodox orientierten Einrichtung, deren Hauptaugenmerk auf die Diskussion einer bereits kanonisierten marxistischen Ökonomie gerichtet war sowie auf eine (als solche äußerst verdienstvolle) Dokumentation der Geschichte der Arbeiterbewegung.[610] Der von Jay als »phantasielos«[611] etikettierte Marxismus der Grünberg-Ära dauerte jedoch nur kurze Zeit, denn nach einem Schlaganfall Grünbergs im Jahre 1927 ging die Leitung des Instituts immer mehr in die Hände der Mitglieder des späteren Frankfurter Kreises über, wobei zunächst Friedrich Pollock als informeller Geschäftsführer fungierte. 1929 trat Grünberg aufgrund seines Gesundheitszustandes vom Posten des Institutsdirektors zurück, und als sein Nachfolger wurde bald darauf Max Horkheimer gewählt, der sich als Schüler von Hans Cornelius 1925 mit einer Arbeit über Kant habilitiert hatte und seit seiner Berufung auf den neu geschaffenen Lehrstuhl für ›Sozialphilosophie‹ auch die äußeren Voraussetzungen für dieses Amt erfüllte[612].

Die endgültige Direktoratsübernahme, die durch einen Festakt und eine programmatische Rede Horkheimers eingerahmt wurde, fand allerdings erst Anfang 1931 statt. Zu diesem Zeitpunkt waren in Personalstruktur, Außenkontakten und Arbeitsweise des Instituts bereits wichtige Veränderungen eingetreten. So hatte sich Felix Weil aus dem Institutsleben zurückgezogen, und parallel zu Grünbergs Emeritierung schied mit Karl August Wittfogel ein weiterer Mitarbeiter der Anfangsphase aus[613]. Als neue, wenngleich informell bereits bekannte Institutsmitglieder sind hingegen Leo Löwenthal[614] und Erich Fromm[615] zu notieren, wobei vor allem die Anstellung Fromms einen Umschwung signalisiert: Als Psychologe und Psychoanalytiker repräsentierte er eine von Grünberg und seinen Anhängern kaum geteilte sozialpsychologische Orientierung, die nunmehr offizieller Bestandteil der Institutsarbeit wurde. Darüber hinaus setzten unter seiner Leitung die Vorbereitungen zur ersten empirischen Untersuchung über Arbeiter und Angestellte ein, deren Erhebungsphase 1929 begann und 1931 abgeschlossen wurde. Vor diesem Hintergrund bedeutete Horkheimers Antrittsrede auch keinen völligen Neuanfang; sie war vielmehr auf bereits institutionalisierte Veränderungen bezogen, die nachträglich legitimiert und mit dem Konzept des ›interdisziplinären Materialismus‹ zugleich programmatisch zusammengefaßt, weitergeführt und abgesichert werden sollten.

Mit der programmatischen Wendung ging Horkheimer über die seinen Ausführungen zugrundeliegenden forschungspraktischen Erfahrungen jedoch weit hinaus, und betrachtet man die Antrittsrede im Rahmen der sie ergänzenden Aufsätze aus den Jahren 1932/33[616], so ergibt sich ein ebenso differenziert wie breit angelegtes Wissenschaftsprogramm, dessen argumentative Entwicklung im wesentlichen auf zwei Schritten beruht, nämlich zum einen auf einer Kritik des zeitgenössischen Wissenschaftsbetriebs sowie zum anderen auf einer Auseinandersetzung mit dem orthodoxen Marxismus[617]. Beide Punkte – und dies ist für die Abgrenzung gegenüber den konventionellen Modellen sozialwissenschaftlicher Erkenntnisproduktion entscheidend – wurden vor dem Hintergrund einer regulativen Idee von Wissenschaft behandelt, die an den identitätsphilosophischen Ansprüchen der aufklärerischen Konstitutionsvernunft festhielt, sie aber unter Bezug auf die veränderten Bedingungen der sozialwissenschaftlichen Erkenntnisproduktion zu reformulieren versuchte. Nicht Anpassung an die »Entzweiung« der Vernunft, wie innerhalb der ›normal science‹, sondern Analyse ihrer Folgen mit dem Ziel ihrer Überwindung – dies war der an Hegel und Marx anknüpfende Grundgedanke, denn im Gegensatz zu den offiziellen Repräsentanten der Weimarer Soziologie begriff Horkheimer die wissenschaftliche Reflexion als einen realdialektischen Prozeß der fortschreitenden Erkenntnis und Selbsterkenntnis von Mensch und Natur, in dessen Verlauf die Vernunft bzw. Rationalität zwar nicht zur Realisierung gelangen muß, wohl aber kann. Allerdings – und hier liegt das eigentlich Originäre seines Konzepts – ließ sich diese Idee von Wissenschaft als Totalitätserkenntnis für Horkheimer nicht mehr in der von Hegel gedachten Form aufrecht erhalten. Angesichts des Zusammenbruchs der Konstitutionsvernunft und der Positivierung der wissenschaftlichen Arbeit war nach seiner Auffassung vielmehr eine Reformulierung notwendig, die selbst eine Kritik der nachhegelschen Wissenschaftsentwicklung erforderte, um so Argumente dafür zu finden, wie und auf welche Weise trotz der »Entzweiung« der Vernunft eine Erkenntnis der Wirklichkeit als Totalität als möglich behauptet werden konnte[618].

Die Entwicklung der nachhegelschen Wissenschaft erschien in diesem Zusammenhang als eine extern ausgelöste und intern abgesicherte Verfallsgeschichte, die nach Horkheimer auf eine gesellschaftlich bedingte Verhinderung von Erkenntnis hinauslief. Zwar waren die Erkenntnispotentiale seit Hegel beträchtlich gewachsen, aber ihre Realisierung blieb an den Stand des Verhältnisses von Produktivkräften und Produktionsverhältnissen gebunden, weshalb der faktische Wissenschaftsbetrieb nicht mehr sein konnte als ein »Abbild der widersprüchlichen Wirtschaft«[619]. Sein Erscheinungsbild war durch die negative Entwicklungslogik der kapitalistischen Organisation geprägt, deren selbst destruktive Tendenzen nach Horkheimer zunehmend in Selbstblockierungen der Erkenntnis umschlugen – ein Zusammenhang, den er in thesenhafter Zuspitzung wie folgt zu umreißen versuchte: »Die Gesellschaft erweist sich in ihrer heutigen Form außerstande, von den Kräften, die sich in ihr entwickelt haben, . . . wirklich Gebrauch zu machen. Die wissenschaftlichen Erkenntnisse teilen das Schicksal der Produktivkräfte und Produktionsmittel anderer Art: Das Maß ihrer Anwendung steht in fürchterlichem Mißverhältnis zu ihrer hohen Entwicklungsstufe und zu den wirklichen Bedürfnissen der Menschen; dadurch wird auch ihre weitere quantitative und qualitative Entwicklung gehemmt«[620].

In dem Maße wie sich die Widersprüche der kapitalistischen Gesellschaft zuspitzen, wächst somit auch die »innere Krise«[621] der wissenschaftlichen Reflexion, deren Rationalitätsverengung in der Trennung von Philosophie und Wissenschaft ebenso zu Tage tritt wie in der scheinbar planlosen Ausdifferenzierung des disziplinären Wissens. In seiner Beschränkung auf die Akkumulation tatsachenbezogen-instrumenteller Wissensbestände versagt das etablierte Wissenschaftssystem vor allem »vor dem Problem des gesellschaftlichen Gesamtprozesses«, der gleichsam unwirklich erscheint, obwohl er »durch die sich verschärfenden Krisen und ... gesellschaftlichen Kämpfe ... die Realität beherrscht«[622]. Die quantitative Wissenserweiterung gerät somit in Widerspruch zum qualitativen Bedürfnis nach einem rationalen Begriff der gesellschaftlichen Wirklichkeit, denn »infolge der bestehenden Verhältnisse ist ... der herrschende Wissenschaftsbetrieb von wichtigen Einsichten abgeschnitten und bewahrt eine veraltete Form«[623]: An die Stelle einer systematischen Analyse der Wirklichkeit als historischer Totalität von Mensch und Natur tritt die »chaotische Spezialisierung« der Fachdisziplinen[624], deren instrumentelle Selektivität zu einem unvernünftigen Bild der Realität ebenso führt wie zu einer »Vernachlässigung der dynamischen Beziehungen zwischen den einzelnen Gegenstandsgebieten«[625].

Die Krise der Gesellschaft setzt sich also in einer Krise des wissenschaftlichen Wirklichkeitsverständnisses fort, wie sie in den Sozialwissenschaften vor allem in Gestalt des Widerstreits von ›empirischer Wissenschaft‹ und ›spekulativer Sozialphilosophie‹ zutage tritt – ein Gegensatz, den Horkheimer unter den Stichworten ›Positivismus‹ und ›Metaphysik‹ thematisierte. Diese relativ plakativen Etiketten deckten sich dabei weniger mit den Dichotomisierungen von Weber und Tönnies als mit der angelsächsischen Unterscheidung von ›facts‹ und ›mere hypothetical theories‹, die in Horkheimers Augen zunächst auf zwei durchaus berechtigte Erkenntnisanliegen verwies. Besteht der wahre Kern des tatsachenbezogenen Positivismus im Insistieren auf der Dechiffrierung des gesellschaftlichen Seins als einem positiven Funktionszusammenhang, so der der Metaphysik in der Reflexion auf die elementare Sinnfrage »nach dem ›Wozu?‹« der menschlichen Existenz, die »aus einer allzu tiefen psychischen Wurzel (stammt), als daß sie je hätte verstummen können«[626]. Das wissenschaftsgeschichtliche Auseinandertreten und die wechselseitige Verabsolutierung beider Fragestellungen verwandeln ihre legitimen Grundanliegen jedoch in Ideologie, und sobald sie sich als geschlossene, weltanschaulich verlängerte Wissenschaftskonzeptionen gegenüberstehen, wird der Schluß berechtigt, daß »es sich . . . bei beiden um zwei verschiedene Phasen einer die natürliche Erkenntnis entwertenden, abstrakte begriffliche Strukturen hypostasierenden Philosophie (handelt)«[627], die als komplementäre Elemente einer negativen Entwicklungslogik eine sukzessive Verengung des Wirklichkeitsverständnisses bewirken, so daß die Untersuchung des gesamtgesellschaftlichen Verlaufs systematisch paralysiert wird[628].

Die Dissoziation von begründender Theorie und empirischer Forschung war für Horkheimer allerdings kein notwendiger Entwicklungstrend, und in diesem Zusammenhang verwies er nachdrücklich auf die Marxsche Analyse, die ihm in doppelter Hinsicht alternativ erschien: Im Gegensatz zur spekulativen Sozialphilosophie verfüge sie über eine grundsätzlich realwissenschaftliche Ausrichtung, aber vom Positivismus sei sie dadurch getrennt, daß »der Theorie im Gegensatz zur bloßen Faktensammlung entscheidende Bedeutung«[629] zuerkannt wird. Mit seiner spezifischen Verknüpfung von theoretischer Konstruktion und empirischer Forschung formuliere Marx eine »Vereinigung von Philosophie und Wissenschaft«[630], die eine »sprunghafte Umgestaltung tragender Kategorien« nach sich zieht und »die Erkenntnis überhaupt auf eine höhere Ebene«[631] hebt. Seine Konzeption überwinde den mechanistischen Materialismus des 18. Jahrhunderts und befreie die dialektische Wirklichkeitskonstruktion von ihren metaphysischen Fundierungen, denn die Geistprinzipien der idealistischen Philosophie werden durch die in der Ökonomie begründeten Realprinzipien der gesellschaftlichen Evolution ersetzt. Eben hierdurch gelinge »die Wendung von der Metaphysik zur wissenschaftlichen Theorie«[632] mit sowohl normativen als auch deskriptiven Ansprüchen, und in dieser doppelten Bestimmung stelle die Kritik der politischen Ökonomie »eine der gegenwärtigen Erkenntnis entsprechende Formulierung der historischen Erfahrung«[633] dar, die als exemplarisches Modell für eine gesellschaftstheoretisch fundierte und empirisch differenzierte Analyse der ›vollen‹ Wirklichkeit des sozialen Lebens gelten kann.

Aber die Marxsche Theorie – und hiermit kam Horkheimer zum zweiten Schritt der Argumentationsentwicklung – ist keineswegs per se ein Freibrief für richtige Analysen: Tritt sie »als universales Konstruktionsmittel an die Stelle konkreter Untersuchungen«, so verwandelt sich die Kritik der politischen Ökonomie selbst wieder »in eine abschließende dogmatische Metaphysik«[634], die ebenso ideologieverdächtig ist wie ihre bürgerlichen Entsprechungen. Seinen Modellcharakter behält der Marxismus nur dann, wenn er historisch reflektiert gehandhabt und gewissermaßen auf sich selbst angewendet wird. Die von Marx erarbeiteten Gesetze der gesellschaftlichen Entwicklung stellen nämlich keine Gesetze im naturwissenschaftlichen Sinne dar, sondern bezeichnen einen übergreifenden Struktur- und Funktionszusammenhang, dessen konkrete Gestalt immer wieder neu zu rekonstruieren ist[635]. Um die Gesellschaft als ein »unvergleichbares, sich fortwährend umstrukturierendes Ganzes«[636] tatsächlich fassen zu können, sind deshalb stets theoretische und empirische Differenzierungen notwendig, die den jeweiligen konkreten gesellschaftlichen Problemlagen Rechnung tragen und die Aufrechterhaltung jener Einheit von Philosophie und Wissenschaft garantieren, die eine rationale und in diesem Sinne ›wirklich empirische‹ Erklärung auszeichnet. Die Forderung nach einer permanenten Differenzierung des Marxismus verweist auf »historisch-politische Erfahrung«[637], auf deren Grundlage Horkheimer offen Stellung gegen jenes traditionalistische Materialismusverständnis bezog, wie es unter Grünberg vorherrschend gewesen war. Angesichts der massiven Niederlagen der Arbeiterbewegung war für die Mitglieder des Frankfurter Kreises die Wirklichkeitsgeltung des Marxismus nämlich keineswegs unbestritten. Zwar ließ sich der gesellschaftliche Zusammenhang in ihren Augen mit den Marxschen Kategorien strukturell beschreiben, aber diese Rekonstruktion ging an der Realität insofern vorbei, als die Handlungswirklichkeit das Bewußtsein der Arbeiter kaum unmittelbar (bzw. ›mechanisch‹) aus den ökonomischen Verhältnissen erklärt werden konnte. Gerade deshalb plädierte Horkheimer von Anfang an für eine Erweiterung der materialistischen Analyse. Um nämlich die Marxschen Thesen über die Entwicklung der kapitalistischen Gesellschaft weiterhin als ›empirisch‹ gültig behaupten zu können, durfte sich die Konstitution und Aneignung nicht allein auf die bekannten ökonomiekritischen Argumentationen beschränken; notwendig erschien vielmehr eine Integration zusätzlicher Perspektiven, die es erlaubten, der veränderten Wirklichkeit, wie sie sich in der wachsenden Ungleichzeitigkeit von Basis und Überbau manifestierte, tatsächlich gerecht zu werden.

Die Diagnose von ›bürgerlicher‹ und ›materialistischer‹ Wissenschaft verwies somit auf unterschiedliche, wenngleich in ihren Konsequenzen ähnliche Problemkonstellationen, die beide den Blick auf die ›volle‹ Wirklichkeit des gesellschaftlichen Zusammenhangs verstellten. Ihre Kritik gab aber zugleich den gemeinsamen Schlüssel zu ihrer Aufhebung zu erkennen, der nach Horkheimer in dem Konzept eines ›interdisziplinären Materialismus‹ lag. Die Überwindung der Empirieschwächen des Marxismus und die Aufbrechung der verengten Rationalität des etablierten Wissenschaftsbetriebs war für ihn genau dann aussichtsreich, wenn die ausdifferenzierten Einzelwissenschaften in einer gesellschaftstheoretischen Orientierung gehandhabt und unter dieser Perspektive bei vorausgesetzter disziplinärer Eigenständigkeit reintegriert wurden. Erst unter dieser Voraussetzung könne die in empirischer Hinsicht entscheidende Frage nach dem »Zusammenhang zwischen dem wirtschaftlichen Leben. . ., der psychischen Entwicklung der Individuen und den Veränderungen der Kulturgebiete«[638] angegangen werden, und Horkheimer forderte deshalb immer wieder, daß sich »Philosophen, Soziologen, Nationalökonomen, Historiker, Psychologen . . . zu dauernder Arbeitsgemeinschaft vereinigen« müßten, um die »aufs Große zielenden philosophischen Fragen anhand der feinsten wissenschaftlichen Methoden zu verfolgen, die Fragen im Verlauf der Arbeit am Gegenstand umzuformen, zu präzisieren, neue Methoden zu ersinnen und doch das Allgemeine nicht aus den Augen zu verlieren«[639].

Interdisziplinärer Materialismus und empirische Forschung

Die hier nur knapp angedeutete Begründung des ›interdisziplinären Materialismus‹ [640] macht deutlich, daß das Empirieproblem von Horkheimer zunächst und vor allem als ein *wissenschaftsorganisatorisches* gefaßt wurde. Von einer empirisch adäquaten Analyse der gesellschaftlichen Wirklichkeit konnte in seinen Augen nämlich nur dann gesprochen werden, wenn begründende Theoriebildung und einzelwissenschaftliche Forschung prozessual so vernetzt bzw. verknüpft wurden, daß sowohl die strukturellen als auch die handlungsbezogenen Momente der gesellschaftlichen Wirklichkeit und damit das Insgesamt des sozialen Erfahrungszusammenhangs sichtbar wurde. Im Gegensatz zur positivistisch-einzelwissenschaftlichen Forschung wurde ›Empirie‹ dementsprechend nicht als Attribut einer auf den Tatsachenblick bezogenen Forschungsmethode reduziert, denn über die disziplinäre Integration sollte mehr erreicht werden als nur die Konstitution und Aneignung einer Welt von subjektunabhängigen Tatsachen. Stattdessen meinte ›Empirie‹ die Rekonstruktion der Wirklichkeit als einer »konkreten Totalität«, die als subjekt- und situationsbezogen insofern unterstellt wurde, als ihre Strukturen durch die Praxis der Handlungssubjekte fortwährend reproduziert und weiterentwickelt werden[641].

Mit dieser an Hegel und Marx anknüpfenden, aber zugleich über sie hinausgehenden Perspektive setzte sich Horkheimer von den Diskussionsfronten der Weimarer Soziologie nachdrücklich ab, obwohl die Konzeptualisierung des Empirieproblems als einer Funktion der disziplinären Integration auf den ersten Blick durchaus Berührungspunkte zu jenen Postulaten aufweist, wie sie u. a. von Tönnies oder Steinmetz entwickelt worden waren. Auch diese hatten die empirische Analyse eher disziplinär als methodologisch diskutiert, aber im Unterschied hierzu blieb beim Frankfurter Kreis das Votum für die ›disziplinäre Lösung‹ keineswegs formal bzw. inhaltsabstrakt. Schon die fachliche Spezialisierung der Institutsmitglieder bildete einen wichtigen Garanten dafür, daß das interdisziplinäre Empiriekonzept nicht nur Programm blieb[642], und darüber hinaus verfügte Horkheimer auch über ein inhaltliches Kriterium zu seiner Umsetzung. Die anvisierte Zusammenarbeit der verschiedenen Disziplinen erschien ihm nämlich nur in dem Maße möglich, wie diese offen waren gegenüber einer historisch sensibilisierten materialistischen Problemperspektive, die als Basis und Begründung der Rekonstruktion fungierte und deren inhaltliche Ausformulierung durch die historisch-politische Erfahrung einer Krise von Wissenschaft und Arbeiterbewegung bestimmt wurde.

Vor diesem Hintergrund stellte sich die gemeinsame Empirieproduktion genauer noch als ein forschungsstrategisch koordinierter Dreischritt mit den Elementen »Sozialphilosophie«, »Sozialforschung« und »Theorie des historischen Verlaufs« dar, in dessen Durchgang das hergestellt werden sollte, was man die ›begriffene Empirie‹ als Vermittlung von ›Wissen‹ und ›Wirklichkeit‹ nennen könnte. Hiernach formuliert die *Sozialphilosophie* die »aufs Allgemeine, ›Wesentliche‹ gerichtete theoretische Intention«[643], und zwar in Form von allgemeinen Annahmen über Struktur und Entwicklung des gesellschaftlichen Gesamtzusammenhangs. Derartige

Annahmen, die in der Terminologie Max Webers als ›spekulative Werturteile‹ zu bezeichnen wären, können auch nach Horkheimer zunächst keine wissenschaftliche Objektivität beanspruchen. Im Unterschied zu Weber denunzierte Horkheimer sie jedoch nicht als partikularistisch bzw. subjektivistisch, sondern sprach ihnen einen auf vorwissenschaftlicher Erfahrung beruhenden Anspruch auf Verallgemeinerbarkeit zu, der in dem Maße wissenschaftlich reformuliert werden kann, wie ihre einzelwissenschaftliche Überprüfung gelingt.

Diese Konzeption verweist bereits auf die Bedeutung der *Sozialforschung*, deren Aufgabe darin besteht, die allgemeinen Fragen aufzugreifen, nach Maßgabe der einzelwissenschaftlichen Standards umzuformen und mit dem auf dieser Ebene zur Verfügung stehenden methodischen Instrumentarium umfassend zu bearbeiten[644]. Über die Sozialforschung kommt es somit zu einer Transformation und Absicherung der sozialphilosophischen Verallgemeinerbarkeitsvorstellungen, die unter der Perspektive der einzelwissenschaftlichen Objektivierung eine neue Gestalt gewinnen und mit einer vertieften Begründung versehen werden. Erst aus dem prozessualen Zusammenwirken von Sozialphilosophie und Sozialforschung kann deshalb das entstehen, was Horkheimer die *»Theorie des historischen Verlaufs der gegenwärtigen Epoche«*[645] nannte, nämlich eine das empirische Insgesamt in seinen verschiedenen Dimensionen zusammenfassende Analyse, bei der wissenschaftlicher und philosophischer Objektivitätsanspruch synthetisiert auftreten, sodaß der gesellschaftliche Gesamtprozeß als »konkrete Totalität« sichtbar wird.

Unter erkenntnistheoretischen Perspektiven läßt sich das skizzierte Modell von Sozialphilosophie, Sozialforschung und Theorie des historischen Verlaufs als eine Reformulierung des Marxschen Konzepts von ›Forschung‹ und ›Darstellung‹ begreifen, in dem aufgrund der veränderten Bedingungen der sozialwissenschaftlichen Erkenntnisproduktion vor allem die »Korrektiv- und Spezifizierungsfunktion der ... fachwissenschaftlichen ›Forschung‹ gegenüber der synthetisierenden ›Darstellung‹«[646] hervorgehoben wird. Wie diese Korrektivfunktion im einzelnen ausgefüllt werden sollte, konnte nach Horkheimer allerdings kaum vorab gesagt werden, denn die Realisierung der ›begriffenen Empirie‹ verlief für ihn nicht jenseits der zu analysierenden Gegenstände, sondern durch diese selbst hindurch. Eine abschließende Formalisierung der Regeln der

Empirieproduktion kam somit grundsätzlich nicht in Frage, sondern die Analyse hatte sich stets am Prinzip der Einheit von Methode und Gegenstand zu orientieren.

Die Befolgung dieses Prinzips, das gleichsam den Kontrapunkt zum tatsachenbezogenen Formalismus der konventionellen Sozialforschung bildete, bedeutete jedoch andererseits keinen Verzicht auf eine eigenständige methodologische Reflexion. Zwar ließen sich die Fragen der wissenschaftlichen Abgrenzung, Objektivierung und Verallgemeinerung empirischer Entitäten nach Horkheimer nicht auf der Ebene der Sozialphilosophie behandeln, wohl aber innerhalb der Einzeldisziplinen, und hier waren sie von den einschlägigen Spezialisten auch ausgiebig zu diskutieren, um sie dann im interdisziplinären Diskurs gemeinsam zu lösen, denn allein auf diese Weise konnte die einzelwissenschaftliche ›Forschung‹ die Bausteine zu einer gegenstandsadäquaten ›Darstellung‹ des empirischen Insgesamt liefern.

Auf der Grundlage des interdisziplinär zu realisierenden Prinzips der Einheit von Methode und Gegenstand war es nur konsequent, wenn Horkheimer für ein möglichst breites Spektrum empirischer Strategien votierte und zunächst keinen Unterschied zwischen quantitativen und qualitativen Verfahren machte. So sollten in den anvisierten Analysen zur Differenzierung der materialistischen Theorie die »verschiedensten Enquêteverfahren«[647] ebenso in Betracht gezogen werden wie zahlreiche sekundäranalytische Techniken, die von einer »Auswertung der veröffentlichten Statistiken« bis hin zur »soziologischen und psychologischen Durchforschung von Presse und Belletristik«[648] reichten. Darüber hinaus war an eine systematische »Sammlung und Auswertung nicht buchmäßig vorliegender Dokumente«[649] gedacht, und schließlich wurde auch die Durchführung eigener Erhebungen angekündigt, die je nach Problemstellung als schriftliche Befragung oder als Sachverständigengutachten organisiert werden sollten und innerhalb des Gesamtprojekts der Kritischen Theorie die Aufgabe hatten, »der Untersuchung Anregungen (zu) geben und sie in stetigem Zusammenhang mit dem wirklichen Leben zu halten.«[650]

Zwar blieb bei dieser Aufzählung möglicher Verfahren unklar, welche gegenstandskonstitutive Bedeutung ihnen jeweils zukam bzw. zukommen sollte, und Horkheimer hatte auch offensichtlich zu wenig methodologische Interessen und Kenntnisse, um dieser Frage genauer nachzugehen. Er war sich aber andererseits der strukturellen Selektivität der einzelwissenschaftlich ausdifferenzierten Forschung gegenüber dem ›wirklichen Leben‹ sehr wohl bewußt und plädierte nachdrücklich dafür, sich niemals nur mit einer Methode zufriedenzugeben, sei sie auch noch so ausgefeilt. Um die wirklichkeitsverkürzenden Folgen der einzelwissenschaftlichen Instrumentarien zu überwinden, sollten vielmehr verschiedene Verfahren herangezogen werden, die es in ihrer unterschiedlichen Selektivität zu dechiffrieren und gegeneinander abzuwägen galt, um sie dann, ähnlich wie in der heutigen Technik der sog. ›triangulativen Analyse‹[651], in ein welchselseitiges Ergänzungs- bzw. Korrekturverhältnis zu setzen. Unter dieser Perspektive erschien die methodologische Offenheit und Breite schon fast als ein Qualitätsausweis der totalitätsbezogenen Forschung, und in seinen zusammenfassenden Bemerkungen verwahrte sich Horkheimer auch gegen jeglichen Methodenmonismus. Jede einzelne Technik, so seine These, sei für sich genommen »ganz unzureichend«[652] und müsse zu Verzerrungen führen; erst »sie alle zusammen können in Jahren geduldiger und ausgedehnter Forschungen vielleicht für die allgemeine Fragestellung fruchtbar werden, wenn ... es gelingt, die einheitliche Intention gleichzeitig vor dogmatischer Erstarrung und vor dem Versinken ins bloß Empirisch-Technische zu bewahren«[653].

Im Vergleich zu den zuvor skizzierten Modellen sozialwissenschaftlicher Empirieproduktion markiert diese Konzeption ohne Frage einen eigenständigen Ansatz, der als solcher der monographischen Traditionslinie näher steht als dem Konzept der Tatsachenempirie – sollte es doch über die Reintegration von Philosophie und Wissenschaft innerhalb des interdisziplinären Diskurses gelingen, ein ›volles‹ Bild der sozialen Wirklichkeit zu rekonstruieren, in das auch jene nicht-instrumentellen Erfahrungen des gesellschaftlichen Gesamtzusammenhangs eingehen, die in der alltagsweltlichen Praxis als ›empirisch‹ erlebt werden, ohne sich in die Sprache der instrumentell-tatsachenbezogenen Einzelwissenschaften übersetzen zu lassen. Dennoch wäre es mehr als verzerrend, wüde man das Empirieverständnis des Frankfurter Kreises in die unmittelbare Nachfolge von Schmoller und der historischen Schule stellen: Was Horkheimer entwickelt, ist vielmehr ein *gesellschaftstheoretisch begründetes und wissenschaftsorganisatorisch gewendetes Monographiekonzept*, das mit den Ansätzen im 19. Jahrhundert im Festhalten am Totalitätsanspruch, in der Abmilderung der

Grenze zwischen wissenschaftlicher und vorwissenschaftlicher Erfahrung sowie nicht zuletzt im Verzicht auf formalisierte Analyseregeln übereinstimmt, aber die hiermit verknüpften Prinzipien der Subjekt- und Situationsorientierung völlig anders interpretiert. Während nämlich Schmoller in seiner Argumentation gegen die »falschen Abstraktionen« der ›normal science‹ die individuelle Handlungswirklichkeit und die Vielfalt des sozialen Lebens gegen die Erfahrung übergreifender gesellschaftlicher Strukturen ausspielt, kritisiert Horkheimer die Defizienzen der fachwissenschaftlichen Zersplitterung genau umgekehrt aus der Perspektive eines Begriffs des gesellschaftlichen Gesamtzusammenhangs, der eine subjektive und objektive Momente umgreifende Struktur zu beschreiben beansprucht, die mehr impliziert als die bürgerliche ›Normalwirklichkeit‹.

Eben hieraus ergab sich eine von Schmoller und seinen Nachfolgern unterschiedene ›Alternativität‹ der Empirieproduktion. So lehnte Horkheimer die »induktiven Schlüsse« als »voreilig« ab[654], denn dieses Verfahren erschien ihm letztlich als ›einfache Negation‹ des Deduktionismus, die es im Rahmen des ›interdisziplinären Materialismus‹ in einer wissenschaftsorganisatorisch kontrollierten Form zu überwinden galt. Mit demselben Argument wandte er sich auch gegen eine Überbetonung der Einzelfallorientierung – sollten doch die jeweiligen Einzelfälle auf die sie bestimmenden gesellschaftlichen Strukturprinzipien bezogen und umgekehrt die Transformation dieser Prinzipien innerhalb der konkreten Erscheinungen untersucht werden. Dieses Votum schloß jedoch die ›experimentelle Orientierung‹ ebenso wenig aus wie den Bezug auf die individuellen Handlungswirklichkeiten und Selbstwahrnehmungen der Subjekte, denn sofern »die gesellschaftlichen Vorgänge keineswegs Produkte der menschlichen Freiheit, sondern natürliche Resultanten des blinden Wirkens antagonistischer Kräfte sind«, steht »der Soziologie (ihnen) . . . gegenüber wie einem wesentlich fremden Geschehen«[655], das nur über ein experimentelles Einlassen in die jeweilige Problemsituation mit höchst unterschiedlichen und z. T. auch gegensätzlichen Verfahren erforscht werden kann.

Arbeiter und Angestellte am Vorabend des Faschismus

Als erstes Beispiel zur Realisierung des empirischen Anspruchs wies Horkheimer in seiner Antrittsrede auf die bereits seit 1929 laufende Enquête über die »qualifizierten Arbeiter und Angestellten in Deutschland«[656] hin. Dieser Bezug macht deutlich, daß die empirische Praxis der frühen Kritischen Theorie kaum aus ihrem Programm abgeleitet werden kann, sondern eher ein umgekehrtes Beeinflussungsverhältnis anzunehmen ist[657]. Zwar läßt sich die Entstehungsgeschichte der Arbeiter- und Angestellten-Enquête nicht mehr restlos aufklären[658], aber die Idee zu ihrer Durchführung entstand offenbar außerhalb des Instituts, denn initiiert wurde sie von Erich Fromm, der aus der Szene der marxistischen Psychoanalytiker kam[659], aber nach eigenem Bekunden stets ein »wissenschaftlicher Einzelgänger«[660] blieb. Dennoch war Fromm für den Frankfurter Kreis kein Unbekannter, und sein Konzept einer »analytischen Sozialpsychologie«[661] war für die Abgrenzung von der Grünberg-Großmann-Generation auch von entscheidender Bedeutung – bot es doch mit seinen Thesen zum Zusammenhang von ökonomischer, seelischer und kultureller Entwicklung einen Ansatz zur Erklärung des Problems der Ungleichzeitigkeit von Basis und Überbau, das für die jüngeren Institutsmitglieder im Zentrum des Interesses stand und im Rahmen des interdisziplinären Materialismus mit neuen theoretischen und empirischen Mitteln bearbeitet werden sollte.

Durch die Gründung des Frankfurter Psychoanalytischen Instituts[662] intensivierten sich die Kontakte zu Fromm, zumal dieser als Lehrbeauftragter an der neuen Einrichtung seinen Arbeitsschwerpunkt allmählich nach Frankfurt verlegte[663]. Anläßlich der Eröffnung des Instituts hielt er im Februar 1929 einen der vier Einleitungsvorträge, in dem er die konzeptuellen und forschungspraktischen Möglichkeiten der »analytischen Sozialpsychologie« erstmals programmatisch zu umreißen versuchte. Mit der Psychoanalyse, so seine These, sei ein wissenschaftliches Instrument geschaffen worden, das »eine umfassende Kenntnis des seelischen Apparates des Menschen«[664] ebenso ermögliche wie eine Unterscheidung verschiedener Charaktertypen; was vor dem Hintergrund dieses Paradigmas erforscht werden müsse, sei die Frage, »in welcher Weise der seelische Apparat verursachend oder bestimmend auf die gesellschaftliche Entwicklung oder Gestaltung der Gesellschaft gewirkt hat«[665]. Hierbei spiele vor allem das Problem der Ideologiebildung eine wichtige Rolle, das nach Fromm in hohem Maße psychologisch bzw. sozialpsychologisch bestimmt war. Letztlich könnten Ideologien nämlich nur dann erklärt werden, wenn man die Wahrnehmung und Interpretation der gesellschaftlichen Wirklichkeit als Resultat eines psychischen Verarbeitungsprozesses begreife, der über die Elemente der Sublimation und Verdrängung zur Herausbildung von Deutungsmustern führt, die gegenüber der ökonomischen Basis gleichsam verschoben sind, wobei die Art der Verschiebung innerhalb der einzelnen sozialen Gruppen und Klassen in Abhängigkeit von der familialen Situation sowie der ökonomischen und sozialen Lage divergiere. Die Anwendung der Psychoanalyse auf die Soziologie, so Fromms Schlußfolgerung, bedeute die Analyse genau dieses komplexen Zusammenhangs, der empirisch detailliert rekonstruiert werden müsse, um die Verschiebungen bzw. Brechungen zwischen Basis und Überbau zu dechiffrieren und die subjektive Wirklichkeitswahrnehmung der Handelnden mit ihrer objektiven Lage in Beziehung setzen.

Aus diesem Konzept, das weitergehend in den Rahmen der damaligen Diskussion um »Marxismus und Psychoanalyse« eingebettet wurde[666], ergab sich in forschungspraktischer Hinsicht ein ebenso wichtiges wie von der ›normal science‹ unterschiedenes Analyseprinzip. Die anvisierte Interpretation der subjektiven Wirklichkeitswahrnehmung als Funktion der psychischen Verarbeitung ökonomischer und sozialer Beziehungen war nach Fromm nämlich letztlich nur über die unmittelbare Interaktion im Rahmen psychoanalytischer Tiefeninterviews möglich. Hiermit sprach er sich indirekt für eine monographisch orientierte Form der Empirieproduktion aus, bei der die ›volle‹, d. h. subjektive und objektive Momente umgreifende Wirklichkeit aus »unendlich feinen Spuren« erschlossen werden sollte[667], die ihrerseits gesellschaftstheoretisch zu interpretieren waren. Allerdings ließ sich diese, für die Weimarer Soziologie völlig untypische Orientierung nur schwer in eine konkrete Strategie der Konstitution und Aneignung übersetzen, zumal Fromm zugleich auf das in der etablierten sozialwissenschaftlichen bzw. -politischen Forschung vorherrschende Konzept der statistisch validen Repräsentativitätserhebung mit merkmals- bzw. tatsachenorientierten Verallgemeinerungen fixiert war. Der Vorschlag, aus der Perspektive der analytischen Sozialpsychologie eine Arbeiter- und Angestellten-Erhebung durchzuführen, blieb deshalb zunächst abstrakt, und stellt man die eher bescheidenen Kenntnisse Fromms auf dem Gebiet der empirischen Sozialforschung in Rechnung[668], so kann man durchaus bezweifeln, ob die Enquête überhaupt zustande gekommen wäre, wenn nicht der

Frankfurter Kreis den Kontakt zu Hilde Weiß hergestellt hätte, die sich mit der Aufarbeitung der Enquêten aus der Tradition des Vereins für Socialpolitik beschäftigt hatte[669] und zur Vermittlung von monographischen und tatsachenbezogenen Ansprüchen wesentlich beitragen konnte.

Durch Hilde Weiß kam Fromm auch erstmals mit der Untersuchung von Adolf Levenstein (1912) in Berührung, deren Einflüsse an vielen Stellen der Arbeiter- und Angestellten-Studie zu spüren sind. Wie bereits angedeutet, war Levenstein der einzige Autor in der Tradition des Vereins für Socialpolitik gewesen, der sich auf die Analyse der subjektiven Wirklichkeitswahrnehmungen der Arbeiter konzentriert und ihre Einstellungen ausdrücklich »sozialpsychologisch« erklärt hatte[670]. Zwar blieben seine Interpretation ebenso unvollständig wie unergiebig, aber die Unterscheidung der »psychologischen Typen«, die Differenzierung von Einstellungsbereichen sowie die Analyse der Antworten in Abhängigkeit von politischen und ökonomischen Orientierungen entsprach durchaus den von Fromm entwickelten Vorstellungen. Darüber hinaus bot seine Arbeit als schriftliche Massenbefragung mit dominant quantitativer Auswertung und statistischem Repräsentativitätsanspruch zahlreiche Anregungen zur Abdeckung der tatsachenbezogenen Analyseanforderungen, und es war deshalb kein Zufall, daß man sich stark an diesem Vorbild orientierte[671].

Aber gegenüber Levenstein bestand andererseits ein ungleich höherer theoretischer und empirischer Anspruch – wollte man doch ein subjektive und objektive Momente umgreifendes Bild über »Meinungen, Lebensformen und Einstellungen von Arbeitern und Angestellten«[672] gewinnen. Hierbei interessierten Lebensstandard und Einkommensverhältnisse ebenso wie die politischen, weltanschaulichen und kulturellen Ansichten, die es in Abhängigkeit von den jeweiligen Charaktertypen zu beschreiben und unter der Perspektive des damit verknüpften Handlungspotentials der Arbeiterschaft zu beurteilen galt.

Gerade das zuletzt genannte Ziel erforderte zusätzliche bzw. eigenständige methodologische Überlegungen, und vor dem Hintergrund der psychoanalytisch orientierten Vorstellungen zur Konstitution und Aneignung sozialer Wirklichkeit war auch das von Levenstein favorisierte Verfahren der schriftlichen Befragung keineswegs unbestritten. Wie das Methodenkapitel der Arbeiter- und Angestellten-Enquête und die es ergänzenden Einzelanalysen[673] zeigen, bewegten sich die Diskussionen über das Für und Wider der Schriftlichkeit auf einem für die damalige Zeit erstaunlich hohen Niveau, wobei zum Teil bereits Argumente entwickelt wurden, die Parallelen zur heutigen Kritik der Einstellungsforschung aufweisen[674]. In forschungspraktischer Hinsicht mußten diese Überlegungen allerdings wieder beschnitten werden, denn da das Votum für eine Konzeptualisierung der Enquête als Repräsentativ- bzw. Massenerhebung nie in Frage stand, ließ sich die Strategie der psychoanalytischen Tiefeninterviews weder finanziell noch personell in reiner Form realisieren, so daß so gesehen die Entscheidung für eine schriftliche Befragung ohne direkte Interaktion letztlich vorprogrammiert war.

Um jedoch die durch dieses Verfahren bedingte Distanzierung von der unmittelbaren Wirklichkeit der Handlungssubjekte herabzusetzen und ihre jeweilige Individualität zumindest ansatzweise in den Griff zu bekommen, sprach man sich für einen grundsätzlich ›offenen‹ Fragebogen aus, bei dem möglichst wenig mit standardisierten Antwortvorgaben gearbeitet werden sollte[675]. Diese Technik hatte zum einen den Vorteil, daß die Problemdefinitionen der Befragten ›aktiv‹ in den Rekonstruktionsprozeß einbezogen werden konnten, so daß die Analyse die Gestalt einer ›indirekten‹ Interaktion annahm, in deren Verlauf die Wirklichkeitsvorstellungen des Forschers durch die Darstellungen der Probanden unter Umständen differenziert bzw. korrigiert werden konnten. Mindestens ebenso wichtig erschien aber auch die gleichzeitige Steigerung der Informationsbreite bzw. -tiefe. Mit der offenen Fragestellung sollten in diesem Zusammenhang umfassendere Stellungnahmen provoziert werden, und über projektiv formulierte Items hoffte man darüber hinaus, jene potentiellen bzw. verdeckten Wirklichkeiten aufzudecken, die hinter der objektiv-tatsachenbezogenen ›Oberfläche‹ der Arbeiterexistenz lagen. Für die Konstruktion des Fragebogens ergab sich somit folgende Faustregel: Während die objektiv-tatsachenbezogene ›Oberfläche‹ mit ihren quantitativ eindeutig abgrenzbaren Merkmalen wie Arbeitszeit oder Einkommen mit ›geschlossenen‹ Fragen vom Ja-/Nein-Typus oder in multiple-choice-Form zureichend erfaßt werden konnte, erforderten die sog. Meinungs- bzw. Einstellungsfragen stets ›offene‹ Formulierungen, durch die die Assoziationsfähigkeit der Probanden nicht eingeschränkt und alle individuellen Antwortnuancierungen zugelassen wurden.

Der bewußte Einsatz derartiger nichtstandardisierter Fragen machte allerdings ein relativ kompliziertes Auswertungsverfahren notwendig, das in mehreren Stufen verlaufen mußte. Hierbei waren die individuell divergierenden Äußerungen zunächst vergleichend zu parallelisieren bzw. zu klassifizieren, da ansonsten eine weiterführende quantitative Auswertung unmöglich gewesen wäre. So wurden beispielsweise auf die Frage nach den »größten Persönlichkeiten« in der Geschichte 160 verschiedene Namen genannt, die man einerseits als Resultat einer psychologisch höchst bedeutsamen individuellen Entscheidung ansah, die aber zugleich auf übergreifende Kategorien zu beziehen und zusammenfassend zu ordnen waren. In diesem Zusammenhang unterschied Fromm, ähnlich wie später Lazarsfeld (1937), allgemein zwei Klassifikationsarten, nämlich eine »deskriptive« und eine »interpretative«[676]. Als »deskriptiv« galten jene Klassifikationen, bei denen die Antworten zugleich als systematische Kategorien benutzt werden konnten, während im Falle der interpretativen Klassifikationen die jeweiligen Äußerungen auf ein darüber hinausgehendes, theoretisch reflektiertes Kategorienraster bezogen wurden. Diese Unterscheidung war zwar genau genommen nur eine graduelle, aber mit ihrer Hilfe ließ sich eine erste Selektion der für die Auswertung besonders wichtigen Fragen vornehmen, denn für die Ziele der Untersuchung waren letztlich nur jene Fragen von Interesse, die interpretativ klassifiziert werden mußten und somit die meisten Rückschlüsse auf das individuelle Antwortverhalten zuließen.

Als theoretisch reflektiertes Kategorienraster trugen die interpretativen Klassifikationen für Fromm eindeutig psychoanalytische Züge – bestand doch ihre Aufgabe darin, »die ursprünglichen Antworten in die Sprache der zugrundeliegenden Persönlichkeitszüge zu übersetzen«[677]. Genauer bedeutete dies, daß die zu kategorisierenden Äußerungen »in derselben Weise analysiert (werden sollten), wie ein Psychoanalytiker den Assoziationen seines Patienten zuhört«[678]. Hierbei spielten vor allem »die individuellen Ausdrucksnuancen eine wesentliche Rolle, die bei einer Aufschlüsselung nach den manifesten Inhalten unbeachtet bleiben«[679]. Anhand der Auswahl und Einbettung bestimmter Wörter bzw. Wortkombinationen, so die psychonalytische Annahme, war es nämlich möglich, die latenten Gehalte der manifesten Aussagen zu dechiffrieren und das Verhältnis zwischen bewußter und unbewußter Realität aufzudecken. Eben diese Strategie galt es bei den interpretativen Klassifikationen auszunutzen, denn nur wenn die subjektiv bewußten Inhalte nach Maßgabe der sie begründenden unbewußten Tiefenstrukturen interpretiert und geordnet wurden, konnte es gelingen, jene tiefergehende Wirklichkeit in den Vordergrund zu rücken, die hinter den individuellen Darstellungen stand und sie bedingte.

Dieses Konzept, daß eher eine komplette Auswertungsstrategie als eine Klassifikationsanleitung markiert, blieb freilich bereits in seiner Formulierung ebenso vage wie uneinheitlich[680] und wurde in der konkreten Praxis auch indirekt unterlaufen bzw. abgeändert. Die für die einzelnen Antworten erarbeiteten Klassifikationen waren kaum psychoanalytisch orientiert, sondern speisten sich in der Regel aus einem relativ simplen ›Rechts-Links-Schema‹, dessen theoretisch überhöhte Bezugspunkte durch die »konservative«, die »liberale« und die »sozialistische« Theorie bestimmt waren. Fand sich z. B. auf die Frage »Was denken Sie über Rationalisierungsmaßnahmen?« der Satz »Rationalisierung ermüdet den Arbeiter und macht ihn arbeitsunwillig«, so wurde diese Antwort aufgrund des Ausdrucks »arbeitsunwillig« unter die Kategorie »Unternehmerstandpunkt« subsummiert und zugleich einer potentiell »konservativen« Haltung zugeordnet[681]. Ähnlich verlief auch die Klassifikation der ›kulturellen‹ Einstellungsfragen, bei der mit Kategorien »individuell« oder »konventionell« gearbeitet wurde[682]. Gab ein Proband an, daß er gerne »klassische Literatur, aber keine Romane und ähnlichen Schund lese«, so wurde dies als ›bildungsbürgerlich konventionell‹ bzw. konservativ eingestuft; interessierte er sich hingegen für »Buddenbrooks, King Cole« oder für »Büchner, Danton, Masareel«, also für ›moderne‹ realistische Autoren, so galt die Antwort als »individuell« und potentiell progressiv.

Dieses Bewertungsmuster, das in den fünf verschiedenen Einstellungsbereichen (Politik, Weltanschauung, Kultur, Familie sowie soziale und persönliche Einstellungen) nur unwesentlich variierte, erfuhr allerdings insofern eine psychologische ›Verlängerung‹, als das Schema ›Rechts-Links‹ bzw. ›konventionell-individuell‹ weiterführend mit drei psychoanalytisch begründeten ›Charaktertypen‹ in Beziehung gesetzt wurde, nämlich mit dem »autoritären«, dem »ambivalenten« und dem »genitalen« Charakter[683]. Ganz im Stil der damaligen Debatte um Marxismus und Psychoanalyse gingen Fromm und seine Mitarbeiter von der Unterstellung aus, daß der autoritäre Charakter zum Konservatismus, der ambivalente zum Liberalismus und der genital orientierte Charakter zum Sozialismus neigen würden[684]. Die sozialistisch-revolutionären Einstellungen galten in diesem Zusammenhang als grundsätzlich positiv, die konservativ-autoritären hingegen als negativ, und da diese Einschätzung bei allen Klassifikationen gleichermaßen Anwendung fand, ergab sich letztlich ein hypothetisches Modell von Einstellungsstrukturen, an derem einen Ende die konsistent »antiautoritären« Linken, am anderen hingegen die durchgängig »autoritären« Rechten standen, die jeweils mit absolut konträren Wirklichkeitsvorstellungen arbeiteten.

Mit seiner wertmäßigen Polarisierung auf allen Ebenen repräsentierte das skizzierte Modell zweifellos ein Zerrbild der gesellschaftlichen Wirklichkeit, das in seinen verschiedenen Bewertungen letztlich nur die Eigenideologie der Weimarer Linken widerspiegelte[685]. Aber gerade die Absolutsetzung dieser selektiven Wirklichkeitswahrnehmungen erwies sich für die empirische Rekonstruktion paradoxerweise als höchst fruchtbar, denn methodologisch gesehen wurde hiermit der Weg zu einer Falsifikationsanalyse eröffnet, die zu ebenso überraschenden wie bemerkenswerten Ergebnissen führte. Die sukzessive Falsifikation des Modells äußerte sich erstmals in jenen korrelationsstatistischen Analysen, die auf einen systematischen Vergleich der klassifizierten Einstellungen mit der jeweiligen politischen Orientierung und dem beruflichen Status (Arbeiter/Angestellte) zielten.[686] Diese Konfrontation ließ eine zu Beginn der Untersuchung erwartete Divergenz zwischen dem hypothetischen Rechts-Links-Schema und den tatsächlichen Verhältnissen zutage treten, die nicht nur den Realitätsgehalt des Konstrukts in Frage stellte, sondern auch das Selbstbild der Weimarer Linken als realitätsfern decouvrierte. Obwohl die Population der Untersuchung im wesentlichen aus Arbeitern mit überwiegend linken politischen Orientierungen bestand, war der Prozentsatz »revolutionärer« Antworten nämlich äußerst niedrig und nahm interessanterweise genau in dem Maße ab, wie der »politische« Gehalt einer Frage nicht mehr unmittelbar erkennbar war. So äußerten sich bei der Frage nach der idealen Regierungsform die meisten Arbeiter erwartungsgemäß »links«, während bei der Frage nach den bedeutendsten Persönlichkeiten in der Geschichte schon niedrigere Werte zu verzeichnen waren, und bei den Stellungnahmen zum Problem der Prügelstrafe gab es schließlich bedeutend mehr autoritäre als antiautoritäre Antworten.

Die Mehrheit der Befragten bekannte sich somit zwar zu den (in der Regel linken) Parolen ihrer Bezugsparteien, aber bei subtileren, scheinbar unpolitischen Fragen sank die Radikalität der Stellungnahmen beträchtlich. Vor dem Hintergrund dieses Befundes, der die modellmäßig unterstellte Einheitlichkeit vor allem der sozialistisch-antiautoritären Haltung vehement in Frage stellte, versuchten Fromm und seine Mitarbeiter die Konsistenz bzw. Inkonsistenz der Einstellungsstrukturen genauer herauszuarbeiten[687]. Hierzu wurden drei Einstellungskomplexe ausgewählt, die es in ihrem systematischen Zusammenhang zu untersuchen galt: Zum einen die »politische« Einstellung, zum anderen die Haltung gegenüber der »Autorität« sowie schließlich die Einstellung zu den »Mitmenschen«. Für jeden dieser Komplexe wurden zwei bis drei Fragen als Indikatoren herausgegriffen, wobei man zunächst deren interne Konsistenz und daran anschließend ihr Verhältnis zueinander überprüfte. Diese Konsistenzprüfungen, die wiederum durch Korrelation mit den politischen und beruflichen Orientierungen erfolgten, ließen die sich zuvor bereits andeutenden Ergebnisse noch schärfer hervortreten. Während nämlich die »politischen« Einstellungen relativ geringe Widersprüche aufwiesen und mit der Parteizugehörigkeit der Befragten weitgehend übereinstimmten, bot sich bei den beiden anderen Komplexen ein anderes Bild. Ganz abgesehen davon, daß bei den Haltungen gegenüber der »Autorität« und den »Mitmenschen« hohe Inkonsistenzen zu beobachten waren, erwiesen sich die Mitglieder und Sympathisanten von SPD und KPD als oft ebenso autoritätsfixiert wie Bürgerliche oder Nationalsozialisten, und bezogen auf alle drei Syndrome konnten schließlich nur 15% der Linken als eindeutig »radikal« bzw. »revolutionär« bezeichnet werden, wohingegen 25% tendenziell oder völlig »autoritär« bzw. »reaktionär« waren – ein Befund, der nicht nur den geringen Widerstand gegen die nationalsozialistische Machtergreifung erklärte, sondern auch den latenten Autoritarismus der Arbeiter und Angestellten vor 1933 nachdrücklich zu Bewußtsein brachte.

Die Studien über Autorität und Familie

Als Horkheimer im Jahre 1931 die Ausdehnung der Arbeiter- und Angestellten-Enquête »auf die entsprechenden Schichten in anderen hochentwickelten europäischen Ländern«[688] ankündigte, ließen sich die skizzierten Ergebnisse allerdings noch keineswegs absehen, und vor 1933 dürfte das Problem einer möglichen Faschisierung der Arbeiter auch kaum im Mittelpunkt des Analyseinteresses gestanden haben[689]. Zwar sah man sehr wohl die Gefahren des heraufziehenden Nationalsozialismus – nicht zuletzt die rechtzeitige Transferierung des Institutskapitals macht deutlich, daß man schon früh auf alles gefaßt war[690] –, aber ähnlich wie bei den meisten anderen Linken erschien der Faschismus als eine Bewegung außerhalb des Proletariats. Dennoch schwamm der Frankfurter Kreis in mancher Hinsicht gegen den Strom, denn die offenkundigen Niederlagen der Arbeiterbewegung wurden nicht einfach als ein Problem der fehlenden Stärke im Klassenkampf wahrgenommen, sondern weckten zugleich Zweifel an der Brauchbarkeit der gängigen Thesen zum Verhältnis von ökonomischer Lage und Klassenbewußtsein. Diese Zweifel waren bereits für die Aufnahme der Arbeiter- und Angestellten-Enquête prägend gewesen, und aus ihnen ergaben sich auch die entscheidenden Motivationen für die anvisierte Ausweitung der Erhebungstätigkeit, die nach Horkheimer auf folgende Problemstellung bezogen sein sollte:

»Welche Zusammenhänge lassen sich bei einer bestimmten gesellschaftlichen Gruppe, in einer bestimmten Zeitspanne, in bestimmten Ländern, nachweisen zwischen der Rolle dieser Gruppe im Wirtschaftsprozeß, der Veränderung in der psychischen Struktur ihrer einzelnen Mitglieder und den auf sie als Gesamtheit im Ganzen der Gesellschaft wirkenden und von ihr hervorgebrachten Gedanken und Einrichtungen?«[691]

Mit dieser Frage war der empirischen Arbeit eine Leitlinie vorgegeben, die den materiellen Kern des interdisziplinären Materialismus ebenso zusammenfaßte wie die inhaltliche Abgrenzung vom traditionellen Marxismus. Was geklärt werden sollte, war der Zusammenhang von ›Ökonomie‹, ›Psyche‹ und ›Kultur‹, wobei der Frankfurter Kreis davon ausging, daß die psychischen und kulturellen Dispositionen nicht länger als unmittelbarer Ausdruck der ökonomischen Basis begriffen werden könnten; sie seien zwar bedingte, aber zugleich auch eigenständige und in diesem Sinne bedingende Strukturen, die als solche eine conditio sine qua non für die Perpetuierung des gesellschaftlichen Zusammenhangs darstellen. Oder in einer Formulierung von Fromm: Psyche und Kultur bilden »den Kitt . . ., ohne den die Gesellschaft nicht zusammenhielte«[692]. Im entwickelten Kapitalismus komme diesem »Kitt« zugleich vermehrte Bedeutung zu, denn angesichts der wachsenden Widersprüchlichkeit von Produktivkräften und Produktionsverhältnissen würden »weder der äußere Machtapparat noch die rationalen Interessen . . . ausreichen, um das Funktionieren der Gesellschaft zu garantieren, wenn nicht die libidinösen Strebungen der Menschen (und die ihnen entsprechenden kulturellen Einstellungen) hinzu kämen«[693].

Diese Argumentation verweist bereits auf die »Studien zu Autorität und Familie«, obwohl deren Thema 1931 weder inhaltlich noch methodologisch ausformuliert war. Von autoritär-herrschaftsstabilisierenden Dispositionen war nämlich noch nirgends die Rede, und zunächst ging es innerhalb des interdisziplinären Diskurses auch hauptsächlich um eine Präzisierung der allgemeinen Vorstellungen zum Verhältnis von ökonomischen, psychischen und kulturellen Strukturen. Dies läßt sich nicht nur an der seit 1932 erscheinenden »Zeitschrift für Sozialforschung« studieren[694], sondern auch an der ersten Erhebung nach der Arbeiter- und Angestellten-Enquête, die die Entwicklung der Sexualmoral in Deutschland zum Thema hatte. In Horkheimers Antrittsrede war diese 1932 begonnene Untersuchung mit keinem Wort erwähnt worden, und es läßt sich auch nicht feststellen, wann die Idee zu ihrer Durchführung entwickelt wurde. Vor dem Hintergrund der analytischen Sozialpsychologie war sie jedoch eindeutig auf das Institutsprogramm bezogen, denn sofern »die Einstellung zur Sexualität . . . wichtige Hinweise auf die Struktur der Gesamtpersönlichkeit (gibt)«[695], versprach eine Analyse der Einstellungsänderungen nicht nur Aufschlüsse über die allgemeinen »Wandlungen der Moral«[696]. Sie konnte vielmehr auch dazu beitragen, die Beziehungen zwischen Sexualität, sozialer Lage und Moralvorstellungen allgemein aufzuhellen, wobei man von folgender Hintergrundannahme ausging: »Ein positives Verhältnis (zur Sexualität) findet sich . . . am häufigsten bei Menschen, deren allgemeine Weltanschauung durch die Forderung nach Gleichheit und Selbstverwirklichung ausgezeichnet ist; eine konträre Haltung tritt meist bei Personen auf, deren Leben durch die protestantische Mittelklassemoral, also durch die Prinzipien Pflichterfüllung, Arbeit, Unterordnung bestimmt wird«[697].

Ebenso wie die Arbeiter- und Angestellten-Enquête wurde die Erhebung über die Sexualmoral als eine schriftliche Befragung organisiert, wenngleich mit erheblich geringerem Stichproben- und Fragenumfang[698]. Aufgrund der gesellschaftlichen Tabuisierung des Themas sah man überdies von einer allgemeinen Versendung des Fragebogens ab, da ansonsten die Antwortausfälle zu hoch gewesen wären. Stattdessen wurden 366 Sachverständige angeschrieben, allesamt Fachärzte für Haut- und Geschlechtskrankheiten, die sich anhand von elf offen formulierten Fragen über die Entwicklung von Abstinenz, ehelicher Treue, Frigidität und ›freier Liebe‹ äußern sollten, und zwar möglichst differenziert nach verschiedenen sozialen Schichten bzw. Klassen. Zugleich waren in einem zweiten Abschnitt drei Meinungsfragen zu beantworten, mit deren Hilfe die persönliche Einstellung der Ärzte zu Abstinenz und Onanie geprüft werden sollte, um auf diese Weise eine Unterscheidung von ›konservativen‹ und ›progressiven‹ Beschreibungen des Moralwandels zu ermöglichen[699].

Das skizzierte Design war nicht nur spezialisierter als bei der Arbeiter- und Angestellten-Enquête, sondern lief auch auf methodische Umakzentuierungen hinaus. Durch die Zwischenschaltung der Sachverständigen wurde nämlich der Kontakt zu denjenigen, über deren Einstellung geurteilt werden sollte, systematisch unterbunden, so daß die Strategie der psychoanalytisch orientierten Tieferinterpretation einzelner Fragebögen kaum unmittelbar angewandt werden konnte. Sofern auf dieser Grundlage eine quantitative Auswertung beabsichtigt war, zeichnete sich dementsprechend eine Annäherung an das merkmalsorientierte Analyseverhalten der ›normal science‹ ab, die allerdings in doppelter Hinsicht gebrochen blieb: Zum einen ging es dem Institut nicht um einen exakten Nachweis quantitativ eindeutiger Veränderungen, sondern um die Herausarbeitung möglicher Trends, die es in qualitativen »Gutachten« weiter zu untersuchen galt[700], um dann unter gesellschaftstheoretischen Perspektiven nach ihrer Verallgemeinerbarkeit zu fragen. Zum anderen – und dies ist mindestens ebenso interessant – kam es im Verlauf der Erhebung zu einer unmerklichen Veränderung des Erkenntnis- bzw. Auswertungsinteresses. Gegenüber dem Problem der Veränderung der Sexualmoral trat nämlich zunehmend die Frage nach den Einstellungen der Ärzte in den Vordergrund, und da deren Antworten unstandardisiert waren, bot sich hier erneut eine interpretative Strategie an, die, ähnlich wie bei der Arbeiter- und Angestellten-Enquête, an einem im wesentlichen politisch orientierten Rechts-Links-Schema orientiert war[701].

Die Vermittlung zwischen dieser interpretativen Klassifikation der Antworten und ihrer quantitativen Auswertung kam allerdings nie zustande. Mit der nationalsozialistischen Machtübernahme und der erzwungenen Emigration entstand wenige Monate nach Erhebungsbeginn eine völlig neue Lage, die sich in gravierenden Materialverlusten ebenso niederschlug wie in inhaltlichen Akzentverschiebungen. Ganz abgesehen von der Beschlagnahmung der Institutsbibliothek und ihrer umfangreichen Dokumentationsbestände konnten beispielsweise von der Arbeiter- und Angestellten-Enquête nur etwas mehr als die Hälfte der Unterlagen gerettet werden[702], und von der Erhebung zur Sexualmoral gingen sogar über zwei Drittel verloren[703], so daß ihre weitere quantitative Auswertung kaum sinnvoll erschien. Darüber hinaus ließ der Sieg des Faschismus die These von Psyche und Kultur als herrschaftsstabilisierenden Strukturen schlagartig in einem schärfer konturierten Licht erscheinen und führte fast von selbst zu thematischen Präzisierungen. Zwar beschäftigte man sich noch keineswegs mit einer Analyse des Nationalsozialismus[704], wohl aber mit den Problemen von Autorität und Autoritarismus, wobei vor dem Hintergrund der bisherigen Überlegungen die Arbeit allgemein auf zwei Schwerpunkte konzentriert wurde: »Auf die Autorität als einem wichtigen Faktor der gesellschaftlichen Dynamik und auf die Familie als demjenigen sozialen Ort, wo der Charakter der Menschen im Sinne der Empfänglichkeit für Autorität vor allem gebildet wird.«[705]

Entsprechend dem Horkheimerschen Programm, auf das im Vorwort zur späteren Veröffentlichung explizit Bezug genommen wurde[706], waren beide Schwerpunkte in einer interdisziplinären Perspektive anzugehen, und an den Studien über Autorität und Familie läßt sich auch sehr gut verdeutlichen, was mit dem Votum für eine interdisziplinäre Empirieproduktion konkret gemeint war. Ausgehend von dem Postulat der Methodenvielfalt setzte die Arbeit nämlich auf verschiedenen Ebenen an, die es allmählich aufeinander zu beziehen und verknüpfen galt, um so ein ›volles‹ Bild des Autoritätsproblems zeichnen zu können: (a) Als erster Schritt stand zunächst eine Sichtung der bisherigen soziologischen Arbeiten zum Thema auf dem Programm, aus der sich dann acht Literaturberichte über Autorität und Familie ergaben[707]. (b) Parallel dazu wurden sechzehn Einzelstudien zu ökonomischen, rechtlichen, politischen und historischen Aspekten der Familie in Auftrag gegeben, um auf diese Weise eine Vertiefung und Erweiterung der soziologischen Erkenntnisse zu erreichen[708]. (c) Im Herbst 1933 begann man dann in mehreren europäischen Ländern mit drei aufeinander abgestimmten Enquêten, die darauf zielten, »die charakterologischen Einstellungen der Autorität und Gesellschaft ... (und) die Form der Zerrüttung der familialen Autorität durch die Krise«[709] genauer zu erfassen[710]. (d) Aufbauend auf Literaturberichten, Einzelstudien und den verschiedenen Erhebungen fand schließlich auf der vierten Ebene die Erarbeitung sowohl anleitender als auch zusammenfassender »theoretischer Entwürfe« statt, die in »seminarartigen Besprechungen im Institut«[711] diskutiert bzw. koordiniert wurden und die Ergebnisse der interdisziplinären Arbeit präsentieren sollten[712].

Zwar wurde das Autoritätsproblem als ›begriffene Empirie‹ erst im Gang durch alle vier Ebenen sichtbar, aber in unserem Zusammenhang wollen wir uns auf eine Diskussion der empirischen Arbeiten im engeren Sinne beschränken, also auf die drei Enquêten über Autorität und Familie. Diese zogen sich von 1933–1935 hin, ohne allerdings zu einem definitiven Abschluß gebracht zu werden. Den Auftakt und Kern bildete hierbei ein Doppelprojekt, das aus einer Sachverständigenerhebung und einer schriftlichen Befragung bestand und jene Ausweitung der Erhebungstätigkeit auf andere europäische Länder einleitete, die Horkheimer unter anderen Vorzeichen schon 1931 angekündigt hatte. Beide Untersuchungen, die zunächst über die erste Zweigstelle des Instituts in Genf organisiert wurden, sollten sich grundsätzlich ergänzen und wurden gemeinsam geplant, aber die anvisierte Parallelität der Bearbeitung ließ sich kaum vollständig realisieren. Schon die Durchführung einer Enquête in mehreren Ländern bereitete beträchtliche Schwierigkeiten, und mit zwei gleichzeitigen Erhebungen war das Institut erst recht überfordert, sodaß sich die Projekte fast zwangsläufig auseinander bzw. unabhängig voneinander entwickeln mußten.

Eine koordinierte Erhebungsabwicklung gelang letztlich nur bei der von der Genfer Zweigstelle betreuten Sachverständigenerhebung, die in Österreich, Holland, Frankreich, Belgien und der Schweiz durchgeführt und anschließend von Andries Sternheim[713] und Ernst Schachtel[714] gesichtet bzw. ausgewertet wurde[715]. Von der Anlage ähnelte die Enquête der Erhebung über die Sexualmoral, wobei Stichproben- und Fragenumfang leicht erhöht wurden. Die Zahl der angeschriebenen Experten, die aus den Bereichen Justiz, Verwaltung, Schule und Jugendarbeit kamen, erhöhte sich auf

589, und der Fragebogen bestand diesmal aus insgesamt neunzehn Fragen, die sich mit den Autoritätsverhältnissen und ihrer Veränderung, dem Einfluß der Erziehungsstile auf den Charakter sowie mit dem Zusammenhang zwischen Familienunterhalt und Autorität beschäftigten. In einem Ergänzungsfragebogen, der im Herbst 1934 in 251 Exemplaren zur Aussendung kam, folgten schließlich noch sechs Fragen zum Zusammenhang von Arbeitslosigkeit, Sexualmoral und Familienautorität, die ebenso wie beim ersten Durchlauf mit Angabe regionaler und schichtenspezifischer Differenzierungen beantwortet werden sollten[716].

Kontrollfragen zur Überprüfung der ›konservativen‹ bzw. ›progressiven‹ Einstellung der jeweiligen Sachverständigen gab es in keinem der beiden Bögen, aber dieses Defizit wurde innerhalb der Auswertung durch die Unterscheidung von »Meinungs-« und »Tatsachenfragen« ausgeglichen. Als »Tatsachenfragen« galten dabei ausschließlich jene nach der subjektfrei beobachtbaren Verteilung der Autoritätsrollen in der Familie, während alle anderen Stellungnahmen in die Rubrik der subjektiv-wertbezogenen »Meinungsfragen« fielen[717]. Vor diesem Hintergrund ergaben sich zwei verschiedene Analyseschwerpunkte: Auf der Ebene der ›Tatsachenfragen‹ stand zunächst die jeweilige Verteilung der Autoritätsrollen bei verschiedenen Schichten in Stadt und Land zur Diskussion, wobei man zu zeigen versuchte, daß die »bäuerliche Familie einen extremeren Typ der patriarchalischen Familie darstellt als die der Arbeiter«[718]. Auf der Ebene der ›Meinungsfragen‹ ging es hingegen eher um eine Analyse der subjektiven Wahrnehmungsverzerrungen, die durch eine Korrelation der Antworten mit den beruflichen Orientierungen der Sachverständigen herausgefiltert und anhand einzelner Beispiele illustriert werden sollten. Ihre Interpretation als ›Tatsachen‹ bzw. zutreffende Beschreibungen erschien demgegenüber nur dann möglich, wenn – wie beispielsweise bei der These des allgemeinen Verfalls der Autorität – eine relative Übereinstimmung der Sachverständigen festgestellt werden konnte, sodaß der Schluß berechtigt war, eine über die bloße ›Meinung‹ hinausgehende Tendenz erfaßt zu haben.

Im Vergleich zur Erhebung über die Sexualmoral war diese Auswertungsstrategie zweifellos aufwendiger und differenzierter, aber sie trug zugleich zu einer weiteren Positivierung der Forschung bei. Obwohl nämlich die Antworten der Sachverständigen aufgrund der offenen Fragestellung ausführlich und nuanciert waren, wurde kein Versuch zu einer psychoanalytisch orientierten ›Tiefeninterpretation‹ einzelner Stellungnahmen gemacht. Ebenso fehlte jeder Ansatz zu einer ›interpretativen‹ Auswertung, wie sie für die vorangegangenen Untersuchungen kennzeichnend war. Bei der Korrelation mit den beruflichen Orientierungen beschränkte man sich stattdessen auf allgemein ›deskriptive‹ Klassifikationen mit Kriterien wie ›mehr/weniger‹, ›zustimmend/ablehnend‹ oder ›positiv/negativ‹, und die dazu gehörigen Antwortillustrationen wurden stets kommentarlos abgedruckt, so daß die Auswertung genau genommen nicht viel mehr erbrachte als eine vorläufige Materialsammlung, die weder mit einem quantitativen noch mit einem qualitativ-exemplarischen Verallgemeinerungsanspruch auftrat[719].

Diese Unzulänglichkeiten waren zu einem beträchtlichen Teil den erschwerten Arbeitsbedingungen im Exil geschuldet, und Horkheimer betonte auch mehrfach, daß die Ergebnisse »in mehr als einer Hinsicht unvollständig«[720] seien. Dennoch war es durchaus kein Zufall, daß die schon in der Arbeiter- und Angestellten-Enquête latent gebliebene Idee von der Psychoanalyse als einer empirischen Strategie im Verlauf der Studien zu Autorität und Familie zunehmend verdrängt wurde. Als empirische Strategie verwies sie nämlich auf ein Konzept der ›Spurensicherung‹ mit einzelfallbezogener Verallgemeinerung, das im Gegensatz zu den einzelwissenschaftlich etablierten Methoden mit dem Anspruch auf Rekonstruktion einer ›konkreten Totalität‹ auftritt und den Widerspruch von Positivismus und Metaphysik durch eine alternative Form der Konstitution und Aneignung aufzulösen versucht. Eben diese Perspektive blieb jedoch im Programm des interdisziplinären Materialismus insofern unterbelichtet, als die totalitätsbezogene Empirieproduktion weniger als ein Problem der Veränderung einzelwissenschaftlicher Methoden thematisiert wurde, sondern als solches ihrer richtigen Handhabung bzw. Weiterentwicklung unter gesellschaftstheoretischen Perspektiven.

Die Orientierung an den disziplinär gegebenen Instrumentarien, aber auch deren gesellschaftstheoretisch motivierte Relativierung, wird noch stärker in der »Erhebung bei Jugendlichen über Autorität und Familie« sichtbar, die ebenso wie die Sachverständigen-Enquête im Herbst 1933 begonnen wurde. Insofern die sich daran anschließende dritte Serie von Enquêten, die das Problem von Autorität und Familie bei Arbeitslosen in Frankreich und den USA thematisierte, im Stadium der Planung bzw. Vorerhebung steckenblieb[721], repräsentierte diese in der Schweiz, in Frankreich und in England durchgeführte Untersuchung den am weitesten entwickelten methodologischen Standard, und in der späteren Veröffentlichung räumte man ihr deshalb auch den meisten Platz ein. Allerdings wurde die Erhebung in den genannten drei Ländern bei identischem Fragebogen mit unterschiedlichen Strategien und Einsatz angegangen, sodaß sich letztlich kaum vergleichbare Resultate ergaben. So kam die Londoner Zweigstelle unter Leitung von J. Rumney offensichtlich nicht einmal über die Verteilung des Bogens hinaus[722], und in Frankreich beschränkten sich Jeanne Bouglé und Anne Weil auf eine grobe Sichtung mit nur vorläufiger Interpretation[723]. Allein das Material der Schweizer Enquête, das unter Leitung von Käthe Leichter gesammelt wurde, konnte »einer gründlichen Analyse«[724] unterzogen werden, wenngleich einschränkend hinzugefügt werden muß, daß diese »gründliche Analyse« wahrscheinlich gar nicht zustande gekommen wäre ohne die Mithilfe von Paul F. Lazarsfeld, der den gesamten methodischen Teil und die quantitative Dateninterpretation ausarbeitete.

Lazarsfeld hatte schon in Europa Verbindungen zum Institut gehabt, ohne allerdings in persönlichen Kontakt zum Frankfurter Kreis zu treten: Die von ihm 1927 in Wien gegründete »Sozialpsychologische Forschungsstelle«[725] war damit betraut worden, die Datenerhebung für die Arbeiter- und Angestellten-Enquête in Österreich durchzuführen[726] – ein Auftrag, für den er sich nicht zuletzt durch die zur gleichen Zeit durchgeführte Untersuchung über »Die Arbeitslosen von Marienthal«[727] qualifiziert hatte. 1933 ging Lazarsfeld in die USA und gründete zwei Jahre später an der Universität Newark ein Forschungsinstitut, das auch vom Frankfurter Institut nach seiner Wiederbegründung in New York (1934) finanziell unterstützt wurde[728]. Im Gegenzug lieferte Lazarsfeld zahlreiche Anregungen für die quantitative Datenaufbereitung in den »Studien über Autorität und Familie«, und es ist wohl kaum übertrieben, wenn man sein Institut als den entscheidenden Träger der quantitativen Datenauswertung in den USA bezeichnet[729].

Bei der Bearbeitung des Schweizer Materials konnte sich Lazarsfeld auf sorgfältige Vorarbeiten stützen, bei denen sogar mit unterschiedlichen Formen der Aussendung gearbeitet worden war, um die Möglichkeiten für eine Verbesserung der Rücklaufquote zu testen[730]. Die Grundlage der Untersuchung bildeten 1000 Jugendliche im Alter von 14–24 Jahren aus »mittelständlerischen« und

»proletarischen« Schichten, die einen Fragebogen mit 56 Punkten ausfüllen mußten. Dieser war z. T. unter Bezug auf das Muster der Arbeiter- und Angestellten-Enquête entwickelt worden[731] und umfaßte neben Fragen über die ›objektive‹ Lage der einzelnen Familienmitglieder 13 ›Autoritätsfragen‹, die sich auf drei Dimensionen bezogen, nämlich auf das Ausmaß der Autorität, die Mittel ihrer Durchsetzung und ihre Hinnahme durch die Jugendlichen.

Da die Probanden keine Sachverständigen waren, sondern unmittelbar ›Betroffene‹, wurden ihre Aussagen von Lazarsfeld/Leichter grundsätzlich für bare Münze genommen, sodaß die Unterscheidung von ›Tatsachen-‹ und ›Meinungsfragen‹ entfiel. Die ›Meinungen‹ verwandelten sich somit in ›Tatsachenfeststellungen‹, die als solche ausschließlich mit quantitativen Methoden bearbeitet wurden, wobei man sich vor allem bemühte, die geschlechts-, alters- und schichtenspezifischen Unterschiede der Autoritätserfahrung korrelationsstatistisch zu belegen. Ursprünglich sollte darüber hinaus eine sog. »strukturstatistische« Analyse erstellt werden, bei der, ausgehend von qualitativen »Autoritätstypen«, deren Verteilung im Material in Abhängigkeit von Schichtenspezifischen Merkmalen zu prüfen war, um so eine Vermittlung von quantitativen und qualitativen Argumentationen zu erreichen[732]. Dieser Teil der Analyse mußte jedoch schon aus Zeitgründen entfallen, und ähnlich wie bei der Sachverständigenerhebung verzichtete man auch auf theoretisch verallgemeinernde Aussagen und präsentierte die Ergebnisse als eine vorläufige Auswertung, die es zu ergänzen bzw. zu erweitern gelte.

Entgegen allen Ankündigungen fand diese Erweiterung jedoch nie statt, denn nach der Veröffentlichung der »Studien über Autorität und Familie« wurde das Projekt stillschweigend abgebrochen[733]. Dies hatte zum einen personelle, finanzielle und datenbezogene Gründe,[734] aber darüber hinaus stand man einer weiterführenden Analyse, die allein auf Perfektionierung bzw. zusätzliche Absicherung der bisherigen Ergebnisse zielte, grundsätzlich abwertend gegenüber. So waren für Horkheimer die Umfragen »nicht als Mittel beweiskräftiger Statistik gedacht«, sondern repräsentierten eher eine Art von ›Spekulationskontrolle‹, deren Funktion darin lag, »uns mit den Tatsachen des täglichen Lebens in Verbindung zu halten und ... vor weltfremden Hypothesen zu bewahren«[735]. Angesichts der ursprünglichen Zielsetzungen des Projekts bedeutete dies freilich insofern eine Stilisierung, als das Institut zunächst durchaus eine ›beweisorientierte‹ Überprüfung der Thesen zum Funktionswandel von Autorität und Familie im Auge gehabt hatte. Genau diese Orientierung erklärt auch die zunehmende Anwendung quantitativ-tatsachenbezogener Strategien, die allerdings durch die gleichzeitige Distanzierung von den Ansprüchen einer einzelwissenschaftlich ›perfekten‹ Auswertung von Anfang an gebrochen war.

Zwar grenzte man nach dem Ende der experimentellen Phase der Arbeiter- und Angestellten-Enquête die monographische ›Methode‹, wie sie sich im Konzept der psychoanalytischen ›Spurensicherung‹ niederschlägt, eher aus, hielt aber zugleich an dem Totalitätsanspruch der monographischen Orientierung fest, denn der quantifizierenden Rekonstruktion wurde zu keinem Zeitpunkt eine gegenstandskonstituierende Funktion zuerkannt. Sie blieb vielmehr eingebunden in eine gesellschaftstheoretische bzw. ›sozialphilosopische‹ Orientierung, aus der sich die qualitativen Bezugspunkte der quantitativen Analysen ebenso bestimmten wie die Kriterien zur Beurteilung ihrer Selektivität und Grenzen. Oder als zusammenfassende Leitlinie zum Empiriekonzept des interdisziplinären Materialismus formuliert: Die ›volle‹ Wirklichkeit des sozialen Lebens, also die ›Normalwirklichkeit‹ der tatsachenbezogenen ›Oberfläche‹ der bürgerlichen Gesellschaft, aber auch die darüber hinausweisenden Tendenzen, werden genau in dem Maße sichtbar, wie eine Verknüpfung von qualitativ-monographischen und quantitativ-statistischen Argumentationen als wissenschaftsorganisatorisch kontrollierte, prozessuale Vernetzung von totalitätsorientierter Gesellschaftstheorie und positiv-einzelwissenschaftlicher Forschung gelingt, die weder in positivistischer Kleinarbeit, noch in metaphysischen Spekulationen steckenbleibt.

Vom interdisziplinären Materialismus zur Kritischen Theorie

Trotz ihrer Bruchstückhaftigkeit dokumentieren die »Studien über Autorität und Familie« sehr klar den Versuch einer Einlösung dieser allgemeinen Leitlinie, und sie repräsentieren auch ohne Frage den Höhepunkt der ersten Phase der Institutsarbeit. Mit diesem Höhepunkt war aber zugleich auch schon das Ende des interdisziplinären Materialismus erreicht, der in der zweiten Hälfte der dreißiger Jahre immer mehr zugunsten des Konzept der Kritischen

Theorie im engeren Sinne aufgegeben wurde. Dieses, vor allem von Horkheimer und Adorno geprägte Paradigma verweist auf ein Wissenschafts- und Wirklichkeitsverständnis, das sich von den Überlegungen der Anfangsphase erheblich unterscheidet und auch ein verändertes Modell zur empirischen Forschung beinhaltet. In der ›Kritischen Theorie‹ wird das Empirieproblem nämlich kaum noch als ein wissenschaftsorganisatorisches angegangen, sondern unter epistemologischen Perspektiven thematisiert, und wie die Antisemitismusstudien von 1943/44 oder die »Studien über den autoritären Charakter« (1949/50) zeigen, ergab sich hieraus eine ›revidierte Empirie‹, deren Struktur wesentlich durch monographisch-spurensichernde Strategien bestimmt wurde. Fragt man nach den Gründen für das Abrücken vom interdisziplinären Materialismus, so stößt man auf mehrere Erfahrungsbrüche. Unmittelbar ausschlaggebend war zunächst der Einschnitt von 1933 und der hiermit zusammenhängende offene Zerfall der Arbeiterbewegung, der freilich erst im amerikanischen Exil voll wahrgenommen wurde[736].

Zwar hatten die Institutsmitglieder schon früher Zweifel an der marxistischen Klassen- und Revolutionstheorie gehabt, aber die These vom Proletariat als dem naturwüchsigen Träger der gesellschaftlichen Veränderung war keineswegs für ungültig erklärt worden. Sie bildete im Gegenteil eine ebenso stillschweigende wie zentrale Prämisse des interdisziplinären Materialismus, denn was erklärt werden sollte, waren genau jene Strukturen, die das Proletariat daran hinderten, seine historische Mission erfolgreich wahrzunehmen. Angesichts der realen Expansion der autoritären Herrschaftsformen geriet diese Optik jedoch immer mehr ins Wanken. Der Sieg des Faschismus in Deutschland, die autoritaristischen Tendenzen in anderen europäischen Ländern, die ›Kleinbürgerlichkeit‹ der amerikanischen Arbeiter sowie nicht zuletzt die stalinistische Entwicklung in der UDSSR legten stattdessen die These nahe, daß die »Vorstellung vom revolutionären Potential des Proletariats sich historisch überholt« habe[737]. Eben hieraus ergaben sich völlig neue Diskussionsfronten, die auch eine veränderte Reflexion des *empirischen* Anspruchs der Kritischen Theorie notwendig machten. Wenn nämlich dem Proletariat die Widersprüchlichkeit seiner Existenz in keiner Weise bewußt war, dann konnten seine Erfahrungen nicht mehr, wie zuvor, als Verweis auf die ›volle Wirklichkeit‹ des gesellschaftlichen Verlaufs begriffen werden, und dies bedeutete nichts anderes, als daß die Idee einer über die bürgerliche

›Normalwirklichkeit‹ hinausreichenden Realität neu begründet werden mußte.

Der Verlust des Proletariats als Subjekt und Adressat der Analyse bildet ohne Frage das entscheidende Motiv für den Übergang zum Konzept der Kritischen Theorie im engeren Sinne[738]. Seine konkrete Ausformulierung läßt sich hieraus freilich kaum vollständig erklären, und als zusätzlicher Komplex ist auch ein zweiter Punkt zu berücksichtigen, nämlich die »wissenschaftliche Erfahrung in Amerika«[739], bzw. genauer: die Konfrontation mit einer anderen Wissenschaftskultur. Vor allem unter forschungspraktischen Gesichtspunkten mußte dies zu Verunsicherungen führen, denn im Zuge der »Empirisierungsbewegung der zwanziger Jahre« hatte sich in den USA eine »an das social survey movement anknüpfende empirische Sozialforschung« herausgebildet, die den europäischen Standards weit überlegen war[740]. Exemplarisch sei hier nur auf die Chicago School unter W. I. Thomas und R. E. Park verwiesen, bei der eine »fortschreitende Verfeinerung und Anreicherung des methodischen Inventars zu beobachten ist«[741]. Die in diesem Zusammenhang entstandenen Kontroversen über das Verhältnis von quantitativen und qualitativen Verfahren waren zu Beginn der dreißiger Jahre noch keineswegs abgeschlossen, sodaß sich im Vergleich zu den Diskussionslinien der Weimarer Soziologie ein bedeutend breiteres Spektrum empirisch-einzelwissenschaftlicher Forschungsstrategien bot, das seinen Niederschlag in routinisiert-quantitativen Massenanalysen ebenso fand wie in experimentellen Fallstudien[742].

Zwar nahm der Frankfurter Kreis nur zögernd Notiz von der amerikanischen Sozialwissenschaft – ähnlich wie andere Emigranten war man »sehr darauf bedacht, unsere eigene deutsche Insel auszubauen«[743] – aber in dem Maße wie man daran ging, »den Anschluß an die in den USA geführten intellektuellen Diskussionen zu gewinnen«[744], traten die Unzulänglichkeiten der eigenen Erhebungen immer mehr ins Bewußtsein. Zumindest den Ansprüchen einer quantitativ orientierten Forschung konnten diese keineswegs genügen – war doch die statistische Repräsentativität der untersuchten Gruppen ebenso ungeklärt wie die Zufälligkeit ihrer Auswahl[745]. Mit der Wahrnehmung der Defizite wuchsen allerdings auch die Vorbehalte gegenüber einer sich selbst genügenden empirisch-einzelwissenschaftlichen Orientierung, wie sie für viele der amerikanischen Arbeiten typisch war: Nicht selten wiesen diese eine erfahrungsrestringierende Eigendynamik auf, die unter dem Einfluß der empiristischen Wissenschaftstheorie[746] noch verstärkt wurde. Ganz abgesehen davon, daß als ›empirisch‹ nur das anerkannt wurde, was mit normalwissenschaftlichen Mitteln exakt gemessen werden konnte, blieb die Bedeutung der erhobenen Daten im Kontext des gesellschaftlichen Insgesamt meist unklar, und häufig wurde gemessen ohne zu wissen warum[747]. Trotz aller Betonung der Notwendigkeit einer empirisch-einzelwissenschaftlichen Praxis erschien deshalb eine Distanzierung angebracht, deren Zielrichtung von Adorno rückblickend wie folgt beschrieben wurde: »Erst in Amerika habe ich wahrhaft das Gewicht dessen erfahren, was Empirie heißt, so sehr im übrigen auch von früh auf das Bewußtsein mich leitete, daß fruchtbare theoretische Erkenntnis anders als in engster Fühlung mit ihren Materialien nicht möglich ist. Umgekehrt habe ich an der Gestalt des in wissenschaftliche Praxis umgesetzten Empirismus in Amerika einsehen müssen, daß die volle unreglementierte Breite der Erfahrung durch die empiristischen Spielregeln begrenzter ist als es im Begriff der Erfahrung selbst liegt.«[748]

Diese Formulierung, die den ambivalenten Lernprozeß der dreißiger Jahre ebenso knapp wie präzise umreißt, verweist auf eine allmähliche Differenzierung zwischen ›Empirie‹ und ›Erfahrung‹, die für den Fortgang der Institutsarbeit von beträchtlicher Bedeutung werden sollte. *›Empirie‹*, so so könnte man sagen, erscheint zunehmend als reduzierte, bzw. ›schlechte‹ Wirklichkeit, wohingegen der Begriff der *›Erfahrung‹* auf die einzelwissenschaftlich kaum faßbare Wahrnehmung des gesellschaftlichen Insgesamt bezogen ist. Die dementsprechende Absetzung vom emphatischen Empirievotum der Anfangsphase, die sich erstmals im 6. Jahrgang der Zeitschrift für Sozialforschung beobachten läßt, bedeutete zunächst keine unmittelbare Absage an das Postulat der Interdisziplinarität der Erkenntnisproduktion. Dieses wurde vielmehr von Horkheimer ausdrücklich erneuert, aber zugleich auch uminterpretiert, denn an die Stelle des forschungsstrategischen Dreischritts von ›Sozialphilosophie‹, ›Sozialforschung‹ und ›Theorie des historischen Verlaufs‹ trat jetzt der Versuch, »auf verschiedenen Gebieten eine gemeinsame philosophische Ansicht . . . zur Anwendung (zu) bringen«[749], die unabhängig von der empirisch-einzelwissenschaftlichen Arbeit Bestand haben sollte.

Den ersten Ansatz zur Begründung dieser *›Rephilosophisierung‹*

lieferte Horkheimer in seinem wohl »berühmtesten Aufsatz«[750] aus den dreißiger Jahren unter dem Titel »Traditionelle und Kritische Theorie«[751]. Ähnlich wie in den früheren Programmaufsätzen verlief die Argumentation im wesentlichen wissenschaftskritisch, nämlich als Kontrastierung »zweier Erkenntnisweisen«[752], die weiterführend als zwei konstrastierende ›Wissenschaftstypen‹ diskutiert wurden: Auf der einen Seite stand die ›traditionelle‹ bzw. bürgerliche Wissenschaft, die nach Horkheimer auf das rationalistische Erkenntnismodell Descartes zurückgeht und ihre Fortsetzung in der modernen Wissenschaftstheorie findet. Auf der anderen Seite ist die ›kritische‹ bzw. materialistische Theorie zu notieren, wie sie von Marx in der Kritik der politischen Ökonomie als ein Theorie und Praxis umgreifender Erkenntnismodus begründet wurde. Als divergierende ›Wissenschaftstypen‹ lassen sich die beiden Modelle nicht allein über kognitive und/oder wissenschaftsorganisatorische Besonderheiten definieren; sie verweisen vielmehr auf ein unterschiedliches *»Verhalten«*[753] gegenüber der sozialen Wirklichkeit, sodaß sich eine Perspektive ergibt, die in einer erkenntnis- bzw. wissenschaftstheoretischen Diskussion nicht aufgeht. Die wissenschaftliche Rekonstruktion, so Horkheimer, markiert selbst eine Form gesellschaftlicher Praxis, die eingebunden ist in die widersprüchlichen Produktionsstrukturen der Sozialerfahrung, und sich auf diese kritisch-oppositionell oder traditionell-affirmativ beziehen kann.

Auffallend an dieser Gegenüberstellung ist die stark erkenntnissoziologische Fundierung der Argumentation. Traditionelle und Kritische Theorie werden beide als historisch-gesellschaftlich produzierte Formen der Konstitution und Aneignung entwickelt, die Ausdruck der bürgerlichen Vergesellschaftung sind und an diese gebunden bleiben[754]. Als divergierende Verhaltens- und Praxismuster zeichnen sie sich jedoch zugleich durch konträre Strukturen der Erfahrungsorganisation aus, die von Horkheimer wie folgt beschrieben werden: Die *traditionelle* Wissenschaft »organisiert die Erfahrung aufgrund von Fragestellungen, die sich im Zusammenhang mit der Reproduktion des Lebens innerhalb der gegenwärtigen Gesellschaft ergeben«[755]. Ihr Horizont wird durch die ›Normalwirklichkeit‹ des bürgerlichen Vergesellschaftungszusammenhanges begrenzt und »die gesamte wahrnehmbare Welt ... gilt ihrem Subjekt als Inbegriff von Faktizitäten, sie ist da und muß hingenommen werden«[756]. ›Wirklich‹ erscheinen somit nur subjekt-

und situationsunabhängige Tatsachen, die in ihrem Sosein positiv zu beschreiben und/oder auf abstrakte Prinzipien zu beziehen sind[757], ohne ihre historisch-gesellschaftliche Produziertheit und Veränderung zu reflektieren.

Eben hier liegt auch der entscheidende Gegensatz zur *kritischen* Theorie. Diese setzt am Widerspruch zwischen der Faktizität der »gegenwärtigen Gesellschaft« und den in ihr zugleich enthaltenen Verweisen auf ein mögliches Anderssein an. Sie ist »nicht irgendeine Forschungshypothese, die im herrschenden Betrieb ihren Nutzen erweist, sie ist ein unablösbares Moment der historischen Anstrengungen, eine Welt zu schaffen, die den Bedürfnissen und Kräften der Menschen genügt«[758]. Gerade deshalb erscheint ihr die Sozialempirie nicht als ein abgeschlossenes System subjekt- und situationsunabhängiger Tatsachen, sondern als eine produziert-produzierbare Struktur, die in der gesellschaftlichen Praxis grundsätzlich als inkonsistent erfahren wird. Oder in den Worten Horkheimers:

»Der zwiespältige Charakter des gesellschaftlichen Ganzen in seiner aktuellen Gestalt entwickelt sich bei den Subjekten des kritischen Verhaltens zum bewußten Widerspruch. Indem sie die gegenwärtige Wirtschaftsweise und die gesamte auf ihr begründete Kultur als Produkt menschlicher Arbeit erkennen . . . identifizieren sie sich selbst mit diesem Ganzen und begreifen es als Willen und Vernunft; es ist ihre eigene Welt. Zugleich erfahren sie, daß die Gesellschaft außermenschlichen Naturprozessen, bloßen Mechanismen zu vergleichen ist, weil die auf Kampf und Unterdrückung beruhenden Kulturformen keine Zeugnisse eines einheitlichen, selbstbewußten Willens sind; diese Welt ist nicht die ihre, sondern die des Kapitals«[759].

Die ›volle Wirklichkeit‹ der bürgerlichen Gesellschaft liegt also in ihren Antagonismen, die als empirische »nicht aus der Phantasie, sondern aus der Erfahrung (stammen)«[760] und als gesellschaftlich-allgemeine von allen Menschen wahrgenommen werden können. Allerdings »gehört eine bestimmte Richtung des Interesses dazu, um diese Tendenzen zu erfahren«[761], denn sie treten nur dort zutage, wo der Widerspruch von Gleichheit und Ungleichheit, Freiheit und Herrschaft, Vernunft und Unvernunft bewußt werden kann. Nach Marx/Engels sollte dies im Proletariat notwendig der Fall sein, aber für Horkheimer ließen die autoritaristischen Strömungen innerhalb der entwickelten Kapitalismen nur den Schluß zu, daß sich das emanzipatorische Erkenntnisinteresse von der sozialen Lage abkoppelt: »An der Oberfläche sieht . . . die Welt auch für das Proletariat anders aus«, und mit der »Differenzierung seiner sozialen Struktur« und den zusätzlichen kulturellen Einbindungen wird ihm der Blick auf die Tiefenstruktur der bürgerlichen Gesellschaft auch systematisch versperrt[762].

Die Widersprüchlichkeit der Sozialerfahrung kann sich somit immer weniger unmittelbare Geltung verschaffen, und in dem Maße, wie dieser Prozeß voranschreitet, verschiebt sich die Bedingung der Möglichkeit ihrer bewußten Wahrnehmung: Die Erkenntnis der Antagonismen ergibt sich kaum noch aus der Situation des Proletariats, sondern fällt in die Verantwortung derjenigen, die, freigesetzt vom Zwang zum bloßen Funktionieren in einer auf sich selbst bezogenen Produktion, an den Rändern des kapitalistischen Verwertungszusammenhangs leben und gerade deshalb mehr sehen können als nur die Oberfläche des gesellschaftlichen Verlaufs.[763]

Mit dieser These war ohne Frage ein relativ gravierender Einschnitt gegenüber dem Konzept des interdisziplinären Materialismus gesetzt. Die Distanzierung vom Proletariat als Subjekt und Adressat der Theorie bedeutete nicht nur einen Bruch mit dem Selbstverständigungshorizont der Weimarer Intellektuellen[764], sondern mußte letztlich auch zu einem veränderten Verständnis von Wissen und Wirklichkeit führen. Insofern die Erkenntnis der Totalität nicht mehr als Privileg derjenigen begriffen wurde, die sie aufgrund ihrer sozialen Lage unmittelbar erfahren und selbst herstellen[765], schwand nämlich die Möglichkeit, den gesellschaftlichen Gesamtzusammenhang als *positive* Totalität zu beschreiben. Die Widersprüchlichkeit der Sozialerfahrung konnte nicht mehr als eine Sein und Bewußtsein umgreifende Struktur mit eindeutigem Handlungsträger benannt werden, sondern ging zunehmend in einem sich universalisierenden Verblendungszusammenhang unter. An die Stelle der positiven trat somit eine *negative* Totalität, die sich in ihren Antagonismen nur noch indirekt entschlüsseln ließ und gleichsam kontrafaktisch gesucht werden mußte. Daß diese kontrafaktische Suche nach dem Ganzen veränderte Strategien der Konstitution und Aneignung erforderte, wurde allerdings von Horkheimer nur verschwommen gesehen. Zwar betonte er den verstärkt philosophischen Charakter der kritischen Theorie, die nun auf den Erfahrungshorizont einer marginalisierten Intellektuellenschicht bezogen werden mußte, aber der Rückzug auf die Philosophie bedeutete keineswegs deren inhaltliche Veränderung, denn ihre Funktion lag nach wie vor darin, die empirisch-einzelwissenschaftlichen Arbeiten positiv-totalitätsbezogen zu reinterpretieren, um so die Wirklichkeit als zumindest potentiell sinnvolle darzutun[766].

Auf die Inkonsistenz dieser Position hat kürzlich Martin Jay hingewiesen[767], und in seinem Aufsatz über »Positive and Negative Totalities« findet sich der Verweis auf jenes Alternativmodell zur totalitätsbezogenen Erkenntnisproduktion, das gegen Ende der dreißiger Jahre auf die Weiterentwicklung der Kritischen Theorie zunehmenden Einfluß gewinnen sollte. Gemeint ist hier das Konzept der *»negativen Dialektik«* von Theodor W. Adorno, dessen ›Urform‹ bereits 1931 in einer Rede zur »Aktualität der Philosophie« entwickelt wurde[768]. Ähnlich wie Horkheimer, beschäftigte sich Adorno in diesem Vortrag mit dem Verhältnis von Philosophie und Wissenschaft, das allerdings ganz anders thematisiert wurde: Die in Übereinstimmung mit Horkheimer konstatierte ›Krise‹ von Wissenschaft und Philosophie trat nicht unter der Perspektive ihrer positiven Auflösung durch eine interdisziplinäre Forschung in den Blick, sondern erschien als Anzeichen einer grundlegenden Veränderung der Bedingung der Möglichkeit totalitätsbezogener Erkenntnis, die für Adorno nur noch negativ gegeben war, so daß die Rekonstruktion eine dementsprechend andere Gestalt gewinnen mußte. Diese Akzentsetzung prägt schon die einleitenden Worte seiner Ausführungen, die eine scharfe Kritik am gesellschaftlichen Irrationalismus mit der Absage an die Idee einer positiven Totalitätserkenntnis verbinden:

»Wer heute philosophische Arbeit als Beruf wählt, muß von Anbeginn auf die Illusion verzichten, mit der früher die philosophischen Entwürfe einsetzten: Daß es möglich sei, in Kraft des Denkens die Totalität des Wirklichen zu ergreifen. Keine rechtfertigende Vernunft könnte sich selbst in einer Wirklichkeit wiederfinden, deren Ordnung und Gestalt jeden Anspruch der Vernunft niederschlägt; allein polemisch bietet sie dem Erkennenden als ganze Wirklichkeit sich dar, während sie nur in Spuren und Trümmern die Hoffnung gewährt, einmal zur richtigen und gerechten Wirklichkeit zu geraten«[769].

Mit der Universalisierung von Warenform und Kapitalismus, so Adornos These, sind »die Bilder unseres Lebens nur noch durch Geschichte verbürgt«[770], und die Analyse der ›vollen Wirklichkeit‹ verwandelt sich in eine Geschichtsphilosophie, die allein negativ gedacht werden kann. Abgelöst von ihren sozialen Trägern und eingebunden in die Entwicklung der Aufklärung zur Unvernunft läßt sich die Totalität des gesellschaftlichen Prozesses nicht mehr systematisch entfalten, sondern scheint nur noch in Spuren, Splittern und Trümmern auf, sodaß ihre Analyse auch nur noch als Spurensicherung verlaufen kann. Diese negiert die traditionelle »symbolische Funktion«[771] der Philosophie und trägt eindeutig monographische Züge, denn sie ist einzelfallorientiert, induktiv und experimentell ausgerichtet: Ihr Ziel liegt in der deutenden »Auskonstruktion kleiner und intentionsloser Elemente«[772], die von der einzelwissenschaftlichen ›Forschung‹ analytisch isoliert werden und innerhalb der philosophischen ›Deutung‹ so darzustellen sind, daß sich »in einem konkreten Befund die totale Frage niederschlägt«[773].

Im Besonderen das Allgemeine experimentell entdecken, in den Brechungen des Einzelfalls die ›volle Wirklichkeit‹ finden und in der Unvernunft die Möglichkeit der Vernunft wahrzunehmen – mit diesen Worten ließe sich die angedeutete Leitlinie für eine Rekonstruktion der ›negativen Totalität‹ charakterisieren, bei der es darum geht, durch die Welt der Tatsachen hindurchzusteigen und jenseits der allgemein systematischen Theorien auf die Spur des Ganzen zu stoßen. Allerdings – und auch dies verweist auf die monographische ›Methode‹ im engeren Sinne – ist die Verfolgung dieser Leitlinie nach Adorno stets mit einer Unsicherheit behaftet, denn die Dechiffrierung der negativen Totalität tritt mit dem Anspruch auf Wahrheit auf, »ohne jemals einen gewissen«, d. h. eindeutigen »Schlüssel zur Deutung zu besitzen«[774]. Als intellektueller Versuch, der unabhängig von den festen Standards der Einzelwissenschaften und jenseits der unmittelbaren Praxis verläuft, bleibt sie stets ein ›Herantasten‹ an die ›volle Wirklichkeit‹, von der »ihr nicht mehr gegeben ist als flüchtige, verschwindende Hinweise in den Rätselfiguren des Seienden und ihren wunderlichen Verschlingungen«[775]. Gerade deshalb muß das Zusammenwirken von ›Forschung‹ und ›Deutung‹ innerhalb der kritischen Theorie auch selbst die Form eines »Rätselspiels« annehmen, denn »wie Rätsellösungen sich bilden, indem die singulären und versprengten Elemente der Frage solange in verschiedene Anordnungen gebracht werden, bis sie zur Figur zusammenschießen, aus der die Lösung hervorspringt ... – so hat die Philosophie ihre Elemente, die sie von den Wissenschaften empfängt, solange ... in wechselnde Versuchsanordnungen zu bringen, bis sie zur Figur geraten, die als Antwort lesbar wird, während zugleich die Figur verschwindet.«[776] Oder anders formuliert: Als Dechiffrierung der negativen Totalität muß die kritische Empirieproduktion darauf zielen, »kraft der Konstruktion von Bildern aus den isolierten Elementen die Fragen ... (aufzuheben), deren prägnante Fassung Aufgabe der Wissenschaft ist«[777], denn die ›volle Wirklichkeit‹ läßt sich weder durch eine positive Philosophie noch durch eine positive Wissenschaft fassen, sondern allein durch eine experimentell-tentative Ausdeutung der blinden Teilergebnisse der Einzelwissenschaften, die über »eine exakte Phantasie«[778] am Einzelfall zusammenzusetzen sind, um so »die Rätselgestalt blitzhaft zu erhellen und aufzuheben«[779].

Die Abgrenzung von der administrativen Forschung

Obwohl sich Horkheimer und Adorno schon aus gemeinsamen Seminaren bei Cornelius kannten und Ende der zwanziger Jahre zum Teil in intensiven Diskussionen standen[780], hatten die Überlegungen zur »Aktualität der Philosophie« auf die Programmformulierung des ›interdisziplinären Materialismus‹ keinerlei Einfluß. Aufgrund seiner positiveren Einschätzung der Erklärungskraft der Einzelwissenschaften hielt Horkheimer vielmehr an der Vorstellung von Wirklichkeit als einer ›positiven‹ Totalität fest und sah gerade in der interdisziplinären Arbeit die Möglichkeit zu ihrer umfassenden Rekonstruktion. Eben dieses Votum wurde von Adorno nur begrenzt geteilt, denn die Veränderung des Verhältnisses von Wissenschaft und Wirklichkeit erschien ihm in Horkheimers Zielformulierung kaum zureichend erfaßt. Darüber hinaus hatte er gegen die personelle Besetzung des interdisziplinären Zusammenhangs Vorbehalte, und nach Peter v. Haselberg scheiterte seine volle Integration ins Institut genau an diesem Punkt[781]. Zwar beteiligte er sich 1932 an der Zeitschrift für Sozialforschung, brachte seine eigenen Arbeiten jedoch kaum in den Institutskontext ein und ging nach 1933 zunächst eigene Wege. Noch lange auf eine Rückkehr nach Deutschland hoffend emigrierte er als einziger aus dem Frankfurter Kreis nach England, wo er an der Universität Oxford über Husserl, Beethoven und Wagner arbeitete, ohne sich dort jedoch sonderlich wohl zu fühlen. Mit dem herannahenden Ende des Oxforder Stipendiums kam es deshalb zu einer erneuten Intensivierung der Kontakte zum Institut, das sich seinerseits mit der Herausbildung des Konzepts der ›Kritischen Theorie‹ Adornos Position indirekt annäherte[782]. Die anvisierte Übersiedlung in die USA gestaltete sich allerdings schwierig, da die Finanzmittel des Instituts knapper wurden, und letztlich gelang sie nur mit Hilfe von Paul F. Lazarsfeld, der Horkheimer 1938 eine Teilfinanzierung über das von ihm betreute »Radio Research Project« anbot und Adorno als Leiter der »Musikabteilung« einstellte.

Das Radio Research Project, das 1937 am Newarker Institut begonnen hatte, ging auf einen Plan der Psychologen Frank Stanton und Hardley Cantril zurück und war »das erste größere Forschungsprojekt über Massenkommunikation ..., das seinerzeit von der Rockefeller-Stiftung gefördert (wurde)«[783]. Sein allgemeines Ziel bestand darin, »die Rolle des Rundfunks im Leben verschiedener Typen von Hörern zu bestimmen, den psychologischen Stellenwert des Rundfunks und die verschiedenen Gründe, warum die Leute gerne Radio hören«[784]. Hierzu waren verschiedene Teilprojekte vorgesehen, die von Untersuchungen über Programmpräferenzen ausgehen sollten, um weitergehend die soziale und psychische Struktur ausgewählter Informantengruppen zu analysieren. Daß gerade Lazarsfeld das Angebot zur Leitung der Erhebungen erhielt, erklärt sich sowohl aus der Spezifik seiner empirischen Orientierung als auch aus seinen Qualifikationen als Forschungsdirektor, die er beim Aufbau des Newarker Instituts hinreichend unter Beweis gestellt hatte. Dieses arbeitete relativ unorthodox auf der Grundlage reiner Auftragforschung, die zugleich zur Durchführung eigener Projekte mit allgemein wissenschaftlichem Anspruch genutzt wurde[785]. Auch das Radio Research Project fiel letztlich unter diesen Typus von Forschung, den Lazarsfeld als *»administrative research«* bezeichnete, wenngleich sich die auftragsmäßigen Bindungen zunächst sehr locker darstellten: Die einzelnen Teilprojekte waren kaum vordefiniert, und der Projektplan sah ausdrücklich eine experimentelle Methodenforschung vor, als deren Resultat aber langfristig durchaus »definitive Aussagen«[786] mit quantitativ eindeutigen Daten erwartet wurden, die den »planenden Stellen im Bereich der Massenmedien, sei's unmittelbar der Industrie, sei's kulturellen Beiträgen und ähnlichen Gremien zugute kommen sollten.«[787]

Als Lazarsfeld das Projekt mit seinen Mitarbeitern begann, war er entschlossen, den zugestandenen Forschungsspielraum möglichst breit zu nutzen, wobei er, wie schon bei anderen Vorhaben, auch Ideen aus dem Institut für Sozialforschung integrieren wollte[788]. So veranstaltete er im Herbst 1937 ein Treffen mit einer Gruppe von Psychoanalytikern, an der Spitze Erich Fromm, »um herauszufinden, worauf wir in unserem Projekt ihres Erachtens besondere Aufmerksamkeit verwenden sollten«[789]. Dieser Versuch einer Verschränkung von Sozialforschung und Psychonalyse, der offensichtlich durch die Mitarbeit an der Arbeiter- und Angestellten-Studie motiviert worden war, blieb allerdings schon im Ansatz stecken. Zum einen verfügte Lazarsfeld kaum über einschlägig interessierte Mitarbeiter, und Fromm zog sich zu dieser Zeit bereits immer mehr aus dem Institut für Sozialforschung und der empirischen Arbeit zurück[790]. Unabhängig davon wären psychoanalytisch orientierte Fallstudien aber auch aus einem anderen Grunde wahrscheinlich gescheitert, denn die geplanten Primärerhebungen ließen sich aus finanziellen Gründen kaum im ursprünglich anvisierten Umfang realisieren. Stattdessen beschränkte man sich weitgehend auf eine sekundäranalytische Auswertung von Programmbewertungen, sodaß das Projekt zunehmend in Richtung jener quantitativ ausgerichteten Marktforschung trieb, die Lazarsfeld bereits in Wien initiiert hatte[791].

Dieser Trend wurde jedoch zum Teil durch zusätzliche Interviews mit offenen Fragen gebremst[792], wobei das Newarker Institut derartigen Versuchen einer ›qualitativen‹ Ausweitung zwar abwartend, aber dennoch offen gegenüberstand. In diesem Zusammenhang ist auch das Angebot an Horkheimer bzw. Adorno zu sehen. Lazarsfeld kannte die Arbeiten über »die gesellschaftliche Lage der Musik« und den »Jazz«[793], und es reizte ihn, »Adorno dahin zu bringen, daß er seine Ideen mit empirischer Forschung verband«[794]. Als Adorno im Frühjahr 1938 als Leiter der Musikabteilung des Projekts begann, traf er allerdings keineswegs auf ein völlig leeres Feld. So wurde an einer institutionellen Analyse über die Produktion von Unterhaltungsmusik gearbeitet, und darüber hinaus hatte man mit Untersuchungen über Bekanntheitsgrad und Bedeutung eines New Yorker Senders begonnen, der vornehmlich klassische Musik ausstrahlte[795]. In den ersten Monaten war Adorno auch primär damit beschäftigt, sich mit den bereits vorliegenden Methoden und Ergebnissen vertraut zu machen, wobei er als Musiker, Musiktheoretiker und Philosoph ebenso staunend wie sprachlos vor den für ihn völlig ungewohnten Analysetechniken des »administrative research« stand[796]. Um einen Überblick über die amerikanische

Kulturszene zu erhalten, führte er aber schon bald eigene explorative Interviews durch, und hierauf aufbauend entstanden schließlich mehrere konzeptuelle Papiere, die sowohl zur Selbstverständigung als auch zur Angabe möglicher Analyserichtungen bzw. -schwerpunkte dienten[797].

Im Newarker Institut stießen diese Arbeiten kaum auf Begeisterung. Ganz abgesehen davon, daß sich Adorno für die Vertreter des »administrative research« in einer Sprache mit »quälerischer Anziehungskraft und Leserferne«[798] ausdrückte, stellt er die bisherigen Arbeiten weit mehr in Frage als daß er sie weiterführte. Systematisch gesehen standen bei seiner Kritik drei Punkte im Vordergrund, nämlich (a) die administrative Begrenztheit der *Fragestellung,* (b) die positivistische Verkürzung der *Methode* und (c) die verdinglichte Form der *Erhebungstechnik.* Der erste Punkt bezog sich auf die von der Rockefeller-Stiftung vorgegebenen Forschungsrichtlinien, die als präventive Gegenstandsbegrenzung indirekt zugleich die Form der Aneignung präjudizierten. Hiernach sollten sich die Untersuchungen ausdrücklich »im Rahmen des in den USA etablierten kommerziellen Radiosystems vollziehen«[799], das gewissermaßen Basis und Begründung der Arbeit lieferte. Die Konstruktionsbedingungen dieses Systems, also seine sozialen und ökonomischen Voraussetzungen, standen hingegen ebenso wenig zur Diskussion wie seine bildungssoziologischen Folgen, denn gefordert waren keine systemtranszendierenden Reflexionen, sondern Daten zur Funktionsverbesserung. Oder anders formuliert: Thema war nicht die ›volle Wirklichkeit‹ der neuen Massenmedien, sondern ihr Oberflächenzusammenhang, der innerhalb des »administrative research« zu einem Insgesamt stilisiert wurde, das es in seinem positiven Sosein zu beschreiben galt.

Der Begrenzung der Fragestellung entsprach eine methodische Perspektive, die Adorno rundweg ablehnte. Ausgehend von einem an Hegel und Marx geschulten Wissenschaftsverständnis hatte das Wort ›Methode‹ für ihn einen grundsätzlich »erkenntniskritischen Sinn«[800] und verwies auf das Problem der Bedingung der Möglichkeit einer totalitätsbezogenen Erkenntnis. Im Radio Research Project wurde »methodology« hingegen bedeutend enger definiert – war sie doch stets mit einem Vorgehen identisch, bei dem die Untersuchungsgegenstände als ›Tatsachen‹ behandelt wurden ohne sie in ihrer sozialen Herstellung bzw. Produziertheit zu problematisieren. So nahm man die Hörerreaktionen grundsätzlich für bare

Münze, obwohl »erst von der Forschung zu ermitteln gewesen (wäre), inwieweit derlei subjektive Reaktionen ... tatsächlich so spontan und unmittelbar sind, wie die Probanden meinen oder inwieweit dahinter nicht ... auch die objektiven Implikationen der Medien und des Materials stehen, mit dem die Hörer konfrontiert werden«[801]. Erst recht fehlten schließlich Überlegungen zur gesellschaftlichen Bedingtheit und Widersprüchlichkeit der Programmwahrnehmungen, und hier »kollidierte (Adorno) mit den positivistischen Denkgewohnheiten«[802] umso mehr, als er selber von einer Konzeption der Kunstrezeption ausging, nach der der »nachauratischen« Musikwahrnehmung ein genereller Fetischcharakter attestiert wurde[803].

Der dritte und in unserem Zusammenhang besonders interessante Kritikpunkt bezog sich schließlich auf die konkreten Erhebungstechniken, die Adorno als verdinglicht und damit dem konkreten Musikerlebnis unangemessen attackierte. Paradigmatisch zeigte sich die Verdinglichung in seinen Augen am Beispiel des sog. »programm analyzers«, einer Maschine, die vor allem bei Laborexperimenten zur Ermittlung von Präferenzstrukturen Verwendung fand: Während die Probanden ein Musikstück hörten, mußten sie per Knopfdruck angeben, was ihnen gefiel und was nicht, so daß sich ein Präferenzdiagramm ergab, das subjekt- und situationsfrei ausgewertet werden konnte. Für Adorno war dieses Verfahren »trotz der scheinbaren Objektivität der Daten ... gegenüber der Komplexität des zu Erkennenden höchst unzulänglich«, denn der Rezeptionsprozeß, als »das, was Musik subjektiv im Hörer auslöst«, wurde auf einen Druckpunkt reduziert, der an dem Erlebnisverlauf in seiner Vielschichtigkeit völlig vorbeiging[804]. Die konstitutive Subjektbezogenheit der Musikwahrnehmung wurde nämlich ebensowenig gesehen wie jene Überformung durch gesellschaftlich vorgegebene Standards, die dazu führt, daß »in den subjektiven Reaktionen soziale Objektivitäten, bis hinab zu konkreten Einzelheiten auf(blitzen)«[805].

Allerdings hatte Adorno kaum Vorstellungen darüber, wie dieses ›Aufblitzen‹ der Objektivität in subjektiven ›Hörakten‹ konkret erfaßt werden sollte. Betrachtet man seine auf den ersten Papieren aufbauenden Versuche zur Initiierung einer totalitätsbezogenen Radioforschung, so blieben diese in methodologischer Hinsicht vielmehr systematisch blaß, denn die Idee einer subjektbezogenenhermeneutischen Analyse einzelner Hörakte wurde abstrakt gegen die Verdinglichung der ›normal science‹ gesetzt und kam über das Votum für »ergänzende ausführliche qualitative case studies«[806] nie hinaus. Zu einem nicht geringen Teil begründete sich dies aus schlichten Kompetenzmängeln. Adorno hatte keinerlei forschungspraktische Kenntnisse innerhalb des empirical research, sodaß »die Aufgabe, meine Erwägungen in research terms umzusetzen, ... einer Quadratur des Zirkels gleich(kam)«[807]. Wenn überhaupt, so schien eine solche ›Umsetzung‹ nur auf der Linie der in den Studien über Autorität und Familie skizzierten Ansätze möglich, und auf Drängen Lazarsfeld erklärte sich Adorno auch bereit, eine Typologie von verschiedenen ›regressiven‹ bzw. ›fetischgeprägten‹ Hörern zu entwerfen. Diese sollte in einer Untersuchung »On Popular Music« anhand schriftlicher Befragungen überprüft werden, um »zu einer zahlenmäßigen Verteilung verschiedener Typen von Musikhörern (zu) kommen«[808], die es weiterführend nach schichtenspezifischen bzw. sozioökonomischen Merkmalen aufzuschlüsseln galt. Die von Adorno entwickelten Kategorien wurden jedoch den Lazarsfeldschen Anforderungen in keiner Weise gerecht und waren für die anvisierten quantitativen Massenbefragungen unbrauchbar, da sie sich mangels geeigneter Indikatoren kaum in forschungspraktisch handhabbare Begriffe übersetzen ließen[809]. Hieran änderte auch eine zweimalige Überarbeitung des Papiers nur wenig, und im Herbst 1939 wurde deshalb die weitere Finanzierung des Musikprojekts von der Rockefeller-Stiftung gestrichen – ein an sich absehbares Ergebnis, das Lazarsfeld jedoch zu einer wütenden Auseinandersetzung mit Adorno veranlaßte[810].

Trotz dieses Eklats lieferte Adorno noch zwei Folgearbeiten, die dem Newarker Institut offensichtlich mehr zusagten, obwohl sie seinem eigenen Forschungsansatz kaum unmittelbar entsprachen.[811] Daß eine Zusammenarbeit mit dem Frankfurter Kreis auch weiterhin möglich war, zeigt sich am ersten Heft des Jahrgangs 1941 der Zeitschrift für Sozialforschung. Dieses stand unter dem Generalthema »Problems of modern mass communication« und beinhaltete vornehmlich Aufsätze aus dem Kontext des Radio Research Projects, auf dessen Beeinflussung durch den Frankfurter Kreis dezent hingewiesen wurde.[812] Lazarsfeld selber steuerte eine Abhandlung über das Verhältnis von »administrative and critical communications research« bei, die von den Erfahrungen mit Adorno gekennzeichnet war, ohne seine Position zu teilen. Ausdrücklich als Vertreter des »administrative research« argumentierend[813], sah er die Differenz zur kritischen Forschung vor allem in der unterschiedlichen institutionellen Einbindung bzw. Zielsetzung der Analyse. Während die administrative Forschung, eingezwängt in das Spannungsfeld von Auftraggebern und eigenem wissenschaftlichen Interesse, nach der Devise »How to repair the damage«[814] arbeite, handele es sich beim »critical research« um eine institutionell ungebundene Analyse »of a small group of intellectuell leaders«[815], die gleichsam außerhalb der ›Normalwirklichkeit‹ stehen und dementsprechend andere Realitätsperspektiven thematisieren. Nicht das Interesse an funktionalen Reparaturen der Tatsachenwelt sei hier erkenntnisleitend, sondern die Frage danach, warum bestimmte Tatsachen so sind, wie sie sind, welche Entwicklungstendenzen sie hervorbringen und welche Möglichkeiten einer Veränderung ihrer jeweiligen Formbestimmtheit bestehen. Oder anders formuliert: Gegen des ›kurzen‹ Zeithorizont des auf Probleme der Bestandserhaltung gerichteten »administrative research« steht eine gesellschaftstheoretisch orientierte ›Langzeitperspektive‹, welche die kulturelle Entwicklung der kapitalistischen Gesellschaft in ihrem Verhältnis zu den »basic human values«[816] und damit die sozialen und individuellen ›Kosten‹ der »advertizing culture« problematisiert[817]. Die Wirklichkeit, die der »critical research« im Auge hat (und aufgrund seiner institutionellen Ungebundenheit auch haben kann), ist also nicht das Selbstverständnis der etablierten Kultur, sondern deren Negativitäten bzw. Brüche, und ihr forschungspraktischer Schwerpunkt liegt deshalb auch stets »on what might be called ›showing up‹ things rather than on fact finding or constructive suggestions«[818].

Lazarsfeld war jedoch überzeugt, den »critical research« konstruktiv wenden zu können, und angesichts der immer wieder betonten Möglichkeit einer ›Vermittlung‹ beider Paradigmata geriet schon fast in Vergessenheit, daß kritische und administrative Forschung auf unterschiedliche Strategien der Konstitution und Aneignung ebenso verweisen wie auf je eigene Objektivitätsstandards. Indirekt waren diese Divergenzen in seinen Ausführungen jedoch durchaus spürbar, denn das Ziel der ›kritischen‹ Analyse lag auch nach Lazarsfeld keineswegs in einer positiven Tatsachenbeschreibung (»fact finding research«). Die Kriterien der Tatsachenobjektivität wurden dementsprechend gar nicht erst ins Feld geführt. Stattdessen erschien der ›critical research‹ als eine Rekonstruktion ›verdrängter Wirklichkeiten‹, die an einzelnen, gut gewählten Fallbeispielen »in an original way« durchzuführen war, ohne sich notwendigerweise an den Ansprüchen einer statistischen Verallgemeinerbarkeit zu orientieren[819]. Zwar blieb das Stichwort des »original way« in diesem Zusammenhang relativ unscharf, aber Lazarsfeld war sich darüber im klaren, daß die gesellschaftstheoretisch begründeten Thesen über die Entwicklung der »advertizing culture« kaum hypothetisch-deduktiv überprüft werden konnten. Möglich erschien allein ihre exemplarisch-induktive Ausdeutung bzw. Illustration, und hier lag für ihn auch die entscheidende fortschungspraktische Bedeutung einer ›kritischen‹ Empirieproduktion: Insofern der »critical research« exemplarisch vorgeht und auf Beispiele bezogen ist, die gleichsam quer zu den normalwissenschaftlichen Fragestellungen gelesen werden, »implications are carved out, which otherwise would not attract the attention of the social scientist«[820], sodaß eine Problemsensibilisierung erreicht wird, über die der »administrative research« mit seiner Tatsachenfixierung weder verfügt noch verfügen kann.

Die Entwicklung der Antisemitismusstudien

Obwohl die obige Argumentation letztlich auf eine Unterordnung der kritischen unter die administrative Forschung hinauslief, barg sie dennoch einige Ansatzpunkte, um die Struktur eines gegenüber der ›normal science‹ alternativen Empirietypus weiter zu verdeutlichen. Der »critical research«, so zeigt sich, verfügt über einen Empirieanspruch, der seine Grenzen keineswegs in der Rekonstruktion der Wirklichkeit als einer Welt subjekt- und situationsunabhängiger Tatsachen sieht. Die als »Phänomene kultureller Verdinglichung«[821] verstandenen Tatsachen sollten vielmehr in ihrer gesellschaftlich produzierten Selektivität und Widersprüchlichkeit beschrieben werden, um so die ›volle Wirklichkeit‹ des sozialen Lebens herauszuarbeiten. Stärker als beim Konzept des ›interdisziplinären Materialismus‹ weisen die methodologischen Konsequenzen deshalb in Richtung des monographischen Blicks. Die kritische Forschung bedient sich nicht einfach der »feinsten wissenschaftlichen Methoden«[822], wie sie von den ausdifferenzierten Einzeldisziplinen bereit gestellt werden, sondern arbeitet mit Strategien, die sich auf die disziplinär exakte Forschung im Sinne Lazarsfeld kaum reduzieren lassen: Während dort nur das als ›wirklich empirisch‹ gilt, was über instrumentelle Messungen subjekt- und situationsfrei ›bewiesen‹ werden kann, beruhen die Aussagen des »critical research« auf der *reflexiven Handhabung vorwissenschaftlicher Erfahrungen*, die vor dem Hintergrund eines gesellschaftstheoretischen Interpretationsrahmens ohne Zwang zur operationellen Definition *exemplarisch aufgegriffen* und *induktiv verallgemeinert* werden.

Die Stichworte ›exemplarische Orientierung‹, ›induktive Verallgemeinerung‹ und ›reflexive Handhabung vorwissenschaftlicher Erfahrung‹ werden in ihrer Bedeutung für die Kritische Theorie allerdings erst voll verständlich, wenn man sie auf Adornos Konzept der Wirklichkeit als einer ›negativen‹ Totalität und auf Horkheimers These vom ›Erkenntnisvorteil‹ der Intellektuellen bezieht. Sofern der gesellschaftliche Prozeß als ein ›negativer‹ Zusammenhang erlebt wird, der in seinen systemtranszendierenden Momenten nicht mehr systematisch, sondern allein fragmentarisch erfaßt werden kann, erfordert seine Rekonstruktion zwangsläufig eine fallorientierte Argumentation mit exemplarischem Repräsentativitätsanspruch, die zugleich mit einem bewußt antiszientistischem Gestus auftritt. Sie durchbricht die etablierten Grenzen zwischen wissenschaftlicher und vorwissenschaftlicher Erfahrungsverarbeitung und stellt gegen die instrumentell-tatsachenbezogene Wahrnehmung der ›normal science‹ eine Strategie der hermeneutisch-induktiven Spurensicherung, die an den Brüchen und Inkonsistenzen alltagsweltlicher Erlebniszusammenhänge ansetzt, um an ihnen jene Ahnung des gesellschaftlichen Insgesamt zu entwickeln, wie sie sich in der permanenten Erfahrung des Widerspruchs von Freiheit und Unfreiheit niederschlägt.

Die Anknüpfung an Alltagsbewußtsein und vorwissenschaftliche Erfahrung bedarf jedoch einer genaueren Erläuterung, denn sie ist keineswegs beliebig. Betrachtet man die Anmerkungen von Horkheimer und Adorno zu den Trägern der Kritischen Theorie, so wird deutlich, daß die Wahrnehmung der Totalität in den Widersprüchen denjenigen vorbehalten bleibt, die als »gebildete Menschen«[823] außerhalb des Verblendungszusammenhangs einer auf die Selbstverwertung des Werts bezogenen Produktion stehen. Der Bezug auf die vorwissenschaftliche Erfahrung wurde somit als *Anknüpfung an ein intellektuell gebrochenes Alltagsbewußtsein* verstanden, das nicht selten zur gesellschaftlichen ›Normalwahrnehmung‹ stilisiert wurde[824] und ganz im Sinne des aristotelischen Empirieverständnisses als Basis und Begründung der Erkenntnisproduktion fungierte. Seine Verallgemeinerbarkeit ergab sich aus einer gesellschaftstheoretischen Argumentation, deren Struktur eine zusätzliche methodologische Begründung letztlich ausschloß. Da die Realitätswahrnehmungen der Intelektuellen als eine unmittelbare Wirklichkeitsgewißheit eingeführt wurden, die zugleich auf ein begrifflich repräsentiertes Wissen bezogen war, erschien eine methodologische Ausformulierung der ›kritischen‹ Forschung eher ›überflüssig‹, denn die vorwissenschaftliche Wahrnehmung war bereits mit einer ›begriffenen‹ Empirie identisch, die als erlebte und reflektierte auf die ›volle‹ Wirklichkeit des gesellschaftlichen Lebens verwies.

Wie Adorno später einräumte, wurde diese Position, die die Grenze zwischen Wissenschaft und Alltagspraxis nivellierte und doch nicht aufhob, durch die Beteiligung am Radio Research Project zum Teil erheblich tangiert. Jenseits des internen Konsensus des Frankfurter Kreises konnte die Wahrnehmung der Gesellschaft als ›negativer‹ Totalität nämlich nur dann als eine ›verallgemeinerbare‹ Erfahrung anerkannt werden, wenn sie nicht als unmittelbare Wirklichkeitsgewißheit gesetzt, sondern als Übergang zu einer ›begriffenen‹ Empirie, die auch für jene intersubjektiv einsehbar war, die außerhalb des internen Konsensus standen[825]. Eben dieser Schritt hätte sowohl umfangreiche methodologische Überlegungen als auch intensive experimentelle Untersuchungen gefordert, für die gegen Ende der dreißiger Jahre jedoch kaum Realisierungschancen bestanden. Ganz abgesehen davon, daß die Unterlegenheit gegenüber den amerikanischen Erhebungsstandards im Konzept der Kritischen Theorie eher zu einem Unbehagen gegenüber der etablierten Forschungspraxis als zu deren Veränderung geführt hatte, machten sich seit 1938 nämlich handfeste finanzielle Schwierigkeiten bemerkbar, die den Spielraum der Institutsaktivitäten massiv beeinträchtigten. So wäre ein Projekt in der Größenordnung der Studien über Autorität und Familie gar nicht möglich gewesen, und selbst kleinere Vorhaben konnten nur in Zusammenarbeit mit anderen Trägern angegangen werden. Wie am Beispiel der Beziehungen zum Newarker Institut angedeutet, war letzteres zwar durchaus möglich, aber da sich der Frankfurter Kreis der Praxis des »administrative research« radikal verweigerte, ließen sich kaum externe Finanzgeber gewinnen, sodaß auch von dieser Seite der Weg zur Wiederaufnahme eigener Erhebungen versperrt war.

Am deutlichsten wird die Abstinenz von der empirischen Arbeit im Institutsbericht von 1938, denn von den dort aufgeführten 11 Forschungsprojekten basierte kein einziges auf eigenen Primärerhebungen[826]. Der Rückzug in philosophische bzw. geisteswissenschaftliche Reservate konnte jedoch nicht lange aufrechterhalten werden, wobei sich dies aus den verschlechterten externen Bedingungen ebenso erklärt wie aus dem 1939 erzwungenen endgültigen Abschied von Europa. Nach der Besetzung Frankreichs durch den deutschen Faschismus mußte die Pariser Filiale des Instituts geschlossen, die Zeitschrift für Sozialforschung nach New York verlegt werden, und zugleich rollte eine neue, letzte Emigrationswelle auf die USA zu, die personellen Zuwachs, aber auch weitere finanzielle Belastungen brachte[827]. Aufgrund dessen war eine stärkere Anlehnung an die amerikanische Wissenschaftsszene mehr als geboten, und als erster, freilich noch zaghafter Versuch einer Wiederannäherung an die empirische Forschung ist das *»Research Project on Antisemitism«* zu notieren, das 1939/40 entwickelt und 1941 in der Zeitschrift für Sozialforschung veröffentlicht wurde – gemeinsam mit vier vorgeschalteten Thesen Horkheimers, die das Projekt in den Kontext eines »critical social research«[828] mit »historischer«, »kritischer« und »induktiver« Orientierung stellten[829].

Daß sich die neuen Untersuchungen mit den Problemen von Antisemitismus und antisemitischer Propaganda beschäftigen sollten, war übrigens keineswegs so naheliegend, wie es auf den ersten Blick aussieht. Obwohl die Mitglieder des Frankfurter Kreises fast alle aus jüdischen Familien stammten, bildete diese Herkunft für sie kein bewußtes Identitätskriterium, denn sie definierten sich stets als ›Marxisten‹ bzw. ›kritische Intellektuelle‹ und nicht als ›Juden‹[830]. Gerade deshalb erschien das Antisemitismusthema lange Zeit von untergeordneter Bedeutung und wurde z. T. regelrecht tabuisiert[831]. Dieses Schweigen verweist auf eine beachtliche Verdrängungsleistung[832], die allerdings von Anfang an eine theoretische Brechung bzw. Überformung erfuhr. So schrieb Horkheimer in den Aphorismen der »Dämmerung«, daß »die Opferbereitschaft ... für den Glauben ... mit den materiellen Grundlagen des Ghettos überwunden worden (ist) ... Der jüdische Kapitalist opfert vor der Gewalt, ebenso wie sein arischer Klassenkollege, zuerst den Aberglauben, dann das Leben anderer, und ganz zuletzt sein Kapital«[833]. Der Antisemitismus, so die in Anlehnung an Marx formulierte These, ist also kein eigenständiges Phänomen, sondern wird nur im Kontext der kapitalistischen Gesamtentwicklung verständlich. Dies gilt um so mehr, als der jüdische Traditionszusammenhang mit der Universalisierung der kapitalistischen Produktion seine handlungsanleitenden Funktionen systematisch verliert: Er gerinnt zu einer Ideologie, die den Imperativen der kapitalistischen Produktion anachronistisch gegenübersteht, weshalb eine ›vollständige‹ Antisemitismuskritik zugleich eine Kritik des Zionismus beinhalten muß.

Sieht man von der unterschwelligen Wendung der Antisemitismus- in eine Zionismuskritik ab, so war hiermit bereits jene Perzeption des Problems angedeutet, die zehn Jahre später auch die Diskussionen um das »Project on Antisemitism« prägte. Am deutlichsten wird dies in Horkheimers Aufsatz über »Juden und Europa«, der wahrscheinlich in unmittelbarem Zusammenhang mit dem Projektentwurf entstand und an manchen Stellen wie dessen gesellschaftstheoretische Begründung bzw. Weiterführung anmutet. Schon die ersten Sätze bezeichnen den Rahmen, in dem die Analysen gesehen wurden: »Wer den Antisemitismus erklären will, muß den Nationalsozialismus meinen . . . Wer aber vom Kapitalismus nicht reden will, sollte auch vom Faschismus schweigen«[834]. Die Analysekette muß also lauten: Kapitalismus, Faschismus, Antisemitismus. Entgegen den landläufigen Verharmlosungen bedeuten aggressiv-autoritäre Einstellungen nämlich keinen »relapse into the Dark Ages«[835], sondern sind höchst funktional für den »historischen Verlauf der gegenwärtigen Epoche«: Sie markieren eine konsequente Fortsetzung des Übergangs vom Liberal- zum Monopolkapitalismus, denn »der gleiche und gerechte Tausch hat sich selbst ad absurdum geführt, und die totalitäre Ordnung ist dies Absurdum . . . Dieselben ökonomischen Tendenzen, die durch den Konkurrenzmechanismus zur immer höheren Produktivität der Arbeit treiben, schlagen in Kräfte sozialer Desorganisation um«[836], und eben hieraus ergibt sich für den entwickelten Kapitalismus der Zwang zu einer autoritären Herrschaftsorganisation, die alles Abweichende aggressiv ausgrenzt oder vernichtet.

Zwar wurden diese Thesen mit ihrer gesellschaftstheoretischen Begründung in dem späteren Projektplan schon aus Gründen der Außendarstellung fast völlig ausgeklammert, aber genau genommen setzt des »Research Project« dort an, wo der Aufsatz über »Juden und Europa« aufhört: Während in letzterem fast ausschließlich die ersten beiden Stichworte der Analysekette, nämlich die Widersprüche der kapitalistischen Produktionsweise und ihr Überspielen durch die faschistische Herrschaftsorganisation, thematisch wurden, ging es hier um die Skizzierung einer Rekonstruktion des Antisemitismus als Überbauphänomen. Als solches bezeichnete er für den Frankfurter Kreis weit mehr als antisemitische Einstellungen: Der moderne Antisemitismus, so die Generalthese, ist ein kulturelles Syndrom, »that is inherent in all more recent culture«[837], denn »die Ordnung, die 1789 ihren Weg als fortschrittlich antrat, trug von Beginn an die Tendenz zum Nationalsozialismus in sich«[838]. Schon die internen Ausgrenzungen des Liberalismus verweisen auf Autoritarismus bzw. Faschismus, und die ›volle‹ Wirklichkeit des nazistischen Antisemitismus läßt sich nur dann aufdecken, wenn es gelingt, die ihm entsprechenden Einstellungsmuster auf jene Widersprüche von bürgerlichem Denken und Wirklichkeitswahrnehmung zu beziehen, die autoritäre Diskriminierungen ebenso aus sich heraus setzen wie deren Konkretisierung in Form eines spezifischen Judenbildes.

Dieser Anspruch sollte nun über sieben Teilprojekte eingelöst werden, die ebenso breit wie disziplinär verschieden angelegt waren. So wollte man in Anschluß an die Aufarbeitung der einschlägigen theoretischen Diskussionen zunächst eine Analyse antisemitischer Tendenzen in den europäischen Massenbewegungen vom 12.–19. Jahrhundert durchführen[839], und parallel dazu stand eine Untersuchung über den latenten Antisemitismus der deutschen und französischen Aufklärung auf dem Programm[840]. Aufbauend auf diesen sozial- und ideengeschichtlichen Fallstudien, die darauf zielten »to reveal the deep roots of antisemitism«[841], sollten die Untersuchungen zum aktuellen Antisemitismus erfolgen, die ihrerseits in vier Schritten geplant wurden. Als Auftakt war eine Rekonstruktion verschiedener ›Typen‹ von Antisemiten vorgesehen, die offensichtlich in Anlehnung an das Konzept der ›Charaktertypen‹ in den Studien über Autorität und Familie gedacht war[842]. In einem zweiten Schritt ging es um die Klassifikation jener »Jewish character traits, to which the anti-Semit reacts negatively«[843], um so zu einer sozialpsychologischen Präzisierung bzw. Weiterführung der vorherigen Typologie zu gelangen. In beiden Fällen blieb allerdings unklar, wie und mit welchem Materialbezug gearbeitet werden sollte. Ähnlich unverbindlich fielen auch die Angaben zum dritten Teilprojekt aus, das den aktuellen Antisemitismus in seiner konkretesten Form, nämlich als nationalsozialistische Ideologie behandeln sollte. Fest stand lediglich die Notwendigkeit einer multidisziplinären Analyse, denn neben der Geschichte des Nationalsozialismus sollten sowohl dessen politische und ökonomische Funktionen als auch seine sozialpsychologische Wirksamkeit untersucht werden[844]. Hierbei ging man von der These aus, daß der faschistische Antisemitismus durchaus keine spezifisch deutsche Angelegenheit sei. Als Ausdruck der Widersprüche der kapitalistischen Organisationsform bezeichne er vielmehr eine allgemeine Gefahr, und »even where the anti-Semitic sympathies of the masses are not yet tolerated, or even not conscious to them . . . the social and psychological tendencies which were in that direction are effective and can become activized from one day to the next«[845].

Dem Nachweis und der Differenzierung dieser Behauptung diente schließlich der letzte Arbeitsschwerpunkt, in dem anhand konkreter Primärerhebungen eine genauere Abschätzung des antisemitischen Potentials in den USA erarbeitet werden sollte. Gegenüber den Untersuchungen der dreißiger Jahre war hierfür ein ebenso neues wie ungewohntes Erhebungsinstrumentarium vorgesehen: Anstelle quantitativer Massenerhebungen mit statistischem Repräsentativitätsanspruch sprach man sich für experimentelle Detailstudien aus, »which approximate as closely as possible the concrete conditions of present day life«[846]. Genauer noch waren in diesem Zusammenhang sozialpsychologische ›Filmexperimente‹ geplant, die durch mündliche und/oder schriftliche Interviews ergänzt werden sollten. Zwar bestanden keine konreten Planungen darüber, wie derartige Experimentalstudien konkret zu organisieren seien, aber zur Illustration ihrer Zielrichtung wurde zumindest ein kurzes Beispiel angeführt. Hiernach sollte verschiedenen Vergleichsgruppen ein Film über eine Schlägerei zwischen 12- bis 15-jährigen Jugendlichen vorgeführt werden, bei dem die Rolle des Verprügelten entweder mit Juden oder Nicht-Juden besetzt war, wobei die Probanden jeweils angeben sollten, wer an der Schlägerei Schuld sei: der Angreifer oder der Angegriffene. Die zu erwartende unterschiedliche Verteilung, die durch eine schichtenspezifische divergierende Auswahl der Versuchsgruppen weiter differenziert werden konnte, galt es dann durch Interviews genauer zu überprüfen, um so jenes Verhältnis von latentem und manifestem Antisemitismus konkret in den Griff zu bekommen, das auf der Ebene der Gesellschaftstheorie nur allgemein behauptet werden konnte.

Die skizzierten Thesen und Arbeitsschwerpunkte waren zweifellos noch relativ disparat, aber genau besehen enthielten sie bereits entscheidende Ansätze für die empirischen Arbeiten der vierziger Jahre. So ergab sich aus der Interpretation des Antisemitismus als Ausdruck kapitalismusspezifischer Widersprüche nicht nur die Begründung für eine Untersuchung der amerikanischen Verhältnisse, sondern auch der Übergang zu den Analysen autoritärer Vorurteile – erschienen doch die antisemitischen Einstellungen nur als ›Sonderfall‹ eines gesellschaftlich-allgemeinen Autoritarismus. Zugleich erwies sich die interpretative Klassifikation der ›Types of Anti-Semits‹ und ›Jewish Character Traits‹ als eine theoretische Folie von weit größerer Bedeutung als ursprünglich dargestellt, denn letztlich bauten alle späteren Materialauswertungen auf dieser mehrfach veränderten und differenzierten Typologie auf[847]. Ähnliches gilt auch für die angekündigten Primärerhebungen. Zwar fiel die Planung hier mehr als vage aus, aber mit dem ausdrücklichen Votum für experimentelle Untersuchungen waren die Voraussetzungen für die Entwicklung jener ›revidierten‹ Empirie geschaffen, die in der Folgezeit zunehmend an Bedeutung gewinnen und ihren Höhepunkt in den Studien über den autoritären Charakter finden sollte.

Allerdings war es bis dahin noch ein weiter Weg, und zum Zeitpunkt seiner Veröffentlichung täuschte der Projektentwurf Aktivitäten vor, die faktisch noch gar nicht vorhanden waren. Gerade 1941 erlebte das Institut den Höhepunkt seiner Finanzkrise und hatte mit massiven Auflösungserscheinungen zu kämpfen, die gegen Ende des Jahres sogar zur endgültigen Einstellung der Zeitschrift für Sozialforschung zwangen[848]. Mindestens ebenso gravierend war die Übersiedlung von Horkheimer und Adorno nach Kalifornien, die bereits im Frühjahr 1941 erfolgte und die Abbröckelungstendenzen verstärkte[849]. Ex post betrachtet bedeutete diese Erosion allerdings den Beginn eines Neuanfangs, denn angesichts der drohenden Gefahr der Auflösung des Instituts mußten neue Aktivitäten entwickelt[850] und eine zusätzliche externe Unterstützung gefunden werden, die 1942 in Gestalt des Jewish Labor Committee (JLC) und des American Jewish Committee (AJC) eintrat. Beide Institutionen zeigten lebhaftes Interesse an dem Antisemitismusprojekt und stellten eine finanzielle Unterstützung in Aussicht, die ihren Niederschlag in der Initiierung zweier Untersuchungen fand: Bereits Ende 1942 begann eine Erhebung für das JLC über *»Anti-Semitism within American Labor«*, und kurz darauf liefen die Vorbereitungen zu einer Studie über *»The Function of Antisemitism within the Personality«* an, die vom AJC finanziert und später zu den »Studies in Prejudice« ausgeweitet wurde[851].

Betrachtet man zunächst das erste Projekt[852], das der Frankfurter Kreis offensichtlich ohne Mitarbeit externer Wissenschaftler durchführte, so erinnert dieses auf den ersten Blick an die Arbeiter- und Angestellten-Enquête, denn die Untersuchung wurde nicht als ein sozialpsychologisches »Experiment« geplant, sondern als eine Repräsentativerhebung, bei der interpretative Klassifikationen mit statistischen Auswertungen kombiniert werden sollten. In erhebungstechnischer Hinsicht ging man jedoch andere Wege als zuvor: Die Basis der Materialerhebung bildete keine schriftliche Befragung, sondern eine Serie von mündlichen Interviews, die zudem recht ungewöhnlich organisiert waren. Als Interviewer fungierten nämlich 270 Arbeiter, die über das JLC gewonnen worden waren und einen vorbereiteten Komplex vor 25 offen formulierten Fragen[853] auswendig lernen mußten, um auf dieser Grundlage die Einstellungen ihrer Kollegen zu Juden zu erkunden. Allerdings – und dies war der Grund für das Auswendiglernen – wurden die Befragungen nicht direkt, sondern indirekt durchgeführt, denn die Interviewer traten nur dann in Aktion, wenn in ihrem Umkreis pro- oder antisemitische Äußerungen fielen, die sie aufgreifen und zum Ausgangspunkt einer verdeckten Befragung machen sollten.

Auf diese Weise kamen 566 Protokolle zustande, die einer ausführlichen quantitativen und qualitativen Auswertung unterzogen wurden. So versuchte man, die verschiedenen ›Typen‹ von Antisemiten sowie die von ihnen angegebenen ›jüdischen‹ Charakterzüge genauer herauszuarbeiten, und darüber hinaus wurden die Antworten umfassend nach Merkmalen wie Alter, Verdienst, ethnische Herkunft und Gewerkschaftszugehörigkeit aufgeschlüsselt. Unter im Vergleich zur Arbeiter- und Angestellten-Enquête bedeutend günstigeren Auswertungsbedingungen ergab sich hieraus ein Datenberg, der alle Dimensionen sprengte. Der dem JLC präsentierte erste Abschlußbericht umfaßte schließlich nicht weniger als 4 Bände mit insgesamt 1300 Seiten, und trotz mehrerer Kürzungsversuche gelang es den Autoren nie, ihn in eine publikationsreife Form zu brigen.[854]

Daß die Untersuchung unveröffentlicht blieb, hatte aber auch tieferliegende Gründe. Die Mehrheit der Befragten wies nämlich handfest antisemitische Einstellungen auf, und dieses Ergebnis erschien 1944/45 viel zu brisant, als daß man es hätte öffentlich machen können. Hieran änderte auch die ›positive‹ Umdeutung durch den Frankfurter Kreis sehr wenig, die darauf hinauslief, den Antisemitismus der Arbeiter als eine verkappte Kapitalismuskritik zu begreifen, die personalisiert, umgelenkt und damit unwirksam geworden sei. Diese These, die unter dem Stichwort des »rebellischen Charakters« schon in der Arbeiter- und Angestellten-Enquête eine gewisse Rolle gespielt hatte[855], ließ sich überdies durch das vorhandene Material kaum zureichend abdecken. Sofern sie eine psychologische Begründung des Antisemitismus beinhaltete, hätte ihre Bestätigung nämlich genau jene induktiv orientierten »psychological case studies« vorausgesetzt, die in der Auswertung der Studie mehrfach gefordert wurden, aber in ihrer Anlage gar nicht vorhanden waren.

Die Studien zum autoritären Charakter

Bezieht man die Studie über »Anti-Semitism within American Labor« auf den Entwicklungsgang des Frankfurter Kreises, so ist sie ›zwischen‹ den empirischen Arbeiten der dreißiger Jahre und dem Entwurf von 1941 einzuordnen. Ihrer Anlage nach entsprach die Enquête weitgehend den früheren Konzepten, aber diese wurden in der Durchführung z. T. unterlaufen, und zwar bei der Materialerhebung ebenso wie bei der Datenauswertung. Beide Seiten sind dabei nicht unabhängig voneinander zu sehen. Angesichts der äußerst situativen Technik der indirekten und zugleich offen gehaltenen Interviews konnten standardisiert-tatsachenbezogene Antworten kaum erwartet werden, sodaß für die Herstellung allgemeinvergleichender Aussagen den interpretativen Klassifikationen ein entscheidender Stellenwert zukommen mußte. Daß die Erläuterungen zu den antisemitischen ›Typen‹ bzw. Charakterzügen sehr umfangreich ausfielen, war somit keineswegs zufällig, denn die Strukturierung der Empirieproduktion ergab sich letztlich durch qualitative Typologien, die vor dem Hintergrund einer gesellschaftstheoretisch informierten Einschätzung des Antisemitismus ›induktiv‹ entwickelt und einzelfallbezogen illustriert wurden. Erst hierauf aufbauend erfolgte dann die quantitative Analyse, bei der man die Typologien wie Merkmale bzw. Merkmalsausprägungen behandelte, um so die gruppenspezifische Verteilung bestimmter Einstellungssyndrome herauszuarbeiten, deren allgemeine Bedeutung exemplarisch begründet worden war.

Durch diese Strategie wurde jene Verengung der empirischen Arbeit auf quantitativ exakte, aber qualitativ indifferente Auswertungen überwunden, wie sie sich unter dem Einfluß Lazarsfelds im Verlauf der Studien über Autorität und Familie immer mehr durchgesetzt hatte. Dennoch entsprach sie den im Konzept des »critical research« formulierten Vorstellungen nur begrenzt – waren doch quantitative und qualitative Argumentationen nicht experimentell vermittelt, sondern schlicht nacheinandergeschaltet. Eben dieses Defizit sollte in der vom AJC unterstützten Paralleluntersuchung über *»the Function of Anti-Semitism within in the Personality«* behoben werden, die Mitte 1943 begann und den Ausgangspunkt für die späteren *»Studien zum autoritären Charakter«* bildete.

In seiner ursprünglichen Konzeption knüpfte das AJC-Projekt an den Entwurf von 1941 an, der allerdings mehrfach modifiziert werden mußte. Ebenso wie das JLC war nämlich auch das AJC vornehmlich am Antisemitismus in seiner aktuellen Bedeutung für die USA interessiert, weshalb die Arbeitsschwerpunkte 2 und 3, also die sozial- und ideengeschichtlichen Teile ersatzlos gestrichen wurden. Desgleichen trat das Projekt über den nationalsozialistischen Antisemitismus in den Hintergrund, und die restlichen Arbeitsvorhaben wurden zu einem neuen Konzept komprimiert, in dem theoretisch-allgemeine Überlegungen mit empirischen Einzelfallstudien wie folgt kombiniert werden sollten[856]: Den Ausgangspunkt und Bezugsrahmen bildete zunächst eine theoretische Arbeit »on the psychology of destructive tendencies within civilization«, deren Themenformulierung offensichtlich durch die damals bereits laufenden Arbeiten zur »Dialektik der Aufklärung« beeinflußt war. Daran anschließend stand eine exemplarisch orientierte Untersuchung »on the propaganda of hatred« auf dem Programm, in der die Techniken antisemitischer bzw. faschistischer Demagogen mit Mitteln der Inhaltsanalyse analysiert werden sollten. Als dritter und in unserem Zusammenhang besonders interessanter Abschnitt waren schließlich explorative Primärerhebungen zur Aufdeckung antisemitischer Einstellungen vorgesehen, die sich ebenso wie im »Research Project« in methodologischer Hinsicht auf »interviews and psychological experiments« stützen sollten, wobei ausdrücklich das Interesse an »new methods of investigation . . . stressing the qualitative approach« betont wurde.

Während die beiden ersten Arbeitsvorhaben durch Horkheimer, Adorno und Löwenthal relativ gut abgedeckt werden konnten, stieß man bei den empirischen Erhebungen auf erhebliche Schwierigkeiten. So scheiterte das im alten Projektentwurf vorgesehene ›Filmexperiment‹ an dem banalen Umstand, daß sich kein Produzent fand, der die notwendigen Filme zu einem vertretbaren Preis hergestellt hätte[857]. Gerade die nach dem Konzept der ›revidierten Empirie‹ geplanten Analysen erwiesen sich somit als kaum realisierbar, und angesichts der Belastungen durch die Erhebungen für das JLC wurde auch sehr schnell klar, daß man bei der empirischen Feldarbeit ohne fremde Hilfe überhaupt kaum auskommen konnte. Das Institut begann deshalb schon bald mit der Suche nach geeigneten auswärtigen Mitarbeitern und stieß in diesem Zusammenhang 1943 auf R. Nevitt Sanford und seinen Assistenten Daniel Levinson, die beide am Department of Psychology in Berkeley arbeiteten, der dortigen »Public Opinion Study Group« angehörten und sich seit längerem mit Einstellungs- und Vorurteilsstudien beschäftigten.

Als Löwenthal im Juli 1943 Sanford erstmals besuchte, um die Möglichkeiten einer eventuellen Zusammenarbeit zu sondieren, präsentierte dieser zu seiner Überraschung »a tentative schedule for psychological investigations«[858], der ziemlich genau das abdeckte, was dem Institut zur forschungspraktischen Umsetzung und Operationalisierung seiner Thesen fehlte. Im wesentlichen lief Sanfords Konzept auf einen dreistufigen Erhebungsvorschlag mit insgesamt 12 Arbeitsschritten hinaus, deren Vollzug von allgemeinen Einstellungstests zu thematisch präziseren Analysen führen sollte. Den Ausgangspunkt bildeten hiernach themenunspezifische Vorurteilsmessungen über schriftliche Befragungen, wobei zur Absicherung der Ergebnisse ergänzende Strategien von Vervollständigungs- und Assoziationstests bis hin zu verschiedenen Skalierungsmethoden vorgesehen waren. Auf der zweiten Ebene ging es dann um sog. »intermediate situations«, in denen der un- bzw. vorbewußte Antisemitismus ermittelt werden sollte, und zwar vornehmlich anhand projektiver Verfahren. Erst der dritte Schritt bezog sich schließlich auf manifest antisemitische Einstellungen, zu deren Erfassung offene Interviews geführt werden sollten, die ihrerseits durch »story-completion-tests« zu vertiefen bzw. zu vervollständigen waren.

Mit der Unterscheidung von manifestem und latentem Antisemitismus sowie der Kombination von Interviews, schriftlichen Befragungen und psychologischen Tests war Sanfords Vorschlag so offen formuliert, daß er mit den Intentionen des Instituts durchaus vereinbar schien, auch wenn er keineswegs aus der Perspektive des »critical research« entwickelt worden war. Den konzeptuellen Bezugspunkt bildeten vielmehr die (vom Frankfurter Kreis heftig kritisierten) konventionellen ›Personality Tests‹[859], die Sanford und Levinson experimentell anzuwenden versuchten, ohne hierbei über eine ausgewiesene Theorie der Totalität des Antisemitismusproblems zu verfügen. Allerdings waren sie durchaus bereit, dieses Defizit durch eine zusätzliche Lektürephase zu überwinden – ein Vorschlag, der freilich bei Löwenthal auf Ablehnung stieß – brauchte man doch gegenüber dem AJC vor allem den Nachweis einer laufenden Feldforschung, und die Angebote von Sanford/Levinson waren zunächst auch nur insofern interessant, als sie die Möglichkeit eines solchen Nachweises eröffneten[860].

Diese, vom Anspruch des »critical research« sicherlich nicht unbedenkliche, aber pragmatisch gesehen durchaus verständliche Strategie erwies sich in der Tat als voller Erfolg. Mit der Hilfe von Sanford/Levinson konnte man Ende 1943 nämlich soviel Material vorlegen[861], daß eine beträchtliche Ausweitung des Projekts gelang. Ihren institutionellen Niederschlag fand diese Erweiterung in der Gründung eines »Department of Scientific Research«, das im Mai 1944 vom AJC ins Leben gerufen wurde und unter der Leitung von Horkheimer stand. Ziel der neuen Einrichtung war die Weiterentwicklung der Vorurteilsforschung, und unter dem Titel »Studies in Prejudice« wurde hierzu ein ebenso anspruchsvolles wie umfangreiches Forschungsprogramm entworfen[862]. Trotz fünfjähriger Bearbeitungszeit konnte der in der Anfangseuphorie formulierte Untersuchungsplan freilich schon deshalb kaum realisiert werden, weil die Vorurteilsforschung noch ein relativ junges Gebiet war, bei dem Programmatik und Praxis stark auseinanderklafften. Negativ bemerkbar machte sich aber auch der Wechsel in der Projektleitung, denn bereits 1946 mußte Horkheimer seinen Posten aus Gesundheitsgründen aufgeben. Unter seinem Nachfolger Samuel Flowerman kamen die zentrifugalen Kräfte innerhalb des Gesamtunternehmens stärker zum Tragen, weshalb die 1949/50 herausgegebenen Veröffentlichungen des Projekts bedeutend inkonsistenter waren als die in der Größenordnung vergleichbaren »Studien über Autorität und Familie«. Zwar sollten die fünf Einzelstudien[863] nach dem Vorwort von Horkheimer und Flowerman ein perspektivisch zusammengesetztes Insgesamt bilden, »each part of which illuminates one or another facet of the phenomenon, we call prejudice«[864], aber faktisch handelte es sich um nur locker aufeinander bezogene Untersuchungen, die weder eine einheitliche gesellschaftstheoretische Orientierung noch ein koordiniertes methodisches Selbstverständnis aufwiesen und z. T. sogar mit gegensätzlichen Ergebnissen aufwarteten[865].

Dem Modell der ›revidierten‹ Empirieproduktion recht nahe kam allerdings das Kernstück des Gesamtprojekts, nämlich die von Adorno, Sanford, Levinson und Else Frenkel-Brunswick betreuten *»Studien zum autoritären Charakter«*, die unter dem Titel »The Authoritarian Personality« als dritter Band der »Studies in Prejudice« erschienen[866]. In diese Untersuchung, die nach Adornos Erinnerung »in vollkommenem Teamwork ohne irgendwelche hierarchischen Momente«[867] erarbeitet wurde, gingen sowohl die Ansätze von Sanford/Levinson ein als auch das Konzept einer ›splitterorientierten‹ Empirieproduktion, und hieraus ergab sich eine Form der Konstitution und Aneignung von Wirklichkeit, die durch eine systematische Kombination von qualitativ-monographischen Typologien und quantitativ-tatsachenbezogenen Einstellungsmessungen gekennzeichnet ist. Auch in thematischer Hinsicht markieren die Studien ein neues Integrationsniveau, denn mit der Frage nach den Strukturmerkmalen des autoritären Charakters wurde das Problem des antisemitischen Vorurteils in einen Rahmen gestellt, der die Überlegungen der Arbeiter- und Angestellten-Enquête ebenso wieder aufgriff wie die Ziele der Studien über Autorität und Familie und die Thesen des Projektentwurfs von 1941. Der Antisemitismus erschien dementsprechend nur als exemplarischer Ausdruck der autoritären Persönlichkeit, die wie in den früheren Untersuchungen als ein komplexer Zusammenhang von manifesten und latenten Einstellungsstrukturen begriffen wurde, und vor diesem Hintergrund richtete sich das Erkenntnisinteresse genau darauf, einerseits die »Oberflächenmeinungen, -attitüden und -wertvorstellungen (zu) beobachten«, und andererseits jene »ideologischen Trends bloßzulegen, die nur in indirekten Manifestationen an die Oberfläche gelangen«[868].

Den paradigmatischen Bezugspunkt zur Dechiffrierung der latenten und manifesten Charakterstrukturen bildete erneut »die gemeinsame Orientierung an Freud«[869], die freilich anders interpretiert wurde als früher. So grenzte sich Adorno ausdrücklich von einem »psycho-sozialen Ansatz à la Fromm« ab und formulierte als Gegenthese, daß man bei der Analyse des autoritären Charakters »eher in rationalen und irrationalen Motivationen denken (müsse), die ihrem Wesen nach auseinanderzuhalten sind«[870]. Die subjektiven Meinungen wurden also nicht in Abhängigkeit von einem klassentheoretisch fundierten Rechts-Links-Schema gewichtet, sondern als eine autonome bzw. eigenlogische Wirklichkeit angesehen, deren empirische Bedeutung nur nach Maßgabe ihrer internen Struktur bestimmt werden könne. Eben diese Akzentsetzung wurde in der Rezeption der Untersuchung heftig attackiert, denn in den Augen ihrer Kritiker fiel die Studie hierdurch auf das Niveau konventioneller psychologischer Einstellungsuntersuchungen zurück oder erschien gar als eine »radikale Abkehr von einigen grundlegenden Thesen der Kritischen Theorie«[871]. Eine solche Einschätzung ist freilich nur solange naheliegend, wie man den Text der »Authoritarian Personality« isoliert betrachtet. Zieht man hingegen die parallel entstandenen Argumentationen der »Dialektik der Aufklärung« oder die Überlegung zur »revidierten Psychoanalyse« hinzu[872], so ändert sich das Bild. Dort nämlich finden sich jene Ansätze, »das Rassevorurteil in den Zusammenhang einer objektivgerichteten Theorie der Gesellschaft zu stellen«[873], die Basis und Begründung der »Studien zum autoritären Charakter« bilden sollte und sowohl die Abgrenzung von den früheren Freud-Lesarten als auch die forschungspraktische Ausformung der ›revidierten‹ Empirie bestimmte.

Das Grundthema der »Dialektik der Aufklärung« läßt sich am ehesten mit dem Stichwort der »dialektischen Verschlingung von Aufklärung und Herrschaft«[874] umschreiben. Die Befreiung des Menschen von den Zwängen der Natur, so die in vielen Facetten entwickelte These, führe zur Errichtung eines »Herrschaftsverhältnisses zweiter Ordnung«[875]; die instrumentelle Beherrschung der äußeren Natur wird mit einer wachsenden Repression der inneren Triebnatur und der Herausbildung der gesellschaftlichen Herrschaft des Menschen über den Menschen bezahlt, weshalb Aufklärung und Herrschaft irreversibel miteinander verknüpft sind. Vor diesem Hintergrund wurde der Antisemitismus – ähnlich wie bereits im Projektentwurf von 1941 – aus der »Verkleidung der Herrschaft in Produktion«[876] erklärt: Seine gesellschaftliche Funktion, so Horkheimer und Adorno, liege in der Notwendigkeit eines Objekts für unterdrückte Frustration und Aggression; als stigmatisierte soziale Gruppe ziehen die Juden den »Vernichtungswillen auf sich ..., den die falsche gesellschaftliche Ordnung aus sich heraus produziert«[877], und der Vernichtungswille wächst in dem Maße, wie die Verschlingung von Aufklärung und Herrschaft und damit die individuelle und gesellschaftliche Entfremdung voranschreitet.

Insofern dieses Entwicklungsmuster einen sich universalisierenden und in der Universalisierung gleichermaßen subjekt- wie objektumgreifenden Zusammenhang bezeichnet, war es für Horkheimer und Adorno zunehmend sinnlos, bei der Analyse von autoritärem Bewußtsein und Antisemitismus die ›subjektiven‹ auf die ›objektiven‹ Momente zu reduzieren und »vorschnell ökonomische und soziologische Oberflächenursachen ins Spiel zu bringen«[878]. In einer Gesellschaft, in der die Totalität nicht mehr ›positiv‹, sondern allein ›negativ‹ gegeben ist, wird eine derartige »psycho-soziologische« Rekonstruktion vielmehr selbst zu einer Ideologie, die den zentralen Widerspruch zwischen Individuum und Gesellschaft als Vermittlung in der Unvermitteltheit systematisch negiert. Oder anders ausgedrückt: Gerade weil »die Menschen ... durch eine unüberbrückbare Kluft voneinander getrennt sind«[879], darf eine Analyse sozialer Einstellungen nicht als schlichte Korrelation zwischen psychischer Innen- und sozialer Außenwelt verlaufen. »Anstatt das Individuum aus den gesellschaftlichen Prozessen herauszuschneiden, um dann deren formenden Einfluß zu beschreiben, hätte eine analytische Sozialpsychologie in den innersten Mechanismen des Einzelnen bestimmende gesellschaftliche Kräfte aufzudecken«[880] – denn nur in den unbewußten Regungen der Individuen lassen sich jene Elemente ausmachen, die hinter der rationalen Oberfläche der bürgerlichen Gesellschaft stehen und deren ›tiefere‹ Wirklichkeit sowohl in destruktiver als auch in emanzipatorischer Hinsicht bezeichnen.

Diese Interpretation verweist auf eine Rezeption der Psychoanalyse, deren Spezifik im Modell der Kritischen Theorie im engeren Sinne begründet ist und eine weitgehende Abgrenzung sowohl von der Konzeption Fromms als auch vom Programm des interdisziplinären Materialismus beinhaltet. Wurde die Freudsche Theorie in den 30er Jahren als ein einzelwissenschaftliches Konzept wahrgenommen, das nur dann einen Blick auf die ›volle‹ Wirklichkeit erlaubt, wenn es in den Kontext der prozessualen Integration von

Sozialphilosophie und Sozialforschung eingebunden ist, so wird ihr jetzt ein veränderter epistemologischer Stellenwert zugesprochen: »An der Psychoanalyse ist nichts wahr als ihre Übertreibungen«[881], und gerade diese Übertreibungen sind es, die sie über die psychologisch-einzelwissenschaftlichen Beschreibungsmodelle positivistischer Art hinausheben. Indem die Psychoanalyse darauf zielt, das Individuum entgegen dem Schein der bürgerlichen Normalwirklichkeit als »ein absolutes zu nehmen, das nur noch durch Leiden, Lebensnot an die Totalität gebunden ist«[882], gelingt es ihr, die tatsachenbezogene Oberfläche des sozialen Lebens zu durchbrechen und die Dialektik von Aufklärung und Herrschaft sichtbar zu machen; sie gibt Einsicht in die Fragmentierung des gesellschaftlichen Insgesamt, und sofern sie die Wirklichkeit ›quer‹ zur bürgerlichen (Selbst-)wahrnehmung liest, verweist sie auf eine gesellschaftliche Totalität, die in der Erkenntnisproduktion der ausdifferenzierten Einzelwissenschaft stets untergeht[883].

Die epistemologische Neuverortung der Psychoanalyse, die letztlich auf ihre ›Rephilosophisierung‹ hinauslief, konnte in methodologischer Hinsicht kaum folgenlos bleiben, denn mit der Zerstörung der positiv-einzelwissenschaftlichen Selbstdarstellung der Freudschen Theorie verbot sich auch der unmittelbare Rückgriff auf szientistische Aneignungsstrategien. Stattdessen trat die psychoanalytische Tiefeninterpretation als ein spurensicherndes Verfahren in den Blick, und hiermit knüpfte man an jene Ansätze an, die Fromm mit seinem Konzept der psychoanalytischen Strukturstatistik schon zu Beginn der 30er Jahre postuliert hatte. Im Vergleich zur Arbeiter- und Angestellten-Enquête war diese Orientierung freilich weit radikaler und konsequenter, denn die psychoanalytische Spurensicherung kam nicht erst bei der Auswertung, sondern bereits bei der Anlage der Untersuchung ins Spiel. So verzichtete man bewußt auf umfassende Repräsentativerhebungen mit zufällig ausgewählten Populationen und verlegte sich auf »intensive klinische Untersuchungen«[884] an ausgewählten Gruppen bzw. Einzelpersonen, die mit den Mitteln der Tiefeninterpretation exemplarisch, also mit einem monographischen Verallgemeinerungsanspruch untersucht wurden. Hierbei wurde die Freudsche Theorie bezeichnenderweise nicht als ein exakt definierter Bezugsrahmen oder gar als ein hypothetisch-deduktiv zu überprüfendes ›System‹ mit klaren Operationalisierungen eingeführt, sondern die Thesen zur Charakterstruktur und ihren verschiedenen Schichten hatten eher den Status von problemanleitenden »sensitizing concepts«, deren konkrete empirische Bedeutung aus der Struktur der Individuen bzw. ihrer Antworten mit der »Methode der freien Assoziation«[885] situationssensibel rekonstruiert werden sollte.

Insofern das subjekt- und situationsbezogene Vorgehen vor dem Hintergrund der Methode der freien Assoziation von allen Projektmitgliedern geteilt wurde[886], war es nur konsequent, wenn man in der Analyse nach dem Prinzip der »Exemplars as a ›Way of Seeing‹ and a ›Way of Knowing‹«[887] verfuhr und allgemeine Argumente möglichst an einzelnen Fallbeispielen entwickelte. Dieses Vorgehen war insbesondere für Adorno kennzeichnend, der sich in den von ihm durchgeführten »qualitative Studies of Ideology« stets an exemplarischen Interviewaussagen orientierte, die er auf der Grundlage interpretativer Klassifikationen zu Momentaufnahmen ›typischer‹ Einstellungen verdichtete und als Beispiel verallgemeinerte[888]. Aber auch Sanford und Levinson, obwohl dem Verallgemeinerungsanspruch der ›normal science‹ bedeutend stärker verpflichtet, argumentierten häufig exemplarisch. So begannen sie ihre Ausführungen zum »Measurement of Ideological Trends« mit einer später immer wieder aufgegriffenen Analyse von ›Mack‹ und ›Larry‹, zwei College-Studenten, von denen der eine extrem autoritär, der andere hingegen eine weitgehend antiautoritäre Einstellung aufwies[889]. Am Beispiel dieser beiden Männer wurde gleichsam das ›Selektivitätsraster‹ für alle weiteren Wahrnehmungen in Form qualitativer Bezugspunkte entwickelt, die dann im Fortgang »durch Quantifizierung erhärtet« werden sollten, um so zu zeigen, inwiefern »Meinungen, Attitüden und Wertvorstellungen von Gruppen Denkmuster bilden, von denen einige verbreiteter sind als andere«[890].

In den meisten Diskussionen wird der Übergang von der qualitativ-monographischen zur quantitativ-statistischen Argumentation als die entscheidende Leistung der »Studien zum autoritären Charakter« bezeichnet, aber betrachtet man die skizzierte monographische Grundorientierung, so erscheint diese Charakterisierung verzerrend. Für das Ziel einer Erfassung der ›vollen‹ Wirklichkeit des Antisemitismus hatten die quantifizierenden Strategien nämlich eher nachgeordnete Bedeutung, auch wenn innerhalb der Projektarbeit viel Zeit auf sie verwandt wurde. Dies gilt vor allem für die Konstruktion der verschiedenen Meinungs- bzw. Einstellungsskalen, deren erste Varianten weitgehend auf Sanfords »tentative Schedule« von 1943 zurückging. Hierbei standen zunächst drei Instrumente im Vordergrund, nämlich die A-Skala zur Erfassung des Antisemitismus, die E-Skala zur Überprüfung des Ethnozentrismus sowie die PEC-Skala als Maß für den politisch-ökonomischen Konservatismus[891]. Jede dieser Skalen, deren Entwicklungsgeschichte zugleich die Verschiebung der Interessenschwerpunkte der Untersuchung deutlich macht, umfaßte eine Anzahl von Aussagen über Eigenschaften bzw. Verhalten bestimmter ethnischer, sozialer und/oder ökonomischer Gruppen, zu denen sich die Befragten zustimmend oder ablehnend äußern konnten. Anhand der Ergebnisse der verschiedenen Pretests wurden dann Trennschärfe und Zuverlässigkeit der einzelnen Statements ebenso überprüft wie ihre Verständlichkeit, so daß sich auf diese Weise allmählich ein Set statistisch zuverlässiger Indikatoren für umfassendere Einstellungsmuster ergab, die ihrerseits nach ›starken‹ und ›schwachen‹ beziehungsweise nach ›direkten‹ und ›indirekten‹ Items differenziert wurden.

Aufbauend auf den Erfahrungen mit den verschiedenen A-, E- und PEC-Skalen entstand schließlich die vielgerühmte Faschismus-Skala (F. Skala) zur Messung implizit antidemokratischer Trends[892]. Bedeutend stärker als die vorangegangenen Instrumente war dieses Konstrukt eine tatsächliche Gemeinschaftsarbeit, wobei sich die zugrundegelegte Arbeitsteilung, leicht stilisiert, wie folgt charakterisieren läßt: Während Sanford und seine Mitarbeiter das skalentechnische Know-How lieferten, steuerte Adorno eine interpretative Klassifikation von neun Charaktervariablen bei[893], die auf den qualitativen Typologien des Projektentwurfs von 1941 aufbauten und darauf zielten, autoritäre Potentiale in möglichst verdeckter Form zu erfassen. Ähnlich wie bei der »Music-Study« von 1938/39 waren beide Teile keineswegs von vornherein vermittelt, aber da Sanford keinen ›harten‹ methodologischen Operationalismus verfocht, gelang eine sukzessive Annäherung von monographischem und statistischem Verallgemeinerungsanspruch, in deren Folge ein allmählich auf 34 Statements reduzierter Skalensatz entstand, dessen einzelne Items sowohl korrelationsstatistisch analysiert als auch unter Bezug auf psychoanalytische Konzepte einzelfallbezogen ausinterpretiert werden konnten.

Für diese Interpretation gab es neben den Skalen freilich noch weiteres Material, denn sofern die Untersuchung mit einem explizit experimentellen Anspruch auftrat, versuchte man von Anfang an möglichst viele Verfahren auszuprobieren und zu integrieren. So unternahm Else Frenkel-Brunswick auf der Grundlage der angedeuteten qualitativen Vorstrukturierungen verschiedene ›klinische Interviews‹, in denen die persönlichen Verhältnisse und Einstellungen auf der Basis eines umfangreichen offenen Leitfadens erfaßt wurden, der sowohl ›indirekte‹ als auch ›direkte‹ Fragen enthielt[894]. Vorurteil und Unvoreingenommenheit wurden darüber hinaus z. T. auch mit dem »thematischen Apperzeptionstest« überprüft[895], und zusätzlich kam schließlich noch eine Analyse projektiver Fragen auf der Grundlage des Materials der Arbeiteruntersuchungen von 1942/44 zustande, die von Daniel Levinson bearbeitet wurde.[896]

Erst auf der Grundlage dieses gewaltigen Materialberges entstanden die qualitativ-zusammenfassenden Argumentationen zur autoritären Persönlichkeit, die, getreu der projektinternen Arbeitsteilung, vornehlich von Adorno formuliert wurden[897]. Seine stets exemplarisch-induktiv orientierten Interpretationen, die auf eine gesellschaftstheoretische ›Verlängerung‹ der typologisch differenzierten Einstellungssyndrome hinausliefen, blieben freilich ebenso unvollständig wie die Materialerhebungen selbst, denn im Selbstverständnis aller Beteiligten ging es allein darum, »herauszufinden, wie Antisemitismus zu untersuchen sei, und nicht um endgültige Befunde«[898]. Ähnlich wie in den Studien über Autorität und Familie wurde der Gestus der Vorläufigkeit bewußt einkalkuliert, und für Adorno war er auch ein unverzichtbares Kennzeichen der Kritischen Theorie als empirischer Wissenschaft. Sofern nämlich der »Critical Research« mit dem Anspruch auftritt, durch die verkrustete Oberfläche der Tatsachenwirklichkeit hindurchzusteigen und den Blick auf die »Totalität« sozialer Phänomene zu eröffnen, liefert er keine ›abschließenden‹ Resultate, sondern seine Ergebnisse haben den Charakter von problemeröffnenden ›Pretests‹. Diese orientieren sich als ›kritisches Verhalten‹ an einem Konzept monographischer Spurensicherung, das über die tatsachenbezogenen Rekonstruktionsstrategien der ›normal science‹ hinausgeht, ohne auf die dort entwickelten Verfahren zu verzichten. Als verdinglichte Einstellungsstrukturen, die selbst zu Tatsachen geworden sind, werden die zu untersuchenden Meinungen vielmehr durchaus mit quantifizierenden Mitteln analysiert, aber diese waren kein Letztes, sondern ein Bedingtes und blieben eingebettet in ausführliche qualitative Argumentationen, die darauf zielten, die quantitativ zu erhärtenden Bezugspunkte exemplarisch zu begründen und zu verallgemeinern.

Für die Rezeption der Studie war die prozessuale Verknüpfung von quantitativ-tatsachenbezogen und qualitativ-monographischen Momenten allerdings eher hinderlich als fördernd. Zwar stieß die Erhebung schon kurz nach ihrem Erscheinen auf breite Resonanz und galt als ähnlich epochemachend wie die zur gleichen Zeit entstandenen Arbeiten über den »American Soldier«[899], aber ihr spezifischer ›Empirie-Typus‹ wurde nicht selten mißverstanden. So blieb die qualitative Seite, also die Bildung der Typologien, in ihrer gegenstandskonstituierenden Bedeutung weitgehend undiskutiert, und die Mehrzahl der Kritiken konzentrierte sich bezeichnenderweise auf die fehlende Exaktheit der Ergebnisse im Sinne der ›normal science‹[900]. Zu dieser verzerrenden Wahrnehmung paßt auch der immer wieder geäußerte Psychologismusverdacht, der die epistemologische Einordnung der Freudschen Theorie ebenso negiert wie ihre gesellschaftstheoretische Interpretation im Rahmen der »Dialektik der Aufklärung«. Angesichts dieser Verengungen war die Reaktion der Projektmitglieder ebenso defensiv wie blaß. So ließ man sich kaum darauf ein, den eigenen ›Empirie-Typus‹ offensiv zu vertreten und weiter zu begründen. Stattdessen – und dies gilt für den schweigenden Adorno ebenso wie für Sanford/Levinson – ist eher eine ›Anpassung‹ an die szientistische Kritik zu beobachten, denn diese wurde nicht als ›irrelevant‹ attackiert, sondern ihre Dichotomisierungen galten stets als zumindest potentiell berechtigt und wurden allenfalls ›intern‹ zu entkräften versucht[901].

6 Epilog: Perspektiven ›kritischer‹ Sozialforschung

Die Rücknahme der Empirieansprüche des »Critical Research« verlief zwar innerhalb des Frankfurter Kreises keineswegs bewußt, aber betrachtet man die Entwicklung der 50er Jahre, so zeigt sich eine schleichende ›Entwissenschaftlichung‹ der kritischen Empirieproduktion, die durch Adorno/Horkheimer ironischerweise befördert wurde. Beide standen nach dem Abschluß der Arbeiten zum autoritären Charakter dem »Empirical Research« angelsächsischer Provenienz bedeutend positiver gegenüber als zuvor, denn im Gegensatz zu den eher mißglückten Kooperationsbeziehungen mit Lazarsfeld hatte die Zusammenarbeit mit Sanford/Levinson gezeigt, daß die quantitativ-tatsachenbezogenen Techniken für das Projekt eines »Critical Research« durchaus fruchtbar gemacht werden konnten. Anläßlich der kurze Zeit später erfolgenden Rückkehr nach Deutschland schrieb Horkheimer sogar an Löwenthal, daß es darauf ankomme, den »deutschen Studenten amerikanische sozialwissenschaftliche Methoden (zu) vermitteln und damit dem allzu starken Hang traditioneller deutscher Akademiker zur Theorie entgegen(zu)wirken«[902]. Nur so schien es nämlich denkbar, die Ansätze zur Verwirklichung einer ›kritischen Forschung‹ fortzuführen, und zu Beginn der 50er Jahre engagierte man sich auch nachdrücklich auf diesem Feld.

Ihren Niederschlag fand die empirische Orientierung beispielsweise in den von Adorno betreuten Handbuchartikeln zum Thema ›empirische Sozialforschung‹[903]. Desgleichen begann man im neuaufgebauten Institut für Sozialforschung schon bald mit diversen empirischen Projekten, die auch darauf abzielten, neue Methoden insbesondere im Interviewbereich auszuprobieren[904]. Das Niveau der Studien zum autoritären Charakter wurde hierbei freilich schon deshalb nicht mehr erreicht, weil keine Mitarbeiter vom Schlage Sanfords oder Levinsons zur Verfügung standen. Darüber hinaus trat sehr schnell eine Verselbständigung der empirischen Arbeit ein, zumal sich Adorno und Horkheimer spätestens Mitte der 50er Jahre aus der Forschungspraxis völlig zurückzogen. Eben dies erwies sich im nachhinein als äußerst verhängnisvoll, denn abgeschnitten von der forschungspraktischen Erfahrung und Erneuerung verfiel die Idee der totalitätsbezogenen Empirieproduktion zu einem kulturkritischen Gedanken, für den allenfalls in den Feuilletons Platz war. Dies umso mehr als der »administrative Research« in Gestalt der positivistischen Forschung immer mehr an Boden gewann und die nichttatsachenorientierten Verfahren fast völlig in den Hintergrund drängte.

Im Positivismusstreit erreichte dieser Verfallsprozeß genaugenommen einen Höhepunkt – das Modell der kritischen-totalitätsbezogenen Forschung wurde nun in radikaler Abgrenzung vom Tatsachenblick und ohne Bezug auf die eigenen empirischen Arbeiten formuliert. Auf die selbstblockierenden Folgen einer solchen Stilisierung ist bereits in der Einleitung hingewiesen worden, und die Wiederaufnahme der Auseinandersetzung zwischen Tatsachen- und Totalitätsempirie war letztlich auch erst jenseits des Positivismusstreits auf der Grundlage neuer forschungspraktischer Erfahrungen möglich. Betrachtet man die seither entstandenen Ansätze von der Aktionsforschung über die Ethnomethodologie bis hin zur objektiven Hermeneutik oder zur kritisch-sinnverstehenden Soziologie[905], so zeigt sich freilich, daß die von der frühen Kritischen Theorie vorgezeichneten Modelle zur Konkretisierung der monographischen Empirieproduktion keineswegs völlig überholt sind. So erinnert die Rezeption des Empirieproblems in der Fortführung der Kritischen Theorie durch Habermas eher an die Strategien des ›interdisziplinären Materialismus‹, auf den sich Habermas neuerdings auch explizit beruft[906]. Umgekehrt gibt es insbesondere im Bereich der interaktionistischen Konzepte zahlreiche Versuche zur Wiederbelebung der ›revidierten Empirie‹, die bislang zwar kaum offen an Adorno anknüpfen, aber die von ihm formulierten Prinzipien des monographischen Arbeitens durchaus zu präzisieren vermögen[907].

Von ›interdisziplinärem Materialismus‹ und ›revidierter Empirie‹ sind die derzeit aktuellen Entwürfe jedoch zugleich unterschieden. Ausgangspunkt der meisten Überlegungen ist nämlich die in der frühen Kritischen Theorie noch kaum bedeutsame These von der »kommunikativen Struktur« sozialer Wirklichkeit, und die Absetzung von der Tatsachenforschung wird auch zunehmend mit diesem Argument und dem dazu gehörigen Verweis auf die Divergenzen zwischen natur- und sozialwissenschaftlicher Forschung begonnen[908]. Wie die Realität als »kommunikative Struktur« nichtinstrumentell zu dechiffrieren sei, ist allerdings umstritten. Die Positionen variieren je nach der Einschätzung der Objektivitäts- und Verallgemeinerungsstandards des institutionalisierten Wissenschaftssystems, wobei man, salopp formuliert, eine *›Adorno-Variante‹* und eine *›Habermas-Variante‹* voneinander abgrenzen kann[909]. Im ersten Fall, also bei der ›Adorno-Variante‹, wird das Konzept der kommunikativen Empirieproduktion mit dem Prinzip der Betroffenheit verknüpft, und hieraus ergibt sich gleichsam eine Radikalisierung der ›revidierten Empirie‹, denn eine Erkenntnis der ›vollen Wirklichkeit‹ erscheint nur dann möglich, wenn das subjektive Leiden an den Verhältnissen zum entscheidenden Bezugspunkt der Analyse gemacht wird. Von den Anhängern der zweiten Variante wird eine solche Form des Subjektbezuges hingegen als ›unwissenschaftlich‹ abgelehnt; hier findet sich eher das in Anlehnung an Habermas entwickelte Plädoyer für eine Rekonstruktion »in objektivierender Einstellung«, die mit dimensionsspezifisch differenzierten und in eben diesem Sinne totalitätsbezogenen Methoden arbeiten soll. An die Stelle des unmittelbar Betroffenen tritt somit der Wissenschaftler als ein potentiell Betroffener, der die Wirklichkeit weniger subjektbezogen erlebt, sondern sie auf der Grundlage eines verwissenschaftlichten Erlebens im Sinne Webers analysiert und eine Erkenntnisproduktion ›in Stellvertretung‹ betreibt.

Welche dieser beiden Varianten für eine Konkretisierung des Konzepts der Totalitätsempirie angemessener ist, läßt sich angesichts des relativ unterentwickelten Diskussionsstandes derzeit kaum eindeutig entscheiden. Auf den ersten Blick spricht vieles für das Konzept der Subjektorientierung »in objektivierender Einstellung«, denn die Adorno-Version kann leicht in eine subjektivistische Introspektion umschlagen – eine Gefahr, die vor allem bei den Vertretern des interpretativen Paradigmas zu beobachten ist[910]. Hier bietet die ›Habermas-Variante‹ mit ihren Reflexionen über die interaktive Herstellung von Wahrheit sicherlich Vorteile, aber die Einlösung der monographischen Ansprüche stößt bei genauerer Betrachtung auf mindestens ebenso große, wenn nicht größere Schwierigkeiten. Sofern nämlich die Rekonstruktion »in objektivierender Einstellung« grundsätzlich ohne Veränderung des Untersuchungsfeldes erfolgen soll, wandelt sich der Wissenschaftler unter Umständen sehr schnell von einem potentiell Betroffenen in einen distanzierten Beobachter, sodaß die objektivierende Einstellung in eine szientistische überzugehen droht, bei der induktive und exemplarisch generalisierende Strategien unzulässig erscheinen[911].

Genau hier liegt auch das Kernproblem des Habermas-Modells. Zwar verfügt es über eine größere Sicherheit bzw. Eindeutigkeit der Analyse, die jedoch mit dem Preis einer stärkeren Anerkennung der etablierten ›Grenze‹ zwischen wissenschaftlicher und vorwissenschaftlicher Erfahrungsverarbeitung bezahlt wird. Dieser Tribut erscheint umso prekärer, als die bisherigen Grenzziehungen im Verhältnis von Wissenschaft und Öffentlichkeit ihre Brauchbarkeit offensichtlich verlieren. So zeigen die Diskussionen und die »Sekundärverwissenschaftlichung« sozialer Wirklichkeit[912], daß das Konzept der Gültigkeit wissenschaftlicher Wirklichkeitswahrnehmungen in dem Maße relativiert wird, wie die »Verwissenschaftlichung der Erfahrung«[913] voranschreitet und die »Entzauberung« der Gesellschaft durch die Wissenschaft in einen Prozeß der »Entzauberung des Entzauberers«[914] übergeht. Sofern diese Entwicklungen systematischer Natur sind, gewinnt das Konzept der ›revidierten Empirie‹ erneut an Aktualität, denn als Suche nach einer neuen Rationalität läßt sich die Bewältigung der zweiten Entzauberung nur über Rekonstruktionsstrategien mit induktiven, experimentellen und einzelfallbezogenen Orientierungen bewältigen. Daß diese ›splitterorientierte‹ Empirieproduktion über die schlichte Dichotomisierung von quantitativen und qualitativen Analysen hinausgeht, zeigen die Arbeiten der Kritischen Theorie ebenso wie die neueren Versuche zur Systematisierung verschiedener Erfahrungsklassen innerhalb einer subjektorientierten Sozialforschung[915]. Eben diese Ansätze gilt es in einer forschungspraktischen Orientierung weiter zu treiben, denn eine Sozialforschung jenseits des Tatsachenblicks kann sich aufgrund ihrer immanenten Prinzipien nur in dem Maße entwickeln, wie sie experimentell umgesetzt und diskursiv ausprobiert wird.

Anmerkungen

1 Signifikant hierfür ist z. B. der gleichnamige Band von Badura 1976. Als Zwischenbilanz zu diesem Trend vgl. neben Böhme/Engelhardt 1979 insbesondere Beck 1982.

2 Zu diesem in der BRD seit Mitte der siebziger Jahre beobachtbaren Umschwung vgl. kritisch Krysmanski/Marwedel 1975 sowie weniger kritisch: Lepsius 1976. Als paradigmatisches Beispiel kann in diesem Zusammenhang zweifellos die Debatte um »Spätkapitalismus« und »Staatstheorie« gelten, die bis ca. 1975 intensiv geführt und schon bald kanonisiert wurde (vgl. Müller/Neusüß 1970, Offe 1972, Flatow/Huiskiens 1973, Pozzoli 1976, Brandes et al. 1977), aber inzwischen »wieder nahezu versiegt« ist (Ronge 1979, S. 11). – Ähnliches gilt aber auch für die sog. »Theoriediskussion« innerhalb der bundesdeutschen Soziologie, die nach der Habermas/Luhmann Kontroverse (vgl. Habermas/Luhmann 1971) immer stärker verebbte und heute in institutionalisierter Form offensichtlich nicht mehr aufrechzuerhalten ist – beschäftigt sich doch die Sektion »Theorienvergleich« in der Deutschen Gesellschaft für Soziologie schon seit geraumer Zeit hauptsächlich damit, sich selbst neu zu konstituieren.

3 Riedmüller/Koenen/Kardorff 1982, 307. Die wachsende empirische Orientierung läßt sich am deutlichsten an den offiziellen Selbstdarstellungen von Soziologie und Politologie, nämlich an den Veröffentlichungen der jeweiligen Fachkongresse studieren (vgl. hierzu z. B. Bernbach 1978 im Vergleich zu v. Kielmannsegg 1976, sowie Matthes 1979 gegenüber Lepsius 1976).

4 Vgl. neben den bereits erwähnten Arbeiten von Krysmanski/Marwedel 1975 und Lepsius 1976 als neuere Belege z. B. die Presserezensionen zu den letzten Politologen- und Soziologentagen, die in den meisten Medien, salopp formuliert, als ebenso empirisch-detaillistisch wie langweilig dargestellt wurden (exemplarisch hierzu: Süddeutsche Zeitung Nr. 95/1979 v. 25. 4. 1979, Nr. 235/1979 v. 11. 10. 1979, sowie in der Tendenz unverändert auch Nr. 220 v. 24. 9. 1980).

5 Vgl. Hempel 1952, Hempel 1974, sowie als ›klassischen‹ Text zu diesem Konzept von Empirie und Erklärung Hempel/Oppenheim 1953.

6 Wie die nachfolgend genannten Titel zeigen, hat die deutschsprachige Rezeption der »qualitativen« Forschungsansätze vor allem seit Beginn der siebziger Jahre zugenommen, wobei sich grob zwei Richtungen unterscheiden lassen: Auf der einen Seite steht hier zunächst die sog. »Aktionsforschung«, die in der BRD sowohl in Anknüpfung an Le-

win (1963) als auch in ideologiekritischer Abgrenzung vom Positivismusstreit entwickelt wurde (vgl. Fuchs 1970, Berger 1972, 1974, Haag et al. 1972, Heinze et al. 1975, Moser 1975, 1977a, b, Moser/Ornauer 1977; kritisch weiterführend ferner Horn 1979, Wohlrapp 1979 sowie zuletzt auch Gravenhost et al. 1982. Die zweite Rezeptionslinie, die heute immer mehr in den Vordergrund rückt, knüpft hingegen stärker an die Traditionen des Symbolischen Interaktionismus (Mead 1934, Blumer 1973) und der Ethnomethodologie (Garfinkel 1967) an (vgl. u. a. Cicourel 1969, Kreppner 1975, Müller 1975, Arbeitsgruppe Bielefelder Soziologen 1976, Nießen 1977, Gerdes 1979, Hopf/Weingarten 1979, Müller 1979, Soeffner 1979; zu den zumeist amerikanischen Vorläufern als Überblick: McCall/Simmons 1969; Filstead 1970; Schatzmann/Strauß 1973).

7 Daß die qualitative Forschung nicht notwendigerweise progressiven oder gar emanzipatorischen Charakter aufweist, zeigt z. B. der Aufsatz von Kreissl 1981; als allgemeine Einschätzungen vgl. auch Himmelstrand 1978, S. 71 ff. sowie Wolff 1979.

8 So beispielsweise die implizite Einschätzung von Krysmanski/Marwedel 1975 (vgl. insbesondere S. 28 ff.), die damit allerdings den kritischen Distanzierungen vom Theorieboom, wie sie damals beispielsweise von Vagt 1972 (insbes. S. 18 ff.), Berger 1974 (insbes. S. 14 ff.) oder Müller 1975 (insbes. S. 239, Fußnote 2) formuliert worden waren, kaum Rechnung tragen.

9 Vgl. als allgemeine Einführungen: Blalock/Blalock 1968, Sjoberg/Nett 1968, Atteslander 1969, Denzin 1970, Hartmann 1970, Schrader 1971, Mayntz/Holm/Hübner 1972, König 1973 ff. Friedrichs 1973, Koolwijk/Wieken-Mayser 1974 ff.

10 Als allgemeine Darstellung vgl. Zeisel 1933, Glazer 1959, Lazarsfeld 1961, Obershall 1965, Lecuyer/Obershall 1968, Obershall 1972, Kendall 1972, Schad 1972, Maus 1973, Easthope 1974, Gorges 1980. Die generelle Gleichsetzung von empirischer Sozialforschung und quantitativen Verfahren ist hier übrigens noch stärker als in den methodologisch orientierten Arbeiten (vgl. z. B. Lazarsfeld 1961, S. 149, Lecuyer/Obershall 1968, S. 36 oder auch die Definition des »social research« bei Obershall 1972, S. 2; Zur Kritik an diesem »historischen Selbstbild« vgl. auch Bock 1980, S. 73 f.).

11 Dies zeigt sich nicht nur bei den Arbeiten der frühen siebziger Jahre, sondern gilt selbst für reflektiertere Ansätze wie z. B. Moser 1977a, b.

12 Die wichtigsten Texte dieser Auseinandersetzung finden sich zusammengefaßt in Adorno et al. 1969.

13 Vgl. Jonas 1969, S. 14 ff., der die Dichotomisierung von Theorie und Empirie bereits mit Mengers »Untersuchungen über die Methode der Sozialwissenschaften« (1883) ansetzt. Diese Darstellung ist zwar selbst

wieder eine Stilisierung, denn noch bis zu Beginn der dreißiger Jahre waren die Fronten durchaus nicht so klar, wie dies aus heutiger Sicht erscheint (vgl. u. a. Honigsheim 1959, v. Ferber 1959, insbes. S. 169 ff.), aber sie ist andererseits insofern treffend, als ›empirische‹ und ›theoretische‹ Analysen schon seit den Anfängen der offiziellen Soziologie um die Jahrhundertwende unabhängig voneinander betrieben wurden, wobei sich dies in unterschiedlichen institutionellen Kontexten ebenso niederschlägt wie in den »verschiedenen Sprachen« (Jonas 1969, S. 15) der ›reinen‹ und der ›angewandten‹ Soziologie (vgl. hierzu ausführlicher den Abschnitt »Die Diskussion in der Deutschen Gesellschaft für Soziologie«, S. 143 ff.).

14 Vgl. hierzu u. a. Popper 1940, S. 263 ff., ders. 1949, S. 115 ff., Albert 1957, S. 130 ff. sowie ders. 1964, S. 199 ff.

15 So die Bezeichnungen bei Albert 1957, S. 128 und Scheuch/Rüschemeyer 1956, S. 348.

16 Adorno 1957, S. 81.

17 Ebd., S. 83 – In ihrem gemeinten Sinn wird diese Gegenüberstellung noch klarer bei Adorno 1969, S. 18 f.: »Nicht die geringste der Differenzen von Positivismus und dialektischer Konzeption ist, daß der Positivismus ... nur Erscheinungen gelten lassen möchte, während Dialektik den Unterschied von Wesen und Erscheinung nicht sich ausreden läßt. Es ist seinerseits gesellschaftliches Gesetz, daß entscheidende Strukturen des sozialen Prozesses ... ohne Eingriff der Theorie nicht offenbar werden können.«

18 Kritisch zu dieser Entwicklung vgl. Fuchs 1970, S. 148 f. sowie Berger 1974, die darauf hinweisen, daß »die Positivismuskritik nur den Sack haut, während sie den Esel meint« (Berger 1974, S. 14), denn die Fokussierung der Kritik auf die Wissenschaftstheorie führte dazu, daß die konkreten methodologischen Probleme aus dem Blick gerieten.

19 Claessens 1970, S. 7.

20 Der Unterschied zu den früheren Dichotomisierungen von Theorie und Empirie läßt sich deshalb auch wie folgt umschreiben: Während in der Soziologie der zwanziger Jahre »theorielose empirische Forschung und reine Theorie, d. h. Klassifikationslehre ... zwei voneinander geschiedene Welten (bildeten), die sich gegenseitig nicht behindern, aber auch nicht fördern können« (Jonas 1969, S. 15), wird dieses ›interesselose Nebeneinander‹ im Positivismusstreit erstmals ansatzweise überwunden, so daß es so gesehen zweifellos verkürzend wäre, ihn nur als eine ›Neuauflage‹ des alten Werturteilsstreits zu begreifen.

21 Vgl. exemplarisch: Popper 1949, S. 115, Albert 1957, S. 126.

22 Auffallend ist in diesem Zusammenhang, daß der Begriff der ›Tatsache‹ in den Texten der positivistischen Autoren zwar oft gebraucht, aber inhaltlich weitgehend unscharf bleibt. (Vgl. z. B. Albert 1965, S. 272 f., sowie Popper 1961, S. 104, der die Genese von wissenschaft-

lichen Problemen aus der Diskrepanz von »Wissen« und »Tatsachen« herleitet.)

23 Als Beispiel einer kanonisierten Methodenlehre zur Konstruktion nomologisch-deduktiver Erklärungen vgl. Opp 1970, insbes. S. 29 ff. Zum Realitätsbezug dieses Erklärungsmodells vgl. kritisch: Ritsert/Becker 1971, S. 13 ff.

24 Habermas 1963, S. 160; vgl. auch Adorno 1969, S. 17 ff.

25 Habermas 1964, S. 238.

26 Adorno 1969, S. 26 f.

27 Adorno 1957, S. 93.

28 Vgl. Fuchs 1970, S. 149.

29 Deutlicher als in den Beiträgen zum Positivismusstreit (vgl. z. B. Habermas 1964, S. 255 ff.) wird dies in der späteren Abhandlung zur »Logik der Sozialwissenschaften« (Habermas 1967). Hier betont Habermas ausdrücklich, daß »die symbolischen Darstellungen von Ereignissen methodologisch nicht auf gleicher Ebene mit den empirischen Ereignissen selber behandelt werden (dürfen)« (ebd., S. 149; zur Rechtfertigung der tatsachenbezogenen Ansätze in Gestalt der verhaltenstheoretischen Soziologie vgl. ebd., S. 162 ff.).

30 Zur Entwicklung der »sprachverstehenden Soziologie« vgl. genauer Habermas 1967, Teil III, insbes. S. 290 ff.

31 Dies gilt sowohl für die ›frühe‹ Kritische Theorie von Horkheimer/Adorno als auch für die neueren Fortsetzungen, wie sie durch Habermas repräsentiert werden. Genau genommen hat die Frankfurter Schule sogar erheblich zur Institutionalisierung der Sozialforschung in Deutschland nach 1945 beigetragen (vgl. Jay 1973, S. 327), wobei die empirische Forschung freilich stets nur Mittel und nicht Selbstzweck war.

32 Das Steckenbleiben im Programmatischen fällt insbesondere bei der Aktionsforschung auf, die trotz massiver Abgrenzung vom Positivismusstreit durch die von ihm aufgebauten Fronten nicht unwesentlich geprägt ist. Vgl. hierzu neben der Kontroverse zwischen Eichner/Schmidt 1974 und Haag et al. 1975 vor allem die kritischen Argumente bei Moser 1975, S. 54 ff., Wohlrapp 1979, S. 136 ff. sowie Bohling 1979, S. 38 ff.; als Beispiel für eine scharfe, aber nicht sehr inhaltsreiche Polemik in gesellschaftstheoretischer Absicht ferner auch Karl 1977.

33 Zu der in letzter Zeit verstärkt erhobenen Forderung nach einer neu zu schreibenden Geschichte der empirischen Sozialforschung vgl. neben Vagt 1972, S. 13 ff. auch Bohling 1979, S. 72 sowie zuletzt die eher geistesgeschichtlich-konservative Variante bei Bock 1980.

34 Dies gilt für fast alle der obengenannten (vgl. Fußnote 9) Hand- und Lehrbücher, in denen der Begriff des Empirischen in der Regel nur additiv, nämlich über die Aufzählung der behandelten Verfahren be-

stimmt wird, wohingegen – ganz im Gegensatz zum Begriff des Theoretischen – eine allgemeine kategoriale Klärung niemals zur Debatte steht. Ausnahmen bilden hier allerdings (neben der ein wenig aus dem Rahmen fallenden Arbeit von Denzin 1970) z. B. Hartmann 1970 oder Friedrichs 1973, die beide nicht per se von einem ›festen‹ Empirieverständnis ausgehen, sondern zumindest einleitend zu klären versuchen, was ›Empirie‹ überhaupt heißen kann. (Zur Kritik an dem gängigen, »naiv realistischen Empirismus« vgl. schon relativ früh auch Lieber 1957 (ebd. S. 502), dessen Ausführungen zum Erfahrungsbegriff in der empiristischen Sozialforschung jedoch weitgehend in Vergessenheit geraten sind).

35 Vgl. als ein ebenso instruktives wie borniertes Beispiel die Theoriekritik von Sontheimer 1976.

36 Vgl. Schütz 1953/54, Berger /Luckmann 1966; ferner Schütz 1932 sowie ergänzend auch Holzner 1968.

37 So der Titel von Berger/Luckmann 1966.

38 Mit dieser konstitutionstheoretischen Orientierung sind sie dabei nicht nur von älteren phänomenologischen und historischen Arbeiten (z. B. Scheler 1924, 1926; Mannheim 1925) unterschieden, die aus den »erkenntnispessimistischen Tendenzen des Historismus« (Lenk 1972, S. 11) entstanden und eher auf Ideologienlehre als auf Wissenssoziologie hinauslaufen (zur Differenz von ›Ideologienlehre‹ und ›Wissenssoziologie‹ vgl. Stark 1960, S. 39 ff.); sie heben sich auch von den lange Zeit vorherrschenden funktionalistischen Konzepten ab, die ausschließlich nach der sozialen Funktion »geistiger Gebilde« fragen (vgl. Merton 1945, 1957), ohne jedoch deren gesellschaftliche Konstitution und Veränderung zu thematisieren. (Als allgemeine Einführungen in die Wissenssoziologie vgl. neben Stark 1960 vor allem die Reader von Curtis/Petras 1970 und Remmling 1973, die einen ebenso erschöpfenden wie knappen Überblick über die verschiedenen Traditionslinien geben und die wichtigsten Texte dokumentieren).

39 Berger/Luckmann 1966, S. 1.

40 Vgl. hierzu im einzelnen Schütz 1953/54, S. 237 ff., Berger/Luckmann 1966, S. 56 ff., sowie zu den Begriffen von Um-, Mit- und Vorwelt auch Schütz 1932, S. 181 ff.

41 Dies bedeutet streng genommen auch, daß zwischen der ›gegenständlichen‹ und der ›sozialen‹ Richtigkeit von Wissensbeständen unterschieden werden müßte, wobei die genannten Dimensionen eigentlich nur in Grenzfällen zusammenfallen: So sind alltagsweltliche Deutungsmuster häufig ›gegenständlich‹ falsch, aber sie können dennoch sozial angemessen und insofern ›richtig‹ sein. Diese Nichtidentität von ›gegenständlicher‹ und ›sozialer‹ Richtigkeit gilt für die meisten Bereiche des gesellschaftlichen Wissens – ist doch die Produktion eines gegenständlich-objektiven Wissens letztlich nur dann möglich, wenn

die Außenwelt nicht als historisch-gesellschaftliche Realität, sondern als unbearbeitete Natur im Sinne der modernen Naturwissenschaften rekonstruiert wird (Vgl. hierzu u. a. auch Marcuse 1957, S. 137; Habermas 1968a, S. 62 ff., sowie Leist 1973, S. 576 ff.).

42 Berger/Luckmann 1966, S. 3. Zum Zwangscharakter der jeweiligen Empirien vgl. auch die Beiträge in Grupp 1980.

43 Berger/Luckmann 1966, S. 3.

44 Vgl. hierzu ausführlich: Holzkamp 1973, S. 175 ff. Mit seinem Konzept der Wahrnehmung als »sinnlicher Erkenntnis« (vgl. ebd., S. 56 ff.) ist Holzkamp übrigens einer der wenigen, der, ähnlich wie in der Wissenssoziologie, die »symbolisch-sprachliche Vermitteltheit zwischen ›Wahrnehmung‹ und ›Denken‹« (vgl. ebd., S. 147 ff.) betont.

45 Als zentrales Beispiel gilt hier vor allem Evans-Pritchards Studie über »Hexerei, Orakel und Magie bei den Zande« (Evans-Pritchard 1937). Zur sozialwissenschaftlichen Rezeption dieser Studie vgl. einführend die Aufsätze bei Kippenberg/Luchesi 1978.

46 Daß derartige Deutungsmuster letztlich nur aufgrund äußerer Einflüsse ›unempirisch‹ werden, zeigt auch das folgende Argument von Wisdom zur Stabilität von Hexenglauben: »A primitive way of seeing the world allows a diagnosis of witchcraft which has to be true because there is no way of disputing it – the attempt to dispute would only be part of the witchcraft.« (Wisdom 1973, S. 264).

47 Mit der Betonung des handlungstheoretischen Aspekts (vgl. hierzu auch Moser 1977a, S. 13 ff.) wird allerdings die Möglichkeit einer wahrheitstheoretischen Interpretation nicht ausgeschlossen, wenngleich der Wahrheitsbegriff unter dieser Perspektive zunächst in einem eher pragmatistischen Sinne zu diskutieren wäre (vgl. Mead 1924 ff., S. 39 ff.; darüber hinaus aber auch: Habermas 1971b, S. 124 ff., sowie Lukes 1973, S. 235 ff.).

48 Vgl. Locke 1689, S. 5: »Ist doch nichts *offensichtlicher*, als daß Lebewesen von gleicher Art und gleichem Rang ... auch gleichgestellt leben sollen« (Hervorhebung W. B.).

49 Eine ausführliche Analyse der »Theory of moral sentiments« als einer sozialwissenschaftlichen Theorie findet sich bei Medick 1973, S. 206 ff.

50 Vgl. Dubiel 1978, S. 38 ff.

51 So spricht beispielsweise Alfred Schmidt davon, daß die Marxsche Theorie »historisch-empirische Zusammenhänge in konzentrierter Form, nicht in ihrer unmittelbaren Kopie« (Schmidt 1971, S. 43) enthalte, und Eberle/Henning unterscheiden explizit zwei Aussageebenen bei Marx, nämlich »eine abstrakt-allgemeine und eine konkrethistorische« (Eberle/Henning 1974, S. 79).

52 Zu der (wissenschafts-)soziologischen Debatte um ›externe‹ und ›interne‹ Faktoren, die seit den Veröffentlichungen von Böhme/van den Daele/Krohn 1972, dies. 1973 im deutschen Sprachraum ebenso intensiv wie unabhängig von der älteren wissenschaftstheoretischen Diskussion geführt wurde, vgl. Hübner 1976, Anderson 1978, Schäfer 1978, Böhme/van den Daele/Hohlfeld 1978; zur Verortung dieser Auseinandersetzung darüber hinaus Böhme 1975, Hubig 1978a, b; aus der englischen Diskussion ferner die Beiträge von Laudan 1977, Blume 1977, Whitley 1977. Als entscheidender Unterschied zwischen »Internalisten« und »Externalisten« ist vor allem die divergierende Verortung des Wahrheitsbegriffs festzuhalten: Während die Vertreter der ›internalistischen‹ Konzepte die wissenschaftliche Erkenntnisproduktion über Wahrheit definieren, den Wahrheitsbegriff also als den zentralen Bezugspunkt von Wissenschaft begreifen (vgl. exemplarisch: Radnitzky 1976), verstehen die »Externalisten« Wahrheit nicht als Voraussetzung, sondern als ein in mancher Hinsicht kontingentes Resultat wissenschaftlicher Arbeit.

53 Lakatos/Musgrave 1965. Zu diesem eigenständigen Diskussionsstrang vgl. neben den bei Lakatos/Musgrave gesammelten Aufsätzen auch Michalos 1971, Diederich 1974, Krüger 1974, Ströker 1974, sowie für den Bereich der Geistes- bzw. Humanwissenschaften ergänzend Baumgart-Thomé 1978, S. 90 ff.

54 Böhme 1978, S. 45.

55 Vgl. hierzu neben den konzeptuellen Arbeiten von Böhme 1977, 1978 vor allem Böhme/van den Daele/Krohn 1977, sowie darüberhinaus die Fallstudien von Krohn/Schäfer, Böhme und Hohlfeld in Böhme et al. 1978.

56 Vgl. in diesem Zusammenhang auch Berger/Luckmanns Konzept der Entstehung von Expertenwissen, das nur dann möglich ist, wenn es außerhalb des gemeinsam geteilten Wissensbestandes, also in eigenständigen sozialen Kontexten, produziert wird. (Berger/Luckmann 1966, S. 82 f.).

57 Vgl. hierzu aus wissenssoziologischer Perspektive neben Berger/Luckmann 1966, 82 ff. z. B. Willer 1971; als wissenschaftssoziologische Analysen der Eigenheiten der modernen ›scientific community‹ ferner Storer 1966 sowie Crane 1972.

58 So verweist z. B. Weingart (1972) unter Bezug auf Analysen zur internen Kommunikationsstruktur der ›scientific community‹ darauf, daß »Phänomene der Schichtung, der Macht und des Einflusses in der ... Wissenschaft« eine beträchtliche Rolle spielen (Weingart 1972, S. 35) und sowohl Formen als auch Inhalte wissenschaftlicher Erkenntnisgewinnung mitbestimmen. Allerdings sind diese Handlungszwänge gewissermaßen ›wissenschaftsinterner‹ Natur und ändern nichts an der Tatsache, daß die unter diesen Bedingungen produzierten Deutungs-

muster ohne unmittelbaren Bezug auf alltagsweltliche Handlungsimperative entstehen.

59 Vgl. Schütz 1953/54, S. 39 ff. – Eine ebenso gute wie knappe Darstellung der Schützschen Unterscheidung von alltagsweltlicher und wissenschaftlicher Sinndeutung findet sich bei Nießen 1977, S. 21 ff.

60 Habermas 1973, S. 214; vgl. auch Habermas 1971b, S. 117.

61 Zum Begriff des »Relevanzsystems« und der hiermit zusammenhängenden Kategorie der »Reichweite« des Wissens vgl. Schütz 1953/54, S. 10 f.

62 Vgl. Berger/Luckmann 1966, S. 2. Zur Charakterisierung des Erkenntnisstils der alltagsweltlichen Wirklichkeitserfahrung genauer: Schütz 1953/54, S. 254 ff.

63 Zum wissenschaftlichen ›Erkenntnisstil‹ vgl. Schütz 1953/54, S. 286 ff. Kritisch ist hier allerdings anzumerken, daß Schütz die wissenschaftliche »Kontemplation« (ebd., S. 286) als kontextfreie Angelegenheit darstellt und somit die Wirksamkeit »externer« Faktoren auf den wissenschaftlichen Erkenntnisprozeß (vgl. Fußnote 52) weitgehend ausblendet. (Aus interaktionistischer Perspektive hierzu auch kritisch: Nießen 1977, S. 30 f.).

64 Zu der erst auf der Ebene wissenschaftlicher Deutungsmuster systematisch möglichen Unterscheidung von Wahrheit und Wirklichkeit vgl. auch Habermas 1973, der – getreu der wissenschaftsinternen Perzeption von Theorie und Empirie – darauf hinweist, daß »Wahrheit kategorial der Welt der Gedanken ... und nicht der der Wahrnehmungen angehört.« (ebd., S. 232).

65 Mittelstraß 1974, S. 33.

66 Müller 1975, S. 190, sowie ausführlich: Müller 1979, S. 25 ff.

67 Vgl. exemplarisch die Ausführungen über »einige methodologische Voraussetzungen der empirischen Sozialforschung« bei Mayntz/Holm/Hübner 1972, S. 9 ff.

68 Als einen ebenso neuen wie interessanten Beleg vgl. z. B. die Reaktionen von Blalock, Cole, Naroll und Storer auf einen Aufsatz von Michael Overington, der Argumente dafür sammelt, »(that there is) a collapse of philosophical legitimations for a demarcation between scientific and other kinds of knowledge« (Overington 1979, S. 2; Kommentare von Blalock et al. vgl. ebd., S. 12 ff.).

69 Zum Verlauf dieser Annäherung und ihren verschiedenen Wurzeln vgl. Diederich 1974, S. 7 ff. Zur (allmählich eher stagnierenden) Weiterführung dieses Prozesses vgl. z. B. Diemer 1977 (hier insbesondere den Aufsatz von Rüsen) sowie Butts/Hintikka 1977 (hier vor allem den Aufsatz von Markov sowie die Auseinandersetzung zwischen Sneed, Stegmüller und Kuhn (Teil III)).

70 Böhme 1975.

71 Die Konzentration auf die Naturwissenschaften wird bei einem Blick

auf die neueren Bibliographien zur Wissenschaftsgeschichte deutlich, die zugleich auch das enorme Wachstum einschlägiger Spezialstudien deutlich machen (vgl. z. B. ISIS Vol. 64, Part 5 (1973); an allgemeinen Arbeiten darüber hinaus neben Böhme/van den Daele/Krohn 1977 auch Hall 1963, 1966, Nelson 1967, Rhigini-Bonelli/Shea 1975, Knafla et al. 1976). Zu den wenigen Versuchen einer entsprechenden Rekonstruktion der Sozialwissenschaften vgl. disziplinübergreifend die Arbeiten von Cochran 1964, Trompf 1977, sowie für Deutschland Lepenies 1974 sowie Pankoke 1977.

72 Vgl. allgemein z. B. Forrington 1966, Cherniss 1966, Cassirer 1969, S. 11 ff., Mittelstraß 1974, Böhme 1976, Windelband/Heimsoeth 1976, S. 21 ff.

73 Und zwar seit dem 6. Jh. v. Chr. (vgl. Mittelstraß 1974, S. 33).

74 Zum aristotelischen Wissenschafts- und Empirieverständnis vgl. auch Allan 1955, insbes. S. 121 ff., Kambartel 1968, S. 50 ff., Stark 1972, S. 145 ff., Böhme 1974, S. 158 ff., Kullmann 1974, S. 145 ff.

75 Aristoteles/Metaphysik 981a (S. 18).

76 Ebd., 980 (S. 17).

77 Mittelstraß 1974, S. 65.

78 Nach Allan (1955, S. 158) geht der Begriff der »wissenschaftlichen Wahrnehmung« auf Speusipp zurück.

79 Kambartel 1972, Sp. 610.

80 Pointiert zeigt sich dies beispielsweise in Erscheinungen wie dem Geographen Kosmas Idicopleustes, der unter dem Einfluß der Bibel wieder zur alttestamentalischen Vorstellung von der Erde als einer Scheibe zurückkehrte (vgl. Dijksterhuis 1956, S. 111 ff.).

81 Vgl. hierzu u. a. Crombie 1953, Maier 1955, Dijksterhuis 1956, S. 133 ff., Maier 1966, Nelson 1967, Blumenberg 1975 sowie darüber hinaus Grundmann 1952, Koch 1959, Boehm 1966.

82 Zur Ausweitung der mittelalterlichen Universitäten vgl. neben der bereits erwähnten Arbeit von Grundmann 1952 und Boehm 1966 auch Denifle 1885, Classen 1964, Schmidinger 1965, Leff 1968.

83 Als allgemeinen Überblick zur nominalistischen Erkenntnistheorie vgl. z. B. Windelband/Heimsoeth 1976, S. 269 ff. Eine ebenso knappe wie erschöpfende Zusammenfassung der bisherigen Thesen zur Bedeutung des Nominalismus für die Veränderung der wissenschaftlichen Gegenstandskonstitution findet sich bei Nelson 1967.

84 Bulthaup 1973, S. 31.

85 Ebd.

86 Zu dieser von Siger v. Brabant begründeten Lehre ausführlich: Maier 1955, S. 3 ff.

87 Bulthaup 1973, S. 31.

88 Vgl. Foucault 1971, S. 95 f. Illustrierend ferner: Böhme/van den Daele 1977, S. 189.

89 Bulthaup 1973, S. 31.

90 Zum Konzept des »epistemologischen Einschnitts« vgl. Fichant/Pêcheux 1977, die in Anknüpfung an Bachelard (1971) darauf hinweisen, daß mit derartigen Strukturveränderungen ein ›point of no return‹ erreicht wird, durch den »bestimmte ideologische und philosophische Diskurse, die ihm vorausgingen, unmöglich werden.« (Fichant/Pêcheux 1977, S. III).

91 Krämer-Badoni 1978, S. 22.

92 Vgl. als Beispiele für eine derartige Thematisierung: Zilsel 1942, Krohn 1977.

93 Die spezifische Position von Kopernikus zwischen Mittelalter und Neuzeit, die sich nicht nur in den Begründungsstrukturen zeigt, sondern auch darin, daß sein Konzept mit den Vorstellungen eines geordneten, endlichen Kosmos durchaus kompatibel war, läßt übrigens Kuhns Stilisierung der kopernikanischen Wende als einer ›absoluten‹ Revolution (vgl. Kuhn 1962, S. 80 ff.) durchaus nicht unproblematisch erscheinen (weiterführend zu Kopernikus vgl. deshalb auch: Dijksterhuis 1956, S. 320 ff., Blumenberg 1966, S. 359 ff., Mittelstraß 1970, S. 136 ff. sowie Zilsel 1976, S. 151 ff.).

94 Blumenberg 1966, S. 370.

95 Krohn 1977; S. 103. – Gegenüber Krohn, der die skizzierte Veränderung in Anlehnung an die Piagetschen Entwicklungskonzepte als eine »Dezentrierung« des Subjekts beschreibt (vgl. ebd., S. 102), läßt sich diese ›Dezentrierung‹ aber auch als eine grundlegende ›Neukonstitution‹ des Erkenntnissubjekts beschreiben (anregend für eine solche Konzeptualisierung sind u. a. die Ausführungen von Greiff 1976, insbes. S. 32 ff.).

96 Zum theoretischen Gehalt der Metapher des Wissens- bzw. Erkenntnisraumes vgl. Foucault 1971.

97 Zur Entwicklung der Deutungsmetapher des Naturgesetzes vgl. Krohn 1976, S. 8 ff., sowie ders. 1977, S. 86 ff.

98 Foucault 1973, S. 11. – Foucault bezieht dieses Konzept in seinem Argumentationszusammenhang allerdings nicht auf die hier beschriebenen Veränderungsprozesse, sondern auf den Strukturwandel der Medizin im 18. Jahrhundert.

99 Vgl. hierzu auch Krämer-Badoni 1978, S. 26, der die (allerdings unbelegte) These aufstellt, daß die Differenz von Wesen und Erscheinung sowohl für die neuzeitliche Wissenschaft als auch »für die Konstitution der bürgerlichen Gesellschaft und deren Selbstthematisierung« zentral sei.

100 Die Brisanz dieses Schrittes zeigt sich vor allem im Inquisitionsprozeß gegen Galilei, der unter Umständen anders ausgegangen wäre, hätte Galilei seine Thesen nur »ex suppositione« behauptet.

101 Vgl. Krohn 1976, S. 23 ff., sowie Krohn 1977, S. 62.

102 Zu den verschiedenen Entwicklungsphasen des Experiments vgl. ausführlich Krohn 1977, S. 61 ff., sowie auch Zilsel 1942, S. 98 ff.

103 Krohn 1977, S. 62.

104 Mittelstraß 1974, S. 79.

105 Als ›magisch‹ wurden im vorneuzeitlichen System praktisch all jene Phänomene angesehen, die nicht mit Hilfe der traditionellen Elementenlehre aus dem Zusammenhang der sichtbaren Dinge erklärt werden konnten (vgl. Dijksterhuis 1956, S. 176 ff.): So ließ sich beispielsweise der Magnetismus aus der Zusammensetzung des Eisens nicht zufriedenstellend klären, und ebenso wurde anderen Dingen eine magische, weil unbekannte Wirkung zugesprochen. Der rigorosen Beschränkung der Erklärungsmöglichkeiten auf das unmittelbar Sichtbare entsprach schließlich auch, daß alle Eingriffe in die Natur, die unbekannte Effekte hervorriefen, selbst als ›magisch‹ galten, und dies um so stärker, »je mehr die Naturwissenschaft mit Instrumenten betrieben wurde.« (ebd., S. 116).

106 Lepenies 1978a, S. 17.

107 Kraus 1963, S. 434.

108 Zilsel 1942, S. 148.

109 Zur theoretischen Begründung dieses Ansatzes vgl. Foucault 1973a, sowie ferner die Fallstudien Foucault 1969, 1971, 1973b, 1976. Zum Verhältnis dieser Arbeiten untereinander ferner auch Honneth/Joas 1980, S. 123 ff.

110 Tenbruck 1975, S. 27. – Typisch ist hierfür beispielsweise die seit Weber oft zitierte Anekdote von Jan Swammerdam (1637–1690), der seine botanischen Arbeiten mit den Worten präsentierte: »Ich bringe Ihnen den Nachweis der Vorsehung Gottes in der Anatomie einer Laus.« (Weber 1918, S. 311). Dieser Satz macht deutlich, daß die instrumentellen Strategien zunächst dominant kosmologisch interpretiert wurden, und insofern für Swammerdam und seine Zeitgenossen der Bezug auf die Vorsehung Gottes mindestens ebenso wichtig war wie die Anatomie der Laus selber, konnte der durch die instrumentelle Praxis bewirkte Strukturwandel der Gegenstandkonstitution kaum als solcher gesehen werden.

111 Ein gutes Beispiel für die nur zögernde Verdrängung alter Deutungsmuster und Empirizitäten ist die sich zwischen 1630 und 1750 ebenso langsam wie radikal verändernde Perzeption der Pflanzen und Tiere, die, wie alle neuen Klassifikationssysteme der damaligen Zeit, »zur Entdeckung einer neuen Welt, voll von unbekannten Dingen« führte (Biot 1803, zit. n. Lepenies 1978, S. 22): In diesem Prozeß wurde die tradierte »Naturgeschichte«, in der man die Pflanzen und Tiere nach ihrer lebensweltlichen Erfahrbarkeit, also von der äußeren Erscheinung bis hin zu ihrer kulinarischen Verwertbarkeit, chronologisch umfassend systematisiert hatte (vgl. Foucault 1971, S. 169), durch ein

abstraktes, auf isolierte Einzelmerkmale bezogenes Klassifikationsmodell ersetzt, wobei es jedoch mehr als ein halbes Jahrhundert lang bis zu 25 konkurrierende Systeme gab (vgl. Lepenies 1977, S. 326), die auch nach der Entwicklung des letztlich erfolgreichen Linnéschen Systems (vgl. Foucault 1971, S. 182 ff.) zunächst durchaus weiterlebten.

112 Zu neueren Versuchen einer Begründung der ›Humanities‹ als einer eigenständigen Wissenschaftsform vgl. die Aufsätze bei Garvin/Kirkland 1977. – Die Unterscheidung zwischen ›Sciences‹ und ›Humanities‹, die etwa der deutschen Gegenüberstellung von Natur- und Kulturwissenschaften entspricht, scheint in unserem Zusammenhang insofern angemessener, als die Formel von den ›harten‹ und ›weichen‹ Wissenschaften (vgl. z. B. Novotny 1975, S. 434) zumeist im Sinne von ›reifen‹ und ›zurückgebliebenen‹ Konzepten interpretiert wird, so daß die ›Sciences‹ und die ihnen entsprechende Form der Gegenstandskonstitution zum unhinterfragten Vorbild wissenschaftlicher Erfahrungsverarbeitung überhaupt geraten.

113 Diese für Wissenschaftssoziologie und -geschichte typische Interpretation zeigt sich besonders deutlich bei Bernal 1970, S. 945 f.

114 Daß die tradierten Vorstellungen der ›Einheitswissenschaft‹ bei einer Analyse der Sozialwissenschaften kaum ungebrochen aufrechterhalten werden können, wird allerdings ansatzweise in einigen neueren wissenschaftssoziologischen Arbeiten deutlich, die sich, ausgehend vom Kuhnschen Paradigmakonzept, mit der Institutionalisierung kognitiver Strukturen in den Sozialwissenschaften beschäftigen (vgl. Lammers 1974, Watson 1975, Knorr 1975a, b, Novotny 1975). Zwar sind auch diese Beschreibungsversuche auf die an den ›Sciences‹ entwickelten Analyseschemata bezogen, aber sie zeigen zumindest, daß der soziale Ort der Sozialwissenschaften, die für sie typische Grenzziehung gegenüber dem alltagsweltlichen Wissen sowie schließlich die Verwertbarkeit ihrer Ergebnisse von dem Vorbild der Sciences systematisch abweichen (am weitgehensten hierzu Overington 1979).

115 Zu dieser Entwicklung vgl. als Überblick: Windelband/Heimsoeth 1976, Teil VII, S. 536 ff., sowie ergänzend Habermas 1967, S. 71 ff., Kreppner 1975, S. 26 ff.

116 Vgl. Rickert 1926, S. X. – Zur modernen Variante der ›Drei-Welten-Theorie‹, die sich vor allem im kritizistischen Positivismus bis heute gehalten hat, vgl. Popper 1973, S. 123.

117 Rickert 1926, S. X.

118 Vgl. ebd. S. 10 ff.

119 Ebd., S. 28.

120 Ebd., S. 21. – Diese Formel ist vor allem deshalb interessant, weil auf ihr praktisch die gesamte verstehende Soziologie in der auf Weber zurückgehenden Tradition aufbaut, denn auch wenn deren Entwürfe

in der Durchführung der Erklärung variieren, so gehen sie doch alle von einer scharfen Unterscheidung zwischen Wirklichkeits- und Geltungsphäre aus.

121 Erste Argumente zu einer derartigen Perspektive wurden in der europäischen Diskussion vor allem in der phänomenologischen Philosophie entwickelt; exemplarisch sei z. B. auf Ernst Cassirer verwiesen, der unter Bezug auf Husserl gegen Rickert einwandte, daß kulturelle Entitäten nicht auf ›Werte‹, sondern zugleich auf ein spezifisches ›Sein‹ verweisen, nämlich auf einen Bestand von symbolischen Formen (vgl. Cassirer 1942, S. 63 ff.).

122 Vgl. Mead 1924 ff., 1932, 1934. Insofern Mead selber ebenso verstreut wie fragmentarisch publizierte, ist es allerdings schwierig, aus diesen Texten die Vielschichtigkeit seines in der pragmatistischen Philosophie wurzelnden Werkes zu erschließen. Als ersten Versuch einer solchen Gesamtinterpretation vgl. das ausgezeichnete Buch von Joas 1980; zu der durch Mead (aber auch durch Dewey, James, Morris und Pearce) repräsentierten pragmatistischen Traditionslinie darüberhinaus Apel 1967, S. 11 ff.; Thayer 1968, sowie Kellner 1969, S. 11 ff.

123 So die Bezeichnung von Joas 1980, S. 143. – Zum folgenden vgl. auch Mead 1924, S. 130 ff.

124 Zur genaueren Darstellung des Verhältnisses von Dingkonstitution und kommunikativer Lebenspraxis bei Mead vgl. Joas 1980, S. 145 ff., insbes. S. 151.

125 Vgl. Mead 1934, S. 161 f. – Zur Konzeptualisierung des Verhältnisses von ›Sinn‹ und ›Symbol‹ vgl. darüber hinaus auch die folgende Passage: »Der Sinn von Dingen oder Objekten ist deren inhärente Eigenschaft; der Sitz des jeweiligen Sinnes liegt im Objekt, von dem wir sagen, es ›habe ihn‹. Wir verweisen auf den Sinn einer Sache, wenn wir ein Symbol verwenden. Symbole stehen für den Sinn jener Dinge oder Objekte, die einen solchen Sinn haben; es handelt sich bei ihnen um Teile der Erfahrung, die andere Teile der Erfahrung aufzeigen oder repräsentieren, die gegenwärtig oder in der gegebenen Situation nicht direkt vorhanden, aber alle in der Situation präsent sind (oder unmittelbar erfahren werden)«. (ebd., S. 162 f., Fußnote).

126 Als Versuch zur Entwicklung einer derartigen Stufenkonzeption vgl. Habermas 1981/II, S. 15 ff.

127 Mead 1934, S. 117.

128 Vgl. Dilthey 1894, 1895/96, 1900, 1910.

129 Dilthey 1894, S. 172. – Zu Diltheys Begriff des ›Erlebens‹ vgl. allgemein auch Riedel 1970, S. 241 ff.

130 Vgl. hier insbesondere Cassirers Gegenüberstellung von »Dingwahrnehmung« und »Ausdruckswahrnehmung« (Cassirer 1942, S. 34 ff.), nach der »Ausdruckswahrnehmung« gegenüber der (naturwissenschaftlichen) »Dingwahrnehmung« als eine lebensweltlich-ursprüngli-

che Form von Erfahrungsverarbeitung zu begreifen ist, bei der instrumentelle und nicht-instrumentelle Aspekte noch untrennbar ineinander verwoben sind. Interessant ist, daß diese Unterscheidung ähnlich wie Diltheys Begriff des Erlebens in der auf Weber aufbauenden Soziologie aufgrund der für sie typischen »Trennung zwischen Geltungs- und Tatsachenfragen« (vgl. Holzkamp 1973, S. 56 ff.) weitgehend in Vergessenheit geraten ist. So vertritt z. B. Habermas die Auffassung, daß die Kategorien der Ausdrucks- und Dingwahrnehmung nur für die »Konstitution einer natürlichen Lebenswelt Bedeutung haben ... – für die Wissenschaftslogik geben sie keine sinnvolle Grundlage« (Habermas 1967, S. 82). Ein solches Verdikt scheint jedoch schon deshalb verkürzend, weil hiermit die Cassirer interessierende Frage nach dem Verhältnis von wissenschaftlichen Rekonstruktionsformen und vorwissenschaftlichen Wahrnehmungen schlichtweg ausgeblendet wird, obwohl gerade ihre Beantwortung für die Begründung einer nicht-positivistischen Methodologie von großer Wichtigkeit wäre – setzt letztere, wie angedeutet, doch selbst eine flexiblere Handhabung »der gängige(n) und akademisch attraktive(n) Unterscheidung des Wissenschaftlichen vom Vorwissenschaftlichen« voraus (Adorno 1969, S. 26 f.).

131 Dilthey 1910, S. 82.

132 Dilthey 1895/96, S. 265.

133 So die Charakterisierung von Habermas 1968b, S. 183. (Zu Habermas' Dilthey-Interpretation vgl. ebd., S. 178 ff.).

134 Hierbei versucht Dilthey weiterführend, ein graduell abgestuftes System des ›Einfühlens‹ zu entwerfen, um sowohl die divergierenden Selektionsprinzipien als auch die ihnen jeweils entsprechenden Objektivitätsansprüche verschiedener Verstehensprozesse herauszuarbeiten (vgl. Dilthey 1910, S. 319). Einen Anspruch auf ›Wissenschaftlichkeit‹ kann dabei in seinen Augen nur die methodisch kontrollierte Introspektion erheben, die, getreu dem allgemeinen Modell wissenschaftlicher Erkenntnisproduktion, zu einem »Einordnen des Besonderen in Allgemeines« (Dilthey 1895/96, S. 265) führen soll. Dieses ›Einordnen ins Allgemeine‹ war dabei für Dilthey mit den Verfahren der ›Sciences‹ jedoch nur formal vergleichbar, denn in den Sciences markieren die Allgemeinheiten nicht mehr als »ein unterlegtes logisches System von Konstruktionsmitteln« (ebd.), aus dem alle Spuren des subjektiven Erlebens getilgt sind. In den Geisteswissenschaften hingegen verweist das Allgemeine auf einen »in der inneren Erfahrung gegebene(n) seelische(n) Zusammenhang, der unter Lebensumständen steht« (ebd.) und in bezug auf eben diese Lebensumstände zu rekonstruieren ist. Der instrumentell distanzierten Konstruktion steht somit das kontrollierte Nacherleben gegenüber, so daß sich für Dilthey zwei Wissenschaftstypen mit grundsätzlich unterschiedlichen Zielen und Möglich-

keiten ergeben: Während in den Sciences für ein Problem »hypothetische Erklärungsgründe aufgesucht werden« (ebd.), geht es in den Geisteswissenschaften darum, »in der Lebendigkeit die Ursachen desselben (zu) erfahren« (ebd.).

135 Zu dieser Metapher vgl. Habermas 1968b, S. 182.

136 Dies gilt vor allem für die frühen Schriften, die schon von Rickert als psychologistisch beurteilt wurden (vgl. Rickert 1926, S. X f.), wohingegen in den späteren Arbeiten (Dilthey 1910) die psychologistische Einfühlungstheorie z. T. revidiert bzw. differenziert wurde (vgl. hierzu auch Habermas 1968b, S. 186 ff. sowie Joas 1980, S. 46).

137 Vgl. hierzu auch Meads Ausführungen zum pragmatischen Wahrheitsbegriff (Mead 1924 ff., S. 39 ff. sowie insbesondere S. 48 ff.).

138 Ausführlich hierzu: Mead 1934, S. 207 ff.

139 Dies zeigt sich auch darin, daß sich beispielsweise gerade Max Weber neben seinen theoretischen Arbeiten intensiv um die Förderung einer hypothesengesteuert-quantifizierenden Sozialforschung bemühte (vgl. auch Kap. 4, S. 139 ff.).

140 Filstead 1979, S. 30.

141 Ebd., S. 31.

142 Ebd., S. 33.

143 Ebd.

144 Vgl. Wilson 1970, der die »interpretative Soziologie« unter Berufung auf Mead, Blumer, Turner und Garfinkel als ein Konzept einführt, bei dem »der Prozeß der Interaktion im Zentrum des soziologischen Interesses (steht)« (ebd., S. 55).

145 Zur Charakterisierung des »normativen Paradigmas«, das den Handelnden »einerseits als ausgestattet mit bestimmten erworbenen Dispositionen ... andererseits als bestimmten Erwartungen ausgesetzt« begreift, vgl. Wilson 1970, S. 55 f. sowie weitergehend ebd., S. 63 ff.

146 Dies zumindest insofern, als Mead im Unterschied zu Dilthey (vgl. Fußnote 134) zwischen Natur- und Sozialempirie nur eine graduelle Verschiedenheit sah (vgl. hierzu auch Joas 1980, S. 45 ff.) und gerade deshalb die Möglichkeit von in Anlehnung an das Naturmodell rekonstruierten sozialen Wirklichkeiten keineswegs ausschloß.

147 Vgl. hierzu vor allem Joas 1980, S. 38 ff.

148 Vgl. Berger/Luckmann 1966, S. 49 ff. sowie aus einer stärker ethnomethodologischen Perspektive auch Arbeitsgruppe Bielefelder Soziologen 1973, Bd. 1, S. 42 ff.

149 Vgl. Berger/Luckmann 1966, S. 31 ff.

150 Ebd., S. 56 – Der hiermit angedeutete Zwang zur Routinisierung von Handlungsverläufen wird auch an Strukturen deutlich, wie sie beispielsweise von Garfinkel unter dem Stichwort der »Et-cetera-Regel« beschrieben worden sind (vgl. Garfinkel 1967, S. 22 sowie Cicourel 1972, S. 32 f.), Hiernach ist eine Interaktion bzw. Kommunikation

zwischen verschiedenen Sprechern nur dann möglich, wenn der eine die Äußerungen des anderen nicht permanent in Frage stellt, sondern eine quasi ›natürliche‹ Verständlichkeit der Redebeiträge unterstellt.

151 Vgl. Berger/Luckmann 1966, S. 62 ff.

152 Ebd., S. 66 – Zu dem angedeuteten Prozeß der Umdefinition von ›Kontingenz‹ in ›Komplexität‹ vgl. theoretisch-allgemein Luhmann 1971, S. 32 ff.

153 Anzumerken ist hier allerdings, daß die strukturelle Verdinglichung bei Berger/Luckmann keineswegs konsequent zu Ende gedacht und genau in diesem Sinne auch nur ›angedeutet‹ wird. Nach ihrer Konzeption bezieht sich die Verfestigung der Handlungswirklichkeiten zu einer gegebenen Welt nämlich nur auf das reflektierende Bewußtsein, wobei diese zweifellos recht idealisierte Auffassung vor allem in der folgenden Passage zum Ausdruck kommt: »Größte Vorsicht ist ... im Hinblick auf alle Behauptungen über die angebliche ›Logik‹ von Institutionen geboten. Die Logik steckt nicht in den Institutionen und ihrer äußeren Funktionalität, sondern in der Art, in der über sie reflektiert wird. Anders ausgedrückt: Das reflektierende Bewußtsein überlagert die institutionale Ordnung mit seiner eigenen Logik.« (Berger/Luckmann 1966, S. 68 f.).

154 Wilson 1970, S. 72.

155 Es ist in diesem Zusammenhang anzumerken, daß die skizzierte Gegenüberstellung von ›normativer‹ und ›interpretativer‹ Logik nur unter analytischen Gesichtspunkten sinnvoll ist; innerhalb konkreter Handlungsprozesse kommen beide Seiten stets gleichzeitig und damit nie als ›reine‹ Logik vor. Diesem Sachverhalt wird in der neueren Diskussion z. B. durch einen Begriff wie dem des ›Deutungsmusters‹ Rechnung getragen, denn ›Deutungsmuster‹ verweisen nicht auf eine konsistente normative Logik, sondern vielmehr auf normative ›Fragmente‹, die als solche situativ handhabbar und (im Gegensatz zu den ›reinen‹ Ideengebilden) bereits mit Grundregeln ihrer praktischen Applikation verknüpft sind.

156 Vgl. Berger 1974, S. 202.

157 Vgl. ebd., S. 175 f.

158 Rickert 1926, S. 68 – Für Rickert ist die Anknüpfung an den vorwissenschaftlichen Sprachgebrauch interessanterweise aber vornehmlich ein ›Privileg‹ der Historiker.

159 Vgl. S. 34, sowie Krohn 1977, S. 103.

160 Vgl. Foucault 1971, 1973b.

161 Foucault 1973b, S. 7.

162 Foucault 1971, S. 278.

163 Ebd.

164 Vgl. Mannheim 1933 sowie Habermas 1962, insbes. S. 42 ff., 172 ff.

165 Vgl. hierzu Borkenau 1934, Grossmann 1935, Moscovici 1968, Sohn-

Rethel 1972, Bahr 1973 sowie auch Holzkamp 1973, S. 202 ff.

166 Einschränkend ist hier allerdings anzumerken, daß es bislang kaum gelungen ist, diesen Prozeß kausalanalytisch zu klären (vgl. Böhme 1975, S. 34); was sich zeigen läßt (und für eine makrotheoretische Argumentation zunächst auch zureichend ist), sind strukturelle Homologien zwischen der Veränderung ökonomischer Strukturen und der Sozialwahrnehmung.

167 Offe 1972, S. 10.

168 Dies bedeutet letztlich auch einen Rückfall hinter die Marxsche Theorie selber, denn diese markiert eine Konzeption, »welche nicht nur die gegebene Wirklichkeit, sondern zugleich deren Aufhebung und die neue Wirklichkeit (zu) begreifen (sucht)« (Marcuse 1968a, S. 113).

169 Zur marxistischen Sozialforschung vgl. Berger/Jetschmann 1973 sowie Koch 1976. Nach Koch gab es innerhalb der DDR-Diskussion bis zu Beginn der siebziger Jahre durchaus Stimmen, die sich gegen eine Übernahme ›bürgerlicher‹ Forschungstechniken wandten, aber in der neueren Literatur ist eine »weitgehende Negierung der Übernahme-Diskussion« (ebd., S. 139) zu beobachten.

170 Vgl. z. B. Zeisel 1933, S. 128 ff., der vor dem Hintergrund des statistischen Objektivitätsideals die deutschen Untersuchungen des späten 19. Jahrhunderts rundweg als ›unterentwickelt‹ bzw. ›naiv‹ bezeichnet.

171 Sieht man einmal von einer Spezialuntersuchung wie der von Georges 1980 ab, so sind eigentlich alle genannten Darstellungen mit historischen Informationen sehr sparsam; am differenziertesten nach wie vor: Lazarsfeld 1961, auf den sich beispielsweise Obershall 1965, Lecuyer/Obershall 1968 oder Schad 1972 schon fast lehrbuchartig beziehen.

172 Lazarsfeld 1961, S. 164. Dieselbe Formulierung findet sich übrigens auch bei Lecuyer/Obershall 1968, S. 36.

173 In der Einleitung zu seiner Veröffentlichung von 1662 lehnte Graunt die Bezeichnung »Gelehrter« ausdrücklich ab und billigte sich selbst nur »die Rechenkünste eines Krämers« zu (Graunt 1662, zit. n. John 1884, S. 174).

174 Zum Curiositas-Motiv vgl. Blumenberg 1966, S. 201 ff.; zu Graunts eigenen Angaben John 1884, S. 166 ff., ferner Clark 1948, S. 22 f.

175 Graunt 1662, zit. n. John 1884, S. 167.

176 Vgl. auch van den Daele 1977, S. 137 ff.

177 Zum Begriff der »praktischen Aufklärung« vgl. Schindler/Bonß 1980, S. 255 ff.

178 Graunt bezieht sich hierbei vor allem auf das »Beispiel der edlen Virtuosen in Greshams Collegio, welche ihre subtilen Untersuchungen der Natur also einrichten, daß sie zu einfachem mechanischem Gebrauch nützlich sind« (Graunt 1662, zit. n. John 1884, S. 167).

179 Ebd., S. 168.

180 Zu den innerhalb der tradierten Gelehrsamkeit kultivierten Forschungsmethoden vgl. Zilsel 1942, der diese zwar polemisch vergröbernd, aber insgesamt zutreffend wie folgt zu charakterisieren versucht: »Wenn mittelalterliche Theoretiker oder Theologen ein Problem lösen wollten, suchten sie zuerst nach einschlägigen Stellen in der Heiligen Schrift, in den Schriften der Kirchenväter oder in bestimmten Werken des Aristoteles. Dann verglichen sie affirmative und verneinende Feststellungen von Kollegen und Vorgängern und zogen schließlich mit Hilfe einer logischen Deduktion Schlüsse« (ebd., S. 157).

181 Zeisel 1933, S. 113 – Zu Graunts Nachfolgern in der Entwicklung der politischen Arithmetik vgl. als allgemeinen Überblick Meitzen 1886, S. 16 ff. In England sind hier neben Halley vor allem die Untersuchungen von Gregory King (1696), John Arbuthnot (1710) und William Durham (1713) zu nennen (vgl. hierzu auch Lecuyer/Obershall 1968, S. 37; Clark 1948, S. 24 ff., Kendall 1972, S. 113 f.); in Deutschland neben Süßmilch noch der Breslauer Geistliche Kaspar Neumann (1648–1715), der eigentlich der erste Vertreter der politischen Arithmetik in Deutschland war.

182 John 1884, S. 247 – vgl. auch Bock 1980, S. 75 f.

183 Anzumerken ist hier allerdings, daß der »christliche Kleriker« der spätmittelalterlichen Wissenschaft sich seit dem 14. Jahrhundert selbst allmählich in einen ständisch geprägten Gelehrten verwandelt (vgl. hierzu Koselleck 1967). Dieser Strukturwandel kann jedoch in unserem Zusammenhang insofern vernachlässigt werden, als die »theologisch-teleologische« Struktur des Denkens hierdurch nur graduell aufgeweicht, nicht jedoch aufgehoben wurde (vgl. auch Fußnote 110).

184 Süßmilch 1741/42, I, S. 57– Daß Süßmilch die »neue Ordnung« als eine ›versteckte‹ verstand, die nur auf dem Wege der quantitativen Massenanalyse sichtbar werden könne, wird auch aus der folgenden Passage deutlich: »Wenn man die Häuser einzeln durchzählen sollte, so würde man bald lauter Töchter oder Söhne oder doch mindestens eine sehr unproportionierliche Vermischung antreffen. In kleinen Gesellschaften und Dörfern läßt sich auch nicht leicht was Ordentliches wahrnehmen. Jetzt sterben z. B. zwei oder drei in einem Jahre; dann sechs, dann wol gar zwölf oder mehrere. Wer denkt da wol an Regeln und Ordnung« (ebd., S. 56).

185 Ebd., S. 50.

186 Vgl. ebd., S. 61: »Diese Ordnung läßet uns aber nicht nur auf das Daseyn des Weisesten und Gütigsten Schöpfers schließen; sondern sie giebt uns auch viele höchst wichtige Gründe an die Hand, die fortgesetzte Vorsehung des Weisesten Schöpfers und seine besondere Vorhersage für das menschliche Geschlecht daraus zu folgern.«

187 Vgl. Foucault 1971, S. 270 ff.

188 Zur Biographie Pettys vgl. O'Donnovan 1970, S. V ff.

189 Für jeden Acres vermessenen Landes erhielt Petty einen Penny, was ihm und seinen Gehilfen die stolze Summe von 17 900 £ einbrachte, die er zu einem großen Teil für den Kauf des damals nahezu wertlosen irischen Landes verwandte. Daß dabei trotz der Bestätigung seiner Besitzungen durch Karl II. im Jahre 1669 nicht alles mit rechten Dingen zugegangen sein kann, zeigt sich darin, daß Petty ein beträchtlicher Teil des Landes im selben Jahre durch den Court of Innocent wieder aberkannt wurde, und ebenso blieben auch seine Rechte an den ihm verbliebenen Ländereien nie unbestritten (vgl. John 1884, S. 190 f.).

190 Vgl. Zeisel 1933, S. 114 – Zu Zeisel ist allerdings, ähnlich wie zu den meisten anderen einschlägigen Darstellungen, kritisch anzumerken, daß der gesellschaftliche Kontext sowie die herrschaftsstabilisierende Funktion von Pettys Untersuchung praktisch mit keinem Wort erwähnt werden.

191 Vgl. Graunts Vorrede zu seinen »Moral and Political Observations«, in der er ausdrücklich anmerkt, er wolle nicht »eitle und unnütze Spekulationen bemühen, sondern der Welt nur wahrhafte und wirkliche Früchte seiner Studien überliefern« (zitiert nach John 1884, S. 167).

192 Petty 1691, zit. n. John 1884, S. 186 (Anmerkung 1).

193 Ebd.

194 Foucault 1971, S. 90 – Kennzeichnend für diese ›klassische‹ Form einer »Mathematisierung der Empirie« (ebd., S. 89) ist nach Foucault, daß »die Beziehung zwischen den Wesen wohl in der Form der Ordnung und des Maßes gedacht werden, aber mit dem fundamentalen Ungleichgewicht, daß man die Probleme des Maßes stets auf die der Ordnung reduzieren kann« (ebd., S. 90). Gerade deshalb »wird die Analyse sehr schnell den Wert einer universalen Methode annehmen« (ebd.), in deren Anwendung dann »eine bestimmte Zahl von empirischen Gebieten erscheinen, die bis dahin weder gebildet noch definiert worden waren« (ebd.).

195 Lazarsfeld 1961, S. 150.

196 Als Versuch einer entgegengesetzten Interpretation vgl. z. B. MacPherson 1973, der schon die Hobbessche Konzeption als unmittelbaren Ausdruck real existierender bürgerlicher Verkehrsformen bezeichnet. (ebd., S. 29, S. 76 ff.). Diese – historisch allerdings kaum belegte – These ist sicherlich insofern zutreffend, als die bürgerlich-kapitalistische Lebensführung im England des 17. Jahrhunderts schon beträchtliche Verbreitung gefunden hatte; sie erscheint aber andererseits insofern verkürzend, als die innerhalb der tradierten Gesellschaft entstehenden ›neuen‹ Strukturen die Dominanz des feudalen Herrschafts-

rahmens und der ihm entsprechenden Legitimationsmuster noch keineswegs beseitigt hatte.

197 Petty 1691, zit. n. John 1884, S. 186.

198 Lazarsfeld 1961, S. 149.

199 Zu einer derartigen konstitutionstheoretischen Argumentation vgl. allgemein Sohn-Rethel 1972, Bahr 1973 sowie v. Greiff 1976.

200 Lazarsfeld 1961, S. 149.

201 Als Versuch einer allgemeinen Konzeptualisierung des Problems von »Resistenz und Rezeptivität der Wissenschaft« vgl. van den Daele 1975.

202 Vgl. Petty 1672, Vorwort.

203 Man ist deshalb auf Arbeiten ohne wissenschaftssoziologische Akzentuierung verwiesen, wobei sich allgemein zwei Bezugspunkte unterscheiden lassen: Auf der einen Seite stehen geistesgeschichtliche Arbeiten zur Entstehung des »modernen Weltbildes« (z. B. Whitehead 1949, Dijksterhuis 1956, Butterfield 1958 sowie als neueste Studie: Bock 1980); auf der anderen Seite kann man auf Darstellungen zur Entwicklung von Einzeldisziplinen zurückgreifen (z. B. John 1884, Meitzen 1886), die allerdings meist nicht mehr als eine »Geschichte von Lehrmeinungen« markieren (vgl. z. B. zur Soziologie: Maus 1956, Klages 1969; zur Psychologie: Wertheimer 1971, Schultz 1975; zur Ökonomie: Hutchinson 1970, Schachtschabel 1971). Rühmenswerte Ausnahmen, denen auch in methodologischer Hinsicht eine eigenständige Stellung zuzusprechen ist, sind primär Arbeiten aus der französischen Epistemologie-Tradition (vgl. z. B. Bachelard 1971, Canguilhem 1974, 1979 sowie insbes. Foucault 1969, 1971, 1973, 1976; aus der deutschen Diskussion darüber hinaus: Lepenies 1974, 1977a, b, 1978a, b, c).

204 Graunt 1662, zit. n. John 1884, S. 169.

205 Halley 1693, zit. n. John 1884, S. 220.

206 Vgl. Brunner 1973, S. 111 ff.

207 Graunt 1662, zit. n. John 1884, S. 170.

208 Die mit dieser Entwicklung verbundene Veränderung der Legitimation politischer Herrschaft wird besonders in der spezifischen Ideologie des »Christlichen Wohlfahrtsstaates« deutlich, nach der es die Pflicht des absoluten Herrschers ist, als christlicher Landesvater für das Wohl aller ihm von Gott anvertrauten Untertanen zu sorgen (vgl. hierzu auch Östreich 1970, S. 92).

209 Durch die Bildung des Territorialstaates wurden die lokalen (Grund-) Herrschaften keineswegs außer Kraft gesetzt; was gelang, war vielmehr die Aufwertung der Fürstenherrschaft, die von der (letztlich nur noch formal existierenden) Königsherrschaft in wachsendem Maße unabhängig wurde. Im Gegensatz zu dieser verfügte sie über ein eigenes Militär, eine feste Verwaltung und eigene Steuern, wobei gerade

diese Elemente entscheidend zur realen Wirksamkeit der Territorialherrschaft beitrugen, obwohl der hierdurch ausgelöste Prozeß der ›Durchstaatlichung‹ der Gesellschaft die Ebene der lokalen Herrschaft bis zu Beginn des 19. Jahrhunderts, wie gesagt, nur begrenzt berührte (zum Verhältnis von Grund- und Territorialherrschaft vgl. auch Brunner 1973, S. 240 ff.).

210 Lazarsfeld 1961, S. 149 – vgl. in diesem Zusammenhang auch Cicourel 1969, S. 59 ff. sowie Bohling 1979, S. 72 ff.

211 Vgl. John 1884, S. 169 (Graunt), S. 189 (Petty).

212 Vgl. Meitzen 1886, S. 11 f., der als erstes einschlägiges Projekt jenseits der vorneuzeitlichen Datensammlungen die 75 Fragen Philips II. aus dem Jahre 1575 über die Zustände in den spanischen Verwaltungsbezirken anführt. Neuere Untersuchungen zur Bevölkerungsstatistik haben allerdings ergeben, daß es in den oberitalienischen Städten bereits seit 1509 amtliche Erhebungen zur Feststellung der Bevölkerungszahl gab, die in Venedig seit 1607 sogar mit Hilfe vorgedruckter Formulare durchgeführt wurden. Erstaunlich ist das in diesem Zusammenhange erreichte Differenzierungsniveau, denn das Material wurde »nicht nur in drei Gesellschafts- bzw. Berufsgruppen Adel, Bürger, Handwerker bzw. Ladeninhaber unterteilt . . ., sondern auch nach Geschlecht und Alter.« (van Dülmen 1980, S. 1).

213 Lepenies 1978a, S. 22.

214 Lecuyer/Obershall 1968, S. 37 f.

215 Boeck 1863, zit. n. Meitzen 1886, S. 12.

216 Auf diesen Punkt verweist insbesondere Lazarsfeld 1961, der aufgrund seiner Fixierung auf die empirisch-analytische Forschungskonzeption allerdings nur technische Probleme sieht und dementsprechend vor allem betont, »that no reliable data were available and no modern census machinery was in sight.« (ebd., S. 149).

217 Ohne dies systematisch belegen zu können, ist in diesem Zusammenhang allerdings grundsätzlich ein recht kräftiger ›Preußen-Bias‹ innerhalb der einschlägigen Forschung zu vermuten, der nicht zuletzt daher rührt, daß hier die Quellen bei weitem am besten aufgearbeitet sind.

Schon bei einer flüchtigen Beschäftigung mit der Verwaltungsorganisation und -geschichte anderer Territorien stößt man jedoch auch dort auf Anzeichen des neuen Blicks, der seinen Ausdruck zwar nicht in einer offiziell institutionalisierten Statistik findet, wohl aber in der zunehmenden Bedeutung quantifizierender Argumentationen im internen Schriftverkehr.

218 Zu den Reformen von Universität und Beamtenausbildung nach 1700 vgl. allgemein Hammerstein 1966, Hammermayer 1969 sowie Turner 1974. Auffallend ist hier die relative Plötzlichkeit des Umbruchs, der Mitte des 18. Jahrhunderts z. T. innerhalb einer Beamtengeneration zu

beobachten ist (zu der hiermit zusammenhängenden Veränderung der Wissensbestände vgl. auch Schindler/Bonß 1980, S. 283 f.).

219 Vgl. Foucault 1971, S. 107 ff.

220 Zur Biographie Conrings, der in Leyden Theologie, Philosophie und Medizin studiert hatte, vgl. John 1884, S. 52 ff. sowie Lazarsfeld 1961, S. 157 ff., der aufbauend auf Johns Darstellung, die spezifische Gestalt des Conringschen Werkes fast ausschließlich aus dessen biographischer Entwicklung zu erklären versucht.

221 Vgl. hierzu im einzelnen: John 1884, S. 57 ff.

222 Lazarsfeld 1961, S. 155.

223 Seckendorff, der wohl bekannteste Vertreter der literarisch-vergleichenden Staatskunde hatte 1656 seinen »Teutschen Fürstenstaat« veröffentlicht, den Conring schon zu Beginn seiner Vorlesungen gekannt haben dürfte. – Zur Entwicklung der vergleichenden Staatskunde, die durch Namen wie Sebastian Münster (1489–1552), Francesco Sansovino (1521–1586) und Giovanni Botero († 1608) gekennzeichnet ist, vgl. allgemein Meitzen 1886, S. 6 ff. Ein Indiz dafür, daß Conring durch solche Werke zur Ausarbeitung seiner Vorlesungen gebracht wurde, ist auch darin zu sehen, daß seit 1626 in seinem Studienort Leyden die sog. »Res publica Elzeviranae« erschienen, eine von dem Buchhändler Elzevir herausgegebene Reihe von Staatsbeschreibungen, die zunächst 34 und später 60 Bände umfaßte.

224 Vgl. John 1884, S. 58, insbesondere Anmerkung 1.

225 Achenwall 1767, S. 4 – Zu Achenwalls Biographie und Bedeutung vgl. allgemein Wagner 1872, S. 412 f., Meitzen 1886, S. 8 ff., John 1884, S. 74 ff.

226 Tagebuchaufzeichnung Achenwalls, zit. n. John 1884, S. 74.

227 Die erst nachträgliche theoretische Systematisierung läßt darauf schließen, daß Achenwall seine Statistik ursprünglich in Anknüpfung an einen damaligen Modetrend begann, denn aus dem schon erwähnten Curiositas-Motiv heraus war das Sammeln von ›Staatsmerkwürdigkeiten‹ in der Mitte des 18. Jahrhunderts eine an manchen Höfen durchaus verbreitete Manie. Dies wird auch durch Achenwall selber bestätigt, wenn er über den Dresdner Hof schreibt, daß dort »die statistischen Studien hauptsächlich ästimiert« wurden (Tagebuchaufzeichnung, zit. n. John 1884, S. 74). Sowohl am Hofe als auch in den einschlägigen Fachkreisen konzentrierte sich das Interesse dabei vornehmlich auf ›fremde‹ Staatsmerkwürdigkeiten – ein Umstand, der sich in der Literatur darin niederschlug, daß zumeist keine deutschen, sondern außerdeutsche Territorien beschrieben wurden (vgl. hierzu exemplarisch Achenwall selber, der in seiner Staatslehre Spanien, Portugal, Frankreich, England, die Niederlande, Rußland, Dänemark und Schweden, nicht jedoch die deutschen Länder beschrieb).

228 So bezeichnete der Geheime Rat Glafigus die Statistik als eine »Per-

mixtio« des »Juridischen, Politischen und Geographischen«, die »die Vergangenheit mit der Gegenwart« vermische und sich darüber hinaus in unangemessener Weise erkühne, den jeweiligen Regenten Ratschläge zu erteilen (zit. n. John 1884, S. 75). Achenwall selbst ging in dem § 57 seines Werkes auf die »gehobenen Vorwürfe« kurz ein, wobei er zwischen dem Vorwurf der »Verwirrung« einerseits und dem der »Ungewißheit« andererseits unterschied (vgl. Achenwall 1767, S. 41 ff.).

229 So Wagner 1867, S. 412, der Achenwall für die Staatskunde dieselbe Bedeutung beimißt wie Smith für die politische Ökonomie. (Zu dieser Interpretation vgl. auch Bürger 1929, S. 54 ff.).

230 Achenwall bezeichnet sein Werk deshalb auch als eine »historische Staatslehre« oder »stillstehende Staatsgeschichte«, die sich darum bemühe, »aus dem unzähligen Haufen derer Sachen, die man in einem Staatskörper antrifft, dasjenige fleißig herauszusuchen, und dessen Ursachen sorgfältig auszuspüren, was die Vorzüge und Mängel eines Landes anzeiget« (Achenwall 1767, S. 4, S. 5, S. 6).

231 Vgl. Achenwall 1767, S. 50 ff.

232 Ebd., S. 6.

233 Ebd., S. 41.

234 Vgl. ebd., S. 4: »Vieles ist Staatsmerkwürdigkeit, was der große Haufe nicht dafür erkennt: als Summe der Schweine in einem Lande, Anfang des Kaffetrinkens auf den Dörfern etc. Vieles ist nicht Staatsmerkwürdigkeit, was der große Haufe dafür hält, z. B. sehr oft die Ritterorden etc.«.

235 Achenwall 1748, zit. n. Meitzen 1886, S. 9.

236 An dieser Stelle greift auch Lazarsfeld zu kurz, der für Petty und Conring grundsätzlich dieselben Perzeptionsstrukturen annimmt und damit implizit einen einheitlichen Beobachtungsbegriff unterstellt; die Differenzen zwischen beiden Konzepten werden dementsprechend nicht mehr als kognitive problematisiert, sondern begründen sich ausschließlich daraus, daß Conring in einem deutschen Kleinstaat, Petty hingegen in einem weiträumigen Empire lebte (vgl. Lazarsfeld 1961, S. 155).

237 Vgl. John 1884, S. 63.

238 Vgl. Mittelstraß 1977, S. 114 ff.

239 Vgl. Kuhn 1962, insbes. S. 25 ff. sowie zusammenfassend Böhme 1975, S. 10 ff.

240 Zu den Kriterien: a) Abgrenzung eines eigenen Gegenstandes, b) Ausbildung einer besonderen Methode, c) abgerundete Darstellung sowie d) Schaffung eines identitätsstiftenden eigenen Namens vgl. unter wissenschaftssoziologischen Perspektiven Clark 1972, Crane 1972, S. 172, sowie als zusammenfassenden Überblick auch Bühl 1974, S. 129 ff. Bezogen auf diese wissenschaftsimmanenten Merkmale wird dabei die

Entwicklung wissenschaftlicher Spezialdisziplinen in der Regel als ein S-förmiger Institutionalisierungsprozeß beschrieben.

241 Zur Tabellenstatistik vgl. allgemein John 1884, S. 88 ff., Meitzen 1886, S. 23 ff. sowie weitergehend Böhme 1969, S. 17 ff.

242 Vgl. z. B. Achenwall 1767, der der »Geschichte« ausdrücklich einen eigenen Paragraphen (§ 58) widmete.

243 Göttinger Gelehrte Anzeigen v. 1806, S. 84 (zit. n. John 1884, S. 129).

244 Als einen ersten Versuch, derartige ›Einübungsprozesse unter anderen Etiketten‹ zu dechiffrieren, vgl. Schindler 1980. Dieser Aufsatz ist zwar auf andere Aspekte bürgerlichen Verhaltens als den hier behandelten bezogen, zeigt aber sehr klar und materialnah, wie unter z. T. noch sehr traditionalen Vorzeichen und in mancher Hinsicht auch gleichsam unbewußt veränderte Einstellungs- und Verhaltensmuster eingeübt wurden.

245 Zur französischen Revolution vgl. allgemein Schmidt 1973, Grab 1975 sowie unter stärker sozialgeschichtlichen Aspekten Hartig 1979. Zur Bedeutung der französischen Revolution für die wissenschaftliche Entwicklung vgl. darüber hinaus Gillispie 1968, S. 89 ff.

246 Zur Ausweitung der quantifizierenden Denkmuster im Gefolge der französischen Revolution vgl. als deskriptiven Überblick Meitzen 1886, S. 24 ff.

247 Um Mißverständnisse zu vermeiden, sei hier allerdings angemerkt, daß der seit dem Ende des 18. Jahrhunderts verstärkt einsetzende Industrialisierungsprozeß, der schon bald eine eigenlogische Entwicklungsdynamik ausbildet, selbst erst in den Maße möglich war, wie innerhalb der staatlichen Instanzen jene ›Rationalisierungsprozesse‹ bewältigt worden waren, welche die Stabilisierung des ›administrativen Blicks‹ erlaubten (vgl. hierzu auch van Dülmen 1979, der, unter Bezug auf die Untersuchungen Wallersteins, das Scheitern des Handelskapitalismus im 16. Jahrhundert aus der mangelnden Rationalisierungskapazität des Staates zu erklären versucht).

248 Am weitesten entwickelt sind hier zweifellos die Arbeiten aus der englischen Sozialgeschichte, wie sie vor allem durch Hobsbawn 1964, Thompson 1968 sowie Davis 1975 repräsentiert wird. Als erste Versuche einer Übertragung und Weiterführung dieser Untersuchungsrichtung in Deutschland vgl. Reulecke/Weber 1978, Puls 1979 sowie Schievelbusch 1977; weniger ergiebig, da auf die Veränderung der Lebenswelt nur am Rande eingehend: Braun et al. 1973.

249 Zum Zusammenhang von Mechanisierung und Zeiterfahrung vgl. allgemein Thompson 1967; ebenso plastisch wie eindrucksvoll ferner Reid 1979, S. 272 ff. sowie Schievelbusch 1977, S. 43 f.

250 Vgl. hierzu neben Hobsbawn 1964, S. 344 ff. und Thompson 1968, S. 393 ff. auch Hudson 1970, dessen Analyse der Arbeitsordnungen

darauf verweist, unter welchem Zwang und mit welchen Mühen das neue Verhältnis zur Arbeit eingeübt werden mußte.

251 Zu der im Vergleich zu anderen Staaten (insbesondere England) gewissermaßen zeitverschoben verlaufenden Entwicklung der Industrialisierung in Deutschland vgl. Borchardt 1972.

252 Zum Verfall der Universitätsstatistik vgl. Meitzen 1886, S. 26 f.; zu dem dabei vollzogenen Umbruch aus einer geistesgeschichtlichen Perspektive ergänzend auch Pankoke 1977, S. 363 f.

253 Lueder 1812, Vorwort, zit. n. John 1884, S. 132 f.

254 Schlözer 1804, zit. n. Maus 1973, S. 24.

255 Lueder 1812, § 62 (zit. n. John 1884, S. 137).

256 »Die gemeinen Statistiker erwarben sich ein unvergängliches Verdienst durch ihre Untersuchungen, welche zur Entdeckung der Gesetze der Sterblichkeit führten ..., während die höheren Statistiker nichts und gar nichts leisteten« (Lueder 1812, § 57, zit. n. John 1884, S. 136).

257 Vgl. Lueder 1812, § 62 (zit. n. John 1884, S. 138).

258 Ebd., § 62, 151.

259 Journal of the Statistical Society of London, Jg. 1838, zit. n. Easthope 1974, S. 4.

260 Hildebrand 1866, S. 4.

261 Journal of the Statistical Society of London, Jg. 1838, zit. n. Easthope 1974, S. 4.

262 Vgl. als allgemeinen Überblick zu dieser Kontroverse Windelband/Heimsoeth 1976, S. 385 ff.

263 Vgl. hierzu Kap. 4, S. 97 f. sowie Pohrt 1972, S. 48 ff.

264 Petty 1672, S. 49.

265 Vgl. ebd.

266 Petty war sich dessen übrigens durchaus bewußt, wenn er schrieb: »We must for the present only say, that there are in beeing the several instruments« (ebd., S. 49), »which ... many men must make use of in the several parts of Ireland and the rest of the world, and corresponding with each other communicate and correct their observations by reason« (ebd., S. 50).

267 Einstein/Infeld 1956, S. 32 (zit. n. v. Greiff 1976, S. 37).

268 Vgl. Kap. 2, S. 24 ff.

269 Zur »Vorstellung von Messung als einem Gitter oder Filter« vgl. Cicourel 1969, S. 43.

270 Daß diese instrumentellen Aspekte der Sozialerfahrung nicht notwendig Verallgemeinerbarkeit beanspruchen können, sondern eher eine kulturspezifische Objektivität aufweisen, wird vor allem dann deutlich, wenn man das Beispiel von Einstein/Infeld wie folgt weiterspinnt: Denkt man sich nämlich Eskimo und/oder Äquatorialbewohner als Individuen, die mit den Instrumenten der Zivilisation noch nicht in Berührung gekommen sind, so ist es äußerst unwahrschein-

lich, daß sie sich auf das instrumentelle Verfahren der Intersubjektivitätsherstellung überhaupt problemlos einlassen können.

271 Vgl. hierzu die in Fußnote 6 genannten Arbeiten, von denen sich insbesondere Cicourel 1969, Berger 1974 sowie Kreppner 1975 ausführlich mit den Strukturen und Verzerrungen der gängigen meßtechnischen Objektivitätsstrategien beschäftigen.

272 Cicourel 1969, S. 13.

273 Vgl. Imershein 1977, der, ausgehend von einer Kritik der »componential Analysis« (ebd., S. 5 ff.) des sozialen Lebens ein Konzept von »Exemplars as a ›Way of Seeing‹ and a Way of Knowing« (ebd., S. 26 ff.) zu entwickeln versucht. Die Kernthese dieser einerseits an Kuhns Paradigmabegriff (vgl. hierzu auch Masterman 1965) angelehnten, andererseits durch die Gestaltpsychologie beeinflußten Konzeption läßt sich dahingehend zusammenfassen, daß soziale Wahrnehmung und soziales Lernen weniger ›analytisch‹ als ›assoziativ‹ strukturiert sind, wobei neue Phänomene auf vorgegebene ›Beispiele‹ (Exemplars, Paradigms) bezogen und dann nach ihnen geordnet werden.

274 v. Greiff 1976, S. 99.

275 Horkheimer 1937, S. 256 – vgl. weiterführend auch ebd., S. 255: Die »Welt, die für den Einzelnen etwas an sich Vorhandenes ist, das er aufnehmen muß und dem er Rechnung trägt, ist in der Gestalt, wie sie da ist und fortbesteht, ebenso sehr Produkt der allgemeinen gesellschaftlichen Praxis. Was wir in der Umgebung wahrnehmen, die Städte, Dörfer, Felder und Wälder, tragen den Stempel der Bearbeitung an sich. Die Menschen sind nicht bloß in der Kleidung, im Auftreten, in ihrer Gestalt und Gefühlsweise ein Resultat der Geschichte, sondern auch die Art, wie sie sehen und hören, ist von dem gesellschaftlichen Lebensprozeß, wie er in den Jahrtausenden sich entwikkelt hat, nicht abzulösen. Die Tatsachen, welche die Sinne uns zuführen, sind in doppelter Weise gesellschaftlich präformiert: Durch den geschichtlichen Charakter des wahrgenommenen Gegenstandes und den geschichtlichen Charakter des wahrnehmenden Organs. Beide sind nicht bloß natürlich, sondern durch menschliche Aktivität geformt.« (Als Präzisierung bzw. Untermauerung dieser Thesen vgl. aus wahrnehmungspsychologischer Perspektive: Holzkamp 1973, S. 173 ff.).

276 v. Greiff 1976, S. 99.

277 Zur Konzeption der Oberfläche als jener Dimension gesellschaftlichen Lebens, in der sich die Individuen als freie und gleiche Rechtssubjekte begegnen und die tiefenstrukturellen Widersprüche der kapitalistischen Gesellschaft verdeckt sind, vgl. Marxistische Gruppe 1972, S. 1 ff., Flatow/Huiskens 1973, S. 101 ff.; zu den Vorstellungen über die epistemologische Durchbrechung des Oberflächenbewußtseins in-

nerhalb der Marxschen Theorie vgl. auch Ritsert 1973, insbes. S. 25 ff.

278 Den Kritikern der ›konventionellen‹ Sozialforschung ist an dieser Stelle zweifellos recht zu geben, wenn sie eine unmittelbare Entsprechung von gesellschaftlichem ›Oberflächenbewußtsein‹ und tatsächlichem Handlungsbewußtsein in der Regel verneinen. Verkürzend wäre es jedoch, hieraus den Schluß zu ziehen, daß die alltagsweltlichen Interaktionsmuster nur aus sich selbst heraus verstanden werden könnten; denn auch wenn die Strukturen der Oberfläche und die ihr entsprechenden Merkmale der Freiheit, Gleichheit und Tauschbarkeit der Interaktionspartner meist nur ›gebrochen‹ handlungsanleitend sind, bzw. unter anderen Etiketten auftreten, so besteht doch die Aufgabe der sozialwissenschaftlichen Rekonstruktion genau darin, die Vermittlung beider Dimensionen aufzuzeigen (vgl. auch Treutner/Wolff/Bonß 1978, S. 141 ff.).

279 Vgl. am Beispiel der Säkularisation in Bayern: Stutzer 1978, S. 181 ff.

280 Vgl. z. B. Strauß 1956, Fetscher 1968, Euchner 1969, Willms 1971 oder MacPherson 1973; als Beispiel für eine etwas krude Parallelisierung auch Bernal 1970, S. 955 ff.

281 Halley 1693.

282 Zu den Anfängen der Wahrscheinlichkeitsrechnung vgl. Walker 1929, S. 4 ff., Kendall 1968, S. 225 f. sowie auch Herrschel 1850, S. 18 f. – Herrschels Darstellung macht übrigens deutlich, daß die außerwissenschaftlichen Ursprünge der Wahrscheinlichkeitsrechnung noch im 19. Jahrhundert schlichtweg als »unrühmlich« (ebd.) angesehen und dementsprechend z. T. völlig ausgeblendet wurden (vgl. z. B. Quetelet 1869/I, S. 148).

283 Vgl. hierzu genauer Ritsert/Becker 1971, S. 88, S. 125.

284 Diese Struktur entspricht genau dem, was Marx als den Konkurrenzzusammenhang der kapitalistischen Gesellschaft beschreibt, denn die ungleichen Resultate der Konkurrenz stellen sich für die Handelnden selbst erst ex post her (vgl. hierzu auch Ritsert 1973, S. 28 ff. sowie Schmidt 1971, S. 55 ff.).

285 Lecuyer/Obershall 1968, S. 39.

286 Vgl. die Argumentation bei Süßmilch 1741/42, S. 58 ff.: »Da endlich vor Augen liegt, daß diese ganze Ordnung zufällig sey, so wird sie auch vor vielen anderen geschickt seyn, uns zu Gott, zum Erkenntniß und Verehrung der verborgenen Hand des Schöpfers zu führen ... Hier ist nicht der Schatten einer Notwendigkeit, dergleichen wol noch manche bey der Ordnung der Bewegung der Himmelskörper ins Gemüte kommen könnten.«

287 Foucault 1971, S. 306.

288 Lecuyer/Obershall 1968, S. 39.

289 Vgl. John 1884, S. 279 ff. sowie Maus 1973, S. 24.

290 Im April 1794 wurde Condorcet selbst ein Opfer der Revolution; er starb, als Girondist verfolgt, an Gift.

291 Zu Laplace, der übrigens ebenfalls Mathematiker war und sich auch als Politiker einen Namen machte, vgl. John 1884, S. 315 ff.

292 Vgl. z. B. die emphatische Huldigung bei Herrschel 1850, S. 23 f.

293 An dieser Stelle greift auch die Darstellung von Krajewski 1974 zu kurz, der die »Idee des statistischen Gesetzes« erst bei Quetelet ansetzt und die eigentlich zu grobe These vertritt, »that in the eighteenth century the concept of social law was not used at all.« (ebd., S. 399).

294 Laplace 1812, zit. n. John 1884, S. 316.

295 Laplace, zit. n. Herrschel, 1850, S. 18.

296 Jonas 1969, S. 106 – vgl. auch Zeisel 1933, S. 118.

297 Zur Biographie Quetelets vgl. Lazarsfeld 1961, S. 164 ff. sowie Böhme 1969, S. 26 ff.

298 Die zahlreichen naturwissenschaftlichen Arbeiten Quetelets beziehen sich im wesentlichen auf drei Fachgebiete, nämlich auf Probleme der Astronomie (u. a. »Astronomie élémentaire« (1826), »Annales de l'observatoire« (1835 ff.)), der Meteorologie (»Sur le climat de Belgique« (1864), »Météorologie de la Belgique comparé à celle du Globe« (1867)) sowie der Physik (»Positions du Physique« (1827), »Sur la Physique du Globe« (1867)).

299 Laplace 1814, zit. n. John 1884, S. 317.

300 Quetelet 1869/I, II – Diese zweibändige Schrift besteht weitgehend aus früheren Abhandlungen (insbesondere »Sur l'homme« (1835) und »Système social« (1848)), die z. T. wörtlich wiederholt wurden, ohne die entwicklungsgeschichtlich bedingten Widersprüche zwischen ihnen auszumerzen (vgl. Lazarsfeld 1961, S. 168 f.).

301 Quetelet 1869/I, S. 171 ff..

302 Quetelet 1869/II. S. 139 ff.

303 Vgl. ebd., S. 179 ff.

304 Vgl. ebd., S. 221 ff..

305 Vgl. ebd., S. 251 ff. – Hierbei behandelte Quetelet auch die Einflüsse von Geschlecht, Alter, Bildung, Beruf sowie Klima und Jahreszeit auf den »Hang zum Verbrechen« (vgl. ebd., S. 265 ff.).

306 Vgl., ebd., S. 381 ff. sowie weiterführend Böhme 1969, S. 49 ff..

307 Ebd., S. 454 – Zu Quetelets Vorstellung der Einheit der Gattung als einer Einheit der Natur vgl. auch Bock 1980, S. 78 f..

308 Das Schlagwort »Statistik als Gesellschaftswissenschaft« wurde zwar erst fünfzig Jahre später von Georg v. Mayr geprägt (v. Mayr 1914), aber insofern sein Entwurf explizit als Weiterführung Quetelets auftrat, läßt er sich auf diesen selber anwenden.

309 Zwar war es Comte, der die »Soziologie als Ordnungswissenschaft«

(Negt 1964) konstituierte, aber sein Entwurf war der einer philosophischen Ordnungswissenschaft, wohingegen Quetelet die Soziologie gleichsam diesseits des bürgerlichen Ideenhimmels als Einzelwissenschaft zur Berechnung der sozialen Verhältnisse entwarf (zu den gesellschaftstheoretischen Hintergrundannahmen Quetelets vgl. Müller 1957, S. 421 ff., sowie Böhme 1969, S. 58 ff.).

310 Quetelet 1869/I, S. 112.

311 Zur englischen Statistik vgl. Abrams 1968, S. 13 ff. – Hier wird auch deutlich, daß sich die englische Statistik primär auf eine möglichst kontrollierte Datensammlung beschränkte. Oder in den Worten des »Journal of the Statistical Society of London«: »(Statistics) neither discussed causes nor reasoned probable effects, but sought only to collect, arrange and compare a class of facts, which can alone form the basis of correct conclusions with aspect to social and political government.« (Journal of the Statistical Society of London, zit. n. Abrams 1968, S. 14).

312 Quetelet 1869/I, S. 102.

313 Ebd., S. 103 – Zu Quetelets Konzept der Statistik als einer dreistufigen induktiven Sozialwissenschaft vgl. auch Böhme 1969, S. 37.

314 Quetelet 1869/I, S. 102.

315 Hierauf weisen indirekt Lazarsfeld 1961 und Böhme 1969 hin, wenn sie in ihrer Diskussion Quetelets dessen Vorreiterfunktion für die heutige quantitative Sozialforschung betonen und die Entwicklung nach Quetelet primär als Abschwächung zu starker Hypothesen charakterisieren. (Zur Charakterisierung des »naiv-empiristischen Paradigmas« vgl. auch Dick 1974, S. 240 ff.).

316 Hier ist vor allem auf die Überlegungen zur intersubjektiven Konstitution von Erkenntnis zu verweisen, wie sie ansatzweise von Kant und schärfer noch von Hegel formuliert worden waren (als knappe, aber in bezug auf die jeweiligen ›Intersubjektivitätskonzepte‹ zutreffende Darstellungen vgl. v. Greiff 1976, S. 73 ff. (Kant) sowie Prewo/Ritsert/Stracke 1973, S. 100 ff. (Hegel)).

317 Zum »allgemeinen Plan einer administrativen Statistik« und deren Verhältnis zur »wissenschaftlichen« Statistik vgl. Quetelet 1869/I, S. 125 ff..

318 Die sich aus den fehlenden Primärerfahrungen Quetelets ergebenden Probleme werden noch deutlicher, wenn man sich vor Augen führt, daß die entscheidenden Anstöße zur Erkenntnis der intersubjektiven Datenkonstitution vor allem aus den Erfahrungen der Interviewforscher erwuchsen (vgl. hierzu neben Scheuch 1973, S. 71 ff. insbes. Berger 1974, S. 31 ff.).

319 Vgl. z. B. Quetelets Vorschlag, den Begriff der ›Voraussicht‹ u. a. über Indikatoren wie Sparkasseneinlagen, Versicherungsbeiträge und Leihhausumsätze zu operationalisieren (Quetelet 1869/II, S. 224 f.).

320 Seinen philosophischen Ausdruck findet dieses Konzept in der Figur des Konstitutionssubjekts, dessen Verstand nach Kant »der Natur die Gesetze vorschreibt« (vgl. Windelband/Heimsoeth 1976, S. 465 ff.) und das die Welt gleichsam aus sich heraus als eine vernünftige setzt. Diese These, deren schärfste Variante von Fichte formuliert wurde, markiert bereits in sich eine radikale Kritik der absolutistischen Herrschaftsstrukturen, denn aus der Perspektive des autonomen Subjekts ließen sich letztere kaum rechtfertigen, sondern erschienen vielmehr als systematisch unvernünftig, da unabhängig von der Willensfreiheit vorgegeben (vgl. Willms 1971, S. 73 ff.).

321 Quetelet 1869/I, S. 103.

322 Dies bedeutet auch, daß sich die statistischen Regelmäßigkeiten bzw. »Gesetze« grundsätzlich nicht auf konkrete Individuen beziehen lassen, denn »jede Anwendung, die man davon auf den einzelnen Menschen machen wollte, wäre im wesentlichen falsch, ebenso wie wenn man nach den Sterblichkeitstabellen den Zeitpunkt feststellen wollte, wann eine bestimmte Person sterben müsse« (Quetelet 1869/I, S. 141 f.).

323 Quetelet 1869/II, S. 225.

324 Vgl. Kap. 3, S. 85 f.

325 Zum Argument der »Entzweiung« vgl. auch Ritter 1972, S. 7 ff..

326 Vgl. Habermas 1971a, S. 11 f.; zur Ausdifferenzierung von Philosophie und Wissenschaft als einführende Skizze ferner Pohrt 1972, S. 60 ff..

327 Vgl. Quetelet 1869/II, S. 139. – Entgegen dieser Selbststilisierung Quetelets ist hier nicht nur auf die bereits erwähnten Vorarbeiten von Condorcet und Laplace zu verweisen, sondern vor allem auf die ersten Vertreter der sog. ›Moralstatistik‹, nämlich Divernois (1833) und Guerry (1834), die zumindest in ihrer allgemeinen Intention mit Quetelet durchaus vergleichbar sind.

328 So erstmals Knies 1850 – Zu den späteren Auseinandersetzungen um die Statistik als »selbständige Wissenschaft« vgl. neben Schott 1914 auch Wagner 1867, S. 401 ff..

329 Bohling 1979, S. 72.

330 Vgl. Kuhn 1962, S. 37 ff., der die »normale Wissenschaft« als »das Lösen von Rätseln« (ebd., S. 49) wie folgt zu charakterisieren versucht: »Die normale Wissenschaft strebt nicht nach neuen Tatsachen und Theorien und findet auch keine, wenn sie erfolgreich ist.« (ebd., S. 65) Sie besteht vielmehr »in der Verwirklichung jener Verheißung (von Erfolg, W. B.), einer Verwirklichung, die durch Erweiterung der Kenntnis der vom Paradigma als besonders aufschlußreich dargestellten Fakten, durch Verbesserung des Zusammenspiels dieser Fakten mit den Voraussagen des Paradigmas sowie durch weitere Artikulierung des Paradigmas selbst herbeigeführt wird.« (ebd., S. 38).

331 Ebd..

332 Ebd..

333 Bohling 1979, S. 74.

334 Vgl. Kuhn 1962, S. 65 ff. – Anomalien sind nach Kuhn »unvermutete Phänomene« (ebd), die »in irgendeiner Weise die von einem Paradigma erzeugten, die normale Wissenschaft beherrschenden Erwartungen nicht erfüll(en).« (ebd., S. 66). Wie Kuhn in impliziter Kritik des Popperschen Falsifikationismus anmerkt, werden derartige Anomalien von den Vertretern des jeweils vorherrschenden Paradigmas in der Regel »nicht als Gegenbeispiel (behandelt), obwohl Anomalien im Vokabular der Wissenschaftstheorie genau das sind.« (ebd., S. 90). Sie gelten vielmehr zunächst als »ein geringfügiges Ärgernis« (ebd., S. 91), das, solange wie möglich, durch Abwehr bzw. Ausgrenzung bewältigt wird.

335 Zur Entwicklung der Statistik nach Quetelet vgl. allgemein auch Lazarsfeld 1961, S. 179 ff..

336 Der Begriff der Demologie geht auf Ernst Engel (vgl. Fußnote 348) zurück, in dessen Augen die Bevölkerungslehre die Wirtschafts- und Sozialstatistik einschloß (vgl. hierzu auch Schäfer 1971, S. 206).

337 V. Mayr 1897, S. 9.

338 Vgl. hierzu auch v. Mayr 1917, Obershall 1965, S. 45 ff., Böhme 1969, S. 9 ff..

339 Die Unterscheidung zwischen der Sozialstatistik im ›weiteren‹ und im ›engeren‹ Sinne bezieht sich in diesem Zusammenhang auf die Differenz zwischen dem Anspruch der theoretischen Sozialstatistik als einer allgemeinen Gesellschaftslehre einerseits (vgl. v. Mayr 1897, S. 1 ff.) und dem demgegenüber bedeutend begrenzteren Praxisfeld der administrativen Sozialstatistik.

340 Ausgehend vom ›verwaltungslogischen Zuschnitt der sozialstatistischen Erfahrung von Regelmäßigkeit« (Bohling 1979, S. 79) interpretiert Bohling deshalb die normalwissenschaftliche Statistik als Ausdruck einer »administrativen Vergesellschaftung« (ebd), denn »die sozialstatistische (Fach-)Arbeit funktioniert unter verwaltungstypischer Gegenstandskonstruktion« (ebd., S. 80). Gegenüber dieser These ist allerdings festzuhalten, daß die Intensität der staatlichen Nachfrage nach einem instrumentell handhabbaren Tatsachenwissen, wie sie im 19. Jahrhundert zu beobachten ist, selbst bereits die Durchsetzung des Tausches als dominantem Medium der Vergesellschaftung voraussetzt, so daß die staatliche Nachfrage keine letzte, sondern eine gesellschaftlich bedingte Ursache darstellt.

341 V. Mayr 1897, S. 3.

342 Als erste private Sozietät zur Förderung des statistischen Wissens ist hier vor allem die »Société de Statistique« in Paris zu erwähnen, die jedoch nur drei Jahre, nämlich von 1803-1806, Bestand hatte. Mehr

Bedeutung ist demgegenüber den statistischen Gesellschaften im England der dreißiger Jahre zuzusprechen. Nach dem dritten Kongreß der »British Association of the Advancement of Science« (zu dieser Gesellschaft vgl. Giszycki 1979) war es dort zu einer regelrechten ›Statistikeuphorie‹ gekommen, die ihren Niederschlag u. a. in den Sozietätsgründungen von London, Edinburgh, Glasgow, Manchester und Dublin fand. Viele Mitglieder dieser Vereinigungen saßen zugleich auch auf wichtigen Posten in Regierung und Verwaltung, und für die Londoner Gesellschaft stellt Abrams sogar fest, »(that) in it's early years the council of the society often looked like a subcomittee of a whig cabinet« (vgl. Abrams 1968, S. 13 ff.). Wie Elesh (1972) am Beispiel der Manchester Society ausführlich zeigt, führten die verschiedenen Sozietäten z. T. selber Erhebungen durch, die jedoch schon in den vierziger Jahren zugunsten von Sekundärauswertungen abgebaut und schließlich ganz aufgegeben wurden (zu den Gründen vgl. ebd., insbes. S. 57 ff.).

343 Vgl. Meitzen 1886, S. 25 f., der darauf hinweist, daß die Hochblüte der Statistik in Frankreich nur bis 1806 dauerte, während die ›neue Wissenschaft‹ sowohl im Kaiserreich als auch in der Restaurationszeit eher unterdrückt wurde.

344 Vgl. Meitzen 1886, S. 27 f., S. 37 f. – Zu der bei Meitzen nicht behandelten Entwicklung in den USA vgl. Easthope 1974, S. 20 sowie ausführlich Davis 1972, S. 70 ff..

345 Meitzen 1886, S. 57.

346 Zu erwähnen sind hier u. a. die statistischen Büros in Braunschweig (1853), Gotha (1858), Jena (1864) sowie Anhalt (1865).

347 Vor seiner Tätigkeit als Direktor des Statistisch-topographischen Büros in Stuttgart war Rümelin zwischen 1856 und 1861 auch württembergischer Kultusminister gewesen. 1863 veröffentlichte er eine erste Schrift zur Theorie der Statistik, und vier Jahre später wurde er Professor für Statistik und Philosophie in Tübingen.

348 Ernst Engel ist unter den deutschen Statistikern derjenige, der von seiner naturwissenschaftlichen Ausbildung ebenso wie von seiner Interpretation der Statistik her Quetelet am nächsten stand. 1850-1858 war er Leiter des Statistischen Büros in Dresden, wo er jedoch seine Reformideen nicht durchsetzen konnte. Zwei Jahre später avancierte er zum Direktor des Preußischen statistischen Bureaus in Berlin – ein Posten, den er bis 1882 innehatte. Schon zu Beginn seiner Berliner Zeit gründete Engel die Preußische statistische Centralkommission, die der von Quetelet geschaffenen belgischen Kommission nachgebildet war und »ein einheitliches Zusammenwirken aller Zweige der Staatsverwaltung bei der Durchführung statistischer Erhebungen gewährleisten sollte.« (Schäfer 1971, S. 62). 1862 folgte dann die Gründung des Seminars zur statistischen Ausbildung von Verwaltungsbeamten, an dem

Engel selber lehrte, wobei er mit dieser Tätigkeit auch noch das letzte offene Feld in der Verzahnung von Statistik und Administration abdeckte (zu Engel vgl. neben Schäfer 1971 auch Böhme 1969, S. 92 f.).

349 V. Mayr war der letzte Wissenschaftler, der die Statistik als eine anspruchsvolle Gesellschaftsanalyse begriff und sie unter dieser Perspektive auch mit der Soziologie identifizierte. Von allen Statistikern hinterließ er das wohl umfangreichste Werk (vgl. v. Mayr 1895, 1897, 1917), so daß seine administrativ-praktischen Tätigkeiten dementsprechend kaum einen kontinuierlichen Charakter tragen.

350 Adolf Wagner (1835-1917), der auch eine bedeutende Rolle im Verein für Socialpolitik spielte, war Nationalökonom und Statistiker, lehrte in Wien, Hamburg, Dorpat, Freiburg und Berlin, wo er seit 1870 eine Professur für Staatswissenschaften innehatte (zu Wagner vgl. ausführlich: Bürger 1929, S. 2 ff.).

351 Diese sekundäre Autonomisierung, also die Entwicklung der Statistik zu einer eigenständig institutionalisierten Disziplin mit fest abgegrenztem Forschungsfeld, läßt sich vor allem anhand von vier Indikatoren verfolgen, nämlich anhand der Einrichtung von Lehrstühlen, dem Beginn wissenschaftlicher Kongresse, der Herausgabe von Fachzeitschriften sowie der Gründung wissenschaftlicher Gesellschaften. Bezogen auf diese Indikatoren stellt sich der Autonomisierungsprozeß als eine äußerst zögernde Ausdifferenzierung dar, die erst im 20. Jahrhundert abgeschlossen wurde. Zwar gab es schon relativ früh Lehrstühle für Statistik, aber diese waren noch lange Zeit mit anderen Fächern gekoppelt (z. B. Statistik und Philosophie). Auch die einschlägigen Kongresse können zunächst kaum als autonome wissenschaftliche Veranstaltungen angesehen werden, da sie hauptsächlich durch regierungsoffizielle Unterstützung zustande kamen – ein Zusammenhang, der sowohl für die auf Anregung Quetelets seit 1853 veranstalteten internationalen Tagungen Geltung hat (vgl. Meitzen 1886, S. 54) als auch für die erst bedeutend später, nämlich 1879, einsetzenden nationalen Veranstaltungen (vgl. Würzburger 1914, S. 339 f.). Wissenschaftliche Vereinigungen zur Statistik schließlich finden sich, zumindest in Deutschland, erst im 20. Jahrhundert, wobei die 1911 gegründete Deutsche Gesellschaft für Statistik anfänglich nur als eine Tochtergesellschaft der Deutschen Gesellschaft für Soziologie existieren konnte (vgl. Würzburger 1914, S. 341 ff.).

352 Bohling 1979, S. 74.

353 Zit. n. Abrams 1968, S. 15.

354 Nach Kendall (1972, S. 135) schlug zwar schon Lagrange 1790 die Durchführung von Stichprobenerhebungen vor, aber diese Anregung blieb während des 19. Jahrhunderts folgenlos.

355 Quetelet 1869/I, S. 505.

356 Böhme 1969, S. 46.
357 Quetelet 1869/I, S. 505.
358 Zur These der Maschinisierung der sozialen Wirklichkeit im Kapitalismus vgl. auch Tholen 1975 sowie Bahr 1979.
359 Quetelet 1869/I, S. 438. – Daß Quetelet gerade Lokomotive und Telegraph als die entscheidenden Symbole der neuen Zeit feiert, ist durchaus kein Zufall – stehen doch gerade diese beiden Innovationen im 19. Jahrhundert stellvertretend für den »Prozeß der Emanzipation der modernen Produktionsweise von den Schranken der organischen Natur« (Schivelbusch 1977, S. 9).
360 Knies 1850, S. 81.
361 Ebd., S. 174.
362 Schivelbusch 1977.
363 Zur Struktur dieser ›neuen‹ Ökonomie, d. h. zu der sie kennzeichnenden Form der Rekonstruktion sozialer Wirklichkeit, vgl. Foucault 1971, S. 310 ff.; ferner Neuendorff 1973, S. 85 ff., Krämer-Badoni 1978, S. 46 ff. sowie ergänzend Sieferle/Groh 1978, S. 55 ff.
364 Ein Mitglied der Dubliner Society faßte die hiermit verbundenen Zielvorstellungen recht treffend zusammen, wenn er meinte, »(that) the study of statistics will, ere long, rescue the political economy from all uncertainty, in which it is now envelopped« (zit. n. Abrams 1968, S. 16).
365 Zum Konzept der »Kernvorstellung« als inhaltlicher Grundvorstellung über die Prinzipien und Entwicklung des gesellschaftlichen Gesamtzusammenhangs vgl. Ritsert 1973, S. 36 ff.
366 Quetelet 1869/I. S. 103.
367 Zu Recht und Geld als sozialen Handlungsmedien innerhalb ausdifferenziert-bürgerlicher Vergesellschaftungszusammenhänge vgl. Luhmann 1970a, insbes. S. 145, ders., 1970b, inbes. S. 180 ff., ders. 1970c, insbes. S. 213 ff. sowie ergänzend Flatow/Huiskens 1973, S. 95 ff., Blanke/Jürgens/Kastendiek 1975, Bd. 2, S. 417 ff.
368 Schlegel 1801 ff., S. 29; Novalis 1793 ff., S. 384, vgl. weiterführend auch Benjamin 1955, S. 420 ff. sowie Karl-Heinz Volkmann-Schluck 1967.
369 Vgl. als deskriptiven Überblick v. Below 1926. Diese Darstellung ist allerdings aufgrund ihrer traditional geistesgeschichtlichen Orientierung mit Vorsicht zu genießen, zumal Below die von ihm bekämpfte disziplinäre Verselbständigung der Soziologie weder als Problem noch als Entwicklung erfaßt.
370 Zur historischen Nationalökonomie vgl. allgemein Schumpeter 1924, S. 98 ff.; zu ihrer Bedeutung für die empirische Sozialforschung ferner Schäfer 1971, S. 182 ff.
371 Zur »Verzeitlichung« der Sozialerfahrung zu Beginn des 19. Jahrhunderts sowie den damit verbundenen Akzentverschiebungen im Ge-

schichtsverständnis vgl. Foucault 1971, S. 439 ff. sowie Lepenis 1978a, S. 16 ff.

372 Winkel 1977, S. 93.

373 Es ist in diesem Zusammenhang durchaus bezeichnend, daß der ›methodologische Urvater‹ der positiven Ökonomie in Deutschland und spätere Gegner Schmollers im sog. »älteren Methodenstreit« (vgl. Fußnote 397), nämlich Carl Menger (1840-1921), seine »Grundsätze zur Volkswirtschaftslehre« ausdrücklich »dem königlich sächsischen Hofrathe Dr. Wilhelm Roscher ... in achtungsvoller Verehrung« widmete (Menger 1872, S. III).

374 Vgl. Knies 1850, Hildebrand 1866.

375 Vgl. hierzu Schmoller 1893, S. 18 ff. sowie ders. 1901, S. 99 ff.

376 Schmoller 1901, S. 113.

377 Ebd., S. 116.

378 Winkel 1977, S. 93.

379 Schmoller 1893, S. 16.

380 Schmoller 1882, zit. n. Schäfer 1971, S. 77.

381 Diese Naivität fällt vor allem dann ins Auge, wenn er dafür plädiert, den Fallstricken der ›falschen Abstraktionen‹ durch eine schlichte Erweiterung der Beschreibung zu entkommen – ein in polemischer Absicht ebenso erfolgreiches wie verzerrendes Argument. Allerdings argumentierte Schmoller keineswegs immer in einer derart vereinfachenden Form (vgl. die Interpretation der Schmollerschen Position bei Lindenlaub 1967, S. 98 ff.), und seine ›Defizithypothese‹ läßt sich auch durchaus angemessener reformulieren, denn was die auf die Figur des Tauschobjekts bezogenen Theorien bezeichnen, ist eine Tiefenstruktur des ökonomischen Handelns, aus der jedoch – und dies ist entscheidend – keineswegs unmittelbar auf dessen konkrete Erscheinungsform geschlossen werden kann.

382 Schmoller 1893, S. 25.

383 Pohrt 1972, S. 60 – vgl. auch ebd., S. 65 ff.

384 Exemplarisch zeigt sich dies nicht zuletzt auch in der Formel von der Arbeiterklasse als »Viertem Stand«, die keineswegs nur ideologischpazifizierenden Charakter hatte. Sie verweist vielmehr auch auf eine spezifische ›Geichsetzung‹ von Bürgertum und Proletariat, denn hatte im 18. Jahrhundert das Bürgertum als »Dritter Stand« die feudale Gesellschaft gestürzt, so wurde im 19. Jahrhundert der »Vierte Stand« als die neu aufkommende politische Kraft wahrgenommen.

385 Schmoller 1893, S. 38.

386 Schmoller 1901, S. 114.

387 Schmoller 1901, S. 100.

388 Ebd.

389 Ebd., S. 116.

390 Vgl. hierzu vor allem die agrar- und gewerbegeschichtlichen Studien

Schmoller 1870, 1879, 1898. Als Versuch einer wissenschaftstheoretischen Ausbuchstabierung des Schmollerschen Konzepts darüber hinaus Lindenlaub 1967, S. 98 ff.

391 Schäfer 1971, S. 92.

392 Schmoller 1901, S. 116.

393 Vgl. ebd., S. 103: »Eine einzige Methode nationalökonomischer Beobachtung kann es entsprechend der Kompliziertheit des Stoffes natürlich nicht geben. Auf jeden Teil des Stoffes sind die Mittel zu verwenden, die uns am weitesten führen, die uns das zutreffendste, wahrste, vollständigste Bild der Wirklichkeit, der volkswirtschaftlichen Tatsachen geben.« (vgl. ähnlich auch Schmoller 1893, S. 76).

394 Schmoller 1893, S. 25.

395 Vgl. hierzu ausführlich ebd., S. 60 ff.

396 Ebd., S. 17 – vgl. hierzu auch Pfister 1931, Sp. 1283, der Schmollers Konzept wie folgt zusammenfaßt: »Aus den Mosaiksteinchen der Archive erst eine zeitlich begrenzte Einzeluntersuchung, dann durch eine Reihe von solchen einen größeren Zeitraum in seiner aufsteigenden Entwicklung und schließlich die gesamte Wirtschaftsgeschichte in einem großen ... Weltanschauungsrahmen darzustellen, das war sein Ziel.« (Ergänzend vgl. aber auch Lindenlaub 1967, S. 436, der darauf verweist, daß Schmoller dieses Konzept selbst als eine wertfreie Wissenschaft verstand.)

397 Vgl. als Primärtexte: Menger 1883, Schmoller 1883 sowie Menger 1884. Zum Verhältnis zwischen dem älteren Methodenstreit und dem Werturteilsstreit zwischen Weber und Goldscheidt, wie er u. a. von Ferber 1959 beschrieben wurde, vgl. auch Lindenlaub 1967, S. 433 ff.

398 Schmoller 1901, S. 116.

399 V. Mayr 1895, S. 5.

400 Daß Schmoller eine systematische Abgrenzung zum statistischen Objektivitätskonzept an keiner Stelle ins Kalkül zog, verweist darauf, daß er dem Exaktheitsideal der Sciences sehr wohl verpflichtet war, denn auch wenn er die Selektivität der instrumentellen Wirklichkeitsaneignung kritisierte, so hielt er doch an dem damit verbundenen Objektivitätsanspruch stets fest.

401 Vgl. Ginzburg 1980/I, 1980/II; zu der hierauf bezogenen Diskussion ferner Freibeuter 5, S. 149 ff.

402 Ginzburg 1980/I, S. 8.

403 Ginzburg 1980/II, S. 15.

404 Ebd., S. 11.

405 Ebd., S. 33.

406 Ebd.

407 Einen Wissenschaftstyp, der beide Paradigmen in sich vereinigt, ohne daß es zu Brüchen kommt, repräsentiert nach Ginzburg insbesondere

die Philologie (vgl. ebd., S. 15 ff.), die in unserem Zusammenhang jedoch weniger von Interesse ist, weil sich die sozialwissenschaftlichen Monographien in der Regel nicht nur mit schriftlichen Dokumenten, sondern auch mit unmittelbarer Beobachtung bzw. Interviews arbeiten.

408 Daß diese Selbststilisierung äußerst prekäre Folgen haben kann, zeigt sich nicht zuletzt in der Kritik der empirisch-analytischen Wissenschaftstheorie, die – aus ihrer Perspektive durchaus zu recht – der Psychoanalyse eine grundsätzliche »Leerformelhaftigkeit« vorwirft (vg. z. B. Popper 1973, S. 50: »Keine logisch mögliche Beschreibung menschlichen Verhaltens (ist) mit den psychoanalytischen Theorien von Freud, Adler oder Jung unvereinbar.«).

409 Ginzburg 1980/I. S. 16.

410 Habermas 1971d, S. 137.

411 Zu dem Konzept einer operationalen ›Anwendung‹ von Theorien vgl. Bergmann 1968.

412 Vgl. als gängige Lehrbuchdarstellung Mayntz/Holm/Hübner 1972, S. 9 ff.

413 Ginzburg 1980/II, S. 15.

414 Vgl. hierzu Denzin 1970, S. 14: »By sensitizing concepts I refer to concepts that are not transformed immediately into operational definitions through an attitude scale or an check list. An operational definition defines a concept by stating how it will be observed . . . But if I choose a sensitizing approach . . . I will leave it nonoperationalized until I enter the field and learn the processes representing it and the specific manner attached to it by the persons observed«. (Kritisch anzumerken ist hier allerdings, daß Denzin die konzeptverändernden Rückwirkungen des Feldkontaktes keineswegs systematisch ausarbeitet).

415 Vgl. Ginzburg 1980/II, S. 17 ff.

416 Ebd., S. 13.

417 Ebd., S. 15.

418 Schmoller 1893, S. 44. Der Bezug auf die eigene Erfahrung (vgl. ebd., S. 21) wird bei Schmoller übrigens interessanterweise primär mit Dilthey begründet, denn ebenso wie dieser ging Schmoller davon aus, daß wir uns »unserer Handlungen . . . direkt durch die Beobachtungen des eigenen Seelenlebens bewußt (werden); von uns schließen wir auf andere« (ebd., S. 30).

419 Ginzburg 1980/II, S. 33.

420 Ebd., S. 407.

421 Schnapper-Arndt 1903, S. 21.

422 Zur Biographie LePlays vgl. Brooke 1970, S. 5 ff., Goldfrank 1972, S. 130 ff. sowie auch Bock 1980, S. 84 f.

423 Brooke 1970, S. 6.

424 Die wahrnehmungsverändernde Bedeutung derartiger Reisen wird vor allem dann klar, wenn man sie in den Kontext der Entstehung des bürgerlichen Reisens überhaupt stellt: Bis in das 18. Jahrhundert hinein war das Reisen als grundsätzlich »gefährlich« denunziert bzw. verboten worden (vgl. Laermann 1976, S. 57 ff.) und die allmählich zu beobachtende Umwertung läßt sich selbst als gesellschaftlich bedingte Ausbildung eines neuen Mediums der Erfahrungsbildung begreifen. Im Reisen projizieren die ›Protobürger‹ nicht nur ihre Welt in eine andere (vgl. ausführlicher Kramer 1979) und kritisieren sie zu gleich (vgl. Japp 1976, S. 31 ff.), sondern sie üben selbst stets auch eine neue Wahrnehmung der Umwelt ein (vgl. z. B. die bewußt ›messende‹ Wirklichkeitswahrnehmung bei Nicolai 1781, beschrieben bei Piechotta 1976a, S. 105 ff.), die allerdings – und dies ist entscheidend – immer an das subjektive Erleben gebunden bleibt und durch dieses selbst auch gebrochen wird. Daß diese Einübungseffekte auch zu LePlays Zeiten noch keineswegs abgenutzt waren, sondern sich gleichsam auf einer stetig erweiternden Stufenleiter fortsetzten, wird vor allem bei der Lektüre der bereits mehrfach erwähnten Arbeit von Schivelbusch 1977 deutlich.

425 In einer überarbeiteten und erweiterten Form erschienen die »Ouvrier européens« erneut 1877; diesmal in sechs Bänden, von denen der erste eine Biographie LePlays sowie eine erweiterte methodologische Einführung enthielt, während die Bände II bis VI in leicht veränderter Anordnung die ursprüngliche Einleitung sowie nunmehr 57 Familienmonographien umfaßten; die 36 ›alten‹ Monographien wurden dabei mit Nachträgen versehen und somit aktualisiert. (Diese zweite Auflage konnte für die vorliegende Arbeit nicht herangezogen werden, da nur die Ausgabe von 1855 zugänglich war; zur Beschreibung der erweiterten Fassung vgl. jedoch ausführlich Lazarsfeld 1961, S. 182 ff.).

426 Bei LePlay erscheint die Familie stets als eine gottgewollte Grundeinheit des sozialen Lebens; sie repräsentiert einen unhintergehbaren Mikrokosmos, der durch den Pauperismus bedroht wird, und den es gegen die bürgerlich-kapitalistischen Auflösungserscheinungen zu verteidigen gilt. Vor diesem Hintergrund erklärte LePlay die verschiedenen Familienformen letztlich auch nicht im engeren Sinne soziologisch, sondern moralisch, wobei er vor allem die Familien in den entwickelten kapitalistischen Ländern als eine ›Fehlentwicklung‹ im ›ewigen Kampf zwischen Gut und Böse‹ begriff, die qua Sozialreform beseitigt werden sollte.

427 Vgl. hierzu z. B. Lazarsfeld 1961, S. 185 ff., Clark 1973, S. 105 ff sowie Pitts 1968, S. 85 f., der LePlays Konservativismus wie folgt zusammenfaßt: »LePlay believed that man has always known that the supreme good lies in social peace, on the one hand, and moral conduct, on the other; this was codified once and for all in the Decalogue. How,

then, can one speak of inevitable progress when the principles of the Decalogue may have been followed in earlier periods of history only to be ignored in later ones? The best that could happen would be a revival of what has always been acknowledged to be the truth. The happiness of man does not reside in increased comforts and education but in recognizing the soundness of these principles of good conduct, in spite of the seductiveness of false doctrines, and in conforming his life to them.« (ebd., S. 85).

428 Vgl. z. B. Zeisel 1933, S. 122 ff., Lazarsfeld 1961, S. 196 ff.; typisch für die darauf aufbauenden ›Kurzurteile‹ Easthope 1973, S. 22; Maus 1974, S. 29.

429 Bock 1980, S. 88.

430 Ebd., S. 87.

431 Goldfrank 1972, S. 146.

432 Zur Charakterisierung der Statistik als ›Administrationswissenschaft‹ vgl. die folgenden Ausführungen bei LePlay 1855, S. 11: »(La statistique) a eu, jusqu'à ce jour, pour base principale, les documents numériques fournis par l'autorité publique touchant le système financier, la défense du pays, l'administration de la justice etc. (Le staticien) ... est employé surtout dans les États, où la centralisation administrative a pris un grand développement.« ... »Malgré leur généralité apparente et leur séduisante régularité, les documents statistiques ont médiocrement contribué aux progrès de la science sociale« (ebd.).

433 Im einzelnen kritisiert LePlay die ›administrationswissenschaftliche‹ Statistik wie folgt: »Les résultats officiels concernant l'ensemble d'un pays font abstraction de tout les considérations, qui ne se rattachent qu'accessoirement au fait qui intéresse l'autorité publique; ils ne tiennent compte ni de la nature spéciale des individus, ni du caractère propre au milieu dans lequel ils vivent« (ebd., S. 11).

434 Ebd..

435 Vgl. die Ausführungen zur ›Tatsachenobjektivität‹ in Kap. 3., S. 82 ff.

436 LePlay 1855, S. 12 – »Par un séjour prolongé dans l'habitation des familles ... (on) s'est initié peu à peu à la connaissance de leur langage, de leur habitudes, de leur besoins, de leur sentiments, de leur passions et de leur préjugés« (ebd.).

437 Schnapper-Arndt 1903, S. 20.

438 LePlay 1855, S. 21.

439 Imershein 1977, S. 26 (vgl. auch Fußnote 273).

440 Vgl. Lazarsfeld 1961, S. 182.

441 Vgl. hierzu auch Goldfrank 1972, S. 140 ff.

442 Dieser Aufbau ist sowohl für die erste als auch für die zweite Auflage kennzeichnend (vgl. Lazarsfeld 1961, S. 183), wobei unter den 17 Paragraphen im einzelnen folgende Sachverhalte verhandelt wurden: Die ersten fünf Paragraphen bezogen sich stets auf die sog. »*Observations*

préliminaires« und enthielten Angaben über die allgemeine Situation der Familie und die Region, in der sie lebte. Die nächsten drei betrafen die »*Moyens d'existance*«, wobei die Eigentumsverhältnisse, Einkünfte und beruflichen Orientierungen dargestellt wurden. Komplementär dazu erscheint der nächste Abschnitt, der gleichfalls drei Paragraphen umfaßte und die »*Mode d'existance*« der Familie schilderte, also die Ausgaben für Nahrung, Kleidung, Wohnung und »recréations«. Die Paragraphen 12 und 13 befaßten sich daran anschließend mit der »*Histoire de la Famille*«, wobei allerdings weniger die Familiengeschichte als Sitten, Gebräuche und Sozialbeziehungen innerhalb des Familienverbandes behandelt wurden. Die genannten vier Abschnitte (»Observations préliminaires«, »Moyens d'existance«, »Mode d'existance«, »Histoire de la famille«) wurden schließlich in Form einer ausführlichen Budgetrechnung zusammengefaßt, wobei sich § 14 auf das »budget des recettes de l'année« und § 15 auf das »budget des dépenses de l'année« bezogen. In den beiden letzten Paragraphen wurden dann Zusatzerläuterungen aufgeführt, und zwar sowohl zu den Budgetrechnungen selber (»Notes annexée«, § 16) als auch zu landeskundlichen, sozialen und religiösen Besonderheiten (»Notes diverses«, § 17), wobei gerade der letzte Abschnitt als eine Art von soziologischem ›Trümmerfeld‹ gelesen werden kann, denn hier wurden die Einzelinformationen auf das bezogen, was man die implizite Gesellschaftstheorie LePlays nennen könnte (vgl. Goldfrank 1972, S. 134 ff.).

443 Goldfrank 1972, S. 146.

444 Zur Rezeption und Wirkungsgeschichte LePlays vgl. ausführlich Lazarsfeld 1961, S. 191 ff.

445 Vgl. Ben-David 1971, S. 108 ff.

446 Zur Biographie Schnapper-Arndts vgl. Zeitlin 1906 sowie Seger 1975, S. XI ff.

447 Schnapper-Arndt 1882. – Zur Entstehungsgeschichte der »Fünf Dorfgemeinden« vgl. Seger 1975, S. IX f. In ihrem inhaltlichen Aufbau gliedert sich diese Studie in zwei Teile: Vor dem Hintergrund einer an Schmoller angelehnten Systematik der Ökonomie schildert Schnapper zunächst den »Erwerb und seine Grundlagen« (S. 5 ff.), wobei unter diesem Stichwort nicht nur die Eigentumsverhältnisse und Produktionsstrukturen in den einzelnen Gemeinden beschrieben wurden, sondern auch die jeweiligen Produktionsverfahren und deren Auswirkung auf die Arbeitsorganisation. In einem zweiten Abschnitt ging es dann um »die Menschen und ihr Leben« (S. 81 ff.), also um die sozialen Auswirkungen der ökonomischen Strukturen. Hier kamen Probleme wie Wohnverhältnisse, Kleidung, Gesundheit und Ernährung sowie schließlich die vieldiskutierten »moralischen Zustände« einschließlich Traditionen und Gebräuchen der Dorfbewohner zur Sprache.

449 Schnapper-Arndt 1882, S. 187.

450 Vgl. als diesbezügliche Schilderung von Einzelschicksalen z. B. Schnapper-Arndt 1882, S. 63 ff. – Aus dem Blickwinkel der ›normal science‹ werden diese Schilderungen allerdings nicht selten als belanglos abgetan bzw. als »Impressionen eines sensiblen Beobachters ohne Zuordnung oder Erklärung« (Seger 1975, S. XXIII) bezeichnet.

451 Schnapper-Arndt 1904, S. 190.

452 Ebd.

453 Schnapper-Arndt 1882, S. 169 ff.

454 Schnapper-Arndt 1880.

455 Schnapper-Arndt 1903, S. 21.

456 Schnapper-Arndt 1880, S. 169.

457 Schnapper-Arndt 1904, S. 210.

458 Schnapper-Arndt 1904.

459 Schnapper-Arndt 1904, S. 210.

460 Zur sekundären Autonomisierung der Statistik als ›normal science‹ vgl. genauer Fußnote 351.

461 Zu derartigen Konzeptualisierungen vgl. als allgemeinen Überblick Bühl 1974, S. 54 ff.; spezieller auf die Entwicklung der Sozialwissenschaften bezogen ferner Clark 1973, S. 1 ff. sowie als Kondensat Clark 1972, der die Entwicklung eines neuen wissenschaftlichen Gebietes innerhalb der Sozialwissenschaften anhand von drei Elementen (Paradigma, talentierte Individuen, Institutionalisierung) und fünf Stadien (der einsame Wissenschaftler, Amateurwissenschaft, entstehende akademische Wissenschaft, etablierte Wissenschaft, big science) zu beschreiben versucht.

462 Vgl. Clark 1972, S. 111 ff.

463 Zur Entwicklung und Methodik dieser Enquêten, die ursprünglich aus den Berichten privater Wohlfahrtsorganisationen hervorgegangen und später von Parlamentsausschüssen oder regierungsoffiziell ernannten »Royal Commissions« getragen wurden, vgl. neben Cohn 1877, Zeisel 1933, S. 115 ff. sowie Lecuyer/Obershall 1968, S. 41 ff.

464 So die Charakterisierung von Lindenlaub 1967, S. 44.

465 Zeisel 1933, S. 128 – Zu den rudimentären Ansätzen der sozialpolitischen Empirieproduktion vor 1872 – erwähnenswert sind hier eigentlich nur die Untersuchungen von Virchow 1848 und Lengerke 1849 – vgl. Obershall 1965, S. 18, S. 38 ff.

466 Zu den Anfängen des Vereins für Socialpolitik vgl. Lindenlaub 1967, S. 4 ff., Plessen 1975, S. 13 ff. sowie ausführlich auch Gorges 1980, S. 37 ff.

467 Der den Prinzipien des Manchesterliberalismus verpflichtete Volkswirtschaftliche Kongress war 1857 entstanden. Schon Mitte der siebziger Jahre spielten die ideologischen Gegensätze zwischen den »Kathedersozialisten« des Vereins für Socialpolitik und den Anhängern

des Volkswirtschaftlichen Kongresses jedoch keine entscheidende Rolle mehr; Doppelmitgliedschaften waren vielmehr möglich, und zu den einzelnen Generalversammlungen wurden auch Vertreter der jeweiligen Konkurrenzorganisation eingeladen (zum Streit zwischen Manchestertum und Kathedersozialismus sowie zur Annäherung beider Vereine vgl. Gorges 1980, S. 38 ff.).

468 VfS 1872, Bd. O, S. 1.

469 Vgl. ebd., S. 5 – Diese Argumentation verweist bereits auf den konservativen Impetus der anvisierten Reformmaßnahmen, und entgegen manchen Verdächtigungen der Unternehmerseite (vgl. Lindenlaub 1967, S. 56 ff.) waren die »Kathedersozialisten« des Vereins auch niemals sozialistisch gesinnt.

470 VfS, Bd. O, S. 5.

471 VfS 1873, Bd. 4; VfS 1877, Bd. 13 – Die im folgenden nicht behandelten Diskussionen des Jahres 1873 (vgl. hierzu zusammenfassend Gorges 1980, S. 104 ff.) sind in unmittelbarer Beziehung zu der Programmatik auf der Eisenacher Gründungsversammlung zu sehen. Dort nämlich war die Arbeitsschutz- bzw. Fabrikgesetzgebung als wichtigstes Thema genannt worden, und hierauf aufbauend erstellten die Vereinsmitglieder Neumann, Jacobi, v. Helldorf und Websky Gutachten über die Möglichkeiten und Grenzen einer Untersuchung der Fabrikgesetzgebung, die aufgrund personeller Identitäten übrigens auch Einfluß auf die Reichsenquêten über »die Frauen- und Kinderarbeit in den Fabriken« (RKA 1874) und über »die Verhältnisse der Lehrlinge, Gesellen und Fabrikarbeiter« (RKA 1875) hatten. – Bei den Diskussionen des Jahres 1877, die durch Gutachten von Embden, Cohn und Stieda eingeleitet wurden, ist hingegen eine derartige Themenbezogenheit nicht mehr zu beobachten, denn im Unterschied zum Jahre 1873 ging es jetzt ausschließlich um die methodologischen Strukturprinzipien der Enquêtenproduktion.

472 Embden, 1877, S. 1 (Kursivsetzungen W. B.).

473 Ebd., S. 12.

474 Ebd.

475 Zur Gegenüberstellung von ›vollständigen‹ und ›unvollständigen‹ Enquêten vgl. auch ebd., S. 8. Hier faßt Embden die methodologischen Unterschiede wie folgt zusammen:

	Unvollständige	Vollständige
	Enquête bedingt:	
als Abhörer:	Beamte in ihren Geschäftskreisen	eine besondere Commission
als Geschäftsmethode bei den Abhörenden:	Decentralisation	Centralisation

	Unvollständige	Vollständige
	Enquête bedingt:	
als Methode der Aufzeichnung:	lakonische Protocolle	stenographische Berichte
als Schlußbearbeitung:	ein von Dritten gefertigtes Excerpt, welches keiner Controlle unterliegen kann.	ein von der Commission berathener Schlußbericht, welcher in jedem Punkt controllierbar ist.

476 Ein drittes Gutachten beschäftigte sich schließlich mit den französischen Enquêten (Stieda 1877). Diese hatten zwar fast eine ebenso lange Tradition wie die englischen, genossen aber aufgrund ihrer verwaltungsinternen Orientierung bedeutend weniger Ansehen. Für Lujo v. Brentano beispielsweise waren sie nicht mehr als ein »büreaukratisch verunstalteter Abklatsch des englischen Vorbildes« (zit. n. Stieda 1877, S. 29), und dieses Urteil entsprach auch der Einschätzung der französischen Öffentlichkeit, die die Erhebungen zeitweise offen als bürgerlich-konservativ ablehnte (vgl. hierzu neben Stieda 1877 vor allem Weiss 1936 sowie ergänzend Lecuyer/Obershall 1968, S. 44 ff.).

477 Cohn 1877, S. 21.

478 Ebd.

479 Ebd.

480 Ebd., S. 20.

481 Ebd., S. 23.

482 Ebd.

483 Ebd., S. 22.

484 Einen Ansatz zu einer weitergehenden methodologischen Reflexion lieferte einzig der Engländer Malcolm Ludlow, dessen Gutachten »über die Untersuchungen von Gewerbestreitigkeiten und die dem Zeugniß der Arbeitgeber und Arbeiter zukommende Glaubwürdigkeit« (Ludlow 1877) allerdings nicht diskutiert, sondern auf Anregung Brentanos nachträglich in den Gutachterband des Vereins aufgenommen worden war. Ludlows Gutachten zeigt auch die zeitbedingten ideologischen Verzerrungen des ›politischen Empirieansatzes‹ à la Cohn und Embden: Im Unterschied zu den Aussagen der Arbeiter hatte für ihn nämlich »das Zeugniß des Arbeitgebers eine prima facie Glaubwürdigkeit« (ebd., S. 48), so daß in der Praxis kaum mit einer diskursiven Klärung konkurrierender Deutungen gerechnet werden konnte.

485 Als jüngste und erschöpfende Darstellung aller Untersuchungen, die bis 1915 einschließlich aller Diskussions- und Materialveröffentlichungen 150 Bände füllten, vgl. Gorges 1980. In Abhängigkeit insbe-

sondere von der innenpolitischen Entwicklung unterscheidet Gorges insgesamt sechs Arbeitsphasen des Vereins, nämlich: 1) die staatliche Enquêtenforschung der Gründungsphase (1872-1879), 2) die Privatisierung der Sozialforschung (1880-1888), 3) die Uneinheitlichkeit von Forschungsstrategien und -methoden (1889-1894), 4) die Stagnation in der Entwicklung von Forschungsmethoden (1895-1900), 5) die Ansätze »objektiver« Methoden in der Sozialforschung (1900-1905), 6) die Phase der qualitativ werturteilsfreien Studien (1905-1914). Diese Differenzierung erscheint jedoch insofern übertrieben, als sich gerade in methodologischer Hinsicht zum Teil kaum qualitative Unterschiede zwischen den einzelnen Phasen feststellen lassen, und genau genommen reicht es wohl auch aus, wenn man zwischen vier Phasen unterscheidet, nämlich zwischen der konzeptuellen Phase von 1872-1880, der ersten Erhebungsphase von 1880-1890, der zweiten Erhebungsphase von 1890-1900 und der dritten Erhebungsphase von 1900-1915.

486 Gorges 1980, S. 167 – Aufgrund des sich verschärfenden innenpolitischen Kurses der achtziger Jahre ist jedoch zu vermuten, daß diese Entwicklung auch politische Gründe hatte, denn die »bäuerliche Frage« hatte keineswegs dieselbe politische Brisanz wie die Arbeiterfrage.

487 Vgl. VfS 1883, Bd. 22-24 (Deutschland), VfS 1884, Bd. 27 (Frankreich/England) sowie VfS 1886, Bd. 29 (Italien).

488 VfS 1883, Bd. 22, S. IX.

489 VfS, 1887, Bd. 35, S. VIII.

490 Gorges 1980, S. 511.

491 VfS 1883, Bd. 22, S. V.

492 Ebd., S. IX.

493 Schnapper-Arndt 1888, S. 74.

494 Vgl. hierzu die von Schnapper zitierten Beispiele aus Sachsen, Brandenburg und Oldenburg (ebd., S. 77 f.). Hier hatten die Gutachter zwar in denen von ihnen untersuchten Bezirken keinen Wucher nachweisen können, aber sie verwiesen dennoch in schöner Einmütigkeit darauf, daß er »in verschiedenen anderen Gegenden« sehr wohl vorkomme, wobei diese »anderen Gegenden« stets am jeweils entgegengesetzten Ende Deutschlands lagen.

495 Schnapper-Arndt 1888, S. 69.

496 Ebd.

497 Ebd.

498 Ebd., S. 63.

499 Dies erklärt sich allerdings zum Teil auch daraus, daß Schnapper den Vortrag in seiner Rolle als Dozent für Statistik hielt, so daß die statistische Perspektive gleichsam von selbst dominant werden mußte.

500 Schnapper-Arndt 1888, S. 84.

501 Vgl. VfS 1888, Bd. 38, S. 41 ff.
502 Schmoller 1890, zit. n. Gorges 1980, S. 213.
503 Vgl. ebd., S. 213 f. sowie deutlicher noch ebd., S. 514 f.
504 Schmoller selbst hatte 1890 den Vereinsvorsitz übernommen, und bis zu Beginn des 20. Jahrhunderts gehörten ausschließlich Mitglieder der sog. »älteren Generation«, wie z. B. Thiel oder Sering, dem Vereinsausschuß an, die fast alle der Schmollerschen Position nahe standen (zu den Differenzen zwischen der »älteren« und der »jüngeren« Generation vgl. auch Lindenlaub 1967, S. 385 ff.).
505 Vgl. Obershall 1965, S. 25 f.
506 Genau genommen verlief die Untersuchung in zwei Stufen, wobei im ersten Durchlauf ein »allgemeiner«, beim zweiten hingegen ein »spezieller« Fragebogen verschickt wurde, der zur Präzisierung und Erweiterung der zuvor gestellten Fragen diente (vgl. VfS 1892, Bd. 53, S. XIV ff.).
507 Dies gilt vor allem für den ersten Fragebogen, der sich fast ausschließlich auf Probleme der Lohnhöhe und Arbeitszeit konzentrierte, und zwar penibel differenziert nach verschiedenen Kategorien von Arbeitskräften. In dem zweiten Bogen, der nur in 562 Exemplaren verschickt wurde, gab es demgegenüber auch einige Fragen zum sozialen und ›sittlichen‹ Verhalten der Arbeiter, die aber ebenso allgemein wie unverbindlich formuliert waren und schon aus diesem Grunde für die Auswertung keine Rolle spielen konnten.
508 Zur Entwicklung und Differenzierung dieser Kritik vgl. Gorges 1980, S. 245 ff.
509 VfS 1892, Bd. 53, S. XI.
510 Ebd., S. XII.
511 Ebd.
512 Vgl. VfS 1892, Bd. 55 – Zu dem hierbei zugrunde gelegten Auswertungsverfahren vgl. ebenso knapp wie präzise Gorges 1980, S. 242 ff.
513 VfS 1892, Bd. 55, S. 6.
514 Ebd.
515 Ebd.
516 So die Übersetzung des Terminus ›Autopsie‹ nach Duden 1966, Bd. 5, S. 82.
517 Göhre 1891, S. 15.
518 So interessierte sich Göhre vornehmlich für »den geistigen, sittlichen, religiösen Charakter der Arbeiter« (Göhre 1891, S. 16), wohingegen die materielle Seite relativ knapp und nach Emmerich (1974/I, S. 27), auch beschönigend dargestellt wurde, wenngleich diese Selektivität zum Teil durch die spezifischen Verhältnisse in Sachsen bedingt war.
519 Weber 1892, Sp. 1105.

520 Vgl. hierzu Paul 1979/I, S. 303 f., die in Anknüpfung an Obershall 1965 (S. 21, Anm. 3) darauf verweist, daß es »im wilhelminischen Deutschland ... kein Gegenstück zu dem sozialkritischen Roman eines Zola, Dickens oder Hugo« gab.

521 Zu dieser Kritik vgl. ausführlich Brenning/Gremmels 1978, S. 135 ff., insbesondere S. 138 f.

522 Vgl. Weber 1892, insbesondere Sp. 1105 f.

523 Der Evangelisch-Soziale Kongreß war 1899 von sozialreformerisch engagierten Kirchenkreisen unter wesentlicher Beteiligung von Friedrich Naumann gegründet worden. Naumann und Göhre kannten sich schon seit ihrer Schulzeit, und auf Vorschlag Naumanns wurde Göhre 1892 als Sekretär des Kongresses angestellt.

524 Schon von der Konzeption her zeigen sich Parallelen zur Vereinserhebung (vgl. Obershall 1965, S. 30 f.), wenngleich die Enquête des Evangelisch-Socialen Kongresses sowohl umfangreicher als auch differenzierter angelegt war: So wurden nicht nur die Gutsbesitzer bzw. Arbeitgeber befragt, sondern zugleich 1500 Pfarrämter angeschrieben, die gleichsam als Kontrollgruppe fungierten. Die Arbeiter selbst kamen allerdings nach wie vor nicht zu Wort, wobei Weber erneut das Argument der Überforderung ins Feld führte (vgl. Weber 1893, S. 536). Die Antworten der Pfarrer, die sich vor allem zu Meinungs- bzw. Einstellungsfragen und damit zu Problemen der subjektiven Seite äußern sollten, hielten sowohl Göhre als auch Weber für glaubwürdiger und wichtiger als das von der Arbeitgeberseite gelieferte Material, wenngleich sie feststellten, daß gerade die ›psychologischen‹ Seiten nur unzureichend dokumentiert worden waren. – Die Auswertung des Materials erfolgte erst nach 1893 und führte zunächst zu keiner zusammenfassenden Veröffentlichung; Weber ließ allerdings später seine Studenten die Arbeiten fortsetzen, und hieraus ergab sich ein dreibändiger Bericht über »die Landarbeiter in den evangelischen Gemeinden Norddeutschlands« (Weber 1899 ff.).

525 VfS 1892, Bd. 55, S. 5.

526 Vgl. Fischer 1903, Bromme 1905, Holek 1907, Rehbein 1911 – Angesichts der geringen Kenntnisse über die Lebenswelt der Arbeiter (vgl. hierzu Obershall 1965, S. 21, Anm. 3, Paul 1979/I, S. 304 f.) löste Göhre mit diesen Bänden zunächst einen regelrechten Boom aus, der allerdings, zumindest im bürgerlichen Literaturbetrieb, sehr schnell verebbte. So klagte Göhre im Vorwort zur Autobiographie des Landarbeiters Franz Rehbein, daß »das Interesse der Öffentlichkeit an solchen Arbeiterlebensgeschichten ... seit einigen Jahren stark zurückgegangen (ist). Als die erste erschien, war sie eine Sensation, jede der nachfolgenden aber hatte, ganz ohne Rücksicht auf ihre Qualitäten, einen immer geringeren Absatz gefunden« (Rehbein 1911, S. 1). Dennoch entstanden im Rahmen der Arbeiterbewegung auch nach 1910

zahlreiche weitere Autobiographien (vgl. hierzu ausführlich Emmerich 1974/I, S. 26 ff.), die allerdings für die wissenschaftliche Diskussion praktisch keine Rolle mehr spielten (zur sozialwissenschaftlichen Rezeption und Bedeutung der Arbeiterautobiographien vgl. Paul 1979/I, S. 301 ff.; als Versuche, den systematischen Stellenwert der subjekt- und situationsbezogenen »persönlichen Dokumente« herauszuarbeiten ferner Gruhle 1923, insbes. S. 175 ff. sowie als aktuelle Einschätzung auch Fuchs 1980, S. 323 ff.).

527 Vgl. Weber 1904 sowie weiterführend die anderen methodologischen Aufsätze, die in Weber 1968 abgedruckt sind. Als Sekundärliteratur zur Weberschen Methodologie ferner Weiß 1975, S. 75 ff., Käsler 1978, S. 142 ff.; stärker historisch orientiert: Mommsen 1974, S. 208 ff. sowie nicht zuletzt auch Tenbruck 1959, S. 578 ff., der trotz aller traditional geistesgeschichtlichen Orientierungen eine ebenso knappe wie einleuchtende Darstellung der Entwicklungsgeschichte der Weberschen Methodologie im Verhältnis zu seinen Materialanalysen liefert.

528 Weber 1904, S. 28.

529 Zur Unterscheidung zwischen ›innerer‹ und ›äußerer‹ Erfahrung vgl. Weber 1905 ff., S. 89.

530 Weber 1904, S. 26.

531 Weber 1905 ff., S. 94.

532 Zu Dilthey vgl. Kap. 2, S. 44 ff.

533 Als Beispiele für positive Rickert-Bezüge vgl. Weber 1904, S. 2, Weber 1913, S. 169 sowie Weber 1921, S. 279.

534 Weber 1905 ff., S. 106.

535 Vgl. Fußnote 134.

536 Weber 1905 ff., S. 87.

537 Ebd., S. 98.

538 Allerdings wäre dies ›erklärende Verstehen‹ eher als ›verstehendes Erklären‹ zu bezeichnen, denn letztlich ist das ›Verstehen‹ für Weber nur insofern akzeptabel, wie es »in den Dienst der empirischen Wissenschaft tritt« (Weber 1905, S. 91) und, abgekoppelt von seiner erlebnisbedingten Fundierung, für die kausale Erklärung funktionalisiert wird (vgl. hierzu auch Weber 1921, S. 288 f.).

539 Über Levenstein gibt es keine biographischen Angaben (vgl. Emmerich 1974/I, S. 388); einzig Weber 1909 weist darauf hin, daß Levenstein »selbst in proletarischen und proletaroiden Existenzen« (Weber 1909, S. 949) herumgetrieben worden sei. Durch Selbststudium hatte er sich jedoch offensichtlich eine literarische Existenz verschafft und zugleich in seiner Wohnung sog. »Arbeiterabende« als »Salon zum Austausch von Erfahrungen und Anregungen« (Paul 1979/I, S. 305) veranstaltet. Hieraus entstanden auch die von Weber rezensierten Veröffentlichungen Levenstein 1908, 1909a sowie 1909b.

540 Vgl. Levenstein 1912, S. 1 f.

541 Weber 1909, S. 950; zur Erläuterung vgl. auch ebd. Fußnote 1.

542 Diese Anzahl ist nicht nur absolut, sondern auch relativ (63% Rücklaufquote) hoch einzuschätzen, da Levenstein mit einem starken Mißtrauen aus den Reihen der Sozialdemokratie zu kämpfen hatte.

543 Weber 1909, S. 950.

544 Vgl. Weber 1909, S. 954, der in diesem Zusammenhang äußerst mißbilligend feststellt, daß Levenstein die Auswertung zum Teil »durch ein Fräulein! – machen ließ«.

545 Vgl. Levenstein 1912, S. 11. – Im einzelnen wurden hierbei vier derartige Typen unterschieden, die als »intellektuelle Schicht«, »kontemplative Schicht«, »verbildete Schicht« und »Massenschicht« firmierten.

546 Weber 1909, S. 955.

547 Ebd., S. 956.

548 Weber hatte freilich auch unter dieser Voraussetzung große Zweifel, ob es überhaupt möglich sei, spezifisch »proletarische Denk- und Empfindungs-›Typen‹ zu ermitteln« (Weber 1909, S. 956), denn das Levensteinsche Material bestätigte in seinen Augen »die alte Erfahrung, daß die Empfindungsweise des Proletariats zunächst einer ins Unbefangene und ›vormärzliche‹ zurückübersetzten ›bürgerlichen‹ in den Grundzügen weit ähnlicher aussieht, als aprioristische Klassentheoretiker zuweilen glauben« (ebd.).

549 Weber 1893, S. 540.

550 Zum Verhältnis Webers zur historischen Schule vgl. auch Tenbruck 1959, S. 578, sowie Lindenlaub 1967, S. 436 f.

551 Vgl. hierzu exemplarisch den von Weber entworfenen Arbeitsplan zu den »Untersuchungen über Auslese und Anpassung (Berufswahl und Berufsschicksal) der Arbeiter in verschiedenen Zweigen der Großindustrie« (VfS 1910/11; vgl. Fußnote 556), der gerade in bezug auf den Prozeß der Datenerhebung eine relativ geringe Standardisierung aufweist. Zwar wurde von den Mitarbeitern der Enquête ein intensiver Feldkontakt verlangt, aber weder das Feld noch die Art der jeweiligen Beobachtungen waren genau festgelegt: Es blieb vielmehr »den Mitarbeitern überlassen, ob sie einen einzelnen Betrieb, eine Reihe gleichartiger Betriebe, oder eine örtlich abgegrenzte Gruppe von Betrieben der Untersuchung zugrundelegen« (VfS 1910/11, Bd. 135, S. VIII), und ebenso stand es in ihrem Belieben, wie sie ihre Analysen in den zur Diskussion stehenden Betrieben organisierten.

552 Weber 1904, S. 34.

553 Zur Abgrenzung von Sozialphilosophie und empirischer Wissenschaft vgl. Weber 1904, S. 5 f. sowie ergänzend auch die Ausführungen über »Die Kategorie der Deutung« (Weber 1905 ff, S. 84 ff.).

554 Weber 1904, S. 5.

555 Die These der fehlenden Verallgemeinerbarkeit sozial-philosophischer Analysen ergab sich hierbei im wesentlichen aus der Annahme, daß Wertungen »in letzter Instanz auf bestimmten Idealen fußen und daher subjektiven Ursprungs sind« (Weber 1904, S. 4); vgl. auch Weber 1917, S. 246: »Es handelt sich nämlich zwischen den Werten letztlich überall und immer wieder ... um unüberbrückbar tödlichen Kampf sowie zwischen ›Gott‹ und ›Teufel‹«.

556 Vgl. VfS 1910/11, Bd. 133-135. An dieser aus insgesamt 8 Betriebsmonographien bestehenden Erhebung, die unter Leitung von Heinrich Herkner, Gustav Schmoller und Alfred Weber durchgeführt wurde, war Max Weber zwar nicht direkt beteiligt, aber ihre Durchführung baute auf einem umfangreichen Arbeitspapier von ihm auf (Weber 1908), in dem allgemein zwei Untersuchungsziele formuliert wurden: Zum einen sollte die Frage beantwortet werden, »welche Einwirkungen die geschlossene Großindustrie auf persönliche Eigenart, berufliches Schicksal und außerberuflichen Lebensstil ihrer Arbeiterschaft ausübt« (ebd., S. 1); zum anderen ging es um das umgekehrte Problem, »inwiefern die Großindustrie ihrerseits in ihrer Entwicklungsfähigkeit ... an gegebene, durch Provinienz, Tradition und Lebensbedingungen der Arbeiterschaft erzeugte Qualitäten ... gebunden ist« (ebd.). Zur Gewinnung des Datenmaterials schlug Weber eine Doppelstrategie vor, bei der neben sekundäranalytischen Auswertungen von Lohnlisten und Personalunterlagen auch eine nicht festgelegte Anzahl von Interviews auf dem Programm stand. Für die vorgesehenen Gespräche mit den Arbeitern entwickelte er einen detaillierten Fragebogen, der sich nicht nur auf deren materielle Situation bezog, sondern auch auf die »psychischen Qualitäten« der Probanden, also auf ihre Wünsche, Hoffnungen und Selbsteinschätzungen, die es mit der jeweiligen objektiven Lage zu vergleichen galt. Wie schon Zeisel anmerkt, blieb jedoch dieser Teil der Problemstellung bei der Durchführung der Untersuchung weitgehend unterbelichtet, denn während die Materialien über Alter, Herkunft, Löhne und Arbeitsleistungen in den einzelnen Teilstudien ausführlich zitiert und teilweise sogar korrelationsstatistisch bearbeitet wurden, finden sich zum Beleg der psychologischen Aussagen »bestenfalls einige aus dem Zusammenhang gerissene Zitate« (Zeisel 1933, S. 132).

557 Vgl. hierzu auch die Ausführungen in Weber 1910, S. 39 f.

558 Zur Vorgeschichte des DGS vgl. Honigsheim 1959, sowie Wiese 1959.

559 Vgl. Honigsheim 1959, S. 8.

560 Teilnehmer und damit Geburtshelfer der DGS waren die Professoren P. Barth, E. Bernheim, E. Bernstein, L. v. Bortkiewicz, K. Breisig, K. Bücher, H. Cohen, E. David, F. Eulenburg, R. Goldscheidt, A. Grotjahn, E. Jaffé, J. Jastrow, G. Jellinek, H. Kantorowicz, F. Kriegel, P.

Laband, W. Lamprecht, W. Lexis, R. M. Mayer, A. Moll, P. Natorp, F. Oppenheimer, F. Prinzing, Sommer, L. W. Stern, E. Troeltsch, H. Waentig, sowie A. Weber. Hinzu kamen Ferdinand Tönnies, Georg Simmel, Werner Sombart, Herman Beck, Alfred Ploetz, Philipp Stein, Alfred Vierkandt und Georg von Mayr, die den ersten Vorstand bildeten, sowie Max Weber, der das Amt des Rechners bzw. Geschäftsführers der Gesellschaft übernahm.

561 Statuten § 1 (abgedruckt in: DGS 1910, S. V).

562 »Vor dem ersten Weltkrieg gab es an keiner deutschen Universität oder Hochschule einen eigenen Lehrstuhl für Soziologie, geschweige denn einen eigenen Studiengang« (Matthes 1973, S. 26). »Ein dichteres, aber keineswegs systematisches Lehrangebot gab es allein in Berlin, wo Gustav Schmoller, Georg Simmel, Alfred Vierkandt und Franz Oppenheimer lehrten, und in Heidelberg unter dem Einfluß von Max Weber und wohl auch seines Bruders Alfred Weber. Selbst in Kiel, wo ... Ferdinand Tönnies ... lehrte, ist das ausdrücklich soziologische Lehrangebot in diesen Jahren spärlich« (ebd.); zur institutionell defizitären Entwicklung der Soziologie in Deutschland vgl. auch Schad 1972, S. 10 ff. Hardin 1977, S. 49 ff., sowie zuletzt Lepsius 1982.

563 Zu den verschiedenen disziplinären Flügeln der Soziologie bis 1933 vgl. Honigsheim 1959, Schad 1972, S. 10, Matthes 1973, S. 26 ff., sowie die einleitenden Beiträge in Lepsius 1982.

564 Vgl. Tönnies 1910. Als zweites programmatisches Referat ist Webers »Geschäftsbericht« anzusehen (vgl. Weber 1910 sowie Fußnote 576), der gleichsam als Explikation des § 1 der Gesellschaftsstatuten zu lesen ist.

565 Tönnies 1910, S. 17.

566 Vgl. hierzu als zusammenfassende Darstellung Tönnies 1931, S. 3 ff.

567 Zu diesen Kategorien, die praktisch zum Grundbestand der frühen deutschen Soziologie gehörten, vgl. Tönnies 1884.

568 Tönnies 1910, S. 28.

569 Ebd.

570 Zur Charakterisierung des Verhältnisses von »reiner«, »angewandter« und »empirischer« Soziologie vgl. Tönnies 1931, S. 313 ff.

571 Diese Konzeptualisierung ist in Tönnies' Arbeit zumindest bis zu Beginn der zwanziger Jahre eindeutig strukturtragend (vgl. Tönnies 1910, S. 27 ff.). Sie wird jedoch später insofern abgeschwächt, als sich das Spektrum der soziologisch bedeutsamen Einzeldisziplinen sukzessive verringert und zugleich Soziographie und Statistik zum Kernbereich der empirischen Soziologie avancieren (vgl. Tönnies 1931, S. 319 ff.).

572 Tönnies 1910, S. 28.

573 Vgl. ebd. S. 30 ff.

574 Zu dieser insbesondere gegen Georg v. Mayr (vgl. Fußnote 349) ge-

richteten Charakterisierung vgl. Tönnies 1910, S. 33 f. sowie Tönnies 1931, S. 321 ff.

575 Tönnies 1910, S. 28.

576 In seinem »Geschäftsbericht« zum ersten Soziologentag (Weber 1910), in dem, ausgehend von den Statuten, die Organe des Vereins erläutert und insbesondere das Prinzip der Wertfreiheit nachdrücklich betont wurde, hatte Weber 3 empirische Projekte vorgeschlagen: Das erste und am ausführlichsten erläuterte sollte sich mit der »Soziologie des Zeitungswesens« beschäftigen (vgl. ebd., S. 42 ff.), das zweite mit der »Soziologie des Vereinswesens« (ebd., S. 52), und als drittes Thema war schließlich an eine Untersuchung zur »Elitenbildung« gedacht (vgl. ebd., S. 60). Ähnlich wie im Verein für Socialpolitik sollten die einzelnen Arbeiten über einen Vereinsausschuß organisiert und koordiniert werden, während die Durchführung und Auswertung den jeweiligen Mitarbeitern überlassen blieb. Weber selber übernahm die Aufgabe einer Konkretisierung des Zeitungsprojekts, das jedoch aufgrund eines Presseprozesses ebenso wenig wie die anderen realisiert wurde (zum Scheitern des Zeitungsprojekts vgl. Weber 1912, S. 76 ff.).

577 Vgl. Wiese 1959, S. 12 f., der Webers Austritt mit dem Wiederaufleben des Werturteilsstreits auf dem zweiten Soziologentag 1912 begründet.

578 Die institutionelle Trennung läßt sich beispielsweise am Kölner »Forschungsinstitut für Sozialwissenschaften« studieren, das 1919 mit drei Abteilungen, nämlich einer soziologischen, einer sozialpolitischen und einer sozialrechtlichen gegründet wurde (vgl. Alemann 1978).

579 Vgl. Sombart 1926, 1928, Geiger 1931.

580 Geiger 1931, S. 574.

581 Sombart 1928, S. 208.

582 Ebd.

583 Exemplarisch zeigt sich dies an den Methodologiediskussionen auf dem fünften und sechsten Soziologentag (DGS 1926, DGS 1928), die jeweils durch Referate von Werner Sombart über »Leitsätze zur soziologischen Methode« (Sombart 1926) und »Das Verstehen« (Sombart 1928) eingeleitet wurden. In beiden Fällen kam es nie zu einer Diskussion der methodologischen Struktur verstehender Verfahren, sondern diese wurden in der Regel nur klassifiziert, wobei jeder Diskutant sein eigenes Klassifikationssystem vortrug.

584 Steinmetz 1926 – Dieser Vortrag wurde übrigens noch nicht als Beitrag zu einem eigenständigen Thema vorgestellt, sondern als Zusatzreferat innerhalb der Untergruppe »Beziehungslehre«.

585 Zwar stammte die Unterscheidung »deduktiv-abstrahierend« vs. »induktiv-konkretisierend« von Tönnies, aber im Unterschied zu letzterem begriff Steinmetz ebenso wie Wiese die Soziologie als eine »posi-

tive« Wissenschaft (Steinmetz 1926, S. 217), die wertfrei formalisierend vorgeht.

586 Steinmetz 1926, S. 222.

587 Ebd.

588 Ebd., S. 220.

589 Ebd.

590 Ebd., S. 221.

591 Ebd., S. 220.

592 Ebd., S. 221.

593 Vgl. Tönnies 1929, S. 198: »Die Zahlen in der Statistik ganz für sich zu sprechen lassen, ist nur möglich, wenn der, welcher die Zahlen aufführt, eine genaue vollständige Kenntnis der realen Verhältnisse hat, um die es sich handelt«.

594 Tönnies 1929, S. 205.

595 Tönnies erläutert sein Votum hierbei am Beispiel der unterschiedlichen Möglichkeiten einer Beschreibung der schleswig-holsteinischen Städte, die unter rechtlichen, historischen oder eben auch soziologischen Perspektiven angegangen werden können, wobei sich je nach Auswahl der Begrifflichkeit eine unterschiedliche Struktur des Gegenstandes bereits ergibt (vgl. Tönnies 1929, S. 203 ff.).

596 Vgl. hierzu ausführlich Schad 1972, die sowohl die statistisch orientierten Forschungen (ebd., S. 33 ff.), die in den soziologischen Zeitschriften publizierten Arbeiten (ebd., S. 49 ff.) sowie ausgewählte Fallbeispiele (v. Wiese, Tönnies, Horkheimer, ebd., S. 56 ff.) dokumentiert.

597 Zu den Arbeiten von Tönnies vgl. Bellebaum 1966, S. 13 ff.

598 Ebd., S. 9.

599 Tönnies 1927.

600 Bellebaum, 1966, S. 157.

601 Vgl. Schad 1972, die die Empirieschwäche der Weimarer Soziologie im wesentlichen über vier Thesen zu erklären versucht: Zum einen standen die Theorieinteressen in Widerspruch mit der Statistik und der Sozialgesetzgebung als den Feldern, in denen die hauptsächlichen empirischen Daten gesammelt wurden. Zum zweiten wirkte die Kritik von Philosophie und Geschichte an der Existenzberechtigung der Soziologie negativ für die Herausbildung einer empirischen Forschung. Die Absolutheitsanspruch zahlreicher Statistiker und ihre Abneigung gegen eine Integration in die Soziologie tat ein drittes, wie umgekehrt die Soziologen zu stark philosophisch und historisch orientiert waren, um mit der Statistik fruchtbar zusammenarbeiten zu können. Zum vierten gilt schließlich, daß die Themenbereiche der empirischen Forschung schon durch andere Disziplinen (Medizin, Psychologie, Psychiatrie, Pädagogik) besetzt waren, so daß der Soziologie kein Raum für ›eigenständige‹ Forschungen blieb (Schad 1972, S. 3 ff.).

Eine erfolgreiche Institutionalisierung war nach Schad vielmehr nur dann möglich, wenn (a) ein anerkannter Hochschullehrer an empirischen Fragen interessiert war, (b) dieser seine theoretische Arbeit so angelegt hatte, daß sie zu empirischen Fragen weiterführte, wobei er (c) auch selbst an einer Integration von theoretischer und empirischer Arbeit interessiert sein mußte (vgl. ebd., S. 56 ff.).

602 AFA 1928.

603 Behringer 1928.

604 GDA 1931.

605 Zu erwähnen sind hier vor allem Untersuchungen aus den Gebieten der Psychologie, Psychiatrie, Medizin und Pädagogik (vgl. Schad 1972, S. 97 ff.).

606 Zur Gründung des Instituts für Sozialforschung vgl. Kluke 1973 sowie Jay 1973, S. 21 ff.; als erste Selbstdarstellungen ferner Grünberg 1924 sowie Pollock 1930. Die Idee zu dieser Gründung war übrigens während der »Ersten Marxistischen Arbeitswoche« entstanden, die 1922 unter Beteiligung von Lukacs, Korsch, Sorge, Pollock, Wittfogel u. a. in Ilmenau in Thüringen abgehalten wurden.

607 vgl. Alemann 1978.

608 Schad 1972, S. 76.

609 Horkheimer 1932c, S. III.

610 Die thematischen Schwerpunkte und die Bandbreite der Arbeit in diesen Jahren lassen sich exemplarisch an den Heften des »Archiv für die Geschichte des Sozialismus und der Arbeiterbewegung« ablesen. Diese, heute eher unter dem Namen »Grünbergs Archiv« bekannte Zeitschrift war 1910 gegründet worden und avancierte mit Grünbergs Annahme des Frankfurter Direktorats zur ersten ›Hauszeitschrift‹ des Instituts, ohne allerdings hierdurch ihren bisherigen Kurs wesentlich zu verändern. Zwar wurden nun auch einzelne Aufsätze von Pollock (1926) oder Horkheimer (1930) veröffentlicht, aber diese blieben bis zur Aufgabe des Archivs im Jahre 1930 marginal und gingen gegenüber den Beträgen der von Grünberg favorisierten Autoren praktisch unter (zu Grünberg und seinem Archiv vgl. ausführlich Nenning 1966).

611 Jay 1973, S. 31.

612 Zur Biographie Horkheimers, der 1895 als Sohn eines jüdischen Fabrikanten in Stuttgart geboren wurde und nach einer kaufmännischen Ausbildung 1918 bis 1922 in München, Freiburg und Frankfurt Philosophie und Psychologie studiert hatte, vgl. neben Jay 1973, S. 24 f. auch Gumnior 1973. – Der für Horkheimer eingerichtete Lehrstuhl, der durch Umwandlung der Gründbergschen Professur für politische Wissenschaften entstand, war übrigens der erste deutsche Lehrstuhl für Sozialphilosophie überhaupt und genoß als solcher zunächst auch keineswegs großes Ansehen, wenngleich die Namensgebung für das

Institut selber durchaus von programmatischer Bedeutung war.

613 Zu den Umständen und Ursachen dieser personellen Veränderung vgl. genauer Jay 1973, S. 43 (Weil), ebd., S. 33 f. (Wittfogel).

614 Leo Löwenthal, der 1900 in Frankfurt als Sohn eines jüdischen Arztes geboren wurde, hatte in Frankfurt, Heidelberg und Gießen Literatur, Geschichte, Philosophie und Soziologie studiert und 1923 in Frankfurt mit einer Arbeit über Franz von Baader promoviert. Seine Bekanntschaft mit Horkheimer und Pollock geht auf die Frankfurter Studentenzeit zurück, und seit 1926 arbeitete er auch im Institut mit, wenngleich zunächst nur halbtags. Nachdem er 1930 den Posten eines ›Hauptassistenten‹ erhalten hatte, bereitete er neben seinen literatursoziologischen Arbeiten vor allem die Gründung der »Zeitschrift für Sozialforschung« vor, die er bis zu ihrer Einstellung im Jahre 1941 als Redaktionssekretär betreute. (Zu Löwenthal vgl. neben Jay 1973, S. 39 f. ausführlich Löwenthal 1980, insbes. S. 15 ff.).

615 Erich Fromm, wie Löwenthal 1900 in Frankfurt als Sohn jüdischer Eltern geboren, hatte Psychologie, Soziologie und Philosophie studiert und 1921 bei Alfred Weber in Heidelberg mit einer Arbeit über »Die Soziologie des jüdischen Gesetzes« (Fromm 1921) promoviert. Daran anschließend begann eine umfangreiche psychoanalytische Ausbildung bei Landauer, Wittenberg und Hans Sachs, durch die er auch Abstand von der jüdischen Orthodoxie gewann. Sein ursprünglich sehr starkes religiöses Engagement brachte ihn indirekt auch mit dem Frankfurter Institut in Berührung, denn Anfang der zwanziger Jahre stand Fromm dem jüdischen Intellektuellen-Zirkel um den Rabbi Nobel nahe, dem unter anderem auch Löwenthal angehörte. Dieser führte ihn in die Institutskreise ein, ohne daß Fromm allerdings jemals dem engeren Kreis um Horkheimer angehörte. (Zur Biographie Fromms vgl. auch Funk 1980, S. IX ff.).

616 Zu nennen sind hier vor allem neben der Antrittsrede (Horkheimer 1931) folgende Arbeiten: »Die Anfänge der bürgerlichen Geschichtsphilosophie» (Horkheimer 1930), »Bemerkungen über Wissenschaft und Krise« (Horkheimer 1932a), »Geschichte und Psychologie« (Horkheimer 1932b), »Zum Problem der Vorhersage in den Sozialwissenschaften« (Horkheimer 1932d), »Materialismus und Metaphysik« (Horkheimer 1933a), »Materialismus und Moral« (Horkheimer 1933b) sowie »Zum Rationalismusstreit in der gegenwärtigen Philosophie« (Horkheimer 1934). Der Aufsatz »Zum Problem der Wahrheit« (Horkheimer 1935) ist hingegen ausgeklammert worden, da er indirekt schon auf die seit Wellmer (1969, S. 118 ff.) viel zitierte »Kehre« der Kritischen Theorie verweist (vergleiche hierzu auch Söllner 1976, S. 333).

617 Als ausführliche Darstellung dieser beiden Punkte und ihres Zusammenhangs vgl. Bonß/Schindler 1982.

618 Daß Horkheimer nicht ungebrochen aus der Perspektive von Hegel und Marx argumentierte, sondern aus der Erfahrung der Krise des in dieser Tradition entwickelten Wissenschaftsverständnisses, wird in den philosophisch-immanenten Rekonstruktionen meist übersehen (vgl. exemplarisch z. B. Schmidt 1970, S. 41 ff., ders. 1974, S. 138 ff., ders. 1976, S. 16 ff., für den das für Horkheimer zentrale Argument des irreversiblen Auseinandertretens von Philosophie und Wissenschaft als Ausdruck der ›Entzweiung‹ der Vernunft praktisch keine Rolle spielt). Als zur vorliegenden Interpretation in der Zielrichtung parallele, wenngleich in der Durchführung divergierende Ansätze zur frühen Kritischen Theorie sei hingegen auf Söllner 1976, S. 335 ff., ders. 1979, S. 30 ff. sowie auf Dubiel 1974, S. 241 ff., ders. 1978, S. 148 ff. verwiesen.

619 Horkheimer 1932b, S. 6.

620 Ebd., S. 2.

621 Horkheimer 1932a, S. 4.

622 Ebd. (beide Zitate).

623 Horkheimer 1933a, S. 23.

624 Horkheimer 1931, S. 40.

625 Horkheimer 1932b, S. 4.

626 Horkheimer 1930, S. 70.

627 Horkheimer 1933a, S. 28.

628 Dies umso mehr, als sich beide in ihrer gesellschaftlichen Funktion zu einer ideologischen Allianz verschwistern: eine positivistische Realwissenschaft, welche die Reflexion auf die gesellschaftliche Produziertheit ihrer Gegenstände verweigert und Tatsachen, Beschreibungen unabhängig von Wertbekundungen vornimmt, bedarf geradezu der spekulativen Metaphysik als eines Komplements, das Normen ohne Bezug auf empirisch reale Prozesse erörtert (vgl. Horkheimer 1932b, S. 5 f.).

629 Horkheimer 1933b, S. 195.

630 Horkheimer 1933a, S. 25.

631 Horkheimer 1934, S. 49 (beide Zitate).

632 Horkheimer 1932b, S. 132.

633 Ebd., S. 133.

634 Ebd., S. 132 (beide Zitate).

635 Zum Begriff des Gesetzes und der Voraussagemöglichkeiten der Sozialwissenschaften aufgrund von Gesetzen vgl. auch Horkheimer 1932d, inbes. S. 408 ff.

636 Horkheimer 1933a, S. 15.

637 Zur Interpretation des Programms als Ausdruck der »historisch-politischen Erfahrung« der Weimarer Republik vgl. Dubiel 1978, S. 17 ff.

638 Horkheimer 1931, S. 41.

639 Ebd. (beide Zitate).

640 Eine systematisch weiterführende Analyse dieses Konzepts findet sich in Bonß/Schindler 1982.

641 Zum Konzept der »konkreten Totalität« innerhalb der frühen Kritischen Theorie vgl. unter erkenntnistheoretischen Perspektiven Dubiel 1978, S. 161 ff., insbes. S. 166 ff. – Zur Interpretation des Programms unter der Perspektive der Vermittlung von struktur- und handlungstheoretischen Argumenten ferner Honneth 1980, S. 1 ff.

642 Sieht man von den Qualifikationen der zahlreichen externen Mitarbeiter ab, so waren am Institut vier Disziplinen als Kernbestandteile des »interdisziplinären Materialismus« vertreten, nämlich Philosophie, Ökonomie, Sozialpsychologie und Kulturtheorie, denen personell gesehen jeweils mindestens zwei Mitarbeiter zugeordnet werden können (vgl. IfS-Bericht 1938, S. 3). So fungierten Horkheimer und Marcuse als Repräsentanten der Philosophie, Grossmann, Gumperz und Pollock waren Ökonomen, Fromm leitete die sozialpsychologische Abteilung, und für die Kulturtheorie waren Adorno und Löwenthal verantwortlich. (Zu einer systematischen Interpretation der »sozialen Struktur der Forschungsorganisation« innerhalb des Frankfurter Kreises vgl. auch Dubiel 1978, S. 193 ff., der die strukturelle Rollen- und Kommunikationsdifferenzierung detailliert herausarbeitet, ohne allerdings den strukturellen Zusammenhang von der Forschung als Handlungszusammenhang zureichend abzugrenzen (vgl. hierzu auch Fußnote 657).

643 Horkheimer 1931, S. 41.

644 Vgl. ebd., S. 41 f.

645 Horkheimer 1932c, S. III.

646 Dubiel 1978, S. 165.

647 Horkheimer 1931, S. 44.

648 Ebd.

649 Ebd., S. 45.

650 Ebd., S. 44.

651 Vgl. hierzu auch Denzin 1970.

652 Horkheimer 1931, S. 45.

653 Ebd.

654 Ebd., S. 44.

655 Horkheimer 1932c, S. 411.

656 Horkheimer 1931, S. 44.

657 Eine solche ›Ableitung‹ von Einzelprojekten aus Forschungsprogrammen ist zwar innerhalb der wissenschaftlichen Außendarstellung ebenso legitim wie üblich, aber es wäre verzerrend, derartige ex-post Stilisierungen mit dem realen Forschungsprozeß zu identifizieren (so latent Schad 1972, S. 78, sowie in anderer Form auch Dubiel 1978, S. 170 ff.): Was das Horkheimersche Programm festlegt – und dies

macht letztlich auch seinen ›Erfolg‹ in der ersten Hälfte der dreißiger Jahre aus – ist vielmehr ein aus einer gemeinsamen Problemperspektive bestehender Strukturrahmen der Analyse, der die Forschung als Handlungsprozeß nicht unmittelbar determiniert, sondern ›nur‹ dessen Grenzen festlegt.

658 Mangels verwertbarer schriftlicher Unterlagen ist man hier nämlich auf die mündlichen Darstellungen der Beteiligten angewiesen, die infolge der in Unfrieden erfolgenden späteren Trennung Fromms vom Institut allerdings höchst unterschiedlich ausfallen: So war nach Fromm das Institut eher nur Geldgeber für eine externe Untersuchung, die unter seiner Leitung und unter Mitarbeit von Anna Hartoch, Herta Herzog, Ernst Schachtel, Hilde Weiß und Paul Lazarsfeld durchgeführt wurde (Gespräch mit Fromm vom 22. 2. 1977). Für die Gegenseite, in diesem Fall verkörpert durch Marcuse (Gespräch vom 5. Juni 1979) und Löwenthal (Gespräch vom 30. 10. 1980) stellt sich die Studie hingegen von Anfang an als eine Institutsangelegenheit dar, die keineswegs in der Hauptsache von Fromm getragen wurde. Versucht man diese Aussagen anhand der Veröffentlichungen von Seiten Fromms und des Instituts aus der damaligen Zeit sowie anhand der zugänglichen Auswertungsmanuskripte zu objektivieren, so scheint die Wahrheit in der Mitte zu liegen (vgl. hierzu auch Bonß 1980).

659 Nach Studium und Lehranalyse (vgl. Fußnote 615) begann Fromm neben der Fortführung seiner religionspsychologischen Studien mit der klinischen Arbeit, und zwar zunächst im Raum Frankfurt/Heidelberg, wo unter den jüdischen Intellektuellen das Interesse an der Psychoanalyse sehr verbreitet war. Hierbei spielte auch die analytische Praxis seiner damaligen Frau Frieda Fromm-Reichmann eine beträchtliche Rolle, und über sie kam Fromm allmählich in Kontakt mit dem gesamten Spektrum der psychoanalytischen Szene vor 1933. 1928 ging er nach Berlin an das dortige psychoanalytische Institut, wobei er sich nach eigenen Angaben in einem Diskussionszirkel engagierte, an dem unter anderem Wilhelm Reich, Barbara Lantos und Otto Fenichel teilnahmen (Gespräch mit Fromm vom 22. 2. 1977). Dieser Kontakt wird auch durch die Erinnerungen Reichs bestätigt, der in seiner Autobiographie anmerkt, daß innerhalb der damaligen Berliner Szene »unter Psychoanalytikern nur Erich Fromm . . . als marxistischer Soziologe« galt (zit. nach Dahmer 1973, S. 312).

660 So die Selbstetikettierung im Gespräch vom 22. 2. 1977.

661 Als früheste literarische Dokumente zur Entwicklung dieses Konzepts vgl. die Aufsätze über den »Sabbath« (Fromm 1927), über »Das Christus-Dogma« (Fromm 1930) sowie über »Die Anwendung der Psychoanalyse auf Soziologie und Religionswissenschaften« (Fromm 1929). Die programmatische Zusammenfassung und Wendung erfolgte dann in den Arbeiten »Über Methode und Aufgabe einer ana-

lytischen Sozialpsychologie« (Fromm 1932a) und »Die psychoanalytische Charakterologie und ihre Bedeutung für die Sozialwissenschaften« (Fromm 1932b), die beide in der Zeitschrift für Sozialforschung veröffentlicht wurden und die entscheidende Grundlage für die Psychoanalyserezeption der Frankfurter Schule bis 1936 bildeten (vgl. Jay 1973, S. 113 ff., Schad 1972, S. 84 ff.; als Versuche einer systematischen Interpretation des Frommschen Konzepts ferner Dahmer 1973, S. 336 ff. sowie Bonß 1982.).

662 An der Entstehung dieser 1929 eröffneten Einrichtung, die neben dem Berliner Institut das zweite Zentrum der Psychoanalyse in Deutschland bildete und als erste universitär orientierte Institution hauptsächlich der Lehre dienen sollte, waren die Mitglieder des Frankfurter Kreises offenbar nicht unbeteiligt. So schreibt sich Horkheimer in seinen Erinnerungen ein Hauptverdienst an der Gründung zu, die angeblich auf seine Anregung zustande kam (vgl. Horkheimer 1970, S. 11). Demgegenüber waren nach Fromm die Aktivitäten von Karl Landauer, Heinrich Meng und ihm selber ausschlaggebend, wohingegen sich Horkheimers Beitrag auf eine wohlwollende Unterstützung bei der Herstellung der Kontakte zur Frankfurter Universität beschränkte (Gespräch mit Fromm vom 26. 11. 1976; zur Institutseröffnung, Lehrplan und Personal des Psychoanalytischen Instituts vgl. auch den Bericht in der Zeitschrift »Die Psychoanalytische Bewegung« vom Mai/Juni 1929).

663 Allerdings hatte er seinen Hauptwohnsitz bis 1930 noch in Berlin, von wo aus er nach eigener Erinnerung jede Woche für ein – zwei Tage nach Frankfurt fuhr, um seine Lehrverpflichtungen wahrzunehmen.

664 Fromm 1929, S. 268.

665 Ebd.

666 Zu dieser, vor allem Mitte der zwanziger Jahre äußerst intensiven Debatte, die sich hauptsächlich mit der Kompatibilität von Marx und Freud beschäftigte vgl. als Dokumente Sandkühler 1970, Gente 1970/72 sowie darüber hinaus als Interpretation Dahmer 1973, S. 255 ff. sowie Bonß 1980, S. 10 ff.

667 Zur Interpretation der Psychoanalyse als einer »monographischen Arbeitsform« vgl. auch Kapitel 4, S. 111 ff.

668 Diese relativ geringen Kenntnisse, die dazu führten, daß man sich in der Durchführung der Enquête »erst die richtige Anwendung der Fragebogenmethode erarbeiten mußte« (Fromm 1936b, S. 231), waren allerdings insofern kaum verwunderlich, als die empirischen Traditionen der deutschen Soziologie in den zwanziger Jahren, wie angedeutet, verschüttet bzw. in den Bereich der Sozialpolitik abgedrängt worden waren.

669 Diese Beschäftigung fand ihren Niederschlag in den Veröffentlichungen Weiß 1932, 1936, sowie Rigaudias-Weiß 1936.

670 Zu Levenstein vgl. genauer S. 141 ff.

671 Entgegen der Interpretation von Schad (1972, S. 89, Fn 14) wird dies auch durch die positive Zitation Levensteins in Fromm 1936b, S. 232 sowie Fromm 1937/38, S. 51 bestätigt.

672 Fromm 1937/38, S. 52.

673 Vgl. Fromm 1937/38, S. 51 ff., Schachtel 1937, Lazarsfeld 1937.

674 Exemplarisch hierzu: Berger 1974. Anzumerken ist allerdings, daß sich die von Fromm und seinen Mitarbeitern entwickelte Kritik weniger auf das Verhältnis von Attitüden und Verhalten als auf das Problem einer adäquaten Messung von Einstellungen bezieht.

675 Vgl. Fromm 1937/38, S. 57 ff.

676 Vgl. ebd., S. 63 ff.

677 Ebd., S. 64.

678 Jay 1973, S. 147 – eine ähnliche Formulierung gebrauchte Fromm auch im Gespräch vom 22. 2. 1977.

679 Fromm 1937/38, S. 64.

680 So wurde beispielsweise in den Vorveröffentlichungen der Ergebnisse in den Studien zu Autorität und Familie die interpretative Spurensicherung nicht unter dem Stichwort ›Klassifikation‹, sondern unter dem der ›Typenbildung‹ diskutiert, und hierbei wies Fromm auch darauf hin, daß die Auswertung unter der Perspektive der »Charakterstrukturen der Antwortenden« mehr sei als reine Klassifikation, denn »so sehr diese Typenbildung durch das empirische Material . . . selbst beeinflußt und dauernd differenziert werden soll, können die Typen nicht erst ausschließlich durch seine Klassifizierung gewonnen werden, sondern setzen eine ausgebildete psychologische Theorie voraus« (Fromm 1936b, S. 235).

681 Vgl. Fromm 1937/38, S. 65 sowie ergänzend ebd., S. 111 ff.

682 Vgl. ebd., S. 150 ff.

683 Zur Darstellung der theoretischen Grundlagen der Charaktertypen vgl. Bonß 1982.

684 Eine ähnliche, in Bezug auf die Parallelisierung von genitalem Charakter und Proletariat allerdings bedeutend emphatischere Zuordnung findet sich beispielsweise auch bei Reich 1933.

685 Dies fällt vor allem bei den Fragen zu kulturellen und ästhetischen Standards auf, bei deren Bearbeitung die keineswegs unproblematischen Wertmaßstäbe einer spezifischen Gruppe von Linksintellektuellen ohne den geringsten Selbstzweifel als gesellschaftlich verallgemeinerbar dargestellt wurden (vgl. Fromm 1937/38, S. 141 ff.).

686 Vgl. Fromm 1937/38, Kap. 3.

687 Vgl. ebd., Kap. 4.

688 Horkheimer 1931, S. 44.

689 Betrachtet man die endgültige Interpretation der Enquête vor dem Hintergrund ihrer Anlage, so spricht vieles dafür, daß die Auswertung

nach 1933 umakzentuiert wurde, denn ursprünglich ging es offensichtlich eher um eine Untersuchung der Einstellungen der Arbeiter im Vergleich zu denen der Angestellten – ein Thema, das aufgrund des damaligen Wachstums der Gruppe der Angestellten höchst aktuell war (vgl. Kadritzke 1975, S. 139 ff. – als Arbeiten zur Angestelltenproblematik aus dem Dunstkreis des Frankfurter Instituts darüber hinaus auch Krakauer 1929 (einschließlich der interessanten Rezension von Benjamin, ebd., S. 116 ff.) sowie Grünberg 1932).

690 Vgl. Jay 1973, S. 48, Löwenthal 1980, S. 67 f.

691 Horkheimer 1931, S. 44.

692 Fromm 1932a, S. 50. – Die parallele Definition der Kultur als »eines gleichsam geistigen Kitts der Gesellschaft« findet sich in Horkheimer 1936, S. 11. Die kulturtheoretischen und psychologischen Konzeptualisierungen des Basis-/Überbau-Problems traten in der frühen Kritischen Theorie übrigens grundsätzlich ununterschieden auf.

693 Fromm 1932a, S. 50 (Klammereinschub W. B.).

694 Betrachtet man beispielsweise die Aufsätze der damaligen Hauptrepräsentanten des interdisziplinären Zusammenhangs (vgl. Fußnote 642), so beschäftigten sich diese vornehmlich mit der »vertikalen« Ausdifferenzierung des Horkheimerschen Programms (vgl. hierzu auch Dubiel 1978, S. 174 ff.), ohne jemals auf das Autoritätsproblem einzugehen. Aufschlußreich ist auch der Rezensionsteil der Zeitschrift, der sorgfältig redigiert und zu einem beträchtlichen Teil von den Institutsmitgliedern selber gestaltet wurde, so daß ein Einblick in deren systematische Lektüreentwicklung möglich wird. Hiernach war man in den Bereichen ›Psychologie‹ und ›Sozialpolitik‹ zunächst hauptsächlich mit der Aufarbeitung psychoanalytischer Grundlagendarstellungen und den für die Arbeiter- und Angestellten-Enquête wichtigen Erhebungen zur ›Lage‹ des Proletariats beschäftigt. Zugleich finden sich (vor allem unter dem Stichwort »spezielle Soziologie«) aber auch schon Rezensionen zum Problemkreis ›Familie‹, der unter dem Eindruck der psychoanalytisch orientierten These von der Familie als »psychologischer Agentur der Gesellschaft« (Fromm 1932a, S. 35) offenbar früh ins Zentrum der Diskussion rückte. Die einschlägigen Besprechungen (u. a. von Pollock, Marcuse und Sternheim) beschäftigten sich dabei hauptsächlich mit Literatur zur ökonomischen und sozialen Bedeutung der Familie, ohne jedoch deren Bedeutung als autoritäts- bzw. herrschaftsstabilisierende Instanz zu thematisieren.

695 Fromm 1937/38, S. 192.

696 Fromm 1936b, S. 232.

697 Fromm 1937/38, S. 192.

698 Die Arbeiter- und Angestellten-Enquête, die nicht nur die erste, sondern auch umfangreichste Erhebung der dreißiger Jahre bildet, war in

3300 Exemplaren verteilt worden und hatte einen Fragebogenumfang von 271 Positionen. Im Vergleich zu anderen zeitgenössischen Untersuchungen sprengte sie somit alle Dimensionen und bedeutete genau genommen eine Überforderung sowohl der Befragten als auch der Bearbeiter. Nur wenige Probanden waren nämlich willens und in der Lage, alle Fragen zu beantworten, und dies schlug sich in einer relativ geringen Rücklaufquote (33%) ebenso nieder wie in den zahlreichen Antwortausfällen. Aber auch das verbliebene Datenmaterial ließ sich in seiner Vielschichtigkeit weder zeitlich noch sachlich effizient auswerten, und schon aus diesem Grund wurden alle weiteren Erhebungen mit einer bedeutend kleineren Grundgesamtheit (im Durchschnitt 1000 Befragte) und geringerem Fragenumfang (im Durchschnitt 25 Fragen) geplant.

699 Vgl. IfS 1936, S. 273 f., zur Korrekturfunktion der Meinungsfragen ferner Schad 1972, S. 90.

700 In der Veröffentlichung der Erhebungsmaterialien in den »Studien über Autorität und Familie« (IfS 1936) wurde als Beispiel für ein derartiges qualitatives »Gutachten« mit monographischem Verallgemeinerungsanspruch ein Bericht des Psychoanalytikers Karl Landauer abgedruckt, der 1933 nach Amsterdam emigriert war und vor dem Hintergrund des psychoanalytischen Paradigmas anhand verschiedener Einzelfälle die Struktur der Sexualmoral in den bürgerlichen Schichten der Niederlande herauszuarbeiten versuchte (vgl. IfS 1936, S. 285 ff.).

701 Diese Verschiebung des Auswertungsinteresses läßt sich auch an den publizierten Erhebungsmaterialien studieren, die nicht nach Problembereichen oder nach Kriterien der schichtenspezifischen Differenzierung geordnet wurden, sondern nach der Einstellung der Ärzte, wobei zwischen einer »konservativen«, einer »gesellschaftskritischen« und einer »konventionellen« bzw. ambivalenten Haltung unterschieden wurde (vgl. IfS 1936, S. 274 ff.).

702 Von circa 1150 vorhandenen Fragebögen (IfS 1936, S. 239) blieben letztlich genau 584 übrig, wobei dieser Materialverlust später übrigens als Begründung für die Nichtveröffentlichung der Auswertung angeführt wurde (vgl. Jay 1973, S. 148), obwohl die gesamte Auswertung nur auf der reduzierten Materialgrundlage erfolgte.

703 Mit 245 ausgefüllten Bögen hatte die Erhebung zur Sexualmoral an sich die höchste Rücklaufquote aller Arbeiten der dreißiger Jahre, aber zur Auswertung in den USA standen schließlich nur noch 70 Bögen zur Verfügung (vgl. IfS 1936, S. 272).

704 Die Analyse des Nationalsozialismus begann erst Ende der dreißiger Jahre (als wichtigstes Ergebnis hierzu vgl. Neumann 1941 sowie die Debatte um den autoritären Staat, dokumentiert in Dubiel/Söllner 1981). Dieser »time-lag« ist dabei sowohl ›intern‹ als auch ›extern‹

begründet: Zum einen war das Paradigma des ›interdisziplinären Materialismus‹ als eingeschliffene kognitive Perspektive nur begrenzt flexibel, zum anderen sahen die Mitglieder des Frankfurter Kreises ebenso wie die anderen Weimarer Linken den Nationalsozialismus zunächst eher als eine vorübergehende Krisenerscheinung an, die zwar einen gravierenden Einschnitt, aber keine vollständige Umorientierung bedeutete (als Beleg für diese Perzeptionsweise vgl. neben den Aufsätzen in der Zeitschrift für Sozialforschung bis 1937 (Fußnote 694) auch die kürzlich veröffentlichten »Deutschlandberichte der Exil-SPD (Sopade 1933 ff.), in denen bis Mitte der dreißiger Jahre an der Wahrnehmung des Nationalsozialismus als einer vorübergehenden Erscheinung festgehalten wurde).

705 Fromm 1936, S. 232.

706 Vgl. IfS 1936, S. VI ff. – Der zentrale Satz der Antrittsrede, daß es darauf ankomme, »die Fragen im Verlauf der Arbeit am Gegenstand umzuformen, . . . und doch das Allgemeine nicht aus den Augen zu verlieren«, wurde in diesem Zusammenhang auch direkt zitiert (vgl. ebd., S. IX).

707 Vgl. hierzu die Berichte in IfS 1936, S. 735 ff., die sich mit dem Problem von Autorität und Familie in der deutschen Soziologie (Marcuse), der faschistischen Sozialtheorie (Meusel), der französischen Geistesgeschichte (Honigsheim), der amerikanischen Soziologie (Cahoun), der italienischen Soziologie (Luini), der anarchistischen Theorie (Mayer), und der Pädagogik (Meili) befaßten.

708 Zu diesen Arbeiten, von denen später zum Teil nur Abstracts veröffentlicht wurden, vgl. IfS 1936, S. 471 ff.

709 IfS, 1936, S. X.

710 Vgl. IfS 1936, S. 292 ff. – Die Arbeiter- und Angestellten-Enquête und die Erhebungen über Sexualmoral wurden in diesem Zusammenhang als Vorstudien etikettiert und ihre Vorauswertungen auch an gleicher Stelle abgedruckt (vgl. ebd., S. 239 ff.).

711 Ebd., S. IX.

712 Dieser Abschnitt setzte sich schließlich aus drei Arbeiten zusammen, die von den »Philosophen« im Institut, nämlich Horkheimer und Marcuse sowie vom »Sozialpsychologen« Fromm verfaßt wurden (vgl. IfS 1936, S. 3 ff.–. Als Abrundung des theoretischen Teils sollte ursprünglich noch ein Beitrag Pollocks über ökonomische Perspektiven zu Autorität und Familie erscheinen, der aber aus Zeitgründen nicht fertiggestellt werden konnte, so daß diese Seite des Themas insgesamt unterbelichtet blieb. (Zum Verhältnis der verschiedenen Aufsätze vgl. auch Bonß 1982).

713 Sternheim, ein holländischer Sozialist mit Verbindungen zur Arbeiterbewegung, hatte schon bei den Ansätzen zur Weiterführung der Arbeiter- und Angestellten-Enquête mitgewirkt und in diesem Zusam-

menhang auch einen allgemeinen Aufsatz über ein Teilthema der Enquête, nämlich über die Veränderung der Freizeitgestaltung, veröffentlicht (Sternheim 1932). Seit 1933 war er als Assistent an der Genfer Zweigstelle mit der technischen Durchführung und Koordination der empirischen Erhebungen betraut – eine Aufgabe, die er angesichts der schwierigen allgemeinen Situation des Instituts hervorragend löste. An den interdisziplinären Erörterungen der Untersuchungsvorgaben und -zusammenfassungen war er allerdings nie beteiligt (vgl. IfS, 1936, S. IX) und spielte offensichtlich auch sonst »in der theoretischen Arbeit des Instituts kaum eine Rolle« (Jay 1973, S. 57).

714 Ernst Schachtel war Psychologe und hatte mit Fromm zusammen in Heidelberg studiert (Jay 1973, S. 163). Über diese Beziehung kam er auch ans Institut, und hier arbeitete er, ähnlich wie Sternheim, hauptsächlich an der Auswertung der empirischen Erhebungen mit. In diesem Zusammenhang sind vor allem seine Beiträge zur Arbeiter- und Angestellten-Enquête zu erwähnen, die sich zum einen mit methodologischen Fragen (Schachtel 1937, ders. 1937/38) beschäftigten, zum anderen aber auch mit der Auswertung bestimmter Einzelfragen (vgl. Bonß 1980, S. 307).

715 Im September 1934 wurde die Erhebung übrigens auch auf England ausgedehnt, ohne allerdings zu greifbarem Datenmaterial zu führen. Zwar verfügte die Londoner Zweigstelle des Instituts offensichtlich über hinreichende Unterstützung von Seiten administrativer und wissenschaftlicher Instanzen, aber dennoch war die Rücklaufquote des Fragebogens sehr gering, und darüber hinaus hatte man mit einer hohen Zahl von Antwortausfällen zu kämpfen, da schriftliche Umfragen in England damals kaum verbreitet waren (vgl. IfS 1936, S. 351 f.).

716 Bei der regionalen Differenzierung wurde die Ortsgröße (Großstadt, Kleinstadt, Dorf) als Kriterium verwendet und bei der schichtenspezifischen Aufschlüsselung zwischen Arbeiterschicht, Mittelschicht und Bauern unterschieden. Zum Aufbau des Fragebogens vgl. allgemein IfS 1936, S. 297; zum Ergänzungsfragebogen vergleiche ebd., S. 341 ff.

717 Zur Unterscheidung von »Tatsachen-« und »Meinungsfragen«, die übrigens durch die dritte Kategorie der Mischfragen ergänzt wurde, vgl. IfS 1936, S. 298 f.

718 Ebd., S. 317.

719 Zur Auswertung der ›Meinungsfragen‹ vgl. IfS 1936, S. 318 ff. – Bei der Veröffentlichung der »Studien zu Autorität und Familie« wurde übrigens eine Übertragung der zitierten Korrelationstechnik auf die Erhebung über Sexualmoral angekündigt, aber dies wäre in doppelter Hinsicht kaum möglich bzw. unergiebig gewesen: Zum einen ließ sich nämlich die Unterscheidung zwischen ›Meinungs-‹ und ›Tatsachenfragen‹ kaum unmittelbar verwenden, und zum anderen waren dort auch

keine Divergenzen in der beruflichen Orientierung gegeben, so daß die diesbezüglichen Korrelationen letztlich sinnlos gewesen wären.

720 IfS 1936, S. VII.

721 Den Auftakt zu dieser dritten Serie von Enquêten bildete zunächst eine Probeerhebung in Frankreich, bei der der Fragebogen »mit Hilfe von erfahrenen Enquêteuren ausgefüllt werden sollte« (IfS 1936, S. 233). Aus personellen und finanziellen Gründen ließ sich diese Erhebungsstrategie jedoch kaum allgemein durchführen, so daß das Projekt sehr schnell wieder fallen gelassen wurde. Die »Probeerhebung über die seelische Einstellung Arbeitsloser zur Unterstützung in den USA« (IfS 1936, S. 463 ff.) wurde in Zusammenarbeit mit Sozialarbeitern der Family Society in Philadelphia verteilt, ohne diese Untersuchung jedoch später weiter zu verfolgen.

722 Zum Bericht über die englische Erhebung, die ähnlich negativ ausging wie die parallel durchgeführte Sachverständigenerhebung (vgl. Fußnote 715) vgl. IfS 1936, S. 455 f.

723 Zur französischen Enquête vgl. ebd., S. 441 ff.

724 IfS 1936, S. 353.

725 In diesem Institut, das in Anlehnung an das Psychologische Institut der Universität unter Karl Bühler arbeitete und die ersten Ansätze für eine quantitativ orientierte Markforschung entwickelte, vgl. Lazarsfeld 1968, S. 151.

726 Vgl. ebd., S. 213. – Lazarsfelds Angabe, daß er 1934 zusammen mit Fromm »an der Analyse des Fragebogens arbeitet, den wir in Österreich hatten ausfüllen lassen« (ebd.), ist allerdings insofern mit Vorsicht zu genießen, als kein Bogen innerhalb des analysierten Materials aus Österreich stammte (vgl. Fromm 1937/38, S. 80).

727 Jahoda/Lazarsfeld/Zeisel 1932. – Diese Studie, die sich mit den Veränderungen im Leben eines Dorfes durch den Einbruch der Massenarbeitslosigkeit beschäftigte, ist, soweit mir bekannt, neben der Arbeiter- und Angestellten-Enquête die einzige umfassende Erhebung zur Lage der Arbeiter vor 1933, die nicht nur auf Einkommens- und Verbrauchsdaten beruhte. (Zur damaligen Rezeption der Studie vgl. die Rezensionen von Leopold von Wiese in KVS, XII, 1932/34).

728 Vgl. Lazarsfeld 1968, S. 166.

729 Lazarsfeld selber bezeichnete seine Beteiligung als bezahlte »Beaufsichtigung« (Lazarsfeld 1968, S. 166), aber genauer müßte man eigentlich von ›methodischer Beratung‹ und ›datentechnischer Hilfestellung‹ sprechen – eine Aufgabe, an der übrigens auch andere Mitarbeiter des Newarker Forschungsinstituts wie beispielsweise Herta Herzog beteiligt waren (vgl. Fromm 1937/38, S. 48). Daß das Newarker Institut für den Frankfurter Kreis gleichsam die Funktion einer externen Datenbearbeitungsstelle ohne inhaltliche Beteiligung hatte, bestätigte mir auch Herta Herzog (Gespräch vom 21. 1. 1981).

730 Vgl. IfS 1936, S. 366 f. Hierbei kamen insgesamt vier Verfahren zur Anwendung, nämlich (1) die anonyme Postwurfsendung, (2) die Ausfüllung des Bogens in Anwesenheit eines Interviewers, (3) die Ausfüllung in Schulen und Jugendheimen in Anwesenheit des Lehrers bzw. Leiters, sowie (4) die Aussendung an ›Gesinnungsgemeinschaften« (kirchliche und parteigebundene Jugendgruppen). Am besten bewährte sich hierbei die zweite Methode, am schlechtesten schnitt demgegenüber die erste ab. Wie der Rücklauf dabei im einzelnen aussah, wurde nicht angegeben, aber offensichtlich experimentierte man genau so lange, bis die anvisierte Grundgesamtheit von 1000 Bögen erreicht war. Für die Auswertung erwies sich dies jedoch als eine vergebliche Mühe, denn ebenso wie alle anderen Enquêten litt auch die Schweizer Erhebung unter den Bedingungen des Exils, die dazu führten, daß Lazarsfeld für seine Bearbeitung nur noch 508 Bögen zur Verfügung standen.

731 So wurde beispielsweise die Frage nach den bedeutendsten Persönlichkeiten in der Geschichte wörtlich aus der Arbeiter- und Angestellten-Enquête übernommen (vgl. IfS 1936, S. 361).

732 Zu dem Ansatz einer strukturstatistischen Analyse, der erneut, wenngleich in einer relativ unscharfen Form, mit der Unterscheidung von ›deskriptiven‹ und ›interpretativen‹ Klassifikationen arbeitete, vgl. IfS 1936, S. 402 ff.

733 Einzig die Arbeiter- und Angestellten-Enquête wurde, wenngleich außerhalb des Instituts, von Fromm zusammen mit Ernst Schachtel unter beratungstechnischer Assistenz von Anna Hartoch, Herta Herzog und Paul Lazarsfeld weiter bearbeitet (vgl. Fromm 1937/38).

734 So mußten nach 1936 sowohl die Pariser als auch die Londoner Filiale des Instituts geschlossen werden, und 1938 kam es aufgrund verfehlter Börsenspekulationen zu einer ernsthaften Gefährdung des auf Stiftungsmitteln beruhenden Institutskapitals. Die finanziellen Probleme waren zugleich auch Auslöser für personelle Entfremdungen, wie sie vor allem zwischen Fromm und den anderen Institutsmitgliedern entstanden. (vgl. hierzu genauer Bonß 1980, 1982).

735 IfS 1936, S. X (beide Zitate).

736 Zur Wiederbegründung des Instituts an der Columbia-Universität, New York, vgl. neben Jay 1973, S. 59 f., S. 143, auch Horkheimer 1970, S. 178 f. und Löwenthal 1980, S. 72 ff. Daß die Emigration mehr war als nur ein Ortswechsel und letztlich die Konfrontation mit einer neuen Lebenswelt bedeutete, zeigen aus dem Frankfurter Kreis die Aufsätze von Neumann 1952 und Adorno 1968; allgemein hierzu vgl. auch Holborn 1964, Marcuse 1964, Radkau 1971.

737 Löwenthal 1980, S. 79.

738 Vgl. hierzu Dubiel 1978, S. 66 ff. sowie Löwenthal 1980, S. 91 ff. (Zur Bedeutung der Faschismuserfahrung insbesondere ebd., S. 101 ff.).

739 So der Titel von Adorno 1968.

740 Klages 1969, S. 174, S. 175 – Zu dieser Empirisierungsbewegung vgl. deskriptiv auch Hinkle/Hinkle 1954, S. 54 ff.

741 Jonas 1968, S. 130.

742 Als berühmtesten Ansatz für qualitativ orientierte Studien vgl. z. B. die Arbeit über »Polish Peasant« von Thomas/Znaniecki 1918/20, die in den späteren Auseinandersetzungen um quantitative und qualitative Verfahren von paradigmatischer Bedeutung wurde (vgl. hierzu auch Paul 1979/I, S. 159 ff.).

743 Löwenthal 1980, S. 74.

744 Marcuse 1978, S. 124. – Interessant ist hier übrigens, daß für Marcuse, der erst 1932/33 zum Institut kam, die empirische Orientierung nicht vor der Emigration in die USA einsetzte – ein Erinnerungsfehler, der auf Marcuses dominant philosophische Orientierungen verweist.

745 Unter dem Eindruck der amerikanischen Standards kam es deshalb bei den Studien über Autorität und Familie auch zu einer Herabsetzung des eigenen Vorgehens, das von allen Beteiligten als unzureichend bzw. vorläufig dargestellt wurde (vgl. IfS, S. X; Fromm 1936a, S. 234 sowie eher indirekt IfS 1936, S. 358 ff.).

746 Gemeint ist hier der logische Empirismus, wie er Ende der 20er Jahre vom sog. »Wiener Kreis« um Schlick und Carnap entwickelt wurde (als knappe wissenschaftshistorische Einschätzungen hierzu vgl. Janich et al. 1974, S. 10 ff.). Aufgrund der Emigration gewann dieses Konzept allerdings erst Mitte der dreißiger Jahre eine breitere Bedeutung und wurde vor dieser Zeit vom Frankfurter Kreis offensichtlich auch nicht rezipiert (als Ausnahme vgl. Adorno 1931, S. 332.).

747 Als früheste kritische Einschätzung dieser Tendenz innerhalb der Zeitschrift für Sozialforschung vgl. den Aufsatz von Beard 1935, der von der Redaktion der ZfS wie folgt zusammengefaßt wurde: »Die amerikanischen Sozialwissenschaften (sind) ständig davon bedroht, sich mit einer bloßen Anhäufung von großem empirischem Material zu begnügen. Es ist geradezu ihre Schicksalsfrage, ob es ihnen gelingt, die ausgedehnten materialreichen Einzeluntersuchungen zu einer wirklichen gesellschaftlichen Theorie zu organisieren« (Beard 1935, S. 65).

748 Adorno 1968, S. 148.

749 Horkheimer 1937a, S. 1. – Zur ungebrochenen Betonung des Interdisziplinaritätspostulats vgl. ebd.

750 Bubner 1969, S. 128.

751 Horkheimer 1937b. – Diese Abhandlung löste innerhalb des Instituts »ausführliche Besprechungen« aus, in deren Folge Horkheimer zusammen mit Marcuse noch im gleichen Jahr einen Ergänzungsaufsatz unter dem Titel »Philosophie und Kritische Theorie« veröffentlichte (Horkheimer/Marcuse 1937).

752 Horkheimer/Marcuse 1937, S. 625.

753 Horkheimer 1937b, S. 261.

754 Zu Horkheimers Parallelisierung von bürgerlicher Vergesellschaftung und neuzeitlicher Wissenschaft, die auf eine zirkulationstheoretische Variante der materialistischen Konstitutionstheorie hinausläuft, vgl. ebd., S. 251 ff.

755 Horkheimer/Marcuse 1937, S. 615.

756 Horkheimer 1937b, S. 255.

757 Anzumerken ist hier, daß Horkheimer, ähnlich wie bei der früheren Argumentation zum Verhältnis von Positivismus und Metaphysik (vgl. Fußnote 628), tatsachen- und prinzipienorientiertes Vorgehen als zwei Seiten einer Medaille ansah, denn »die Empiriker haben keine andere Vorstellung einer durchgebildeten Theorie als die Theoretiker. Sie sind bloß der selbstbewußten Überzeugung, daß angesichts der Kompliziertheit der gesellschaftlichen Probleme und des Standes der Wissenschaft die Arbeit an allgemeinen Prinzipien als bequeme und müßige Angelegenheit zu betrachten sei.« (Horkheimer 1937b, S. 248).

758 Horkheimer/Marcuse 1937, S. 626.

759 Horkheimer 1937b, S. 262.

760 Ebd., S. 266.

761 Ebd., S. 267.

762 Ebd. (beide Zitate).

763 Daß die Annahme einer solchen Verschiebung auch zur Veränderung der materialistischen Theorie führt, zeigt sich vor allem in der auf der ›alten‹ Kritischen Theorie aufbauenden Spätkapitalismustheorie der ›jüngeren‹ Frankfurter Schule (vgl. exemplarisch vor allem Offe 1972, der, ähnlich wie Horkheimer (1937b, S. 285 ff.) davon ausgeht, daß »mit der Abspaltung der Leitungsfunktionen vom Eigentum ... das Grundverhältnis von Lohnarbeit und Kapital ... seine Legitimationsgründe ein(büßt)«, so daß sich das »Anschauungsmaterial für die Möglichkeit alternativer, nicht kapitalistischer Organisation der Arbeit« zunehmend außerhalb des Proletariats darbietet (Offe 1972, S. 27)).

764 Zu diesem Selbstverständigungshorizont, auf den sich Horkheimer am eindeutigsten in den Aphorismen der »Dämmerung« bezog (vgl. Horkheimer 1926 ff., u. a. S. 18, S. 46 ff., S. 62 ff., S. 71 ff., aber auch S. 122 ff., S. 259), vgl Dubiel 1978, S. 38 ff.

765 Zur avanciertesten Ausformulierung der These von der potentiellen Identität von politischem Handlungsbewußtsein und marxistischer Gesellschaftstheorie vgl. vor allem die Konzeption von Lukacs (1923). Diese baut auf einer Unterscheidung zwischen empirisch-besonderem und theoretisch-allgemeinem Klassenbewußtsein auf, so daß die marxistische Theorie als sowohl angebunden als auch abgekoppelt von der

politischen Praxis erscheint: Sie ist nicht Ausdruck des empirisch-unmittelbaren Klassenbewußtseins, wohl aber des theoretisch-allgemeinen und bezeichnet die objektive Möglichkeit des proletarischen Handlungspotentials, dessen Förderung, Organisation und Umsetzung als Aufgabe der proletarischen Massenorganisationen bzw. der kommunistischen Partei angesehen werden.

766 Vgl. hierzu z. B. Horkheimers Charakterisierung der Aufgabe der Kritischen Theorie als einer positiv gesellschaftsverändernden Kraft, die »zur Transformation des gesellschaftlichen Ganzen treibt«, indem sie den »Nachweis ... (der) realen Möglichkeit (einer gesellschaftlichen Umwälzung, W. B.) aufgrund der gewachsenen Produktivkräfte der Menschen liefert« (Horkheimer 1937b, S. 272). Die Kritische Theorie hat also ein »aus tiefstem Verständnis der Gegenwart entspringendes Bild der Zukunft auch in solchen Perioden ..., in denen der Gang der Dinge weit von ihr wegzuführen ... scheint.« (Ebd., S. 273), und gerade als Philosophie muß sie an der Vorstellung eines potentiell positiven Ganzen festhalten und »es zu verhüten (suchen), daß sich die ökonomischen Begriffe zu entleertem, beziehungslosem Detailwerk verflüchtigen« (Horkheimer/Marcuse 1937, S. 630).

767 Vgl. Jay 1980, insbes. S. 5 f.

768 Vgl. Adorno 1931. – Diese Rede hielt Adorno wenige Monate nach Horkheimers Direktoratsantritt anläßlich seiner Ernennung zum Privatdozenten an der Frankfurter Universität, ohne allerdings bei seinen Fachkollegen (insbes. Mannheim) auf großes Verständnis zu stoßen, und es mag wohl auch hierin begründet sein, daß der Vortrag erst posthum veröffentlicht wurde (zur Vorwegnahme der späteren Konzeption der negativen Dialektik in diesen frühen Ausführungen vgl. detailliert Buck-Morss 1977, insbes. S. 63 ff.).

769 Adorno 1931, S. 325.

770 Ebd.

771 Ebd., S. 336. – Negation der »symbolischen Funktion« bedeutet hierbei vor allem, daß die Philosophie »lernen muß ..., die großen Probleme preiszugeben, deren Größe vordem die Totalität verbürgen wollte, während heute zwischen den weiten Maschen der großen Probleme die Deutung zerrinnt« (ebd.).

772 Ebd.

773 Ebd. – Zur Konzeptualisierung des Verhältnisses von Wissenschaft und Philosophie als eines solchen von »Forschung« und »Deutung« vgl. ebd., S. 334, S. 340 ff.

774 Ebd., S. 334.

775 Ebd.

776 Ebd., S. 335.

777 Ebd.

778 Ebd., S. 342.

779 Ebd., S. 335.

780 Vgl. Jay 1973, S. 40 ff. – Ebenso wie Horkheimer hatte Adorno 1924 bei Cornelius promoviert, war aber schon bald darauf nach Wien gegangen, um bei Alban Berg Kompositionsunterricht zu nehmen. Darüber hinaus stand er in Verbindung mit dem Kreis um Arnold Schönberg, ohne allerdings die philosophische Arbeit völlig aufzugeben. 1927 schrieb er vielmehr eine mit Horkheimer oft durchdiskutierte Habilitationsschrift über »Den Begriff des Unbewußten in der transzendentalen Seelenlehre«, deren Einreichung an der Frankfurter Universität allerdings zu scheitern drohte, weshalb Adorno die Arbeit vorzeitig zurückzog. Erfolgreicher war demgegenüber das zweite Projekt über Kierkegaards Aesthetik, das nach der Rückkehr nach Frankfurt im Jahre 1928 begann und drei Jahre später mit Hilfe Paul Tillichs abgeschlossen wurde. Um diese Zeit, also zwischen 1928 und 1931, traf sich Adorno mit dem Kreis um Horkheimer vor allem im Rahmen des sog. »Kränzchens«, einem Diskussionskreis Frankfurter Intellektueller, dem neben Tillich, Horkheimer, und Löwenthal auch Karl Mannheim, Kurt Riezler, Adolph Löwe und Karl Mennicke angehörten, und diese Gruppe war es auch, die Adorno damals den größten intellektuellen Rückhalt bot.

781 Vgl. von Haselberg 1977, S. 12 f. – Hiernach verlangte Adorno vor allem eine Zurückdrängung des Einflusses von Fromm und angeblich auch von Löwenthal – zwei Forderungen, die Horkheimer gleichermaßen zurückwies.

782 Zu diesem Annäherungsprozeß vgl. auch Jay 1973, S. 226.

783 Lazarsfeld 1968, S. 167.

784 Brief von Cantril an Lazarsfeld vom 9. 8. 1937, zitiert bei Lazarsfeld 1968, S. 181.

785 In den ersten beiden Jahren seines Bestehens beteiligte sich das Newarker Institut bereits an 10 Untersuchungen, wobei sich das umfangreichste Projekt mit dem Einfluß des technischen Wandels auf die Arbeitslosigkeit beschäftigte. Zwar mußte diese staatlich geförderte Untersuchung, in die sowohl Ideen aus der Marienthal-Studie eingingen (vgl. Jahoda/Lazarsfeld/Zeisel 1932), als auch aus den Studien über Autorität und Familie, wegen Geldmangel vorzeitig beendet werden, aber es steigerte entscheidend den Bekanntheitsgrad des Instituts und erlaubte überdies die Einrichtung eines festen Mitarbeiterstabes – zwei Voraussetzungen, die für die Durchführung des Radio Research Projects von erheblicher Bedeutung waren.

786 Lazarsfeld 1968, S. 181.

787 Adorno 1968, S. 117.

788 Als Beispiele für einen indirekten Bezug auf die Arbeiten aus dem Institut für Sozialforschung vgl. auch Stanton/Lazarsfeld 1937 sowie Komarowski 1940.

789 Lazarsfeld 1968, S. 197.

790 Dieser Rückzug ergab sich sowohl aus einer Verlagerung seiner Interessenschwerpunkte als auch aus wachsenden Konflikten mit dem Institut. So baute Fromm in den USA sein therapeutisch-praktisches Engagement aus – eine Entwicklung, die vor allem mit dem Abschluß der Studien über Autorität und Familie verstärkt zum Tragen kam. Um diese Zeit zeigten sich auch erste Differenzen zu Horkheimer: Hatte dieser zuvor die Frommschen Konzepte praktisch wort-wörtlich übernommen, so distanzierte er sich jetzt zunehmend davon (vgl. Bonß 1982). Für den endgültigen Bruch zwischen Fromm und dem Institut spielten diese theoretischen Differenzen allerdings kaum eine Rolle, denn unmittelbar ausschlaggebend waren letztlich der wachsende Einfluß Adornos und die Finanzkrise des Instituts. Mit der Ankunft Adornos in New York zog sich Fromm zunehmend aus dem Institutsleben zurück, und als man ihn wegen schwindender Geldmittel darum bat, zumindest zeitweise auf sein Gehalt zu verzichten, sah er die Basis für eine weitere Zusammenarbeit endgültig zerstört und brach alle Beziehungen zum Institut ab – nicht ohne allerdings zuvor eine Abfindung von 20 000 Dollar erhalten zu haben (Gespräch mit Fromm vom 22. 11. 1977).

791 Zu Struktur und Entstehung dieser Marktforschung, die ursprünglich der Beschreibung eines »proletarischen Konsumenten« dienen sollte, vgl. Lazarsfeld 1968, S. 155 ff.

792 Diese Technik, die auf eine Idee Cantrils zurückging, wurde zunächst von Herta Herzog, der Hauptmitarbeiterin und späteren Frau Lazarsfelds, aufgegriffen. Auch Adorno bezog sich primär auf derartige offene Interviews, wobei er zum Teil mit Herta Herzog zusammenarbeitete (als Ergebnis dieser gemeinsamen Erhebungen vgl. insbes. Herzog 1941).

793 Adorno 1932, Adorno 1936. – Die Basis seiner Musiktheorie formulierte Adorno bereits in den ersten Sätzen des Aufsatzes »Zur gesellschaftlichen Lage der Musik« (Adorno 1932): »Wann immer heute Musik erklingt, zeichnet sie in den bestimmtesten Linien die Widersprüche und Brüche ab, welche die gegenwärtige Gesellschaft durchfurchen und ist zugleich durch den tiefsten Bruch von eben dieser Gesellschaft abgetrennt . . . Die Rolle der Musik im gesellschaftlichen Prozeß ist ausschließend die der Ware; ihr Wert der des Marktes. Sie dient nicht mehr dem unmittelbaren Bedürfnis und Gebrauch, sondern fügt sich mit allen anderen Gütern dem Zwang des Tausches um abstrakte Einheiten und ordnet mit ihrem Gebrauchswert, wo immer er übrigens sein mag, dem Tauschwert sich unter . . . Indem der kapitalistische Prozeß die musikalische Produktion und Konsumption restlos in sich hineinzieht, wird die Entfremdung zwischen der Musik und den Menschen vollkommen« (ebd., S. 103). Für die Produktion

von Musik, so Adornos These, ergibt sich somit nur die Alternative ›Anpassung‹ vs. ›Verweigerung‹, also Verschleierung der Entfremdung oder bewußtes Nachspüren der Brüche und Dissonanzen. Im ersten Schritt seiner Argumentation ging es ihm darum, die zeitgenössischen Komponisten von Hindemith bis Schönberg vor diesem Hintergrund zu interpretieren und in den Kontext der Reproduktion und Konsumption von Musik unter kapitalistischen Bedingungen zu stellen (als knappe Zusammenfassung vgl. hierzu Jay 1973, S. 219 ff.). Hierauf aufbauend entstand dann der Jazz-Aufsatz, in dem Adorno erstmals die sog. Unterhaltungsmusik diskutierte, die er im Gegensatz zur ernsten Musik generell als Ausdruck kapitalistischer Entfremdung interpretierte: »Der Jazz ist Ware im strikten Sinn: seine Tauglichkeit zum Gebrauch setzt in der Produktion anders nicht sich durch denn in Gestalt seiner Absatzfähigkeit, im äußersten Widerspruch zur Unmittelbarkeit der Verwendung nicht bloß, sondern auch des Arbeitsprozesses selber; sie unterliegt den Gesetzen, auch der Zufälligkeit des Marktes, so wie seine Distribution denen von Konkurrenz oder auch schon Monopol. Die Züge am Jazz indessen, in denen Unmittelbarkeit sich zu behaupten scheint, jene angeblich improvisatorischen nämlich . . ., sind dem genormten Warencharakter . . . in blanker Auswendigkeit hinzugefügt, um ihn zu maskieren, ohne jedoch Macht über ihn zu gewinnen für eine Sekunde.« (Adorno 1936, S. 238). »Jazz, die Synthese von Marsch und Salonmusik, ist eine falsche: die eines zerstörten Subjektiven mit einer es produzierenden, vernichtenden und durch Vernichtung objektivierenden Gesellschaftsmacht« (ebd., S. 257).

794 Lazarsfeld 1968, S. 200.

795 Aus diesen Ansätzen erwuchsen später die Arbeiten von Edward Suchman (»Invitation to Music«) und Duncan MacDougald (»The popular Music Industry«), beide veröffentlicht in Lazarsfeld/Stanton 1941.

796 Vgl. hierzu als durchaus übereinstimmende Berichte bzw. Wahrnehmungen Adorno 1938, S. 117 ff., Lazarsfeld 1968, S. 167.

797 Als erstes Papier entstand wohl der Aufsatz »Über den Fetischcharakter der Musik und die Regression des Hörens« (Adorno 1938). Lazarsfeld nennt ferner ein 160 seitiges Manuskript mit dem Titel »Musik im Rundfunk«, das im Juli 1938 fertig wurde und offensichtlich viele Argumente aus dem Fetisch-Aufsatz enthielt (vgl. Lazarsfeld 1968, S. 200 ff.). In dieser Abhandlung dürfte wiederum eine Vorabeit zu einem, von Adorno selbst als Basisaufsatz charakterisierten Papier mit dem Titel »A Social Critique of Radio Music« gewesen sein, die zunächst unveröffentlicht blieb und in einer überarbeiteten Form 1945 in der Kenyon Review erschein.

798 Lazarsfeld 1968, S. 200.

799 Adorno 1968, S. 118.
800 Ebd.
801 Ebd., S. 119.
802 Ebd.
803 Anzumerken ist hier, daß sich die These vom Fetischcharakter der Musik (Adorno 1938) zunächst auf die Rezeption bzw. Konsumption von Musik bezieht. Sie läßt sich jedoch auch für die Musikproduktion reformulieren, und zwar vor allem für den Bereich der Unterhaltungsmusik, wohingegen bei der ernsten Musik zwischen ideologischen und erkenntnishaft-autonomen Formen unterschieden wird (vgl. Fußnote 793, ferner Riethmiller 1972, Gramer 1976; zur Konzeption der Kunstautonomie bei Adorno im Vergleich zu anderen materialistischen Kunsttheorien ferner auch Lindner 1968, insbes. S. 263 ff., sowie Dubiel 1982).
804 Adorno 1968, S. 119 (beide Zitate).
805 Ebd., S. 121.
806 Ebd., S. 120.
807 Ebd., S. 123.
808 Lazarsfeld 1968, S. 201.
809 Vgl. Adorno 1941a, inbes. S. 32 ff. – Die hier entwickelte »Theory about the Listener«, die auf eine Charakterisierung der Unterhaltungsmusik durch die Kriterien »Standardization« und »Pseudo-Individualization« abzielt (vgl. ebd., S. 21 ff.), enthält zwar eine Klassifikation der Elemente des Hörverhaltens (»vague remembrance, actual identification, subsumption by label, self-reflection on the act of recognition, psychological transfer of recognition-authority to the object« (ebd., S. 33)), die allerdings von ihrer Struktur her allein exemplarisch-hermeneutisch nachgewiesen werden können. Eine Transformation in ›Hörertypen‹ ist demgegenüber nicht möglich und in seinen methodologischen Vorbemerkungen lehnte Adorno ein solches Vorgehen auch indirekt ab (vgl. ebd., S. 17).
810 Vgl. auch den bei Jay (1973, S. 265 f.) auszugsweise zitierten Brief Lazarsfelds an Adorno, der die Kernpunkte des Konflikts ebenso pointiert wie treffend zusammenfaßt.
811 Hierbei handelt es sich zum einen um eine unveröffentlichte Studie über die »NBC Music Appreciation Hour«, die in Zusammenarbeit mit Herta Herzog durchgeführt wurde (vgl. als Teilveröffentlichung Herzog 1941). Die zweite Arbeit mit dem Titel »The Radio Symphony« (Adorno 1941b) beschäftigte sich mit den Veränderungen der »ernsten Musik« durch den Rundfunk, wobei Adorno die These einer gravierenden medienbedingten Verformung zu belegen versuchte.
812 Vgl. hierzu die einleitenden Bemerkungen Horkheimers, die nicht nur ein bezeichnendes Licht auf die Selbstwahrnehmung des Frankfurter Kreises werfen, sondern auch ihre Einschätzung des New Yorker In-

stituts deutlich machen: »It gives us great satisfaction that for the first time some of our ideas have been applied to specifically American subject matters and introduced into the American methodological debate. We feel particularly indebted to Paul F. Lazarsfeld who has taken categories developed by us in a totally different, highly abstract context, and attempted to present them in terms of the concrete desiderata confronting today's social research.« (ZfS 1941, S. 1). Im Unterschied zu der parallel erschienenen Veröffentlichung von Lazarsfeld/Stanton 1941 traf diese Stilisierung auf die abgedruckten Aufsätze jedoch nur begrenzt zu, denn sieht man von den Arbeiten von Adorno 1941b und Herta Herzog 1941 ab, so waren sie entweder außerhalb des Newarker Untersuchungsprogramms entstanden (so z. b. der Essay von Dieterle 1941) oder sie argumentierten unabhängig von den Kategorien der Kritischen Theorie (so z. B. Lasswell 1941, zum Teil auch Siepmann 1941).

813 Vgl. die Selbststilisierung Lazarsfelds in: ders. 1941, S. 16.

814 Ebd., S. 5.

815 Ebd., S. 13.

816 Ebd. – Hinter dieser Charakterisierung verbergen sich eigentlich zwei Abgrenzungskriterien, denn für Lazarsfeld »the idea of critical research ... seems to be distinguished from administrative research in two respects: it develops a theory of the prevailing social trends of our times, general trends which yet require consideration in any concrete research problem; and it seems to imply ideas of basic human values according to which all actual or desired effects should be appraised.« (ebd.).

817 Zu der ebenso knappen wie plausiblen Erläuterung des Begriffs der »Anzeigenkultur«, der als vereinfachende Konkretisierung des Konzepts der »Massenkultur« (vgl. Horkheimer 1941c) gedacht war, vgl. die folgende Passage: »Everyone will agree that we live in a period of increasing centralization of ownership. Yet, although large economic organizations plan their production to the minutest detail, the distribution of their products is not planned systematically. Their success depends upon the outcome of a competition among a few large units which must rally sizeable proportions of the population as their customers. Thus promotion in every form becomes one of the main forces in contemporary society. The technique of manipulating large masses of people is developed in the business world and from there permeates our whole culture. In the end everything, be it good or bad, is promoted: we are living more and more in an »advertising culture«.«

818 Ebd., S. 13.

819 Ebd., S. 14. – Zum Stichwort der verdrängten Wirklichkeit vgl. auch die folgenden Sätze: »Critical research will be especially interested in

such material as never gets access to the channels of mass communication: What ideas and what forms are killed before they ever reach the general public, whether because they would not be interesting enough for large groups, or because they would not pay sufficient returns on the necessary investment, or because no traditional forms of presentation are available?« (Ebd.).

820 Ebd., S. 15.

821 Adorno 1968, S. 123.

822 Horkheimer 1931, S. 41.

823 Adorno 1968, S. 126.

824 Vgl. ebd., S. 123 ff.: Hier charakterisiert Adorno seine Antworten an die »Forschungstechniker« (S. 126) des Radio Research Project als Ausdruck von »einfachem Menschenverstand, wie (ihn) ein Unbefangener, nicht durch Wissenschaft Verängstigter (hat)« (S. 125). Dieser »einfache Menschenverstand«, so fuhr er fort, erschien den »verbildeten« Forschungstechnikern als »magisch« (ebd.), bzw. unverständlich, und »einzig die sekretarialen Hilfskräfte sprachen sogleich auf meine Anregungen an« (ebd., S. 123 f.).

825 Vgl. zum gleichen Problem unter einer anderen Perspektive auch die Anmerkungen zur ›Übersetzungsfunktion‹ der tatsachenbezogenen Argumentation bei Schnapper-Arndt (Kap. 4).

826 Vgl. IfS 1938, S. 19 ff.

827 Vgl. hierzu genauer Jay 1973, S. 202 f.

828 Horkheimer 1941b, S. 121.

829 Diese Charakterisierung gipfelte dabei in folgenden Behauptungen über die Struktur (sozial)wissenschaftlicher Erklärungsmuster: »I) Concepts are historically formed . . ., II) Concepts are critically formed . . ., III) Societal concepts are »inductively« formed . . ., IV) Social concepts are integrative« (ebd., S. 121 ff. als Weiterführung dieser Thesen vgl. auch Horkheimer 1939b, inbes. S. 328 ff.).

830 Vgl. Jay 1973, S. 51 ff. – Daß die jüdische Erziehung, obwohl bei den einzelnen unterschiedlich stark ausgeprägt, bei allen starke Prägungen hinterließ, zeigen auch die autobiographischen Dokumente (vgl. z. B. Funk 1980, S. IX f., Löwenthal 1980, S. 15 ff. sowie Horkheimer 1970, S. 151 f.).

831 So war beispielsweise zur Motivierung von Hermann Weil, dem zentralen Geldgeber des Institus, in der Gründungsphase ursprünglich ein Projekt über die Anfänge des Antisemitismus in Deutschland vorgesehen, das allerdings nach 1924 bald fallengelassen wurde. Auch in den Studien über Autorität und Familie findet sich keine einzige Frage zu antisemitischen Einstellungen, und in der Zeitschrift für Sozialforschung fehlt bis 1939 jeglicher Kommentar zu den Judenpogromen.

832 Vgl. hierzu auch Jay 1973, S. 53 ff., Jay 1979, S. 440 ff. – Der ›Erfolg‹ dieser Verdrängung war allerdings durchaus begrenzt, denn auch

wenn die jüdische Religion für den Frankfurter Kreis keine Rolle spielte, so fungierten die kulturellen Traditionen des Judentums doch als eine Art von »underlying concept«, das wirksam war ohne zur Kenntnis genommen zu werden.

833 Horkheimer 1926 ff., S. 80.

834 Horkheimer 1939a, S. 115.

835 IfS 1941, S. 124.

836 Horkheimer 1939a, S. 116.

837 IfS 1941, S. 124.

838 Horkheimer 1939a, S. 129.

839 Vgl. IfS 1941, S. 126 ff. – Im einzelnen waren hierbei 6 Fallstudien (1. Kreuzzug, Albigenser Kreuzzug, Judenverfolgungen in England, Reformation, französische Revolution, deutsche Unabhängigkeitskriege) vorgesehen, die in einer historisch-systematischen Argumentation darauf zielten, »to reveal, by selective historical events, a set of socio-psychological trends, which are characteristic of antisemitism as a whole« (ebd., S. 126).

840 Vgl. ebd., S. 129 ff. Als Beispiel sollten hier im wesentlichen 5 Fälle behandelt werden, nämlich Voltaire, Herder, Kant, Fichte, Hegel und Goethe; ergänzend war ferner eine (wahrscheinlich von Löwenthal durchzuführende) Analyse der französischen Novelle angekündigt.

841 Ebd., S. 124.

842 Vgl. ebd., S. 133 ff. – Allerdings waren die angeführten neun »Types of present day anti-semites« nur zum Teil psychoanalytisch orientiert, und sie erwiesen sich auch keineswegs als trennscharf konzipiert. Stattdessen wurden vielmehr qualitative Einstellungsunterschiede und graduelle Abstufungen als Typen nebeneinandergestellt, ohne ihr systematisches Verhältnis zu einander zu diskutieren.

843 Ebd., S. 137. – Diese Typologie bildete später die Gliederungsbasis für die qualitativen Ausführungen der Antisemitismusstudie von 1942/44 (vgl. IfS 1944, S. 903 ff.).

844 Vgl. IfS, S. 140 ff.

845 Ebd., S. 141.

846 Ebd., S. 142.

847 Vgl. hierzu bestätigend auch Adorno 1968, S. 132.

848 Vgl. Jay 1973, S. 203.

849 Der Grund für diese Übersiedlung lag allerdings nicht in der unmittelbaren Institutsentwicklung, sondern im Gesundheitszustand Horkheimers, der das New Yorker Klima nicht mehr vertrug (vgl. Jay 1973, S. 207). Zu den sich hieran anschließenden personellen und institutionellen Umstrukturierungen vgl. ebd., S. 203. S. 261).

850 In diesem Zusammenhang entstanden neben dem Projekt über »Cultural Aspects of National Socialism« (1941, vgl. Jay 1973, S. 204 f.) auch zwei weitere Vorhaben, nämlich ein Plan für eine Untersuchung

über den Wiederaufbau Deutschlands nach dem Kriege (1941, vgl. ebd., S. 379, Fußnote 117) sowie ein Projekt über die Unterstützung der jüdischen Opfer des Naziregimes (vgl. ebd., S. 266 f.).

851 IfS 1944, IfS 1945. – Anzumerken ist hier allerdings, daß beide Projekte keineswegs unabhängig von einander waren. Zwar gab es keinen Einfluß der AJC-Arbeiten auf die JLC-Studie, aber umgekehrt wurden Materialien aus der Arbeiter-Erhebung in den Bericht für das AJC eingearbeitet und fanden später auch in den Studien zum autoritären Charakter Verwendung.

852 Für die vorliegende Bearbeitung standen nur Teile des Manuskripts von 1944 zur Verfügung, wobei nicht zu klären war, ob es sich um das Original oder um eine spätere Fassung handelt.

853 Ein Teil dieser Fragen findet sich in Adorno et al. 1949/50, S. 621.

854 Diese Versuche zogen sich noch bis 1953 hin, wurden aber nach der Rückkehr von Horkheimer/Adorno nach Deutschland kaum noch ernsthaft betrieben (vgl. Jay 1973, S. 267 f.).

855 Vgl. Fromm 1937/38, S. 248 f.

856 Vgl. zum folgenden den Brief von Pollock an Richard Rothschild/AJC vom 9. 8. 1943 (für die Einsicht in dieses aus der Sammlung von Leo Löwenthal stammende Dokument danke ich Helmut Dubiel).

857 In seinem Brief vom 9. 8. 1943 bat Pollock Rothschild, sich noch einmal um ein Angebot zu bemühen, fügte aber bereits hinzu, daß man hierauf notfalls auch verzichten könne.

858 Brief von Löwenthal an Horkheimer vom 26. 7. 1943. Zum folgenden vgl. auch »Report on Visit Löwenthal to Sanford in Berkeley, July 21-24, 1943« (für die Einsicht in diese aus der Löwenthal-Sammlung stammenden Dokumente danke ich Helmut Dubiel).

859 Zur Kritik an den Personality-Tests vgl. Schachtel 1937.

860 Die Einschätzung der Aufgabe Sanfords wird auch in den folgenden Sätzen aus Löwenthals »Report« (vgl. Fußnote 858) deutlich: »The bulk of the material (von Sanford/Levinson, W. B.) can be freely used to our reports and memorants to the committee. In other words, we have going on an affiliated psychological fieldwork, which, for the time being, does not cost us a cent« (ebd., S. 3).

861 Zur Ausarbeitung dieser Materialien vgl. IfS 1945.

862 Zur Gründung des »Department of Scientific Research« und dem ersten Forschungsplan vgl. Jay 1973, S. 263, S. 278.

863 Die erste dieser Einzelstudien betraf die Untersuchungen über die Technik bzw. Rhetorik faschistischer Demagogen, die von Leo Löwenthal gemeinsam mit Norbert Guterman zuende geführt wurden (Löwenthal/Guterman 1949). Ähnliche Untersuchungen wurden übrigens auch von Adorno betrieben, der sich mit den Rundfunkreden des Amerikaners Martin Luther Thomas beschäftigte. – Die zweite Studie, für die Paul Massing verantwortlich zeichnete, bezog sich auf

die historische Entwicklung des Antisemitismus in Deutschland und damit auf das Projekt über die antisemitische Ideologie des Nationalsozialismus (Massing 1949). Gegenüber dem ursprünglichen Projektentwurf kam es allerdings zu einer Spezialisierung, denn während 1941 die Analyse des Antisemitismus als Ideologie mit denen des Nazismus als Herrschaftsform verknüpft werden sollte (vgl. Pollock 1941a, b; Neumann 1942), wurde diese Integration bei Massing nicht mehr ins Auge gefaßt. – Auch das dritte Teilprojekt baute auf den Arbeiten der Jahre 1941-44 auf und beschäftigte sich mit den Strukturen der autoritären Persönlichkeit (Adorno et al. 1949/50). – Im Unterschied zu den ersten drei Studien entstanden die letzten beiden außerhalb des Kontextes des Frankfurter Kreises. Hier untersuchten Nathan Ackerman und Maria Jahoda an ausgewählten Einzelfällen den Zusammenhang zwischen psychischen Störungen und der Ausbildung von Vorurteilen (Ackermann/Jahoda 1950), und Bruno Bettelheim analysierte schließlich zusammen mit Moritz Janowitz die Vorurteilsstruktur bei Kriegsveteranen, die allgemein als besonders anfällig für faschistische Ideologien galten (Bettelheim/Janowitz 1950).

864 Horkheimer/Flowerman 1949/50 S. VI.

865 So stießen z. B. Bettelheim und Janowitz in ihrer Studie auf einen Zusammenhang zwischen Intoleranz und Nonkonformismus, während Adorno et al. eine entgegengesetzte Korrelation zwischen Vorurteil und Konformität bestätigt fanden (vgl. Jay 1973, S. 280 f.).

866 Bis heute gibt es übrigens noch keine vollständige deutsche Übersetzung der Studie. Was vorliegt, ist ca. ein Viertel des Gesamttextes, nämlich jene Teile, die von Adorno selbst geschrieben wurden (diese Fassung wird im folgenden als Adorno et al. 1949/50d zitiert).

867 Adorno 1968, S. 134.

868 Adorno et al. 1949/50d, S. 15 f.

869 Adorno 1968, S. 135.

870 Memorandum von Adorno zu den Studien zum autoritären Charakter von 1944, zitiert nach Jay 1973, S. 273 (beide Zitate).

871 Jay 1973, S. 270. – Als Hauptvertreter dieser Kritik, die übrigens auch von Fromm geteilt wurde, vgl. Hyman/Sheatsley 1954, insbesondere S. 107 ff.

872 vgl. Adorno/Horkheimer 1949; Adorno 1946.

873 Adorno 1968, S. 133.

874 Adorno/Horkheimer 1947, S. 178.

875 Söllner 1979, S. 191.

876 Adorno/Horkheimer 1947, S. 182.

877 Ebd., S. 177.

878 Memorandum von 1944 (vgl. Fußnote 870), S. 273.

879 Adorno 1946, S. 107.

880 Ebd., S. 100.

881 Adorno 1944, S. 56.
882 Adorno 1946, S. 107.
883 Zur genaueren Abgrenzung dieses Konzepts von Fromms Thesen vgl. Bonß 1982.
884 Adorno et al. 1949/50d, S. 15 f.
885 Adorno 1968, S. 137.
886 Vgl. ebd.
887 Imershein 1977, S. 26 (vgl. Fußnote 273).
888 Adorno et al. 1949/50d, S. 105 ff.
889 Vgl. Adorno et al. 1949/50. S. 32 ff.
890 Adorno et al. 1949/50d, S. 4.
891 Zur Konstruktion dieser drei Skalen, die alle von Daniel Levinson entwickelt wurden, vgl. Adorno et al. 1949/50, S. 57 ff., ferner auch Roghmann 1966, Kap. 1.
892 Zur Konstruktion der F-Skala vgl. Adorno et al. 1949/50d, S. 40 ff.
893 Im einzelnen wurden diese Variablen wie folgt beschrieben:

a) *Konventionalismus.* Starre Bindung an die konventionellen Werte des Mittelstandes.

b) *Autoritäre Unterwürfigkeit.* Unkritische Unterwerfung unter idealisierte Autoritäten der Eigengruppe.

c) *Autoritäre Aggression.* Tendenz, nach Menschen Ausschau zu halten, die konventionelle Werte mißachten, um sie zu verurteilen, ablehnen und bestrafen zu können.

d) *Anti-Intrazeption.* Abwehr des Subjektiven, des Phantasievollen, Sensiblen.

e) *Aberglaube und Stereotypie.* Glaube an die mystische Bestimmung des eigenen Schicksals; die Disposition, in rigiden Kategorien zu denken.

f) *Machtdenken und »Kraftmeierei«.* Denken in Dimensionen wie Herrschaft – Unterwerfung, stark – schwach, Führer – Gefolgschaft; Identifizierung mit Machtgestalten; Überbetonung der konventionalisierten Attribute des Ich; übertriebene Zurschaustellung von Stärke und Robustheit.

g) *Destruktivität und Zynismus.* Allgemeine Feindseligkeit, Diffamierung des Menschlichen.

h) *Projektivität.* Disposition, an wüste und gefährliche Vorgänge in der Welt zu glauben; die Projektion unbewußter Triebimpulse auf die Außenwelt.

i) *Sexualität.* Übertriebene Beschäftigung mit sexuellen »Vorgängen«. (Adorno et al. 1949/50d, S. 45).

894 Vgl. Adorno et a. 1949/50, S. 291 ff. – Zur Weiterentwicklung der hier zugrundegelegten Analysetechniken vgl. auch Frenkel-Brunswik 1954, S. 227 ff.
895 Zu dieser von Betty Aron durchgeführten Untersuchung, bei der die

Probanden ›offene‹ Bildergeschichten interpretieren bzw. zu Ende führen mußten, vgl. Adorno et al. 1949/50, S. 489 ff.

896 Als Materialbasis benutzte Levinson hierbei einerseits Protokolle der JLC-Erhebung, andererseits Ergebnisse der klinischen Interviews (vgl. Adorno et al. 1949/50, S. 545 ff).

897 vgl. ebd., S. 603 ff. (= Adorno et al. 1949/50d, S. 105 ff.).

898 Memorandum Adorno (vgl. Fußnote 870), S. 268.

899 Stouffer 1950, vgl. hierzu auch Berger 1974, S. 150 ff.

900 So Hyman/Sheatsley 1954, aber auch Roghmann 1966.

901 Vgl. hierzu Jahoda/Christie 1954.

902 Brief von Horkheimer an Löwenthal vom 12. 4. 1947, zitiert nach Jay 1973, S. 327.

903 Vgl. z. B. Adorno 1952.

904 Als bekanntestes Beispiel vgl. die Untersuchungen zum »Gruppenexperiment« (Pollock 1955).

905 Zur Entstehung und Systematisierung dieser neuen Ansätze vgl. Fußnote 6.

906 Vgl. Habermas 1981/II, S. 554 ff. – Die empirische Praxis zu dieser Orientierung ist in den im Starnberger Max-Planck-Institut zwischen 1971 und 1981 entstandenen Arbeiten zu sehen.

907 Vgl. hierzu z. B. Wilson 1973, Arbeitsgruppe Bielefelder Soziologen 1975 sowie auch Oevermann et al. 1979.

908 Vgl. von Seiten der Aktionsforschung Moser 1977a, S. 15 ff; von Seiten der interaktionistisch-interpretativen Konzepte ferner Soeffner 1979, S. 328 ff.

909 Aufgrund der von der Kritischen Theorie meist abgehobenen Selbstthematisierung der neueren ›qualitativen‹ Ansätze ist diese Unterscheidung freilich insofern nicht trennscharf, als manche Autoren, wie z. B. der schon früher erwähnte Filstead (1970), beide Positionen nebeneinander vertreten – was freilich nicht unbedingt gegen die hier vorgetragene Unterscheidung spricht, sondern eher für ein mangelndes Differenzierungsniveau der betreffenden Theoretiker.

910 Vgl. exemplarisch hierfür: Filstead 1970 sowie auch Wilson 1973.

911 Vgl. hierzu auch die Argumentation gegen Habermas bei Bodemann, 1976, S. 138 f.

912 Vgl. Beck 1982, S. 11.

913 Böhme 1979.

914 Beck 1982, S. 6.

915 Vgl. z. B. Himmelstrand 1976, S. 56, Moser 1977a, S. 26 oder Wolff 1979; als Versuche zur theoretischen Erfassung der damit zusammenhängenden unterschiedlichen Dechiffrierungsstrategien vgl. neben Habermas 1967 auch Habermas 1981/I, S. 25 ff., S. 152 ff.

Literaturverzeichnis

Abrams, Philip, 1968, *The Origins of British Sociology: 1934-1914: An Essay with Selected Papers.* Chicago, London 1968.

Achenwall, Gottfried, 1767, *Staatsverfassung der heutigen vornehmsten Europäischen Reiche und Völker im Grundriß.* 6. Aufl., Göttingen 1781.

Ackermann, Nathan W., Jahoda, Marie, 1950, *Antisemitism and Emotional Disorder: A Psychoanalytic Interpretation.* (= Studies in Prejudice Bd. 4). New York, 1950.

Adorno, Theodor W., 1931, Die Aktualität der Philosophie. In: ders., *Gesammelte Schriften, Bd. I, Philosophische Frühschriften.* Frankfurt, 1973, S. 325 ff.

– 1932, Zur gesellschaftlichen Lage der Musik, In: *ZfS* 1932, S. 103 ff., S. 356 ff.

– 1936, Über Jazz. (veröffentlicht unter dem Pseudonym Hektor Rottweiler). In: *ZfS* 1936, S. 235 ff.

– 1938, Über den Fetischcharakter in der Musik und die Regression des Hörens. In: *ZfS* 1938, S. 321 ff.

– 1939, Fragmente über Wagner. In: *ZfS* 1939/40, S. 1 ff.

– (with assistence of George Simpson) 1941a, On Popular Music. In: *ZfS* 1941, S. 17 ff.

– 1941b, The Radio Symphony. In: Lazarsfeld, Paul/Stanton, Frank (Hrsg.), *Radio Research*, 1941.

– 1944, *Minima Moralia: Reflexionen aus einem beschädigten Leben.* Frankfurt, 1969.

– 1946, Die Revidierte Psychoanalyse. In: Horkheimer, Max/Adorno, Theodor W., *Sociologica II. Reden und Vorträge* (= Frankfurter Beiträge zur Soziologie Bd. 10), Frankfurt 1962, S. 94 ff.

– 1952, Zur gegenwärtigen Stellung der empirischen Sozialforschung in Deutschland. In: ders., *Gesammelte Schriften, Bd. 8, Soziologische Schriften I.* Frankurt 1972, S. 478 ff.

– 1957, Soziologie und empirische Forschung. In: Adorno et al., 1969, S. 81 ff.

– 1968, Wissenschaftliche Erfahrungen in Amerika. In: ders., *Stichworte: Kritische Modelle 2.* Frankfurt 1969, S. 113 ff.

– 1969, Einleitung. In: Adorno et al., 1969, S. 7 ff.

– Horkheimer, Max, 1947, *Dialektik der Aufklärung.* Amsterdam 1947. (2. Aufl., Frankfurt 1973).

– et al., 1949/50, The Authoritarian Personality. Von: Theodor W. Adorno, Else Frenkel-Brunswick, Daniel Levinson, R. Newitt Sanford unter Mitarbeit von Betty Aron, Maria Hertz-Levinson und William

Morrow (= Studies in Prejudice, Bd. 3) New York 1950. Dt.: Studien zum autoritären Charakter. Frankfurt 1973. (= Adorno et al. 1949/50d).
– u. a., 1954, Empirische Sozialforschung. In: *Handwörterbuch der Sozialwissenschaften*. 6. Lieferung, Stuttgart 1954, S. 419 ff.
– et al., 1969, *Der Positivismusstreit in der deutschen Soziologie*. Neuwied 1969.
Agassi, Joseph, 1963, *Towards an Historiography of Science*. S'Gravenhaage 1963.
Albert, Hans, 1957, Theorie und Prognose in den Sozialwissenschaften. In: Topitsch 1971, S. 126 ff.
– 1964, Der Mythos der totalen Vernunft. In: Adorno et al., 1969, S. 193 ff.
– 1965, Im Rücken des Positivismus? In: Adorno et al., 1969, S. 267 ff.
Alemann, Heine v., 1978, Leopold von Wiese und das Forschungsinstitut für Sozialwissenschaften in Köln 1919-1934. In: *Kölner Zeitschrift für Soziologie und Sozialpsychologie*, 28, 1978, S. 649 ff.
Allan, D.J., 1955, *Die Philosophie des Aristoteles*. Übersetzt und hersg. von Paul Wilpert. Hamburg 1955.
Allgemeiner Freier Angestelltenverband (AFA), 1928, *Eine Auswertung der amtlichen Berufszählung von 1925*: Bearbeitet von Otto Suhr. Berlin 1928.
Anderson, Gunnar, 1978, Praxisbezug und Erkenntnisfortschritt. In: Hubig/v. Raden 1978, S. 58 ff.
Arbeitsgruppe Bielefelder Soziologen (Hrsg.), 1973, *Alltagswissen, Interaktion und gesellschaftliche Wirklichkeit*. 2 Bde., Reinbek 1973.
– 1976, *Kommunikative Sozialforschung*. München 1976.
Aristoteles, *Metaphysik – Schriften zur ersten Philosophie*. Übersetzt und hersg. von Franz F. Schwarz. Stuttgart 1970.
Atteslander, Peter, 1969, *Methoden der empirischen Sozialforschung*. (= Sammlung Göschen, Bd. 1229/1229a), Berlin 1969.
Bachelard, Gaston, 1971, *Epistemologie: Ausgewählte Texte*. Frankfurt, Berlin, Wien 1971.
Badura, Bernhard, 1976, *Seminar: Angewandte Sozialforschung*. Frankfurt 1976.
Bahr, Hans-Dieter, 1973, Die Klassenstruktur der Maschinerie: Anmerkungen zur Wertform. In: Fahrenkamp, Rolf (Hrsg.), *Technologie und Kapital*. Frankfurt 1973.
– 1979, Autofargo: Die Maschinerie und der soziale Körper. MS, Bremen 1979.
Baumgart-Thomé, Yvonne, 1978, *Das Problem der Geisteswissenschaften in der analytischen Philosophie*. Meisenheim/Glan 1978.
Beard, Charles, A., 1935, The Social Sciences in the United States. In: *ZfS* 1935, S. 61 ff.

Beck, Ulrich (Hrsg.), 1982, Soziologie und Praxis. Erfahrungen, Konflikte, Perspektiven. Göttingen, (= Soziale Welt, Sonderband 1).
Behringer, F., 1928, *Herkunft, Vorbildung und Berufsausbildung der Kaufmannlehrlinge.* Hamburg, Berlin, Leipzig 1928.
Beier, Christel, 1976, Zur Struktur des Totalitätsbegriffs in der Kritischen Theorie Adornos: Perspektiven einer sozialwissenschaftlichen Rekonstruktion. In: Ritsert, Jürgen (Hrsg.), *Zur Wissenschaftslogik einer kritischen Soziologie.* Frankfurt 1976, S. 113 ff.
Bellebaum, Alfred, 1966, *Das soziologische System von Ferdinand Tönnies: Unter besonderer Berücksichtigung seiner soziographischen Untersuchungen.* Meisenheim/Glan 1966.
Below, Georg von, 1926, *Die Entstehung der Soziologie*: Aus dem Nachlaß herausgegeben von Otmar Spann. Jena 1926.
Ben-David, Joseph, 1971, *The Scientists Role in Society: A Comparative Study.* Englewood Cliffs 1971.
Benjamin, Walter, 1955, Der Begriff der Kunstkritik in der deutschen Romantik. In: Ders., *Schriften Bd. II.* Frankfurt 1955, S. 420 ff.
Berger, Hartwig, 1972, *Erfahrung und Gesellschaft: Methodologische Probleme wissenschaftlicher Beobachtung.* Freiburg 1972.
– 1974, *Untersuchungsmethode und soziale Wirklichkeit.* Frankfurt 1974.
Berger, Peter/Luckmann, Thomas, 1966, *Die gesellschaftliche Konstruktion der Wirklichkeit: Eine Theorie der Wissenssoziologie.* 4. Aufl., Frankfurt 1970.
Bergmann, Gustav, 1954, Sinn und Unsinn des methodologischen Operationalismus. In: Topitsch 1971, S. 104 ff.
Bernal, John Desmond, 1970, *Wissenschaft – Science in History. Bd. 4: Die Gesellschaftswissenschaft.* Reinbeck 1970.
Bernbach, Udo (Hrsg.), 1978, Politische Wissenschaft und politische Praxis: Tagung der Deutschen Vereinigung für politische Wissenschaft in Bonn 1977 (= *PVS,* Sonderheft 9). Köln, Opladen 1978.
Bettelheim, Bruno/Janowitz, Morris, 1950, *Dynamics of Prejudice: A Psychological and Sociological Study of Veterans.* (= Studies in Prejudice Bd. 5). New York 1950.
Blalock, Hubert M./ Blalock, Anthony B., 1968, *Methodology and Social Research.* New York 1968.
Blanke, Bernhard/ Jürgens, Ulrich/ Kastendiek, Hans, 1975, *Kritik der politischen Wissenschaft: Analysen von Politik und Ökonomie in der bürgerlichen Gesellschaft* 2 Bde., Frankfurt 1975.
Blume, Stuart S., 1977, *Perspectives in the Sociology of Science.* London 1977.
Blumenberg, Hans, 1966, *Die Legitimität der Neuzeit.* Frankfurt 1966.
– 1975, *Die Genesis der kopernikanischen Welt* Frankfurt 1975.
Blumer, Herbert, 1973, Der methodologische Standard des symbolischen

Interaktionismus. In: Arbeitsgruppe Bielefelder Soziologen 1973, Bd. 1, S. 80 ff.
Bock, Michael, 1980, *Soziologie als Grundlage des Wirklichkeitsverständnisses: Zur Entstehung des modernen Weltbildes*. Stuttgart 1980.
Bodemann, Michael Y., 1976, Überlegungen zu praxisbezogener Soziologie am Beispiel der teilnehmenden Beobachtung, in: *Badura* 1976, S. 135 ff.
Boeckh, Richard, 1863, *Geschichtliche Entwicklung der amtlichen Statistik des Preussischen Staates*. Berlin 1863.
Boehm, Laetitia, 1966, Libertas Scholastica und Negotium Scholare – Entstehung und Sozialprestige des Akademischen Standes im Mittelalter. In: Rössler/Franz 1970, S. 15 ff.
Böhme, Gernot, 1974, *Zahl und Zeit: Studien zur Zeittheorie bei Platon, Aristoteles, Leibnitz und Kant*. Frankfurt 1974.
– 1975, Modelle der Wissenschaftsentwicklung. MS, Starnberg 1975 (in englischer Übersetzung erschienen, als Kapitel IIa in: de Sola-Price, Derek/ Spiegel-Rösing, Inge (Hrsg.), *Science Policy Studies in Perspective*. London 1976.).
– 1976, Platons Theorie der exakten Wissenschaften. In: *Antike und Abendland 12* (1976), S. 40 ff.
– 1977, Die Konstitution des wissenschaftlichen Gegenstandes. In: Patzig, G. /Scheibe, E. / Wieland, W. (Hrsg.), *Logik, Ethik, Theorie der Geisteswissenschaften*. Hamburg 1977, S. 318 ff.
– 1978, Alternativen in der Wissenschaft – Alternativen zur Wissenschaft. In: Hubig/ v. Rahden 1978, S. 40 ff.
Böhme, Gernot, 1979, Die Verwissenschaftlichung der Erfahrung. Wissenschaftsdidaktische Konsequenzen, in: Böhme / Engelhardt 1979, S. 115 ff.
– / van den Daele, Wolfgang, / Krohn, Wolfgang, 1972, Alternativen in der Wissenschaft. In: *Zeitschrift für Soziologie 1* (1972), S. 302 ff.
– 1973, Die Finalisierung der Wissenschaft. In: *Zeitschrift für Soziologie 2* (1973), S. 128 ff.
– 1977, *Experimentelle Philosophie: Ursprünge autonomer Wissenschaftsentwicklung*. Frankfurt 1977.
– Hohlfeld, Rainer/ Schäfer, Wolf/ Spengler, Tilman, 1978, *Die gesellschaftliche Orientierung des wissenschaftlichen Fortschritts*. (= Starnberger Studien 1) Frankfurt 1978.
– Engelhardt, Michael v. (Hrsg.), 1979, *Entfremdete Wissenschaft*, Frankfurt 1979.
Böhme, Monika, 1969, *Die Moralstatistik: Quetelet und von Oettingen*. Köln, Wien 1972.
Bohling, Horst, 1979, *Sozialforschung und administrative Vergesellschaftung*. Frankfurt 1979.
Bonß, Wolfgang, 1980, Kritische Theorie und empirische Sozialforschung:

Anmerkungen zu einem Fallbeispiel. In: Fromm, 1937/38, S. 7 ff., S. 305 ff.

–, 1982, Psychoanalyse als Wissenschaft und Kritik. Zur Freud-Rezeption der Frankfurter Schule, in: Bonß/Honneth 1982.

– /Honneth, Axel (Hrsg.), 1982, *Sozialforschung als Kritik. Zum sozialwissenschaftlichen Potential der Kritischen Theorie*. Frankfurt. 1982.

– /Schindler, Norbert, 1982, Kritische Theorie als interdisziplinärer Materialismus, in: Bonß/Honneth, 1982.

Borchard, Knut, 1972, *Die industrielle Revolution in Deutschland*. München 1972.

Borkenau, Franz, 1934, *Der Übergang vom feudalen zum bürgerlichen Weltbild: Studien zur Geschichte der Philosophie der Manufakturperiode*. Paris 1934. Reprint Darmstadt 1971.

Brandes, Volkart, u. a. (Hrsg.), 1977, *Handbuch 5. Staat*. Frankfurt, Köln 1977.

Braun, Rudolf/ Fischer, Wolfram/ Großkreuz, Helmut/ Volkmann, Heinrich (Hrsg), 1973, *Gesellschaft in der industriellen Revolution*. Köln 1973.

Brenning, Joachim/ Gremmels, Christian, 1978, Kommentar. In: Göhre 1981, S. 117 ff.

Bromme, Moritz, 1905, *Lebensgeschichte eines modernen Fabrikarbeiters*. Jena 1905.

Brooke, Michael Z., 1970, *Le Play – Engineer and Social Scientist: The Life and Work of Frédéric LePlay*. London 1970.

Brunner, Otto, 1973, *Land und Herrschaft: Grundfragen der territorialen Verfassungsgeschichte Österreichs im Mittelalter*. Nachdruck Darmstadt 1973.

Bubner, Rüdiger, 1969, Was ist Kritische Theorie? In: *Philosophische Rundschau* 16. Jg., S. 213 ff. (Wiederabdruck in: Kritik und Interpretation der Kritischen Theorie: Über Adorno, Horkheimer, Marcuse, Benjamin, Habermas. T.W.A. Reprint Edition. Cuba, Lichtenstein 1970, S. 117 ff.)

Buck-Morss, Susan, 1977, *The Origin of Negative Dialectics: Theodor W. Adorno, Walter Benjamin and the Frankfurter Institute*. New York, London 1977.

Bühl, Walter L., 1974, *Einführung in die Wissenschaftssoziologie*. München 1974.

Bürger, Gottfried, 1929, *Adolph Wagner als Statistiker*. Leipzig, Berlin 1929.

Bulthaup, Peter, 1973, *Zur gesellschaftlichen Funktion der Naturwissenschaften*. Frankfurt 1973.

Butterfield, Herbert, 1958, *The Origins of Modern Science*. New York 1958.

Butts, Robert/Hintikka, Jaakko, 1975, Historical and Philosophical Di-

mensions of Logic, Methodology, and Philosophy of Science. Part Four of the Proceedings of the Fifth International Congress of Logic, Methodology and Philosophy of Science 1975. Dordrecht, Boston 1977.
Canguilhem, Georges, 1974, *Das Normale und das Pathologische.* München 1974. Frankfurt 1978.
– 1979, *Wissenschaftsgeschichte und Epistemologie.* Frankfurt 1979.
Cassirer, Ernst, 1927, *Individuum und Kosmos in der Philosophie der Renaissance.* Leipzig, Berlin 1927 (Neudruck Darmstadt 1979).
– 1942, *Zur Logik der Kulturwissenschaften: Fünf Studien.* Darmstadt 1961.
Cherniss, Harold, 1966, *Die ältere Akademie: Ein historisches Rätsel und seine Lösung.* (Übersetzt von J. Derisolav). Heidelberg 1966.
Christie, Richard/ Jahoda, Marie, (Hrsg.), 1954, *The Authoritarian Personality: Continuities in Social Research.* Glencoe 1954.
Cicourel, Aaron V., 1969, *Methode und Messung in der Soziologie.* Frankfurt 1969.
– 1972, *Sprache in der sozialen Interaktion.* München 1975.
Claessens, Dieter, 1970, Vorwort, in: Hartmann 1970, S. 1 ff.
Clark, G.N., 1948, Social science in the Age of Newton. In: Obershall 1972, S. 15 ff.
Clark, Terry, N., 1972, Die Stadien wissenschaftlicher Institutionalisierung. In: Weingart 1974, S. 105 ff.
– 1973, *Phrophets and Patrons: The French University and the Emergence of Social Science.* Cambridge, Mass. 1973.
Classen, Peter, 1964, Die Hohen Schulen und die Gesellschaft im 12. Jahrhundert. In: *Archiv für Kulturgeschichte Bd. 48,* (1966).
Cochran, Thomas C., 1964, *The Inner Revolution: Essays on the Social Sciences in History.* New York, London 1964.
Cohn, Gustav, 1877, Ueber Untersuchung von Thatsachen auf sozialem Gebiete. In: *VfS* 1877, S. 17 ff.
Crane, Diana, 1972, *Invisible Colleges.* Chicago, London 1972.
Cromie, Alastair Cameron, 1953, *Robert Grosseteste and the Origins of Experimental Science.* London, New York 1971.
Curtis, James E./ Petras, John W. (Hrgs.), 1970, *The Sociology of Knowledge: A Reader.* London 1970.
van den Daele, Wolfgang, 1975, Resistenz und Rezeptivität in der Wissenschaft. In: *Zeitschrift für Soziologie 4* (1975), S. 146 ff.
– 1977, Die soziale Konstruktion der Wissenschaft – Institutionalisierung und Definition der positiven Wissenschaft in der zweiten Hälfte des 17. Jahrhunderts. In: Böhme et al., 1977, S. 129 ff.
Dahmer, Helmut, 1973, *Libido und Gesellschaft: Studien über Freud und die Freudsche Linke.* Frankfurt 1973.
Davis, Robert C., 1972, Social Research in America before the Civil War. In: *Journal of the Behavioral Sciences VII* (1972), S. 69 ff.

Davis, Natalie Zemon, 1975, *Society and Culture in Early Modern France.* Stanford 1975.

Denifle, Heinrich, 1885, *Die Entstehung der Universitäten des Mittelalters bis 1400.* Berlin 1885 (Neudruck Graz 1965).

Denzin, Norman K., 1970, *The Research Act: A Theoretical Introduction to Sociological Methods.* Chicago 1970.

Deutsche Gesellschaft für Soziologie (DGS), 1910, Verhandlungen des Ersten Deutschen Soziologentages vom 19. -22. 10. 1910 in Frankfurt, *Schriften der DGS*, 1. Serie, Bd., Tübingen 1911.

– 1912, Verhandlungen des Zweiten Deutschen Soziologentages vom 20.-22. 10. 1912 in Berlin. *Schriften der DGS,* 1. Serie, 2. Bd., Tübingen 1913.

– 1926, Verhandlungen des Fünften Deutschen Soziologentages vom 26.-29.9. 1926 in Wien. *Schriften der DGS,* 1. Serie, 5. Bd., Tübingen 1927.

– 1928, Verhandlungen des Sechsten Deutschen Soziologentages vom 17.-19. 9. 1928 in Zürich. *Schriften der DGS,* 1. Serie, 6. Bd., Tübingen 1929.

– 1930, Verhandlungen des Siebten Deutschen Soziologentages vom 28.9.-1. 10. 1930 in Berlin. *Schriften der DGS,* 1. Serie, 7. Bd., Tüb. 1931.

Dick, Franz, 1974, *Kritik der bürgerlichen Sozialwissenschaften: Theorie und Empirie, Theorie und Praxis, Forschungsprozeß und Wissenschaftstheorie.* Heidelberg 1974.

Diederich, Werner (Hrsg.), 1974, *Theorien der Wissenschaftskritik: Beiträge zur diachronischen Wissenschaftstheorie.* Frankfurt 1974.

Diemer, Alwin, 1977, *Die Struktur wissenschaftlicher Revolutionen und die Geschichte der Wissenschaften.* Meisenheim, Glan 1977.

Dieterle, William, 1941, Hollywood and the European Crisis. In: *ZfS* 1941, S. 96 ff.

Dijksterhuis, Eduard Jan, 1956, *Die Mechanisierung des Weltbildes.* Berlin, Göttingen, Heidelberg 1956.

Dilthey, Wilhelm, 1894, Ideen über eine beschreibende und zergliedernde Psychologie. In: ders., *Gesammelte Schriften* Bd. 5. Stuttgart 1957, S. 139 ff.

– 1895/96, Beiträge zum Studium der Individualität. In: ders., *Gesammelte Schriften* Bd. 5. Stuttgart 1957, S. 241 ff.

– 1900, Die Entstehung der Hermeneutik. In: ders., *Gesammelte Schriften,* Bd. 5, Stuttgart 1957, S. 317 ff.

– 1910, *Der Aufbau der geschichtlichen Welt in den Geisteswissenschaften.* (= ders., Gesammelte Schriften Bd. 7), Stuttgart 1961.

Dubiel, Helmut, 1974, Dialektische Wissenschaftskritik und interdisziplinäre Sozialforschung: Theorie und Organisationsstruktur des Frankfurter Instituts für Sozialforschung. In: *Kölner Zeitschrift für Soziologie und Sozialforschung* 26. Jg. (1974), Heft 2, S. 237 ff.

– 1978, *Wissenschaftsorganisation und politische Erfahrung: Studien zur frühen Kritischen Theorie.* Frankfurt 1978.
– / Söllner, Alfons, (Hrsg.), 1981, *Wirtschaft und Staat im Nationalsozialismus: Analysen des Instituts für Sozialforschung 1939-1942.* Frankfurt 1981.
– 1982, Die Aufhebung des Überbaus, in: Bonß/Honneth 1982.
van Dülmen, Richard, 1979, Formierung der europäischen Gesellschaft: Ein Versuch. MS München 1979 (abgedruckt in: *Geschichte und Gesellschaft 1* (1981); S. 5 ff..
– 1980, Entstehung des frühneuzeitlichen Europa 1550-1648. MS München 1980 (Fischer Weltgeschichte Bd. 24, Frankfurt 1982).
Duhem, Pierre, 1912, *Die Wandlungen der Mechanik und der mechanischen Naturwissenschaft.* Leipzig 1912.
Easthope, Gary, 1974, *A History of Social Research Methods.* London 1974.
Eberle, Friedrich/Henning, Eike, 1974, Anmerkungen zum Verhältnis von Theorie und Empirie. In: *Gesellschaft – Beiträge zur Marxschen Theorie 2*, hrsg. von H. G. Backhaus u. a. Frankfurt 1974, S. 7 ff.
Eichner, Klaus/ Schmidt, Peter, 1974, Aktionsforschung – Eine neue Methode? In: Soziale Welt, 25. Jg. (1974), S. 145 ff.
Einstein, Albert/ Infeld, Leopold, 1956, *Die Evolution der Physik.* Hamburg 1956.
Elesh, David, 1972, The Manchester Statistical Society: A Case Study of Discontinuity and the History of Empirical Social Research. In: Obershall 1972, S. 31 ff.
Embden, G., 1877, Wie sind Enquêten zu organisieren. In: *VfS* 1877.
Emmerich, Wolfgang, (Hrsg.), 1974, *Proletarische Lebensläufe: Autobiographische Dokumente zur Entstehung der zweiten Kultur in Deutschland.* Bd. 1 (I) Anfänge bis 1914. Reinbeck 1974.
Euchner, Walter, 1969, *Naturrecht und Politik bei John Locke.* Frankfurt 1969.
Evans-Pritchard, E.E., 1937, *Hexerei, Orakel und Magie bei den Zande.* Von Eva Gillies gekürzte und eingeleitete Ausgabe. Frankfurt 1978.
Ferber, Christian von, 1959, Der Werturteilsstreit 1909/1959: Versuch einer wissenschaftsgeschichtlichen Interpretation. In: Topitsch 1971, S. 165 ff.
Fetscher, Iring, 1968, *Rousseaus politische Philosophie: Zur Geschichte des demokratischen Freiheitsbegriffs.* Neuwied 1968.
Fichant, Michel/ Pêcheux, Michel, 1977, *Überlegungen zur Wissenschaftsgeschichte.* Frankfurt 1977.
Filstead, William J. (Hrsg.), 1970, *Qualitative Methodology: Firsthand Involvement with the Social World.* Chicago 1970.
– 1979, Soziale Welten aus erster Hand. In: Gerdes 1979, S. 29 ff. (= Übersetzung von Filstead 1970 S. 1-11).

Fischer, Karl, 1903, *Denkwürdigkeiten und Erinnerungen eines Arbeiters.* (hrsg. von Paul Göhre). Leipzig 1903.

Flatow, Sybille von/ Huisken, Freerk, 1973, Zum Problem der Ableitung des bürgerlichen Staates. In: *Probleme des Klassenkampfes* 7 (1973), S. 83 ff.

Forrington, Benjamin, 1966, *Science and Politics in the Ancient World.* New York 1966.

Foucault, Michel, 1969, Wahnsinn und Gesellschaft. Frankfurt 1969.

– 1971, *Die Ordnung der Dinge: Eine Archäologie der Humanwissenschaften.* Frankfurt 1971/1974.

– 1973a, *Archäologie des Wissens.* Frankfurt 1973.

– 1973b, *Die Geburt der Klinik: Eine Archäologie des ärztlichen Blicks.* München 1973, Frankfurt, Berlin, Wien 1976.

– 1976, *Überwachen und Strafen: Die Geburt des Gefängnisses.* Frankfurt 1976.

Frenkel-Brunswik, Else, 1954, Further Explorations by a Contributor to »The Authoritarian Personality«. In: Christie/Jahoda, 1954, S. 226 ff.

Friedrichs, Jürgen, 1973, *Methoden empirischer Sozialforschung.* Reinbeck 1973.

Fromm, Erich, 1921, *Die Soziologie des jüdischen Gesetzes.* Diss. Heidelberg 1921.

– 1927, Der Sabbath. In: *Imago.* Zeitschrift für psychoanalytische Psychologie, ihre Grenzgebiete und Anwendungen. XIII. Jg., Wien 1927, S. 223 ff.

– 1929, Die Anwendung der Psychoanalyse auf Soziologie und Religionswissenschaften. In: *Zeitschrift für psychoanalytische Pädagogik*, Jg. III, Wien 1929, S. 268 ff.

– 1930, *Die Entwicklung des Christusdogmas: Eine psychoanalytische Studie zur sozialpsychologischen Funktion der Religion.* Wien 1931.

– 1932a, Über Methode und Aufgabe einer analytischen Sozialpsychologie. In: *ZfS* 1932, S. 28 ff.

– 1932b, Die psychoanalytische Charakterologie und ihre Bedeutung für die Sozialpsychologie. In: *ZfS* 1932, S. 253 ff.

– 1936a, Sozialpsychologischer Teil. In: IfS 1936, S. 231 ff.

– 1936b, Geschichte und Methode der Erhebungen. In: *IfS* 1936, S. 231 ff.

– 1937/38, *Arbeiter und Angestellte am Vorabend des Dritten Reiches: Eine sozialpsychologische Untersuchung.* Bearbeitet und hrsg. von Wolfgang Bonß. Stuttgart 1980.

– 1941, *Die Furcht vor der Freiheit.* Zürich 1945.

Fuchs, Werner, 1970, Empirische Sozialforschung als politische Aktion. In: Ritsert, Jürgen (Hrsg.), *Zur Wissenschaftslogik einer kritischen Soziologie.* Frankfurt 1976, S. 147 ff.

– 1980, Möglichkeiten der biographischen Methode. In: *Lebenserfahrung und kollektives Gedächtnis*. Hrsg. von Lutz Niethammer unter Mitarbeit von Werner Trapp. Frankfurt 1980, S. 323 ff.

Funk, Rainer, 1980, Zu Leben und Werk Erich Fromms. In: Erich Fromm, Gesamtausgabe, Bd. 1. *Analytische Sozialpsychologie*. Stuttgart 1980, S. IX ff.

Garfinkel, Harold, 1967, *Studies in Ethnomethodology*. Englewood Cliffs 1967.

Garvin, Harry R./ Kirkland, John D. (Hrsg.), 1977, *New Dimensions in the Humanities and Social Sciences*. (= Buchnell Review, Spring 1977, Vol. XII, Nr. 1). Lewisburg, London 1977.

Geiger, Theodor, 1931, Soziologie. In: *Handwörterbuch der Soziologie*. Hrsg. von Alfred Vierkandt. Unveränderter Neudruck mit einem Vorwort von Helmut Schelsky. Stuttgart 1959, S. 568 ff.

Gente, Hans Peter (Hrsg.), 1970/72, *Marxismus, Psychoanalyse, Sexpol*. 2 Bd., Frankfurt 1970/72.

Gerdes, Klaus (Hrsg.), 1979, *Explorative Sozialforschung: Einführende Beiträge aus »Natural Sociology« und Feldforschung in den USA*. Stuttgart 1979.

Gewerkschaftsbund der Angestellten (GDA), 1931, *Die wirtschaftliche und soziale Lage der Angestellten: Ergebnisse aus der großen sozialen Erhebung des Gewerkschaftsbundes der Angestellten*. Berlin 1931.

Gillispie, Charles Coulston, 1968, Science in the French Revolution. In: Barber, Bernhard/ Hirsch, Walter (Hrsg.), *The Sociology of Science*. New York, London 1968, S. 89 ff.

Ginzburg, Carlo, 1980, Spurensicherung: Der Jäger entziffert die Fährte, Sherlock Holmes nimmt die Lupe, Freud liest Morelli. – Die Wissenschaft auf der Suche nach sich selbst. In: *Freibeuter. Vierteljahresschrift für Kultur und Politik*, Heft 3, S. 5 ff. (= 1980/I), Heft 4, S. 11 ff. (= 1980/II).

Giszicki, Rainald von, 1979, The Associations for the Advancement of Science: An International Comparative Study. In: *Zeitschrift für Soziologie*, Jg. 8, Heft 1, (1979), S. 28 ff.

Glazer, Nathan, 1959, The Rise of the Social Research in Europe. In: Lerner, Daniel (Hrsg.), *The Human Meaning of the Social Sciences*. New York 1950, S. 43 ff.

Göhre, Paul, 1891, *Drei Monate Fabrikarbeiter und Handwerksbursche*. Mit einem Vorwort und einem Kommentar neu hrsg. von Joachim Brenning und Christian Gremmels. Gütersloh 1978.

Goldfrank, Walter L., 1972, The Reappraising LePlay. In: Obershall 1972, S. 130 ff.

Gorges, Irmela, 1980, *Sozialforschung in Deutschland 1872-1914: Gesellschaftliche Einflüsse auf Themen- und Methodenwahl des Vereins für Socialpolitik*. Königstein, Taunus, 1980.

Grab, Walter (Hrsg.), 1975, *Die Debatte über die Französische Revolution.* München 1975.
Gramer, Wolfgang, 1976, *Musik und Verstehen: Eine Studie zur Musikästhetik Adornos.* Tübingen 1976.
Graunt, John, 1662, *Natural and Political Observations uopn the Bills of Mortality, Chiefly with Reference to the Government, Religion, Trade, Growth, Air, Diseases etc. of the City of London.* London 1662.
Gravenhorst, Lerke/ Honig, Michael/Wahl, Klaus, 1982, *Wissenschaftlichkeit und Interessen. Aus der Praxis subjektorientierter Sozialforschung.* Frankfurt 1982.
Greiff, Bodo von, 1976, *Gesellschaftsform und Erkenntnisform: Zum Zusammenhang von wissenschaftlicher Erfahrung und gesellschaftlicher Entwicklung.* Frankfurt, New York 1976.
Grossmann, Henryk, 1935, Die gesellschaftlichen Grundlagen der mechanistischen Philosophie und die Manufaktur. In: *ZfS* 1935, S. 161 ff.
Grünberg, Carl, 1924, Festrede, gehalten zur Einweihung des Instituts für Socialforschung an der Universität Frankfurt am Main vom 22. Juni 1924. *Frankfurter Universitätsreden* Bd. 20. Frankfurt 1924.
Grünberg, Emil, 1932, *Der neue Mittelstand.* Leipzig 1932.
Gruhle, Hans W., 1923, Die Selbstbiographie als Quelle historischer Erkenntnis. In: Palyi 1923/I, S. 155 ff.
Grundmann, Herbert, 1952, Sacerdotium – Legem – Studium: Zur Wertung der Wissenschaft im 13. Jahrhundert. In: *Archiv für Kulturgeschichte, 34* (1952), S. 5 ff.
Grupp, Michael (Hrsg.), 1980, *Wissenschaft auf Abwegen?* Die Zukunft der wissenschaftlichen Vernunft. Fellbach.
Gumnior, Helmut, 1973, *Max Horkheimer.* Reinbeck 1973.
Guttman, Louis, 1950, The Problem of Attitude and Opinion Measurement: The Basis for Scalogramm Analysis. In: Stauffer et al. 1950, Bd. 4 (*Measurement and Prediction*).
Haag, Fritz/ Krüger, Helga/ Schwärzel, Wiltrud/ Wildt, Johannes (Hrsg.), 1972, *Aktionsforschung: Forschungsstrategien, Forschungsfelder, Forschungspläne.* München 1972.
Habermas, Jürgen, 1962, *Strukturwandel der Öffentlichkeit: Untersuchungen zu einer Kategorie der bürgerlichen Gesellschaft.* 7. Aufl. Neuwied, Berlin 1975.
– 1963, Analytische Wissenschaftstheorie und Dialektik. In: Adorno et al. 1969, S. 155 ff.
– 1964, Gegen einen positivistisch halbierten Rationalismus. In: Adorno et al. 1969, S. 235 ff.
– 1967, *Zur Logik der Sozialwissenschaften.* Frankfurt 1970.
– 1968a, *Technik und Wissenschaft als Ideologie.* Frankfurt 1968.
– 1968b, *Erkenntnis und Interesse.* Mit einem neuen Vorwort Frankfurt 1973.

– 1971a, *Philosophisch-politische Profile.* Frankfurt 1971.
– 1971b, Vorbereitende Bemerkungen zu einer Theorie der kommunikativen Kompetenz. In: Habermas/Luhmann 1971, S. 101 ff.
– 1971c, *Theorie und Praxis: Sozialphilosophische Studien.* Vierte durchgesehene, erweiterte und neu eingeleitete Aufl. Frankfurt 1971.
– 1971d, Der Universalitätsanspruch der Hermeneutik. In: *Hermeneutik und Ideologiekritik.* Mit Beiträgen von H.O. Apel u. a. Frankfurt 1971, S. 120 ff.
– 1973, Wahrheitstheorien. In: Fahrenbach, Helmut (Hrsg.), *Wirklichkeit und Reflexion: Walter Schulz zum 60. Geburtstag.* Pfullingen 1973, S. 211 ff.
– 1980, Theorie des kommunikativen Handelns. 2 Bde., Frankfurt 1982.
–/ Luhmann, Niklas, 1971, *Theorie der Gesellschaft oder Sozialtechnologie: Was leistet die Systemforschung?* Frankfurt 1971.
Hall, Rupert A., 1965, *Die Geburt der naturwissenschaftlichen Methode 1630-1720: Von Galilei bis Newton.* Gütersloh 1965.
– 1966, *The Scientific Revolution. 1500-1800.* Boston 1966.
Halley, Edmond, 1693, An Estimate of the Degrees of the Mortality of Mankind, drawn from Various Tables of the Births and Funerals of the City of Breslaw; with an Attempt to ascertain the Price of Humanities uopn Lives. In: *Philosophical Transactions,* Vol, XVII. London 1693, S. 596 ff.
Hammermayer, Ludwig, 1969, Die Aufklärung in Wissenschaft und Gesellschaft. In: Spindler, Max (Hrsg.), *Handbuch der Bayerischen Geschichte,* Bd. 2. München 1969, S. 983 ff.
Hammerstein, Notker, 1970, Zur Geschichte der deutschen Universität im Zeitalter der Aufklärung. In: Rössler/ Franz 1970, S. 145 ff.
Hardin, Bert Lee, 1977, *The Professionalization of Sociology.* Frankfurt, New York 1977.
Hartig, Irmgard A. (Hrsg.), 1979, *Geburt der bürgerlichen Gesellschaft.* Beiträge Ernest Labrouse u. a. Frankfurt 1979.
Hartmann, Heinz, 1970 *Empirische Sozialforschung – Probleme und Entwicklungen.* München 1970.
Haselberg, Peter von, 1977, Wiesengrund Adorno. In: *Text und Kritik,* Sonderband Theodor W. Adorno. München 1977, S. 7 ff.
Heinze, Thomas/ Müller, Ernst/ Stickelmann, Bernd/ Zinnecker, Jürgen, 1975, *Handlungsforschung im pädagogischen Feld.* München 1975.
Hempel, Carl G., 1952, Fundamentals of Concept Formation in Empirical Science. In: *International Encyclopedia of Unified Science.* Bd. II, 7. Chicago 1952.
– 1974, *Grundzüge der Begriffsbildung in den empirischen Wissenschaften.* Düsseldorf 1974.
– Oppenheim, Paul, 1953, The Logic of Explanation. In: Feigel, H./ Brodback, M., *Readings in the Philosophy of Science.* New York 1953.

Herschel, John F.W., 1850, Über die Lehre von den Wahrscheinlichkeiten und ihre Anwendungen auf die physikalischen und socialen Wissenschaften. In: Quetelet 1869/I, S. 6 ff.

Herzog, Herta,1941, On Borrowed Experience: An Analysis of Listening to Daytime Sketches. In: *ZfS* 1941, S. 65. ff.

Hildebrand, Bruno, 1866, Die wissenschaftliche Aufgabe der Statistik. In: *Jahrbücher für Nationalökonomie und Statistik*, Bd. 6. 1864, S. 1 ff.

Himmelstrand, Ulf, 1978, Aktionsforschung und angewandte Sozialwissenschaft: Wissenschaftlicher Wert, praktische Anwendungsmöglichkeiten und Mißbräuche, in: Moser/Ornauer 1978, S. 51 ff.

Hinkle, Roscoe jr./ Hinkle Gisela J., 1954, *Die Entwicklung der amerikanischen Soziologie: Eine Geschichte ihrer Motive und Theorien.* Wien 1960.

Hobsbawn, Eric, J., 1964, *Labouring Men: Studies in the History of Labour.* London 1964.

Holborn, Louise W., 1964, Deutsche Wissenschaftler in den Vereinigten Staaten in den Jahren nach 1933. In: *Jahrbuch für Amerika-Studien*, Bd. 10, Heidelberg 1965, S. 15 ff.

Holek, Wenzel, 1907, *Lebensgang eines deutsch-tschechischen Handarbeiters.* Hrsg. von Paul Göhre. Jena 1909.

Holzkamp, Klaus, 1973, *Sinnliche Erkenntnis – Historischer Ursprung und gesellschaftliche Funktion der Wahrnehmung.* Frankfurt 1973.

Holzner, Burkardt, 1968, *Reality Constructions and Society.* Cambridge, Mass., 1968.

Honigsheim, Paul, 1959, Die Gründung der Deutschen Gesellschaft für Soziologie in ihrem geistesgeschichtlichen Zusammenhang. In: *Kölner Zeitschrift für Soziologie und Sozialpsychologie*, Jg. 11 (1959), S. 11. ff.

Honneth, Axel, 1980, Horkheimers ursprüngliche Idee: Das soziologische Defizit der Kritischen Theorie. MS Berlin 1980.

– /Joas, Hans, 1980, *Soziales Handeln und menschliche Natur: Anthropologische Grundlagen der Sozialwissenschaften.* Frankfurt, 1980.

Hopf, Christel/ Weingarten,Elmar, (Hrsg.), 1979, *Qualitative Sozialforschung*. Stuttgart 1979.

Horkheimer, Max, 1926 ff., *Dämmerung: Notizen in Deutschland.* Zürich 1934 (unter dem Pseudonym Heinrich Regius; fotomechanischer Nachdruck o. O. 1972).

– 1930a, Ein neuer Ideologiebegriff. In: *Grünbergs Archiv* XV (1930). Neuabdruck in: Ders., Sozialwissenschaftliche Studien. Frankfurt 1972, S. 13 ff.

– 1930b, *Anfänge der bürgerlichen Geschichtsphilosophie.* Stuttgart 1930.

– 1931, Die gegenwärtige Lage der Sozialphilosophie und die Aufgaben eines Instituts für Sozialforschung. In: *Frankfurter Universitätsreden*, Bd XXVII, Frankfurt 1931. (Hier zitiert nach Neuabdruck in: Ders., Sozialphilosophische Studien. Frankfurt 1972, S. 33 ff.).

– 1932a, Bemerkungen über Wissenschaft und Krise. In: *ZfS* 1932, S. 1 ff.
– 1932b, Geschichte und Psychologie. In: *ZfS* 1932, S. 125 ff.
– 1932c, Vorwort. In: *ZfS* 1932, S. I ff.
– 1932d, Zum Problem der Voraussage in den Sozialwissenschaften. In: *ZfS* 1933, S. 407 ff.
– 1933a, Materialismus und Metaphysik. In: *ZfS* 1933, S. 1 ff.
– 1933b, Materialismus und Moral. In: *ZfS* 1933, S. 161 ff.
– 1934, Zum Rationalismusstreit in der gegenwärtigen Philosophie. In: *ZfS* 1934, S. 1 ff.
– 1935, Zum Begriff der Wahrheit. In: *ZfS* 1935, S. 321 ff.
– 1937a, Vorwort. In: *ZfS* 1937, S. 1 ff.
– 1937b, Traditionelle und Kritische Theorie. In: *ZfS* 1937, S. 245 ff.
– 1939a, Die Juden und Europa. In: *ZfS* 1939/40, S. 115 ff.
– 1939b, The Social Function of Philosophy. In: *ZfS* 1939/40, S. 322 ff.
– 1941a, Art and Mass Culture. In: *ZfS* 1941, S. 290 ff.
– 1941b, Notes on Institute Activities. In: *ZfS* 1941, S. 121 ff.
– 1949/50, Preface. In: Adorno et al. 1949/50, S. IX ff.
– 1970, Das Schlimme erwarten und doch das Gute versuchen: Ein Gespräch mit Professor Dr. Max Horkheimer. In: Rein, Gerhard, *Dienstagsgespräche mit Zeitgenossen.* Stuttgart, Berlin, S. 149 ff.
– /Flowerman, Samuel, 1949/50, Foreword to Studies in Prejudice. In: Dies. (Hrsg.), *Studies in Prejudice.* 5 Bde., New York 1949/50 (Abgedruckt in allen Bänden S. V ff.).
–/ Marcuse, Herbert, 1937, Philosophie und Kritische Theorie. In: *ZfS* 1937, S. 625 ff.
Horn, Klaus, (Hrsg.), 1979, *Aktionsforschung – Balanceakt ohne Netz? Methodologische Kommentare.* Frankfurt 1979.
Horowitz, Irving Louis, 1961, *Philosophy, Science and the Sociology of Knowledge.* Springfield, Ill., 1961; Westpoint Conn., 1976.
Hubig, Christoph, 1978a, Einleitung. In: Hubig/ von Rahden 1978, S. 3 ff.
– 1978b, Das Defizit der Finalisierungsdebatte und eine pragmatische Alternative. In: Hubig/von Rahden 1978, S. 111 ff.
– /von Rahden, Wolfert, (Hrsg.), 1978, *Konsequenzen kritischer Wissenschaftstheorie.* Berlin, New York 1978.
Hudson, Kenneth, 1970, *Working to Rule. Railway Workshop Rules: A Study of Industrial Discipline.* Bath 1970.
Hübner, Kurt, (Hrsg.), 1976, *Die politische Herausforderung der Wissenschaft.* Hamburg 1976.
Hutchinson, W.K. 1970, *History of Economic Analysis.* Detroit 1970.
Hyman, Herbert H./ Sheatsley, Paul B., 1954, The Authoritarian Personality –A Methodological Critique. In: Cristie / Jahoda 1954, S. 50 ff.
Imershein, Allen, W., 1977, The Epistemological Basis of Social Order:

Toward Ethnoparadigm Analysis. In: Heise, D.R., (Hrsg.), *Sociological Methodology.* San Francisco 1977, S. 1 ff.

Institut für Sozialforschung (IfS), 1936, *Studien über Autorität und Familie: Forschungsbericht des Instituts für Sozialforschung.* Hrsg. von Erich Fromm, Max Horkheimer, Hans Mayer u. a., Paris 1936.

International Institute of Social Research (IfS), 1938, *A Report on its History Aims and Activities 1933-1938.* New York 1938.

IfS, 1941, Research Project on Anti-Semitism. In: *ZfS* 1941, S. 124 ff.

IfS, 1944, Studies in Anti-Semitism: A Report to the American Jewish Committee. Unv. MS August 1944.

IfS, 1945, Anti-Semitism within American Labor: A Report to the Jewish Labor Committee. Unv. MS Mai 1945.

Jahoda, Marie/ Lazarsfeld, Paul F./ Zeisel, Hans, 1932, *Die Arbeitslosen von Marienthal: Eine soziographischer Versuch.* Leipzig 1933 (Neudrucke: Allensbach, Bonn 1960; Frankfurt 1975).

Janich, Peter/ Kambartel, Friedrich/ Mittelstraß, Jürgen, 1974, *Wissenschaftstheorie als Wissenschaftskritik.* Frankfurt 1974.

Japp, Uwe, 1976, Aufgeklärtes Europa und natürliche Südsee: Georg Forsters »Reise um die Welt«. In: Piechotta 1976, S. 10 ff.

Joas, Hans, 1980, *Praktische Intersubjektivität: Die Entwicklung des Werkes von George Herbert Mead.* Frankfurt 1980.

John, Victor, 1884, *Geschichte der Statistik:* Ein quellenmäßiges Handbuch für den akademischen Gebrauch wie für den Selbstunterricht. Erster Teil: Von dem Ursprung der Statistik bis auf Quetelet (1835). Stuttgart 1884 (Genehmigter Neudruck: Wiesbaden 1968).

Jonas, Friedrich, 1969, *Geschichte der Soziologie IV: Deutsche und amerikanische Soziologie.* Mit Quellentexten. Reinbeck 1969.

Jay, Martin, 1973, *Dialektische Phantasie: Die Geschichte der Frankfurter Schule und des Instituts für Sozialforschung 1923-1950.* Frankfurt 1976.

– 1979, Frankfurter Schule und Judentum: Die Antisemitismusanalyse der Kritischen Theorie. In: *Geschichte und Gesellschaft* 5. Jg. (1979), S. 439 ff.

– 1980, Positive and Negative Totalities: Implicit Tensions in Critical Theory's Vision of Interdisciplinary Research. MS Berkeley 1980. (Deutsche Fassung in Bonß/Honneth 1982).

Kadritzke, Ulf, 1975, *Die geduldigen Arbeiter: Zu Soziologie und sozialen Bewegung der Angestellten.* Frankfurt, Köln 1975.

Käsler, Dirk, 1978, Max Weber. In: Ders. (Hrsg.), *Klassiker des soziologischen Denkens* Bd. 2. München 1978, S. 40 ff.

Kambartel, Friedrich, 1968, *Erfahrung und Struktur: Bausteine zu einer Kritik des Empirismus und Formalismus.* Frankfurt 1968.

– 1972, Erfahrung. In: *Historisches Wörterbuch der Philosophie.* Hrsg. von Joachim Ritter, Bd. 2 D-F. Basel, Stuttgart 1972, Spalte 609 ff.

Karl, Fred, 1977, Aktionsforschung – Gesellschaftstheoretische Defizite und politische Illusionen. In: *Das Argument* 101, Jan./Febr. 1977, S. 67 ff.

Kellner, Douglas, 1981, Critical Theory, the Culture, Industry, and Theories of Mass Communications. MS Austin 1981. (Deutsche Fassung in: Bonß / Honneth 1982.)

Kellner, Hansfried, 1969, Vorwort und Einleitung. In: Mead 1924 ff., S. 7 ff.

Kendall, Maurice G., 1968, The History of the Statistical Method. In: *International Encyclopedia of the Social Sciences,* Bd. 15, S. 224 ff.

– 1972, Measurement in the Study of Society. In: Robson, William, *Man and the Social Sciences: Twelve Lectures.* London 1972, S. 133 ff.

Kielmannsegg, Peter Graf, (Hrsg.), 1976, *Legitimationsprobleme politischer Systeme: Tagung der deutschen Vereinigung für politische Wissenschaft in Duisburg 1975* (= PVS Sonderheft 7) Köln, Opladen 1976.

Kippenberg, Hans G./ Luchesi, Brigitte, (Hrsg.), 1978, *Magie – Die sozialwissenschaftliche Kontroverse über das Verstehen fremden Denkens.* Frankfurt 1978.

Klages, Helmut, 1969, *Geschichte der Soziologie.* München 1969.

Kluke, Paul, 1973, *Die Stiftungsuniversität Frankfurt am Main.* Frankfurt 1973.

Knafla, Louis A., et al. (Hrsg.), 1976, *Science, Technology, and Culture in Historical Perspective.* Calgary 1976.

Knies, Carl Gustav Adolph, 1850, *Die Statistik als selbständige Wissenschaft: Zur Lösung des Wirrsals in der Theorie und Praxis dieser Wissenschaft.* Kassel 1850 (Neudruck: Frankfurt 1969).

Knorr, Karin D., 1975a, Konsensus, methodologische Verfahrensweisen und die Trivialisierbarkeit von Entscheidungen im Forschungsprozeß. In: Stehr/König 1975, S. 325 ff.

– 1975b, The Nature of Scientific Consensus and the Case of the Social Sciences. In: Knorr/Strasser/Zilian 1975, S. 11 ff.

– /Strasser, Hermann/Zilian, Hans Georg, (Hrsg.), 1975, *Determinants and Controls of Scientific Development.* Dordrecht 1975.

Koch, Josef, (Hrsg.), 1959, *Artes Liberales – Von der antiken Bildung zur Wissenschaft des Mittelalters.* Berlin 1959.

Koch, Ursula E., 1976, *Bürgerliche und sozialistische Forschungsmethoden?* Frankfurt.

König, René, (Hrsg.), 1973, *Handbuch der empirischen Sozialforschung.* 3. und erweiterte Aufl. in 12 Bd., Stuttgart 1973 ff.

Komarowsky, Mirra, 1940, *The Unemployed Man and his Family.* New York 1940.

Koolwijk, Jürgen von/Wieken-Mayser, Maria, (Hrsg.), 1974, *Techniken der empirischen Sozialforschung: Ein Lesebuch in acht Bänden.* München 1974 ff.

Koselleck, Reinhard, 1967, Historia Magistra Vitae: Über die Auflösung des Topos im Horizont neuzeitlich bewegter Geschichte. In: *Natur und Geschichte: Karl Löwith zum 70. Geburtstag.* Hrsg. von Manfred Riedel und Hans Braun. Stuttgart, Berlin 1967, S. 196 ff.

Koyré, Alexandre, 1923, *Descartes und die Scholastik.* Nachdruck: Darmstadt 1971.

Kracauer, Siegfried, 1929, *Die Angestellten: Aus dem neuesten Deutschland.* Mit einer Rezension von Walter Benjamin. Frankfurt 1971.

Krämer-Badoni, Thomas, 1978, *Zur Legitimität der bürgerlichen Gesellschaft: Eine Untersuchung des Arbeitsbegriffs in den Theorien von Locke, Smith, Ricardo, Hegel und Marx.* Frankfurt 1978.

Krajewski, Wladislaw, 1974, The Idea of Statistical Law in Nineteenth Century Science. In: Cohen, Robert S./Wartowsky, Marx W., (Hrsg.), *Methodological and Historical Essays in the Natural and Social Sciences.* Dordrecht 1974, S. 397 ff.

Kramer, Fritz, 1979, Verkehrte Welten: Zur imaginären Ethnographie des 19. Jahrhunderts. Frankfurt 1979.

Krauss, Werner, 1963, *Studien zur deutschen und französischen Aufklärung.* Berlin 1963.

Kreissl, Reinhard 1982, Die präventive Polizei. Auf dem Weg zur gläsernen Gesellschaft?, in: *Kritische Justiz,* Jg. 14, Heft 2, S. 128 ff.

Kreppner, Kurt, 1975, *Zur Problematik des Messens in den Sozialwissenschaften.* Stuttgart 1975.

Krohn, Wolfgang, 1976, Zur soziologischen Interpretation der neuzeitlichen Wissenschaft. In: Zilsel, Edgar, *Die sozialen Ursprünge der neuzeitlichen Wissenschaft.* Hrsg. von Wolfgang Krohn. Frankfurt 1979, S. 7 ff.

– 1977, Die »Neue Wissenschaft« der Renaissance. In: Böhme et al., 1977, S. 13 ff.

Krüger, Lorenz, 1974, Wissenschaftliche Revolutionen und Kontinuität der Erfahrung. In: Krüger et al., 1974, S. 1 ff.

– et al. (Hrsg.), 1974, *Tendenzen in der Wissenschaftstheorie.* Göttingen 1974.

Krysmanski, H. J./Marwedel, Peter, 1975, *Die Krise in der Soziologie: Ein kritischer Reader zum 17. Deutschen Soziologentag.* Köln 1975.

Kuhn, Thomas S., 1962, *Die Struktur wissenschaftlicher Revolutionen.* Zweite revidierte und um das Postskriptum von 1969 ergänzte Auflage, Frankfurt 1976.

Kullmann, Wolfgang, 1974, *Wissenschaft und Methode: Interpretationen zur aristotelischen Theorie der Naturwissenschaft.* Berlin, New York 1974.

Laermann, Klaus, 1976, Raumerfahrung und Erfahrungsraum: Einige Überlegungen zu Reiseberichten aus Deutschland vom Ende des 18. Jahrhunderts. In: Piechotta 1976, S. 57 ff.

Lakatos, Imre/Musgrave, Alan, (Hrsg.), 1965, *Kritik und Erkenntnisfortschritt. Abhandlungen des Internationalen Kolloquiums über die Philosophie der Wissenschaft.* Braunschweig 1974.

Lammers, Cornelis J., 1974, Mono- and Poly-paradigmatic Developments in Natural and Social Sciences. In: Whitley, Richard, (Hrsg.), *Social Processes and Scientific Development.* London 1974, S. 123 ff.

Laplace, Pierre Joseph, 1812, *Théorie analytique des probabilités.* Paris 1812.

– 1814, *Essais philosophiques sur les probabilités.* Paris 1814.

Lasswell, Harold D., 1941, Radio as an Instrument of Personal Insecurity. In: *ZfS* 1941, S. 49 ff.

Laudan, Larry, 1977, *Progress and It's Problems: Toward a Theory of Scientific Growth.* Berkeley 1977.

Lazarsfeld, Paul F., 1937, Some Remarks on the Psychological Procedures in Social Research. In: *ZfS* 1937, S. 119 ff.

– 1941, Administrative and Critical Communications Research. In: *ZfS* 1941, S. 2 ff.

– 1961, Notes on the History of Quantification in Sociology: Trends, Sources, Problems. In: Woolf 1961, S. 147 ff.

– 1968, Eine Episode in der Geschichte der empirischen Sozialforschung. In: Parsons, Talcott/Shils, Edward/Lazarsfeld, Paul F., *Soziologie – autobiographisch. Drei kritische Berichte zur Entwicklung einer Wissenschaft.* Stuttgart 1975, S. 147 ff.

– /Stanton, Frank, (Hrsg.), 1941, *Radio Research 1941.* New York 1941.

Lecuyer, Bernard/Obershall, Anthony, 1968, The Early History of Social Research. In: *International Encyclopedia of the Social Sciences.* Bd. 15, S. 36 ff.

Leff, Gordon, 1968, *Paris and Oxford Universities in the Thirteenth and Fourteenth Centuries: An Institutional and Intellectual History.* New York 1968.

Leist, Anton, 1973, Widerspiegelung der Realität – Realität der Widerspiegelung? In: *Das Argument* 81, 15. Jg. (Okt. 1973), S. 574 ff.

Leithäuser, Thomas, u. a., 1977, *Entwurf zu einer Empirie des Alltagsbewußtseins.* Frankfurt 1977.

Lengerke, Alexander von, 1849, *Die ländliche Arbeiterfrage.* Berlin 1849.

Lenk, Kurt, 1972, *Marx in der Wissenssoziologie.* Neuwied, Berlin 1972.

Lepenies, Wolf, 1974, Normalität und Anormalität: Wechselwirkungen zwischen den Wissenschaften vom Leben und den Sozialwissenschaften im 19. Jahrhundert. In: *Kölner Zeitschrift für Soziologie und Sozialpsychologie* 26 (1974), S. 492 ff.

– 1977a, Das Ende der Naturgeschichte und der Beginn der Moderne. – Verzeitlichung und Enthistorisierung in der Wissenschaftsgeschichte des 18. und 19. Jahrhunderts. In: *Studien zum Beginn der modernen Welt.*

Hrsg. von Reinhard Koselleck (= Schriftenreihe des Arbeitskreises für moderne Sozialgeschichte Bd. 20). Stuttgart 1977, S. 317 ff.

– 1977b, Probleme einer historischen Anthropologie. In: Rürup, R. (Hrsg.), *Historische Sozialwissenschaft. Beiträge zur Einführung in die Forschungspraxis.* Göttingen 1977, S. 126.

– 1978a, *Das Ende der Naturgeschichte – Wandel kultureller Selbstverständlichkeiten in den Wissenschaften des 18. und 19. Jahrhunderts.* Frankfurt 1978.

– 1978b, *Die Wissenschaften und ihre Geschichte.* Göttingen 1978.

– 1978c, *Vergangenheit und Zukunft der Wissenschaftsgeschichte: Das Werk Gaston Bachelards.* Frankfurt 1978.

LePlay, Frédéric, 1855, *Les ouvriers europiéens:* Etudes sur les travaux, la vie domestique et la condition morale des populations ouvrières de l'Europe. Précédées d'un Exposé de la Méthode d'observation. Paris 1855.

Lepsius, Rainer, (Hrsg.), 1976, *Zwischenbilanz der Soziologie: Verhandlungen des 17. Deutschen Soziologentages vom 31. 10.–2. 11. 1974 in Kassel.* Stuttgart 1976.

– (Hrsg.), 1982, Soziologie in Deutschland und Österreich 1918–1945. (= KZSS-Sonderheft 23). Köln/Opladen.

Levenstein, Adolf, 1908, *Aus der Tiefe: Arbeiterbriefe.* Berlin 1908.

– 1909a, *Arbeiter – Philosophen und Dichter.* Berlin 1909.

– 1909b, *Lebens-Tragödie eines Tagelöhners.* Mit einem Vorwort von Adolf Levenstein. Berlin 1909.

– 1912, *Die Arbeiterfrage:* Mit besonderer Berücksichtigung der sozialpsychologischen Seite des modernen Großbetriebes und der psychophysischen Einwirkungen auf die Arbeiter. München 1912.

Lewin, Kurt, 1963, *Feldtheorie in den Sozialwissenschaften.* Bern 1963.

Lieber, Jans-Joachim, 1957, Der Erfahrungsbegriff in der empirischen Sozialforschung. In: *Archiv für Rechts- und Sozialphilosophie,* Jg. XLIII, Heft 4, S. 487 ff.

Lindenlaub, Dieter, 1967, *Richtungskämpfe im Verein für Socialpolitik:* Wissenschaft und Sozialpolitik im Kaiserreich vornehmlich vom Beginn des »Neuen Kurses« bis zum Ausbruch des Ersten Weltkrieges (1890–1914). Wiesbaden 1967 (= Beihefte der Vierteljahresschrift für Wirtschafts- und Sozialgeschichte, Nr. 52/53).

Lindner, Burkhardt, 1980, »Il faut être absolument moderne«. Adornos Ästhetik, ihr Konstruktionsprinzip und ihre Historizität. In: *Materialien zur ästhetischen Theorie Theodor W. Adornos. Konstruktion der Moderne.* Hrsg. von Burkhardt Lindner und Martin W. Lüdke. Frankfurt 1980, S. 261 ff.

Locke, John, 1689, *Über die Regierung* (The Second Treatise of Government). Mit einem Nachwort hrsg. von Peter Cornelius Mayer-Tasch. Stuttgart 1974.

Löwenthal, Leo, 1980, *Mitmachen wollte ich nie: Ein autobiographisches Gespräch mit Helmut Dubiel.* Frankfurt 1980.
–/Guterman, Norbert, 1949, *Prophets of Deceit.* New York 1949 (= Studies in Prejudice Bd. 1).
Ludlow, John Malcolm, 1862, Über die Untersuchung von Gewerbestreitigkeiten und die dem Zeugnis der Arbeitgeber und Arbeiter zukommende Glaubwürdigkeit. In: *VfS* 1877, S. 47 ff.
Lueder, August Ferdinand, 1812, *Kritik der Statistik und Politik.* o. O. 1812.
Luhmann, Niklas, 1970, *Soziologische Aufklärung: Aufsätze zur Theorie sozialer Systeme.* Bd. 1. Opladen 1972, 3. Aufl.
– 1970a, Gesellschaft. In: Ders., 1970, S. 137 ff.
– 1970b, Positives Recht und Ideologie. In: Ders., 1970, S. 154 ff.
– 1970c, Wirtschaft als soziales System. In: Ders., 1970, S. 204 ff.
– 1971, Sinn als Grundbegriff der Soziologie. In: Habermas/Luhmann 1971, S. 25 ff.
McCall, George J./Simmons, John L., (Hrsg.), 1969, *Issues in Participant Observation: A Text and Reader.* Reading, Mass., 1969.
Mac Pherson, C. B., 1973, *Die politische Theorie des Besitzindividualismus: Von Hobbes bis Locke.* Frankfurt 1971.
Maier, Anneliese, 1955, *Das Prinzip der doppelten Wahrheit.* Rom 1955.
– 1966, *Die Vorläufer Galileis im 14. Jahrhundert. Studien zur Naturphilosophie der Spätscholastik.* Rom 1949.
Mannheim, Ernst, 1933, *Aufklärung und öffentliche Meinung. Studien zur Soziologie der Öffentlichkeit im 18. Jahrhundert.* Hrsg. und eingeleitet von Norbert Schindler, Stuttgart-Bad Cannstatt 1979.
Mannheim, Karl, 1925, Das Problem einer Soziologie des Wissens. In: Ders., *Wissenssoziologie.* Hrsg. v. Kurt Wolff. Neuwied 1964, S. 308 ff.
Marcuse, Herbert, 1958, *Die Gesellschaftslehre des sowjetischen Marxismus.* Neuwied, Berlin 1964.
– 1964, Der Einfluß der deutschen Emigration auf das amerikanische Geistesleben. Philosophie und Soziologie. In: *Jahrbuch für Amerikastudien* Bd. 10, Heidelberg 1965, S. 59 ff.
– 1978, *Gespräche mit Herbert Marcuse.* Frankfurt 1978.
Marxistische Gruppe – Theoriefraktion, 1972, Zur Oberfläche des Kapitals. In: Dies., (Hrsg.), *Circular* 3, Erlangen 1972, S. 1 ff.
Massing, Paul, 1949, *Rehearsal for Destruction.* New York 1949 (= Studies in Prejudice Bd. 2).
Masterman, Margaret, 1965, Die Natur eines Paradigmas. In: Lakatos/Musgrave, 1965, S. 59 ff.
Matthes, Joachim, 1973, *Einführung in das Studium der Soziologie.* Reinbek 1973.
– (Hrsg.), 1979, *Sozialer Wandel in Westeuropa: Verhandlungen* des 19. Deutschen Soziologentages. Berlin 1979. Frankfurt 1979.

Mayntz, Renate/Holm, Kurt/Hübner, Peter, 1972, *Einführung in die Methoden der empirischen Soziologie.* Opladen 1972. 2. Aufl.

Mayr, Georg von, 1895, *Statistik und Gesellschaftslehre. Bd. 1: Theoretische Statistik.* Freiburg, Leipzig 1895.

– 1897, *Statistik und Gesellschaftslehre. Bd. 2. Bevölkerungsstatistik.* 2. umgearbeitete und erweiterte Aufl. Tübingen 1922.

– 1914, Die Statistik als Gesellschaftswissenschaft. In: *Allgemeines deutsches statistisches Archiv*, 8. Jg. (1914), S. 1 ff.

– 1917, *Statistik und Gesellschaftslehre. Bd. 3: Moralstatistik.* Tübingen 1917.

Maus, Heinz, 1956, Geschichte der Soziologie. In: Ziegenfuß, Werner, (Hrsg.), *Handbuch der Soziologie.* Stuttgart 1956, S. 1 ff.

– 1973, Zur Vorgeschichte der empirischen Sozialforschung. In: König 1973, Bd. 1, S. 21 ff.

Mead, George Herbert, 1924 ff., *Philosophie der Sozialität: Aufsätze zur Erkenntnisanthropologie.* Vorwort von Hansfried Kellner. Frankfurt 1969.

– 1932, *Sozialpsychologie.* Eingeleitet und hrsg. von Anselm Strauss. Neuwied, Berlin 1969.

– 1934, *Geist, Identität und Gesellschaft.* Frankfurt 1974.

Medick, Hans, 1973, *Naturzustand und Naturgeschichte der bürgerlichen Gesellschaft: Die Ursprünge der bürgerlichen Sozialtheorie als Geschichtsphilosophie und Sozialwissenschaft bei Samuel Pufendorf, John Locke und Adam Smith.* Göttingen 1973.

Meitzen, August, 1886, *Geschichte, Theorie und Technik der Statistik.* Berlin 1886.

Menger, Carl 1883, *Untersuchungen über die Methode der Sozialwissenschaften und der politischen Ökonomie insbesondere.* (= ders., Gesammelte Werke Bd. II). Tübingen 1969, 2. Aufl.

– 1884, Die Irrtümer des Historismus in der deutschen Nationalökonomie. In: Ders., *Gesammelte Werke Bd. III* (Kleinere Schriften zur Methode und Geschichte der Volkswirtschaftslehre). Tübingen 1970, 2. Aufl., S. 1 ff.

Merton, Robert K., 1945, The Sociology of Knowledge. In: Gurvitch, Georges/Moore, Wilbert E. (Hrsg.), *Twentieth Century Sociology.* New York 1945, S. 360 ff.

– 1957, Paradigm for a Sociology of Knowledge. In: Curtis/Petras 1970, S. 342 ff.

Michalos, Alex C., 1971, Theory Appraisal and the Growth of Scientific Knowledge. In: *Studies in History and Philosophy of Science* 1 (1971), S. 353 ff.

Mittelstraß, Jürgen, 1970, *Neuzeit und Aufklärung: Studien zur Entstehung der neuzeitlichen Wissenschaft und Philosophie.* Berlin, New York 1970.

– 1974, *Die Möglichkeit von Wissenschaft.* Frankfurt 1974.
Mommsen, Wolfgang J., 1974, *Max Weber: Gesellschaft, Politik und Geschichte.* Frankfurt 1974.
Moscovici, Serge, 1968, *Essai sur l'histoire humaine de la nature.* Paris 1968.
Moser, Heinz, 1975, *Aktionsforschung als kritische Theorie der Sozialwissenschaften.* München 1975.
– 1977a, *Methoden der Aktionsforschung.* Eine Einführung. München.
– 1977b, *Praxis der Aktionsforschung.* Ein Arbeitsbuch. München.
– /Ornauer, Helmut (Hrsg.), 1978, *Internationale Aspekte der Aktionsforschung.* München.
Müller, Hans, 1957, Adolphe Quetelets »Soziale Physik«: Willensfreiheit und Naturgesetzlichkeit in der Sozialsphäre. In: *Archiv für Rechts- und Sozialphilosophie,* Jg. XLIII (1957) S. 429 ff.
Müller, Ursula, 1975, Zur möglichen Bedeutung der empirischen Sozialforschung für die Marxsche Theorie. In: *Gesellschaft: Beiträge zur Marxschen Theorie 5.* Hrsg. von H. G. Backhaus. Frankfurt 1975, S. 187 ff.
– 1979, *Reflexive Soziologie und empirische Sozialforschung.* Frankfurt.
Müller, Wolfgang/Neusüß, Christel, 1970, Die Sozialstaatsillusion. In: *Sozialistische Politik* 5 (1970), S. 4 ff.
Negt, Oskar, 1964, *Die Konstituierung der Soziologie zur Ordnungswissenschaft:* Strukturbeziehungen zwischen den Gesellschaftslehren Comtes und Hegels. 2. Aufl. mit einer neuen Einleitung. Frankfurt 1974.
–/Kluge, Alexander, 1974, *Öffentlichkeit und Erfahrung: Zur Organisationsanalyse von bürgerlicher und proletarischer Öffentlichkeit.* Frankfurt 1974.
Nelson, Benjamin, 1967, The Early Modern Revolution in Science and Philosophy: Fictionalism, Probabilism, Fideism, and Catholic ›Prophetism‹. In: *Boston Studies in the Philosophy of Science,* Vol. III, hrsg. von Robert S. Cohen und Marx W. Wartowsky. Dordrecht 1967, S. 1 ff.
Nenning, Gustav, 1966, *Carl Grünberg und die Anfänge des Austromarxismus.* Graz 1968.
Neuendorff, Hartmut, 1973, *Der Begriff des Interesses: Eine Studie zu den Gesellschaftstheorien von Hobbes, Smith und Marx.* Frankfurt 1973.
Neumann, Franz, 1941, *Behemoth.* Frankfurt 1977.
– 1952, Intellektuelle Emigration und Sozialwissenschaft. In: Ders., *Wirtschaft, Staat, Demokratie: Aufsätze 1930–1954.* Hrsg. von Alfons Söllner. Frankfurt 1978, S. 408 ff.
Nießen, Manfred, 1977, *Gruppendiskussion: Interpretative Methodologie, Methodenbegründung, Anwendung.* München 1977.
Novalis, 1793 ff., *Werke.* Hrsg. und kommentiert von Gerhard Schulz. München 1969.
Novotny, Helga, 1975, Zur gesellschaftlichen Irrelevanz der Sozialwissenschaften. In: Stehr/König 1975, S. 445 ff.

Obershall, Anthony, 1965, *Empirical Social Research in Germany 1848–1914*. Paris, Den Haag 1965.
– (Hrsg.), 1972, *The Establishment of Empirical Sociology: Studies in Continuity, Discontinuity and Institutionalization*. New York 1972.
O'Donnovan, John, 1970, Introduction of »The Political Anatomy of Ireland«. In: Petty, 1972, S. V ff.
Oestreich, Gerhard, 1970, *Verfassungsgeschichte vom Ende des Mittelalters bis zum Ende des alten Reiches*. Stuttgart 1970, München 1974. (= Gebhard, Handbuch der deutschen Geschichte Bd. 11).
Oevermann, Ulrich/Allert, Tilman/Konau, Elisabeth/Krambeck, Jürgen, 1979, Die Methodologie einer »objektiven Hermeneutik« und ihre allgemeine forschungslogische Bedeutung für die Sozialwissenschaften, in: Soeffner 1979, S. 352 ff.
Offe, Claus, 1972, *Strukturprobleme des kapitalistischen Staates*. Frankfurt 1972.
Opp, Karl Dieter, 1970, *Methodologie der Sozialwissenschaften: Einführung in Probleme ihrer Theoriebildung*. Reinbek 1970.
Overington, Michael, 1979, Doing the what comes rationally: Some Developments in Metatheory. In: *The American Sociologist*, Vol. 14 (1979), S. 2 ff.
Palyi, Melchior, (Hrsg.), 1923, *Hauptprobleme der Soziologie: Erinnerungsgabe für Max Weber*. 2 Bde. (I/II). München, Leipzig 1923.
Pankoke, Eckart, 1970, Fortschritt und Komplexität – Die Anfänge moderner Sozialwissenschaft in Deutschland. In: *Studien zur Begründung der modernen Welt*. Hrsg. von Reinhard Koselleck. Stuttgart 1970, S. 352 ff.
Paul, Sigrid, 1979, *Begegnungen: Zur Geschichte persönlicher Dokumente in Ethnologie, Soziologie, Psychologie*. 2 Bde. (I/II). Hohenschäftlarn 1979.
Petty, William, 1672, *The Political Anatomy of Ireland, with the Establishment for that Kingdom*. London 1691. (Nachdruck: Shannon 1970).
– 1691, *Political Arithmetic*. London 1691.
Pfister, Bernhard, 1931, Schmoller. In: *Staatslexikon*, Bd. IV (1931), Spalte 1282 ff.
Piechotta, Hans, (Hrsg.), 1976, *Reise und Utopie: Zur Literatur der Spätaufklärung*. Frankfurt 1976.
– 1976a, Erkeknntnistheoretische Voraussetzung der Beschreibung: Friedrich Nicolais Reise durch Deutschland und die Schweiz im Jahre 1781. In: Ders., 1976, S. 98 ff.
Pitts, Jesse R., 1968, LePlay, Frédéric. In: *International Encyclopedia of the Social Sciences*, Bd. 9, S. 84 ff.
Plessen, Marie Louise, 1975, *Die Wirksamkeit des Vereins für Socialpolitik*. Berlin 1975.
Pohrt, Wolfgang, 1972, Skizze zur Entwicklung des Verhältnisses von Wis-

senschaft und Gesellschaft. In: *Wissenschaftspolitik – vom wem, für wen, wie? Prioritäten der Forschungsplanung.* Hrsg. von Wolfgang Pohrt und Dietrich Goldschmidt. München (1972).

Pollock, Friedrich, 1926, *Sombarts »Widerlegung« des Marxismus. Ein Beiheft zu Grünbergs Archiv.* Leipzig 1926.

– 1930, Das Institut für Sozialforschung an der Universität Frankfurt am Main. In: *Forschungsinstitute: Ihre Geschichte, Organisation und Ziele.* Hrsg. von Leopold Bauer, Albrecht Mendelsohn-Bartholdy und Adolf Meyer, Bd. I. Hamburg 1930, S. 347 ff.

– 1941a, State Capitalism. In: *ZfS* 1941, S. 200 ff.

– 1941b, Is National Socialism a New Order? In: *ZfS* 1941, S. 440 ff.

– (Hrsg.), 1955, *Gruppenexperiment: Ein Studienbericht.* Frankfurter Beiträge zur Soziologie Bd. II. Frankfurt 1955.

Popper, Karl Raimund, 1940, Was ist Dialektik? In: Topitsch 1971, S. 262 ff.

– 1949, Phrophetie und Prognose in den Sozialwissenschaften. In: Topitsch 1971, S. 123 ff.

– 1969, Die Logik der Sozialwissenschaften. In: Adorno et al. 1969, S. 103 ff.

– 1973, *Objektive Erkenntnis: Ein evolutionärer Entwurf.* Hamburg 1973.

Prewo, Rainer/Ritsert, Jürgen/Stracke, Elmar, 1973, *Systemtheoretische Ansätze in der Soziologie: Eine kritische Analyse.* Reinbek 1973.

Puls, Detlef, (Hrsg.), 1979, *Wahrnehmungsformen und Protestverhalten: Studien zur Lage der Unterschichten im 18. und 19. Jahrhundert.* Frankfurt 1979.

Quetelet, Adolphe, 1869, *Soziale Physik oder Abhandlung über die Entwicklung der Fähigkeiten des Menschen.* Übersetzt von Valentin Dorn und eingeleitet von Heinrich Waentig, 2 Bde. Jena 1914.

Radkau, Joachim, 1971, *Die deutsche Emigration in die USA: Ihr Einfluß auf die amerikanische Europapolitik 1933–1945.* Düsseldorf 1971.

Radnitzky, Gerald, 1976, Dogmatik und Skepsis: Folgen der Aufgabe der Wahrheitsidee für Wissenschaft und Politik. In: Hübner et al. 1976.

Reich, Wilhelm, 1933, *Massenpsychologie des Faschismus.* Wien 1933.

Reichskanzler-Amt (RKA), 1874, *Ergebnisse der über die Frauen- und Kinder-Arbeit in den Fabriken auf Beschluß des Bundesraths angestellten Erhebungen.* Zusammengestellt vom Reichskanzler-Amt. Berlin 1877.

– 1875, *Ergebnisse der über die Verhältnisse der Lehrlinge, Gesellen und Fabrikarbeiter auf Beschluß des Bundesraths angestellten Erhebungen.* Zusammengestellt vom Reichskanzler-Amt. Berlin 1877.

Reid, Douglas A., 1979, Der Kampf gegen den »Blauen Montag« 1766 bis 1876. In: Puls 1979, S. 265 ff.

Rehbein, Franz, 1911, *Das Leben eines Landarbeiters.* Hrsg. von Paul Göhre. Jena 1911.

Remmling, Gunther, (Hrsg.), 1973, *Towards a Sociology of Knowledge.* London 1973.

Reulecke, Jürgen/Weber, Wolfgang, (Hrsg.), 1978, *Fabrik, Familie, Feierabend: Beiträge zur Sozialgeschichte des Alltags im Industriezeitalter.* Wuppertal 1978.

Rhigini-Bonelli, M. L./Shea, William R., 1975, *Reason, Experiment and Mysticism in Scientific Revolution.* New York 1975.

Rickert, Heinrich, 1926, *Kulturwissenschaft und Naturwissenschaft.* 6./7. durchgesehene und ergänzte Aufl. Tübingen 1926.

Riedel, Manfred, 1970, Das erkenntniskritische Motiv in Diltheys Theorie der Geisteswissenschaften, In: Bubner, Rüdiger/Kramer, Konrad/Wiehl, Reiner, (Hrsg.), *Hermeneutik und Dialektik: Aufsätze I.* Tübingen 1970, S. 233 ff.

Riedmüller, Barbara/Koenen, Elmar/Kardorff, Ernst v., 1982, Sozialforschung als Mittel der Reformpolitik, in: Beck 1982, S. 307 ff.

Riethmiller, Albrecht, 1972, Das modische Zauberwort Funktion: Über die Bedeutung, die es bei Theodor W. Adorno hat. In: *Musica* 26 (1972), S. 537 ff.

Rigaudias-Weiss, Hilde, 1936, *Les Enquêtes Ouvrières en France entre 1830 et 1848.* Paris 1936.

Ritsert, Jürgen, 1973, *Probleme politisch-ökonomischer Theoriebildung.* Frankfurt 1973.

–/Becker, Egon, 1971, *Grundzüge sozialwissenschaftlich-statistischer Argumentation.* Opladen 1971.

Ritter, Joachim, 1972, *Hegel und die französische Revolution.* Frankfurt.

Rössler, Helmut/Franz, Günther, (Hrsg.), 1970, *Universität und Gelehrtenstand 1400–1800.* Büdinger Vorträge 1966. Limburg 1970.

Roghmann, Klaus, 1966, *Dogmatismus und Autoritarismus.* Meisenheim, Glan, 1966.

Ronge, Volker, (unter Mitarbeit von Peter J. Ronge), 1979, *Bankpolitik im Spätkapitalismus: Politische Selbstverwaltung des Kapitals.* Frankfurt 1979. (= Starnberger Studien 3).

Sandkühler, Hans Jörg, (Hrsg.), 1970, *Psychoanalyse und Marxismus: Dokumentation einer Kontroverse.* Frankfurt 1970.

Schachtel, Ernst, 1937, Zum Begriff und zur Diagnose der Persönlichkeit in den »Personality Tests«. In: *ZfS* 1937, S. 597 ff.

– 1937/38, Schreibstil und Persönlichkeitszüge, In: Fromm 1937/38, S. 277 ff.

Schachtschabel, H.-G., 1971, *Geschichte der volkswirtschaftlichen Lehrmeinungen.* Stuttgart 1971.

Schad, Susanna Petra, 1972, *Empirical Social Research in Weimar Germany.* Paris, Den Haag 1972.

Schäfer, Ulla G., 1971, *Historische Nationalökonomie und Sozialstatistik als Gesellschaftswissenschaft.* Köln, Wien 1971.

Schäfer, Wolf, 1978, Zur Frage der praktischen Orientierung des theoretischen Diskurses. In: Hubig/von Rahden 1978, S. 81 ff.

Schatzmann, Leonard/Strauss, Anselm L., 1973, *Field Research: Strategies for a Natural Sociology*. Englewood Cliffs 1973.

Scheler, Max, 1924, *Probleme einer Soziologie des Wissens*. München, Leipzig 1924.

– 1926, *Die Wissensformen und die Gesellschaft*. Bern 1960, 2. Aufl.

Scheuch, Erwin K., 1973, Das Interview in der Sozialforschung. In: König 1973, Bd. 2, S. 66 ff.

–/Rüschemeyer, Dietrich, 1956, Soziologie und Statistik: Über den Einfluß der modernen Wissenschaftslehre auf ihr Verhältnis. In: Topitsch 1971, S. 345 ff.

Schivelbusch, Wolfgang, 1977, *Geschichte der Eisenbahnreise: Zur Industrialisierung von Raum und Zeit im 19. Jahrhundert*. München 1977.

Schindler, Norbert, 1980, Freimaurerkultur im 18. Jahrhundert: Zur sozialen Funktion des Geheimnisses in der entstehenden bürgerlichen Gesellschaft. MS München 1980 (abgedruckt in: Berdal, Robert u. a., Klassen und Kultur: Die sozialanthropologische Perspektive in der Geschichtsschreibung, Frankfurt 1982).

–/Bonß, Wolfgang, 1980, Praktische Aufklärung – Ökonomische Sozietäten in Süddeutschland und Österreich im 18. Jahrhundert. In: Vierhaus, Rudolf (Hrsg.), *Deutsche patriotische und gemeinnützige Gesellschaften*. Wolfenbüttel 1980. (= Wolfenbütteler Studien zur Geschichte Bd. 8).

Schlegel, August Wilhelm 1801, Kritik an der Aufklärung. In: Schmitt, Hans Jürgen, Romantik I, Stuttgart 1972, S. 25 ff.

Schlözer, August Ludwig von, 1804, *Theorie der Statistik nebst Ideen über das Studium der Politik überhaupt*. 1. Heft. Göttingen 1804.

Schmidinger, Hans, 1965, Zur Entstehung der Universitäten im Mittelalter. In: Luyten, Norbert Alfons, (Hrsg.), *Forschung und Bildung: Aufgaben einer katholischen Universität*. Freiburg, Schweiz, 1965, S. 127 ff.

Schmidt, Alfred, 1970, *Die Zeitschrift für Sozialforschung: Geschichte und gegenwärtige Bedeutung*. München 1970 (hier zitiert nach Wiederabdruck in: Schmidt 1974, S. 36 ff.).

– 1971, *Geschichte und Struktur: Fragen einer marxistischen Historik*. München 1971.

– 1974, *Zur Idee der Kritischen Theorie: Elemente der Philosophie Max Horkheimers*. München 1974.

– 1976, *Die Kritische Theorie als Geschichtsphilosophie*. München 1976.

Schmitt, Eberhard, (Hrsg.), 1973, *Die Französische Revolution: Anlässe und langfristige Ursachen*. Darmstadt 1973.

Schmoller, Gustav, 1870, *Zur Geschichte der deutschen Kleingewerbe: Statistische und nationalökonomische Untersuchungen*. Halle 1870.

– 1879, *Die Straßburger Tucher- und Weberzunft: Urkunden und Darstellungen nebst Regesten und Glossar*. Ein Beitrag zur Geschichte der deut-

schen Weberei und des deutschen Gewerberechts vom 13. bis 17. Jahrhundert. Straßburg 1879.
– 1883, Zur Methodologie der Staats- und Sozialwissenschaften. In: *Jahrbuch für Gesetzgebung, Verwaltung und Volkswirtschaft im Deutschen Reich.* 1883.
– 1893, *Die Volkswirtschaft, die Volkswirtschaftslehre und ihre Methode.* Frankfurt 1949 (= Sozialökonomische Texte Heft 16/17).
– 1898, *Umrisse und Untersuchungen zur Verfassungs-, Verwaltungs- und Wirtschaftsgeschichte besonders des Preußischen Staates im 17. und 18. Jahrhundert.* Leipzig 1898. (Neudruck: Hildesheim, New York 1974).
– 1901, *Grundriß der allgemeinen Volkswirtschaftslehre.* Teil I 4.–6. Aufl. Leipzig 1901.
Schnapper-Arndt, Gottlieb, 1880, Beschreibung der Wirtschaft und Statistik der Wirtschaftsrechnungen eines Uhrschildmalers im badischen Schwarzwald. In: *Zeitschrift für die gesamte Staatswissenschaft,* Jg. 1880, S. 133 ff. (Hier zitiert nach Wiederabdruck in: Schnapper-Arndt 1906, S. 168 ff.).
– 1882, *Fünf Dorfgemeinden auf dem Hohen Taunus: Eine sozialstatistische Untersuchung über Kleinbauerntum, Hausindustrie und Volksleben.* Leipzig 1883, Allensbach, Bonn 1975 3. Aufl.
– 1888, Zur Methodologie sozialer Enquêten. Erweiterte Bearbeitung eines in den Berichten des Freien Deutschen Hochstifts abgedruckten Vortrags. In: Schnapper-Arndt 1906, S. 60 ff.
– 1903, Zur Theorie und Geschichte der Privatwirtschaftsstatistik. In: Ders., 1906, S. 16 ff.
– 1904, »Nährikele«, ein sozialstatistisches Kleingemälde aus dem schwäbischen Volksleben. Aus den *Süddeutschen Monatsheften,* Jg. 1 Heft 5. In: Schnapper-Arndt 1906, S. 190 ff.
– 1906, *Vorträge und Aufsätze.* Hrsg. von Leon Zeitlin. Tübingen 1906.
Schott, Sigmund, 1914, Götterdämmerung der Statistik? In: *Allgemeines Statistisches Archiv,* 8. Jg. (1914), S. 1 ff.
Schrader, Achim, 1971, *Einführung in die empirische Sozialforschung.* Stuttgart 1971.
Schütz, Alfred, 1932, *Der sinnhafte Aufbau der sozialen Welt: Eine Einleitung in die verstehende Soziologie.* 2. Aufl. Wien 1960.
– 1953/54, *Gesammelte Aufsätze Bd. I: Das Problem der sozialen Wirklichkeit.* Mit einer Einführung von Aron Gurwitsch. Den Haag 1971.
Schultz, Diane, 1975, *A History of Modern Psychology.* New York 1975.
Schumpeter, Joseph, 1924, Epochen der Dogmen- und Methodengeschichte. In: *Grundriß der Sozialökonomik,* I. Abteilung, 1. Teil, 2. erweiterte Aufl., Tübingen 1924, S. 19 ff.
Seger, Imogen, 1975, Vorwort zur dritten Auflage. In: Schnapper-Arndt (1882), S. VII ff.

Sieferle, Rolf-Peter/Groh, Dieter, 1978, Die Naturerfahrung in der ökonomischen Gesellschaftstheorie. MS Konstanz 1978.
Siepmann, Charles, 1941, Radio und Education. In: *ZfS* 1941, S. 104 ff.
Sjoberg, Gideon/Nett, Roger, 1968, *A Methodology for Social Research*. New York 1968.
Soeffner, Hans-Georg (Hrsg.) 1979, *Interpretative Verfahren in den Sozial-und Textwissenschaften*. Stuttgart.
Söllner, Alfons, 1976, Geschichte und Herrschaft: Eine kritische Studie zum Verhältnis von Philosophie und Sozialwissenschaft in der Kritischen Theorie. In: *Philosophisches Jahrbuch*, 83, Jg., 2. Halbband, Freiburg, München 1976, S. 333 ff.
– 1979, *Geschichte und Herrschaft: Studien zur materialistischen Sozialwissenschaft 1929–1942*. Frankfurt 1979.
Sohn-Rethel, Alfred, 1972, *Geistige und körperliche Arbeit*. Frankfurt 1972.
Sombart, Werner, 1926, Leitsätze zur soziologischen Methode. In: *DGS* 1926, S. 119.
– 1928, Das Verstehen. In: *DGS* 1928, S. 208 ff.
Sontheimer, Kurt, 1975, *Das Elend der Intellektuellen. Linke Theorie in der Bundesrepublik Deutschland*. Hamburg.
Sopade (SPD), 1933 ff., *Deutschlandberichte der Sozialdemokratischen Partei Deutschlands (Sopade) 1934–1940*. Hrsg. von Klaus Behnken. Frankfurt 1980.
Stark Rudolf, 1972, *Aristotelesstudien: Philologische Untersuchungen zur Entwicklung der Aristotelischen Ethik*. 2. überarbeitete und erweiterte Aufl., hrsg. aus dem Nachlaß von Peter Steinmetz. München 1972.
Stark, Werner, 1960, *Die Wissenssoziologie*. Stuttgart 1960.
Stehr, Nico/König, René, (Hrsg.), 1975, Wissenschaftssoziologie. (= *Kölner Zeitschrift für Soziologie und Sozialpsychologie*, Sonderheft 18). Köln, Opladen 1975.
Steinmetz, S. R., 1926, Das Verhältnis von Soziographie und Soziologie. In: *DGS* 1926, S. 217 ff.
Stieda, Wilhelm, 1877, Das Enquête-Wesen in Frankreich. In: *VfS* 1877, S. 29 ff.
Storer, Norman W., 1966, *The Social System of Science*. New York 1966.
Stouffer, Samuel/Lazarsfeld, Paul F., 1937, *Research Memorandum on the Family in Depression*. New York 1937.
Stouffer, Samuel, et al. (Hrsg.), 1950, *The American Soldier: Studies in Social Psychology in World War II*, 4. Bde. Princeton 1950, New York 1966.
Strauss, Leo, 1956, *Naturrecht und Geschichte*. Stuttgart 1956.
Ströker, Elisabeth, 1974, Geschichte als Herausforderung. In: Krüger et al. 1974, S. 27 ff.

Stutzer, Dietmar, 1978, *Die Säkularisation 1803: Der Sturm auf Bayerns Kirchen und Klöster.* o. O. (1978).
Suchman, Mac Dougald 1941. In: Lazarsfeld/Stanton 1941.
Süssmilch, Johann Peter, 1741/42, *Die göttliche Ordnung in den Veränderungen des menschlichen Geschlechts aus der Geburt, dem Tode und der Fortpflanzung desselben erwiesen.* 3 Bde., 2. Ausgabe 1761–1776.
Tenbruck, Friedrich, 1959, Die Genesis der Methodologie Max Webers. In: *Kölner Zeitschrift für Soziologie und Sozialpsychologie,* 11. Jg. (1959), S. 573 ff.
– 1975, Der Fortschritt der Wissenschaftsgeschichte als Trivialisierungsprozeß. In: Stehr/König 1975, S. 19 ff.
Thayer, Horace Standish, 1968, *Meaning and Action: A Critical History of Pragmatism.* Indianapolis 1968.
Tholen, Georg Christoph, 1975, *Technischer Fortschritt als Gewalt und Ideologie.* Gießen 1975.
Thomas, William Isaac/Znaniecki, Florian, 1918/20, *The Polish Peasant in Europe and America.* Neudruck der 2. Aufl. von 1927 in 2 Bdn. New York 1958.
Thompson, E. P., 1967, Zeit, Arbeitsdisziplin und Industriekapitalismus. In: Braun et al. 1973, S. 81 ff.
– 1968, *The Making of the English Working Class.* London 1968.
Tönnies, Ferdinand, 1884, *Gemeinschaft und Gesellschaft.* Nachdruck der 8. Aufl. (1935). Darmstadt 1963.
– 1910, Wege und Ziele der Soziologie: Eröffnungsrede zu den Verhandlungen des Ersten Deutschen Soziologentages, In: *DGS* 1910, S. 17 ff.
– 1929, Soziographie. In: *DGS* 1930, S. 196 ff.
– 1931, *Einführung in die Soziologie.* Stuttgart 1931.
Topitsch, Ernst, (Hrsg.), 1971, *Logik der Sozialwissenschaften,* 7. Aufl. Köln, Berlin 1971.
Treutner, Erhard/Wolff, Stefan/Bonß, Wolfgang, 1978, *Rechtsstaat und situative Verwaltung.* Frankfurt 1978.
Trompf, G. W., 1977, Social Science in Historical Perspective. In: *Philosophy of Social Sciences,* Vol. 7 (1977), S. 113 ff.
Turner, R. Steven, 1974, University Reforms and Professional Scholarship in Germany 1760–1806. In: Stone, Lawrence, (Hrsg.), *The University in Society.* Bd. II, Princeton 1974, S. 495 ff.
Vagt, Rainer, 1972, Forschungspraxis und Forschungsobjekt. In: Haag et al. 1972, S. 9 ff.
Verein für Socialpolitik (VfS), 1872 ff., *Schriften des Vereins für Socialpolitik.* Bd. 0–188, Leipzig 1873–1939.
VfS, 1872, *Verhandlungen 1872 in Eisenach.* Leipzig 1873. (= Schriften Bd. 0).
VfS, 1873, *Verhandlungen 1873 in Eisenach.* Leipzig 1874. (= Schriften Bd. 4).

VfS, 1877, *Zur Methodologie socialer Enquêten: Drei Gutachten.* Leipzig 1877. (= Schriften Bd. 13).

VfS, 1883, *Bäuerliche Zustände in Deutschland: Berichte.* Leipzig 1883. (= Schriften Bd. 22–24).

VfS, 1884, *Agrarische Zustände in Frankreich und England, nach den neuesten Enquêten zusammengestellt.* Leipzig 1884. (= Schriften Bd. 27).

VfS, 1886, *Agrarische Zustände in Italien.* Leipzig 1886. (= Schriften Bd. 29).

VfS, 1887, *Der Wucher auf dem Lande: Berichte und Gutachten.* Leipzig 1887. (= Schriften Bd. 35).

VfS, 1888, *Verhandlungen 1888 in Frankfurt.* Leipzig 1889. (= Schriften Bd. 38).

VfS, 1892, *Die Verhältnisse der Landarbeiter in Deutschland.* Leipzig 1892. (= Schriften Bd. 53–55).

VfS, 1910/11, *Untersuchungen über Auslese und Anpassung (Berufswahl und Berufsschicksal) der Arbeiter in verschiedenen Zweigen der Großindustrie.* Leipzig 1910/11. (= Schriften Bd. 133–135).

Virchow, Rudolf, 1848, Mittheilungen über die in Oberschlesien herrschende Typhus-Epidemie. Aus dem *Archiv für pathologische Anatomie und Physiologie und für klinische Medizin,* Bd. II, Heft 1. Berlin 1848.

Volkmann-Schluck, Karl-Heinz, 1967, Novalis' magischer Idealismus. In: Steffen, Hans, (Hrsg.), *Die deutsche Romantik: Poetik, Formen und Motive.* 2. Aufl. Stuttgart 1970, S. 45 ff.

Wagner, Adolph, 1867, Statistik. In: Bluntschli/Brater, *Deutsches Staatswörterbuch,* Bd. 10, Stuttgart, Leipzig 1867, S. 400 ff.

Walker, Helen M., 1929, *Studies in the History of Statistical Method.* Reprint New York 1975.

Watson, Robert, I., 1975, Prescriptive Theory and the Social Sciences. In: Knorr/Strasser/Zilian 1975, S. 11 ff.

Weber, Max, 1892, Zur Rechtfertigung Göhres. In: *Christliche Welt* 6 (1892), Spalte 1104 ff.

– 1893, Die Erhebungen des Evangelischen Sozialen Kongresses über die Landarbeiter Deutschlands. In: *Christliche Welt* 7 (1893), S. 535 ff.

– (Hrsg.), 1899 ff., *Die Landarbeiter in den evangelischen Gebieten Norddeutschlands nach den Erhebungen des Evangelisch-Sozialen Kongresses.* 2 Hefte Tübingen 1899.

– 1904, Die Objektivität sozialwissenschaftlicher Erkenntnis. In: *Archiv für Sozialwissenschaft und Sozialpolitik,* Bd. 19, Heft 1, S. 22 ff. (hier zitiert nach Weber 1968, S. 1 ff.).

– 1905 ff., Idealtypus, Handlungsstruktur und Verhaltensinterpretation. in: Weber 1968. S. 65 ff.

– 1908, Erhebungen über Anpassung und Auslese (Berufswahl und Berufsschicksal) der Arbeiterschaft der geschlossenen Großindustrie. In:

Ders., *Gesammelte Aufsätze zur Soziologie und Sozialpolitik.* Tübingen 1924, S. 1 ff.
– 1909, Zur Methodik sozialpsychologischer Enquêten und ihrer Bearbeitung. In: *Archiv für Sozialwissenschaft und Sozialpolitik.* Bd. XXIX, Tübingen 1909, S. 948 ff.
– 1910, Geschäftsbericht. In: *DGS* 1910, S. 39 ff.
– 1912, Geschäftsbericht. In: *DGS* 1912, S. 75 ff.
– 1913, Über einige Kategorien der verstehenden Soziologie. In: *Logos,* Bd. IV, Heft 3, S. 153 ff. (hier zitiert nach: Weber 1968, S. 169 ff.).
– 1917, Der Sinn der ›Wertfreiheit‹ der soziologischen und ökonomischen Wissenschaft. In: *Logos,* Bd. VII, Heft 1, (1917/18), S. 40 ff. (hier zitiert nach Weber 1968, S. 229 ff.).
– 1918, Vom inneren Beruf zur Wissenschaft. In: Ders., *Soziologie, weltgeschichtliche Analysen, Politik.* Mit einer Einleitung von Eduard Baumgarten. Hrsg. und erläutert von Johannes Winkelmann, 4. Aufl. Stuttgart 1968, S. 311 ff.
– 1921, Soziologische Grundbegriffe. In: Ders., *Wirtschaft und Gesellschaft,* Teil , S. 1 ff. (hier zitiert nach Weber 1968, S. 279 ff.).
– 1968, *Methodologische Schriften: Studienausgabe.* Mit einer Einführung besorgt von Johannes Winkelmann. Frankfurt 1968.
Weingart, Peter, 1972, Wissenschaftsforschung und wissenschaftssoziologische Analysen. In: Ders. (Hrsg.), *Wissenschaftssoziologie 1: Wissenschaftliche Entwicklung als sozialer Prozeß.* Frankfurt 1972, S. 11 ff.
– (Hrsg.), 1974, *Wissenschaftssoziologie 2: Determinanten wissenschaftlicher Entwicklung.* Frankfurt 1974.
Weiss, Hilde, 1932, Rezension von: Kuczynski, Jürgen/Kuczynski, Marguerite, Die Lage des deutschen Industriearbeiters. In: *ZfS* 1932, S. 193 f.
– 1936, Die »Enquête Ouvrière« von Karl Marx. In: *ZfS* 1937, S. 75 ff.
Weiss, Johannes, 1975, *Max Webers Grundlegung der Soziologie: Eine Einführung.* München 1975.
Wellmer, Albrecht, 1969, *Kritische Gesellschaftstheorie und Positivismus.* Frankfurt 1969.
Wertheimer, Michael, 1971, *Kurze Geschichte der Psychologie.* München 1971.
Whitehead, A. N., 1949, *Wissenschaft und moderne Welt.* Zürich 1949.
Whitley, Richard D., 1977, The Sociology of Scientific Work and the History of Scientific Development. In: Blume 1977, S. 21 ff.
Wiese, Leopold von, 1959, Die deutsche Gesellschaft für Soziologie – Persönliche Eindrücke in den ersten 50 Jahren. In: *Kölner Zeitschrift für Soziologie und Sozialpsychologie,* Jg. 11 (1959), S. 11 ff.
Willer, Judith, 1971, *The Social Determination of Knowledge.* Englewood Cliffs 1971.

Willms, Bernhard, 1971, *Die politischen Ideen von Hobbes bis Ho Tschi Minh.* Stuttgart 1972, 2. Aufl.

Wilson, Thomas P., 1970, Theorien der Interaktion und Modelle soziologischer Erklärung. In: Arbeitsgruppe Bielefelder Soziologen 1973, Bd. 1, S. 54 ff.

Windelband, Wilhelm, 1894, *Geschichte und Naturwissenschaft.* Freiburg 1894.

–/Heimsoeth, Heinz, 1976, *Lehrbuch der Geschichte der Philosophie.* Mit einem Schlußkapitel über die Philosophie im 20. Jahrhundert und einer Übersicht über den Stand der philosophiegeschichtlichen Forschung. Tübingen 1976, 16. Aufl.

Winkel, Harald, 1977, *Die deutsche Nationalökonomie im 19. Jahrhundert.* Darmstadt 1977.

Wisdom, J. O., 1973, The Phenomenological Approach to the Sociology of Knowledge. In: *Philosophy of the Social Sciences* 3 (1973), S. 257 ff.

Wohlrapp, Harald R., 1979, Handlungsforschung. In: Mittelstraß, Jürgen, (Hrsg.), *Methodenprobleme der Wissenschaften vom gesellschaftlichen Handeln.* Frankfurt 1979, S. 122 ff.

Wolff, Stephan, 1979, *Möglichkeiten und Grenzen der Anwendung qualitativer Forschungsverfahren in der Sozialarbeit.* MS München.

Woolf, Harry, (Hrsg.), 1961, *Quantification: A History of the Meaning of Measurement in the Natural and the Social Sciences.* Indianapolis, New York 1961.

Würzburger, Eugen, 1914, Die deutsche statistische Gesellschaft. In: *Allgemeines statistisches Archiv,* 8. Jg. (1914), S. 22 ff.

Zeisel, Hans, 1933, Zur Geschichte der Soziographie. In: Jahoda/Lazarsfeld/Zeisel 1933, S. 113 ff.

Zeitlin, Leon, 1906, Gottlieb Schnapper-Arndt: Eine biographische Skizze. In: Schnapper-Arndt 1906, S. 1 ff.

Zilsel, Edgar, 1942, *Die sozialen Ursprünge der neuzeitlichen Wissenschaft.* Hrsg. von Wolfgang Krohn. Frankfurt 1976.

ZfS, 1932 ff., *Zeitschrift für Sozialforschung.* Hrsg. von Max Horkheimer. Jg. 1–9, 1932–1941. Jg. 1 Leipzig 1932. Jg. 2–7, Paris 1933–1938, Jg. 8–9, New York 1939–1941. Reprint in 9 Bdn. München 1980.

Register

Das Register enthält alle Namensnennungen des Haupttextes. Aus den Anmerkungen wurden ferner die kommentierten und/oder mehrfach zitierten Autoren sowie jene Personennamen aufgenommen, die nicht im Literaturverzeichnis auftauchen.